중학교용

900한자 어원사전

하영삼·하영우

중학교용

900한자 어원사전

하영삼·하영우

도서출판
3 publication

범 례

1. 대상자: 중학교 교육용 900 한자를 대상으로 삼았다.
2. 표제자: 다음의 순서로 나열되었다. ①대표 자형(한국 한자 자형 기준), ②훈독(대표 훈독), ③중국의 간화자, ④이체자([ ] 속 표시), ⑤한어 병음, ⑥부수(한국 획수 기준), ⑦총획수(한국 획수 기준), ⑧한자 검정시험 급수표시("한국어문회" 기준)
3. 주요 자형: 해당 부수자의 대표 갑골문, 금문, 소전, 예서체를 시대 순으로 나열하여 자형의 변천을 이해하기 하였다.
4. 자해(字解): ①육서, ②글자의 구조, ③원래 의미, ④파생 의미, ⑤현대 자형으로의 변화 과정 등을 설명하였다.
5. 육서: 한자는 끊임없이 변해왔기에, 해당 한자를 육서에 확정 귀속시키기는 어렵다. 다만 이해의 편의를 위해 『설문해자』의 정의에 근거해 상형, 지사, 회의, 형성으로 구분했고, 전주와 가차는 글자의 운용과 관계되기에 생략했다.
6. 의미해석의 특징: 한자 특성에 근거해 형성 구조의 소리부를 의미와 과학적으로 연계시켰다.
7. 자형: 화동사범대학(ECNU) "중국문자연구와 응용센터"(www.wenzi.cn)에서 제공한 각종 한자 자형(갑골문^{甲骨文}, 금문^{金文}, 토기 문자^{陶文}, 석각^{石刻} 문자, 간독^{簡牘}문자, 도장문자^{璽印文}, 화폐^{貨幣}문자, 백서^{帛書}, 맹서^{盟誓}, 한나라 죽간^{漢簡}문자, 『설문해자^{說文解字}』의 소전^{小篆}체 등)이 망라되었다.
8. 단어: 중학교 교육용 900한자로 구성된 한자 단어를 제시하여 한자어 학습에 도움이 되게 하였다.
9. 색인: 학습의 편의를 위해 어휘색인, 한어병음색인, 총필획 색인 등을 추가하였다.
10. 보충 그림: 이해를 돕기 위해 필요한 그림을 일부 제시하였다.

몇 가지 해설

1. 갑골문^(甲骨文): 상나라(특히 후반기인 은^殷나라) 때의 문자로 1899년 처음 발견되었으며, 현재까지 확인 가능한 가장 초기 단계의 한자이다. 갑^(甲)은 거북 딱지에 새긴 것을, 골^(骨)은 동물 뼈(주로 소 어깻죽지 뼈)에 새긴 것을 말하며, 이를 합쳐서 '갑골문'이라 한다. 지금까지 약 15만 편이 발견되었으며, 개별 글자 수는 약 4,700여 자, 해독된 글자는 1,800여 자인데, 그중 이견이 별로 없는 해독된 글자는 1,000여 자에 이른다.

2. 금문^(金文): 청동기에 주조된 문자를 말하는데, 시기는 상나라 때부터 춘추 전국시대 때까지가 주를 이룬다. 그중에서도 서주 때의 금문이 가장 대표적이다. 옛날에는 '청동'을 금^(金)이라 불렀기에, 거기에 주조된 글자를 '금문'이라 부르게 되었다. 金^(쇠 금)은 원래 청동기물을 만드는 거푸집을 그린 글자이다.

3. 간독^(簡牘)문자: 대나무에 쓴 죽간^(竹簡)과 나무 조각판에 쓴 목독^(木牘)을 합쳐 부른 말이며, 종이가 보편화하기 전 가장 많이 쓰였던 필사재료이다. 전국시대 말기와 한나라 초기 때의 죽간이 많이 발견되었다. 특히 최근에는 장강^(長江) 유역의 초^(楚)나라 유물이 많이 발견되어 진시황의 문자 통일 과정에서 사라진 남방 지역 한자의 실상을 볼 수 있게 해주고 있다.

4. 백서^(帛書): 비단에 쓴 글자를 말한다. 염색을 하지 않고 무늬를 넣지 않은 비단을 백^(帛)이라 하고, 거기에 쓴 글자를 '백서'라 한다. 종이가 보편화하기 전 비단은 고급의 매우 유용한 필사재료였다. 1973년 말 호남성 장사^(長沙) 마왕퇴^(馬王堆)에서 발견된 백서가 대표적이며, 한자라 초

기 때의 한자 모습을 확인할 수 있다.

5. 맹서(盟書): 나라나 제후 간에 서로 맹약을 맺고 그 내용을 기록한 것을 '맹서'라 하는데, 주로 옥이나 돌을 얇게 깎아 썼다. 산서성 후마(侯馬)에서 발견된 '후마 맹서'가 대표적인데, 전국(戰國) 시대 때의 지역적 특색을 살필 수 있는 자료가 된다.

6. 소전(小篆): 진시황이 천하를 통일하고 문자를 통일하는 과정에서 만들어진 표준 서체를 말한다. 통일 전 전국(戰國) 때의 진나라 문자(대전大篆이라 부른다)를 기초로 다른 여러 나라들의 문자를 참조하여 표준화한 것으로 알려졌다. 이후 예서를 거쳐 현대 한자로 이어졌다.

7. 예서(隸書): 한나라 때의 표준 서체로, 진나라 때의 통일 서체인 소전체를 구조나 필사법에서 간략하게 만든 서체로, 현대 한자의 초기 표준체가 되었다.

8. 간화자(簡化字): 1949년 중화인민공화국에 의해 공식적으로 채택된 한자로, 기존 한자(해서楷書, 번체자)의 불편한 점으로 지적되었던 필획의조정하기 위해 줄여 쓴 한자를 말한다. 그러나 간화자의 출발이 한자를 알파벳으로 바꾸고자 한 과정에서 과도기적으로 출현하였고, 한자의 본질적 특성(의미 중심의 문자 체계)을 과소평가하고 과다하게 줄인 글자들이 있어 일전한 한계 점도 보인다. 1986년 이후 알파벳으로 가겠다는 한자개혁 정책은 중지되었다.

9. 『설문해자(說文解字)』: 서기 100년에 허신(許愼)에 의해 완성된 최초의 한자 어원사전이다. 총 9,393자의 방대한 한자를 대상으로 그의 자형, 구조, 원래 뜻, 의미 파생과정, 독음 등을 밝혀 놓았다. 또 '부수'라는 개념을 처음 창안하여 540부수에 의해 수록자를 분류했으며, '육서'(상형, 지사, 회의, 형성, 전주, 가차)에 근거해 한자 구조를 분석하였다. 이 때문에 허신은 한자학의 비조일 뿐 아니라 지금까지도 가장 뛰어난 한자학자로 칭송되며, 『설문해자』는 한자학의 바이블로 인정받고 있다.

10. 부수^(部首): 한자를 의미 중심으로 분류할 때 해당 범주를 대표하는 글자를 말한다. 허신에 의해 처음 창안되었으며, 그의 『설문해자』에서는 540부로 설정되었다. 이후 여러 차례 조정을 거쳐 명나라 때의 『자휘^(字彙)』라는 사전에서 지금의 214부수로 확정되었다. 이후 『강희자전^(康熙字典)』이 이를 채택하면서 대표적인 부수 체계로 자리 잡았고, 한국의 현행 옥편에서는 모두 이를 채택하고 있다.

11. 육서^(六書): 한자의 구조를 여섯 가지로 분류한 것을 말한다. 허신의 『설문해자』의 정의에 의하면, 상형^(象形)은 구체적인 물체를 그대로 그린 것이고, 지사^(指事)는 추상적인 물상을 이미지화 한 것이며, 회의^(會意)는 두 가지 이상의 개념(글자)을 합쳐서 새로운 의미를 그려낸 것을 말하고, 형성^(形聲)은 한 부분은 의미를 다른 부분은 독음을 나타내는 것을 말한다. 가차^(假借)는 해당 개념이 없어서 독음이 같은 글자를 빌려와 쓴 경우를 말하며, 전주^(轉注)는 논란이 많지만 일반적으로 의미가 같은 다른 글자를 빌려와 쓴 경우를 말한다. 앞의 네 가지는 한자의 본질적 구조이지만, 전주와 가차는 한자의 운용에 관한 것으로 알려졌다. 그래서 이 책에서는 한자의 구조를 상형, 지사, 회의, 형성 등 네 가지로만 구분했다.

12. 소리부의 역할: 의미와 독음과 형체를 문자의 삼요소라 한다. 그래서 모든 문자는 특정한 형체 속에 의미와 독음을 가능한 완벽하게 담으려고 한다. 그러나 이 둘은 서로 모순적이어서 의미 정보가 강해지면 독음 정보가 약하고, 독음 정보가 강하면 의미 정보가 약해진다. 상형문자나 표의 문자는 그림에 가까워 보면 그 의미를 알 수 있지만 독음을 표기하기 어렵다. 반대로 알파벳 문자는 독음은 쉽게 표현되나 의미를 담기가 어렵다. 예컨대, 한자에서 목^(目)은 눈을 그렸고, 목^(目)이 들어간 글자는 언제나 '눈'과 관련된 의미를 갖는다. 그러나 한글에서 '눈'은 한글 자모만 알면 쉽게 읽지만 그것이 왜 '눈'을 뜻하게 되었는지를 알

수 없다. 영어의 'eye'도 마찬가지이다. 그렇다고 한자가 의미만 표현하는 것은 아니다. 한자의 **94**퍼센트 정도가 의미와 독음을 함께 표시하는 형성구조인 것으로 알려졌다. 형성구조에서 의미를 표시하는 의미부(부수)는 당연히 의미와 관련 되었고, 독음을 표시하는 소리부는 독음을 표시하겠지만, 사실 자세히 살피면 소리부가 의미 결정에 매우 깊게 관여하고 있음을 알 수 있다. 이 책에서는 특별히 소리부가 의미 결정에 관여하는 역할에 주목하여, 그러한 부분을 밝히려 노력했다.

차 례

본 문

900
한자
어원사전

중학교용

가

001

佳(아름다울 가): jiā, 人-6, 8, 32

字解 형성. 人^(사람 인)이 의미부이고 圭^(홀 규)가 소리부로, 훌륭하다는 뜻인데, 홀^(圭)을 지닌 신분 있는 사람^(人)이라는 뜻을 담았다. 이로부터 아름답다, 좋다, 만족스럽다, 찬상하다 등의 뜻이 나왔다.

字形 佳 說文小篆

●예● 佳人(가인), 佳客(가객), 佳作(가작), 百年佳約(백년가약)

002

假(거짓 가): [叚], jiǎ, 人-9, 11, 42

字解 형성. 人^(사람 인)이 의미부이고 叚^(빌 가)가 소리부로, '거짓'을 말한다. 이후 '의지하다', '기대다', '빌리다' 등의 뜻도 나왔는데, 사람^(人)의 힘을 빌려^(叚) 하는 일이란 인위적이고, 그런 것은 모두 '거짓'이라는 인식을 반영했다.

字形 假 說文小篆

●예● 假面(가면), 假名(가명), 假髮(가발), 假定(가정), 假設(가설), 假想(가상)

003

價(값 가): 价, jià, 人-13, 15, 52

字解 형성. 人(사람 인)이 의미부이고 賈(값 가)가 소리부로, 물건의 값을 말하는데, 물건의 가격(賈)이란 물건 자체의 절대적 가치보다는 사람(人)에 의해 결정된다는 뜻을 담았다. 이후 몸값이나 명성, 가치 등의 뜻이 나왔는데, 원래의 賈(값 가)에서 人을 더해 분화한 글자이다. 중국의 간화자에서는 价(착할 개)에 통합되었다.

字形 價 說文新附字

●예● 價格(가격), 評價(평가), 價値(가치), 物價(물가), 株價(주가), 原價(원가)

004

加(더할 가): jiā, 力-3, 5, 50

字解 회의. 力(힘 력)과 口(입 구)로 구성되어, 말이 늘어나다가 원래 뜻이다. 힘(力)이 들어간 말(口)은 '誇張(과장)'되기 마련이고, 이로부터 없던 것을 '더하다'는 뜻이 생겼다.

字形 ㅂ 金文 大 簡牘文 ㅂ 古璽文 ㅑ 說文小篆

●예● 增加(증가), 追加(추가), 參加(참가), 加減(가감), 加入(가입), 添加(첨가)

005

可(옳을 가): kě, 口-2, 5, 50

字解 회의. 갑골문에서 괭이와 입(口구)을 그렸다. 괭이는 농기구를 상징하여 농사일을, 口는 노래를 뜻한다. 그래서 可는 농사일할 때 불렀던 勞動歌(노동가)를 말한다. 노래를 부르면서 일을 하면 고된 일도 쉽게 느껴지고 힘든 일도 쉽

게 이루어졌기에 可에는 '적합하다'나 '可能^(가능)하다' 등의 뜻이 생겼을 것이
다. 이후 肯定^(긍정)을 나타내는 대표적 단어로 사용되어, '옳다', '마땅하다'
등의 뜻이 나왔고, 그러자 원래 의미는 木^(나무 목)을 더해 柯^(자루 가)로 분화했
다.

字形 [고문자들] 甲骨文 [고문자들] 金文 [고문자들] 古陶文 [고문자들] 盟書 [고문자들]
簡牘文 [고문자] 帛書 [고문자] 石刻古文 [고문자] 說文小篆

•예• 可能(가능), 不可(불가), 許可(허가)

006

家(집 가): jiā, 宀-7, 10, 70

字解 회의. 宀^(집 면)과 豕^(돼지 시)로 구성되어, 집 안^(宀)에 돼지^(豕)가 있는 모습을 그
렸는데, 아래층에는 돼지가 위층에는 사람이 살던 옛날의 가옥 구조를 반영
했다. 이후 일반적인 '가옥'을 뜻하게 되었고, 다시 '가정' 등의 뜻도 나왔다.
또 학술상의 유파를 지칭하기도 하며, 어떤 직업에 종사하는 전문가를 뜻하
기도 한다.

字形 [고문자들] 甲骨文 [고문자들] 金文 [고문자들] 簡牘
文 [고문자] 石刻古文 [고문자] 說文小篆 [고문자] 說文古文

•예• 國家(국가), 家庭(가정), 家具(가구), 家族(가족), 作家(작가)

007

歌(노래 가): [謌], gē, 欠-10, 14, 70

字解 형성. 欠^(하품 흠)이 의미부이고 哥^(노래 가)가 소리부로, 입을 벌려^(欠) 부르는 '노
래^(哥)'를 말하며, 이로부터 '노래하다', '찬미하다'의 뜻이 나왔다. 또 시의 형
식의 하나를 지칭하기도 한다. 원래는 謌^(노래 가)로 썼으며, 달리 呵^(꾸짖을 가)

로 쓰기도 한다.

字形 ⟨金文⟩ ⟨簡牘文⟩ ⟨古璽文⟩ ⟨說文小篆⟩ ⟨說文或體⟩

●예● 歌手(가수), 歌曲(가곡), 歌謠(가요), 校歌(교가), 歌詞(가사)

008

街(거리 가): jiē, 行-6, 12, 42

字解 형성. 行(갈 행)이 의미부이고 圭(홀 규)가 소리부로, 사방으로 길이 나(行) 여러 사람이 다닐 수 있는 '길'을 말하며, 이로부터 市街地(시가지)나 시장 등의 뜻도 나왔다. 또 한의학 용어로 쓰여, 氣(기)가 다니는 경로를 말하기도 한다.

字形 ⟨簡牘文⟩ ⟨說文小篆⟩

●예● 街路樹(가로수), 市街地(시가지), 商街(상가)

각

009

各(각각 각): gè, 口-3, 6, 60

字解 회의. 口(입 구)와 夊(뒤져서 올 치)로 구성되어, 집의 입구(口)로 들어오는 발(夊)로써 집으로 '오다'는 의미를 형상화했다. 夊는 발을 그린 止(발 지)와 상대해서 만들어진 글자로, 止가 위쪽으로 올라가거나 앞쪽으로 가는 것을 나타내는 것에 반해 夊는 아래로 내려가는 것이나 앞쪽으로 오는 것을 그려낸 글자이다. 그래서 各은 이후 자신의 집단과 구별되는, 즉 바깥에서 들어오는 따로 분리된 이질적 집단을 지칭함으로써 '각자'나 '각각'과 같은 뜻이 생겼다. 그러자 원래의 '오다'는 뜻을 나타내려고 彳(조금 걸을 척)을 더하여 徦(이를 객)으로 분화했다.

字形 ⟨甲骨文⟩ ⟨金文⟩

各 簡牘文 各 帛書 𠕂 說文小篆

●예● 各各(각각), 各自(각자), 各種(각종), 各別(각별), 各界(각계)

010

脚(다리 각): [脚, 踋], jiǎo, 肉-7, 11, 32

字解 형성. 肉^(고기 육)이 의미부이고 却^(물리칠 각)이 소리부로, 신체^(肉)의 일부인 '다리'를 말하며, 脚^(다리 각)의 속자이다. 이후 '걸음걸이'의 뜻이 나왔고, 물건을 지탱하는 사물의 다리까지 지칭하기도 했다.

字形 腳 簡牘文 腳 說文小篆

●예● 橋脚(교각), 行脚(행각), 脚光(각광), 健脚(건각), 脚線美(각선미), 脚色(각색)

011

角(뿔 각): jiǎo, 角-0, 7, 60

字解 상형. 갑골문에서 짐승의 뿔을 그렸는데, 무늬가 든 것이 특징이며, 모양으로 보아 소뿔로 보인다. 뿔은 머리에 달렸기 때문에 頭角^(두각)에서처럼 '머리'를, 뾰족하거나 모난 모습 때문에 角度^(각도)를, 머리를 뿔 모양으로 맸다는 뜻에서 總角^(총각)을, 뿔피리로 쓰였기 때문에 五音^(오음) 즉 宮^(궁), 商^(상), 角^(각), 徵^(치), 羽^(우)의 하나를 지칭하게 되었다. 뿔은 겉은 단단하지만 속은 부드러워 속을 파내면 잔이나 악기는 물론 다양한 장식물로 쓸 수 있기에 그런 것들을 지칭하기도 한다.

字形 甲骨文 金文 古陶文 盟書 簡牘文 古璽文 說文小篆

●예● 角度(각도), 視角(시각), 銳角(예각), 鈍角(둔각)

간

012

干(방패 간): [乾, 幹], gān, 干-0, 3, 40

字解 상형. 갑골문에서 긴 대가 있는 끝이 갈라진 사냥도구의 모습을 그렸다. 그러나 어떤 학자는 윗부분이 돌 구슬^(石球·석구)을 맨 줄을 던져 짐승의 뿔이나 다리를 묶을 수 있도록 고안된 사냥 도구를 그렸고, 아랫부분은 큰 뜰채를 그린 單^(홑 단)의 원래 글자라고 보기도 한다. 『설문해자』에서 '범하다^(犯·범)'라고 풀이한 것으로 미루어 볼 때, 이는 짐승을 잡던 사냥도구에서 이후 적을 공격하는 무기로 변했음을 추정할 수 있다. 갑골문에는 방패처럼 보이는 자형도 보이는데, 이는 짐승을 잡을 때나 적을 공격할 때 초기 단계에서 방패 따로 무기 따로 존재했던 것이 아니라 방패와 무기의 기능이 하나로 통합되었기 때문일 것이다. 이것이 이후의 문헌에서 干을 '방패^(盾·순)'라고 풀이하게 된 이유일 것이다. 干이 긴 대를 갖춘 사냥도구라는 점에서 '크다'나 '근간'의 뜻을 갖게 되었으며, 간지자로도 가차되었다. 현대 중국에서는 乾^(하늘 건)과 幹^(줄기 간)의 중국의 간화자로도 쓰인다.

字形 ￥ ￥ 甲骨文 ￥ ￥ ￥ 金文 干 古陶文 ￥ ￥ 簡牘文 ￥ 說文小篆

•예• 干涉(간섭), 若干(약간), 天干(천간), 干支(간지)

013

看(볼 간): [翰], kàn, 目-4, 9, 40

字解 회의. 手^(손 수)와 目^(눈 목)으로 구성되어, 손^(手)으로 눈^(目) 위를 가리고 먼 곳을 봄을 말하며, 『설문해자』의 혹체에서는 翰으로 되어, 눈^(目)으로 나부끼는 깃발^(㫃·언)을 보다는 뜻을 그렸다. 이로부터 보다, 관찰하다, 살피다, 감상하다,

(사람 등을) 대하다, 모시다 등의 뜻이 나왔다.

字形 說文小篆 說文或體

•예• 看板(간판), 看過(간과), 看護(간호), 看病(간병), 走馬看山(주마간산)

014

間(사이 간틈 한): 间, jiàn, jiān, 門-4, 12, 70

字解 회의. 門^(문 문)과 日^(날 일)로 구성되었으나, 문^(門) '틈'으로 스며드는 햇빛^(日)을 그려 '틈새^(隙·극)'를 말했다. 원래는 閒^(틈 한사이 간)으로 써 문^(門) '틈'으로 스며드는 달빛^(月·월)이라는 의미를 그렸으나, 이후 달빛^(月)이 햇빛^(日)으로 바뀌어 이 자형이 되었다. 여기서 '사이'와 中間^(중간) 혹은 空間^(공간)의 뜻이 나왔고, 나아가 時間^(시간)이라는 추상적 개념까지 뜻하게 되었다. 중국의 간화자에서는 间으로 쓴다.

字形 金文 古陶文 簡牘文 古璽文 說文小篆 說文古文

•예• 時間(시간), 人間(인간), 空間(공간), 期間(기간), 中間(중간), 區間(구간)

갈

015

渴(목마를 갈): kě, 水-9, 12, 30

字解 형성. 水^(물 수)가 의미부이고 曷^(어찌 갈)이 소리부로, 목이 말라 입을 크게 벌리고^(曷) 물^(水)을 애타게 그리는 모습을 그렸다. 이로부터 '목이 마르다', '급박하다', '渴望^(갈망)' 등의 뜻이 나왔으며, 消渴病^(소갈병)을 지칭하기도 한다. 달

리 竭^(다할 갈)과 같이 쓰기도 한다.

字形 金文 古璽文 說文小篆

●예● 渴望(갈망), 渴症(갈증), 渴水期(갈수기), 解渴(해갈)

갈

016

感(느낄 감): gǎn, 心-9, 13, 60

字解 형성. 心^(마음 심)이 의미부이고 咸^(다 함)이 소리부로, 감동을 뜻하는데, 함께^(咸) 느끼는 감정^(心)이 '感動^(감동)'임을 말한다. 이후 感應^(감응), 感謝^(감사), 感慨^(감개), 感染^(감염) 등의 뜻이 나왔다.

字形 感 說文小篆

●예● 感動(감동), 感覺(감각), 感氣(감기), 感情(감정), 感謝(감사), 感染(감염), 共感(공감)

017

敢(감히 감): [𢾅, 𢿐, 𣉩], gǎn, 攴-8, 12, 40

字解 회의. 금문에서 손에 갈퀴를 쥐고 바위언덕에서 광석을 캐내는 모습을 그렸다. 이러한 작업은 勇敢^(용감)함을 필요로 하고 위험이 따르는 일이었기에, '勇敢하다'의 뜻, 다시 '감히'라는 뜻이 생겼다. 『설문해자』에서는 소전체에 근거하여, 受^(떨어질 표)가 의미부이고 古^(옛 고)가 소리부인 형성구조로 풀이하였다.

字形 金文 古陶文 盟書 簡牘文 石刻古文 說文小篆 說文籀文 說文古文

●예● 勇敢(용감), 果敢(과감), 敢行(감행)

018

減(덜 감): [减], jiǎn, 水-9, 12

(字解) 형성. 水^(물 수)가 의미부이고 咸^(다 함)이 소리부로, 물^(水)이 줄다는 뜻에서 줄다, 減少^(감소)하다는 뜻이 나왔다. 이후 氵^(水)를 冫^(얼음 빙)으로 바꾼 减^(덜 감)으로 쓰기도 했다.

(字形) 𣻗 說文小篆

●예● 減少(감소), 減縮(감축), 削減(삭감), 減免(감면), 加減(가감), 節減(절감), 減量(감량)

019

甘(달 감): gān, 甘-0, 5, 40

(字解) 지사. 입^(口·구)에 가로획^(一)을 더해, 무엇인가 '맛있는 것'을 입속에 머금은 모습으로부터 '달다'의 뜻을 그렸고, 이로부터 맛있다, 아름답다, 嗜好^(기호), 탐하다 등의 뜻이 나왔다.

(字形) 甘甘 甲骨文 甘 古陶文 甘甘 簡牘文 甘 石刻篆文 甘 說文小篆

●예● 甘受(감수), 甘草(감초), 甘言利說(감언이설), 苦盡甘來(고진감래)

갑

020

甲(첫째 천간 갑): jiǎ, 田-0, 5, 40

(字解) 상형. 갑골문에서는 십자형^(十)으로 그려 가죽이 갈라진 모습을 그렸다. 하지만, 그 모습이 十^(열 십, 옛날의 七)자와 닮아 십자형의 둘레로 네모^(口) 테두리를

그려 넣었다. 하지만, 이 글자 또한 田^(밭 전)자와 비슷해 소전체에서부터 자형을 변화시켜 지금의 甲이 되었다. 그래서 가죽으로 만든 '갑옷'이 원래 뜻이며, 갑옷은 단단함의 상징이다. 이후 간지자로 가차되어 쓰이게 되자, 원래 뜻은 갑옷을 주로 쇠로 만든다는 뜻에서 金^(쇠 금)을 더한 鉀^(갑옷 갑)으로 분화했다.

字形 ⬚甲骨文 ⬚金文 ⬚古陶文 ⬚

盟書 ⬚簡牘文 ⬚石刻古文 ⬚說文小篆 ⬚說文古文

●예● 同甲(동갑), 回甲(회갑), 還甲(환갑), 鐵甲(철갑), 甲骨文字(갑골문자)

강

021

强(굳셀 강): [强], qiáng, 弓-9, 12, 60

字解 형성. 虫^(벌레 충)이 의미부이고 弘^(넓을 홍)이 소리부로, 원래는 쌀벌레^(虫) 이름이었으나 생명력이 '강하다'는 뜻으로 확장되었다. 이로부터 크고^(弘) 힘이 있다, 견고하다, 强力^(강력)하다, 强制^(강제)하다 등의 뜻이 나왔다.

字形 ⬚簡牘文 ⬚說文小篆 ⬚說文籒文

●예● 强力(강력), 强盜(강도), 莫强(막강), 强制(강제)

022

江(강 강): jiāng, 水-3, 6, 70

字解 형성. 水^(물 수)가 의미부이고 工^(장인 공)이 소리부로, 도구^(工)로 흙을 다져 물길^(水)을 다스려야 하는 것이 '강'임을 그렸다. 江은 일찍부터 중국에서 가장 길

고 큰 강인 長江^(장강)을 지칭하는 고유명사로 쓰였는데, 이후 '강'을 지칭하는 일반적인 명사가 되었다. 그러나 江은 중국의 고유어가 아니라 원래 남아시아 어에서 온 외래어로 알려졌으며, 그 때문에 남쪽의 長江 유역에 있는 강들은 黃河^(황하) 유역의 강들이 河^(강 하)로 이름 붙여진 것과 대조적으로 '江'으로 이름 붙여진 경우가 일반적이다. 음역과정에서 工^(장인 공)을 소리부로 채택된 것은, 황토 흙을 다지는 도구를 그린 工으로 흙을 다져 강둑을 쌓아 강의 범람을 막던 모습이 반영되었기 때문이다. 또 주나라 때의 나라 이름으로도 쓰이는데, 嬴^(영)씨 성의 나라였으며 하남성 正陽^(정양)현 서남쪽에 있었고, 주나라 襄王^(양왕) 23년에 楚^(초) 나라에 멸망했다.

字形 江 金文 古陶文 簡牘文 古璽文 說文小篆

•예• 江山(강산), 漢江(한강), 江南(강남), 江邊(강변)

023

講(익힐 강): 讲, jiǎng, 言-10, 17, 42

字解 형성. 言^(말씀 언)이 의미부이고 冓^(짤 구)가 소리부로, 말^(言)을 엮어^(冓) 조화롭게 풀어 주다는 뜻이며, 이로부터 화해하다, 의논하다, 講究^(강구)하다의 뜻이 나왔다. 이후 구조물을 엮듯 말^(言)을 잘 엮은^(冓) 해설이라는 뜻에서 講義^(강의)나 講論^(강론) 등의 뜻이 나왔다. 중국의 간화자에서는 冓를 井^(우물 정)으로 줄인 讲으로 쓰는데, 형성구조로 바뀌었다.

字形 講 說文小篆

•예• 講義(강의), 講演(강연), 特講(특강), 講堂(강당), 受講(수강), 開講(개강)

024

降(내릴 강,항복할 항): jiàng, xiáng, 阜-6, 9, 40

字解 형성. 阜^(언덕 부)가 의미부이고 夅^(내릴 강)이 소리부로, 흙 계단^(阜) 아래로 내려가는 것^(夅)을 말한다. 이후 전쟁에서 지면 언덕에 설치된 보루나 산에서 내려오게 되므로, '降伏^(항복)하다'는 뜻을 갖게 되었는데, 이때에는 '항'으로 구분하여 읽는다.

字形 𨽰 說文小篆

●예● 降雨量(강우량), 下降(하강), 降臨(강림), 降等(강등), 昇降機(승강기), 降伏(항복), 投降(투항)

개

025

個(낱 개): 个, [箇], gè, 人-8, 10, 42

字解 형성. 人^(사람 인)이 의미부이고 固^(굳을 고)가 소리부로, 고정된^(固) 사람^(人)으로부터 개별적인 존재라는 뜻이 나왔고, 다시 개별 사물을 세는 단위로 쓰였다. 箇^(낱 개)와 같이 쓰이며, 중국의 간화자에서는 个로 쓴다.

●예● 個人(개인), 個別(개별), 個性(개성), 個體(개체)

026

改(고칠 개): gǎi, 攴-3, 7, 50

字解 회의. 원래는 巳^(여섯째 지지 사)와 攴^(칠 복)으로 구성되어, 아이^(巳)를 매로 때려가며^(攵·攴) 옳은 길을 가도록 '바로 잡음'을 말했는데, 巳가 己^(몸 기)로 바뀌어 지금의 자형이 되었다. 이후 '바꾸다', '고치다', '수정하다', '다시' 등의 뜻이 나왔다.

字形 𢻰 𢻰 𢻰 𢻰 𢻰 盟書 𢻰 簡牘文 改 說文小篆

●예● 改善(개선), 改革(개혁), 改定(개정), 改名(개명), 改過遷善(개과

027

皆(다 개): jiē, 白-4, 9, 30

字解 회의. 지금은 比⁽ᵍᵉᵉ ᵇᵏ⁾와 白⁽ᶻ ᵇᵏ⁾의 결합이나, 원래는 白이 自⁽ˢˢᵉ ˣᵏ, ᵇᵏᵉ ᵉᵏᵏ ᵉᵏᵏᵉ ᵏᵏ⁾로 되어 있었다. 그래서 皆는 코⁽白⁾를 나란히 하여⁽比⁾ 함께 숨을 쉬다는 의미로, 숨을 같이 쉬며 운명을 함께 나누는 것을 말한다. 이로부터 '모두' 나 '전부' 등의 뜻이 생겼다. 대부분의 현대 옥편에서는 皆를 白부수에 귀속 시켰지만, 자원을 고려하면 중국의 『신화자전』처럼 比부수에 귀속시키는 것이 더 옳아 보인다.

字形 金文 古陶文 簡牘文 說文小篆

●예● 皆勤(개근)

028

開(열 개): 开, kāi, 門-4, 12, 60

字解 회의. 門⁽ᵇᵏ ᵇᵏ⁾과 廾⁽ᵈᵉ ˢᵉᵉᵉ ᵇᵏᵏ ᵍᵉ⁾과 가로획⁽ᵉ⁾으로 구성되어, 문⁽門⁾의 빗장⁽ᵉ⁾을 두 손⁽廾⁾으로 여는 모습을 그렸다. 이로부터 '열다'는 뜻이, 다시 회의를 開催⁽ᵏᵏᵏᵉ⁾하다, 展開⁽ᵉᵉᵏᵉ⁾하다, 전시하다, 꽃이 피다⁽開花·ᵏᵏᵉᵏ⁾, 눈이나 얼음이 녹다 등의 의미가 나왔다. 중국의 간화자에서는 門을 생략한 开로 쓴다.

字形 簡牘文 說文小篆 說文古文

●예● 展開(전개), 開通(개통), 開學(개학), 開花(개화), 開發(개발), 開放(개방), 開幕(개막), 開始(개시)

객

029

客(손 객): kè, 宀-6, 9, 52

字解 형성. 宀^(집 면)이 의미부이고 各^(각각 각)이 소리부로, 집^(宀)으로 들어오는 발걸음^(夊)으로부터 집을 찾아오는 '손님'을 그렸다. 이로부터 귀빈의 뜻이, 또 손님의 예로 모시다는 뜻이 나왔으며, 상대방에 대한 존중의 표현으로도 쓰인다.

字形 🔳🔳🔳🔳金文 🔳🔳簡牘文 🔳說文小篆

●예● 顧客(고객), 乘客(승객), 觀客(관객), 客席(객석)

갱

030

更(다시 갱고칠 경): gēng, 曰-3, 7, 40

字解 형성. 원래는 又^(또 우)가 의미부이고 丙^(남녁 병)이 소리부로, 손^(又)으로 어떤 받침대^(丙)를 옮기는 모습을 그렸는데 자형이 조금 변해 지금처럼 되었다. 이로부터 '옮기다'의 뜻이 나왔고, 다시 更新^(경신), 更迭^(경질), 變更^(변경)에서와 같이 '고치다'는 뜻도 나왔다. 옮기는 것은 다시 시작하기 위함이기에 '다시'라는 뜻도 나왔다. 다만, '다시'나 '더욱이'라는 뜻으로 쓰일 때에는 更生^(갱생)에서처럼 '갱'으로 읽는다.

字形 🔳🔳甲骨文 🔳🔳🔳金文 🔳古陶文 🔳簡牘文 🔳說文小篆

●예● 變更(변경), 更新(갱신)

거

031

去(갈 거): qù, ㅿ-3, 5, 50

字解 회의. 원래는 大^(큰 대)와 凵^(입 벌릴 감)으로 구성되어, 반지하로 파 들어간 구덩이^(凵)와 사람의 정면 모습^(大)을 그려, 구덩이를 뛰어넘거나 구덩이로부터 나오는 사람^(大)을 그렸고, 이로부터 가다, 떠나다, 벗어나다 등의 뜻을 갖게 되었다. 이후 자형이 조금 변해 지금처럼 되었으며, 현대 옥편에서 ㅿ^(사사 사) 부수에 귀속되었지만 ㅿ와는 관계없는 글자이다.

字形 [甲骨文] [金文] [古陶文] [古璽文] [簡牘文] [說文小篆]

● 예● 過去(과거), 去來(거래), 收去(수거), 逝去(서거), 撤去(철거)

032

居(있을 거): jū, 尸-5, 8, 40

字解 형성. 尸^(주검 시)가 의미부이고 古^(옛 고)가 소리부로, 居住^(거주)하다는 뜻인데, 예로^(古)부터 조상 대대로 寄居^(기거)하며 살아온 조상의 주검^(尸)이 모셔진 곳이라는 의미를 담았다. 이로부터 앉다, 살다, 사는 곳 등의 뜻이 나왔다.

字形 [金文] [古陶文] [簡牘文] [說文小篆] [說文俗體]

● 예● 居住(거주), 住居(주거), 居處(거처), 居室(거실), 居安思危(거안사위)

033

巨(클 거): jù, 工-2, 5, 40

字解 회의. 갑골문에서 大^(큰 대)나 夫^(지아비 부)와 工^(장인 공)으로 구성되어 성인 남성^(夫)이 톱이나 자 같은 공구^(工)를 쥔 모습을 그렸으며, 이후 힘이 세고 몸집이 큰 성인 남성이라는 뜻에서 '크다'의 의미를, 공구로 하는 토목공사 등은 규정된 법칙을 지켜야 한다는 뜻에서 '규칙'을 의미하게 되었다. 다만, 전자는 공구를 그린 부분만 남아 巨로 쓰이게 되었고, 후자는 성인 남성^(夫)을 그린 부분이 矢^(화살 시)로 잘못 변해 矩^(곱자 구榘의 본래 글자)가 되어 두 개의 다른 글자로 분화했다.

字形 金文 古陶文 簡牘文 工說文小篆 說文古文

•예• 巨人(거인), 巨大(거대), 巨額(거액), 巨物(거물), 巨富(거부), 巨木(거목)

034

擧(들 거): 举, jǔ, 手-13, 17, 50

字解 형성. 手^(손 수)가 의미부이고 舁^(마주들 여)가 소리부로, 손^(手)으로 드는^(舁) 것을 말한다. 이로부터 들다, 일으키다, 행하다, 흥기하다, 천거하다, 擧行^(거행)하다의 뜻이 나왔고, 온 나라 온 국민이 함께 하다는 뜻에서 '擧國的^(거국적)으로'라는 의미도 나왔다. 중국의 간화자에서는 윗부분을 간단히 줄인 举로 쓴다.

字形 簡牘文 說文小篆

•예• 選擧(선거), 科擧(과거), 快擧(쾌거), 薦擧(천거), 擧行(거행), 一擧手一投足(일거수일투족)

035

車(수레 거·차): 车, chē, 車-0, 7, 70

字解 상형. 갑골문에서 마차를 간략하게 그렸는데, 금문에서는 두 바퀴와 중간의 차체와 이를 가로지르는 굴대(軸·축)에다 멍에(軶·액)와 끌채(轅·원)까지 완벽하게 표현되었다. 소전체에 들면서 지금처럼 두 바퀴는 가로획으로 차체는 네모꼴로 변했으며, 『설문해자』의 주문체에서는 戔(해칠 잔)을 더해 그것이 전쟁을 위한 전차임을 구체화했다. 고대 중국에서 마차는 다양한 용도로 쓰였다. 사람과 물건을 나르는 본래의 기능은 물론 전차나 사냥 수레로서의 기능도 함께 했다. 이 때문에 이후 수레처럼 軸에 의해 움직이는 동력장치를 지칭하여 水車(수차)나 自動車(자동차) 등까지 지칭하게 되었다. 다만, 사람이나 동물이 끄는 수레는 '거'로, 동력기관인 차는 '차'로 구분해 읽음에 유의해야 한다. 중국의 간화자에서는 초서체를 해서화한 车로 쓴다.

字形 甲骨文 金文 古陶文 簡牘文 古璽文 說文小篆 說文籀文

●예● 人力車(인력거), 自轉車(자전거), 自動車(자동차), 列車(열차), 車道(차도), 乘用車(승용차)

건

036

乾(하늘 건): qián, 乙-10, 11, 32

字解 형성. 乙(새 을)이 의미부이고 倝(해 돋을 간)이 소리부인데, 『설문해자』에서 乙은 식물이 자라는 모습을, 倝은 태양(日·일)이 숲 사이 솟아오를 때 온 사방으로 햇빛이 뻗는 모습을 그렸다고 풀이했다. 이를 고려하면, 乾은 초목(乙)이 햇

빛을 받으며^(乾) 자라는 모습을 형상화했으며, 초목을 자라게 해주는 해가 있는 '하늘'을 뜻하게 된 것으로 추정할 수 있다. 나아가 땅 아래는 축축하지만 땅 위로 올라오면 건조하므로 '마르다'의 뜻까지 생겼을 것이다.

字形 說文小篆

●예● 乾燥(건조), 乾電池(건전지), 乾杯(건배), 乾魚物(건어물)

037

建(세울 건): jiàn, 廴-6, 9, 50

字解 회의. 聿^(붓 율, 筆의 원래 글자)과 廴^(길게 걸을 인)으로 구성되었는데, 聿은 붓을 그렸고 廴은 彳^(조금 걸을 척)에서 아랫부분의 획을 확장시켜 만든 글자로 길이나 길을 가는 것을 뜻한다. 그래서 建은 길^(廴)에서 손으로 붓^(聿)을 잡고 무엇인가를 그리는 모습인데, 도로의 설계도이거나 길가에 세워질 건축물의 설계도를 그리는 모습일 것으로 추정된다. 설계도가 만들어져야 건물을 세울 수 있는 법, 그래서 建設^(건설)하다는 뜻이 나왔고, 建築^(건축) 등의 뜻도 생겼다.

字形 金文 古陶文 簡牘文 說文小篆

●예● 建設(건설), 建築(건축), 建國(건국), 建物(건물), 建造(건조), 封建(봉건), 創建(창건)

견

038

堅(굳을 견): 坚, jiān, 土-8, 11, 40

字解 형성. 土^(흙 토)가 의미부이고 臤^(어질 한굳을 간)이 소리부로, 흙^(土)이 단단하게^(臤) 굳어 견고함을 말한다. 이로부터 堅固^(견고)하다, 堅實^(견실)하다, 단결하다 등의 뜻이 나왔다. 중국의 간화자에서는 윗부분을 줄여 坚으로 쓴다.

字形 📜堅 簡牘文　堅 說文小篆

●예● 堅固(견고), 堅持(견지), 堅實(견실)

039

犬(개 견): quǎn, 犬-0, 4, 40

字解 상형. 개를 그렸는데, 치켜 올라간 꼬리가 특징적이다. 개는 청각과 후각이 뛰어나고 영리해 일찍부터 가축화되어 인간의 곁에서 사랑을 받아왔으며, 인간과 가장 가까운 동물의 하나가 되었다. 그래서 犬으로 구성된 글자는 개는 물론, 단독 생활을 즐기고 싸움을 좋아하는 개의 속성, 후각이 발달한 개의 기능 등을 뜻한다.

字形 📜📜📜 甲骨文　📜📜 金文　📜 古陶文　📜 盟書　📜📜📜 簡牘文　📜 說文小篆

●예● 忠犬(충견), 愛犬(애견), 軍犬(군견), 狂犬病(광견병), 猛犬(맹견)

040

見(볼 견·드러날 현): 见, jiàn, 見-0, 7, 52

字解 회의. 눈^(目·목)을 크게 뜬 사람^(儿·인)을 그려, 대상물을 보거나 눈에 들어옴을 형상화했으며, 이로부터 보다, 만나다, 드러나다 등을 뜻이 나왔다. 다만 '드러나다'나 '나타나다' 등의 뜻으로 쓰일 때에는 '현'으로 구분해 읽는다.

字形 📜📜📜 甲骨文　📜📜 金文　📜📜 古陶文　📜 盟書　📜 簡牘文　📜📜📜📜 簡牘文　📜 帛書　📜 說文小篆

●예● 意見(의견), 發見(발견), 見解(견해), 偏見(편견), 異見(이견), 見聞(견문), 識見(식견)

결

041

決(터질 결): 决, jué, 水-4, 7, 52

字解 형성. 水^(물 수)가 의미부이고 夬^(터놓을 쾌·깍지 결)가 소리부로, 물^(水)이 터져^(夬) 저장되었던 곳으로부터 쏟아져 나감을 말한다. 속자나 중국의 간화자에서는 水를 冫^(얼음 빙)으로 바꾼 决로 쓴다.

字形 𣲱簡牘文 𣲠說文小篆 決 玉篇

●예● 決定(결정), 解決(해결), 判決(판결), 對決(대결), 決斷(결단), 決算(결산)

042

潔(깨끗할 결): 洁, jié, 水-12, 15, 42

字解 형성. 水^(물 수)가 의미부이고 絜^(헤아릴 혈)이 소리부로, 물^(水)처럼 깨끗함^(絜)을 말하며, 이로부터 깨끗하다, 純潔^(순결)하다, 潔白^(결백)하다, 簡潔^(간결)하다 등의 뜻이 나왔다. 중국의 간화자에서는 소리부 絜을 吉^(길할 길)로 바꾼 洁로 쓴다.

字形 𣽤說文小篆

●예● 淸潔(청결), 純潔(순결), 簡潔(간결), 潔白(결백), 不潔(불결)

043

結(맺을 결): 结, jié, 糸-6, 12, 52

字解 형성. 糸^(가는 실 멱)이 의미부이고 吉^(길할 길)이 소리부로, 실^(糸)로 묶어 매듭을 짓고 연결함을 말하며, 이로부터 매듭, 매듭짓다, 연결하다, 모으다 등의 뜻이 나왔다. 이후 함께 모여 엉켜 있는 사물이나 서로 관계 지어지는 일 등

을 뜻하게 되었고, 어려운 일의 가장 중요한 부분을 비유하는 데도 쓰였다.

字形 結 結古陶文 結 結盟書 結 結簡牘文 結 說文小篆

•예• 結果(결과), 連結(연결), 結婚(결혼), 結實(결실), 結論(결론), 結末(결말), 結合(결합), 結成(결성), 終結(종결)

경

044

京(서울 경): jīng, 亠-6, 8, 60

字解 상형. 갑골문에서 기단 위에 높다랗게 지어진 집을 그렸으며, 이로부터 높은 집의 뜻이 나왔고, 높은 집들이 즐비하게 늘어선 '서울'까지 지칭하게 되었다. 또 즐비하다는 뜻에서 10조를 뜻하는 큰 숫자의 단위로 쓰이기도 한다.

字形 京 京 京甲骨文 京 京 京 京 京金文 京 京 京 京古陶文 京石刻古文 京 說文小篆

•예• 京畿(경기), 京鄕(경향), 北京(북경)

045

庚(일곱째 천간 경): gēng, 广-5, 8, 30

字解 상형. 탈곡에 쓰는 농기구를 그렸다는 둥, 庚의 자원에 관한 해설이 분분하지만, 요령과 같이 매달 수 있는 악기를 그렸다는 것이 일반적이다. 이른 시기부터 7번째 천간자로 가차되어 사용되었고, 악기라는 원래 뜻은 쓰이지 않았다.

字形 庚 庚 庚 庚甲骨文 庚 庚 庚 庚金文 庚 庚 庚古陶文 庚 庚 庚 庚 庚簡牘文 庚古璽文 庚 說文小篆

046

慶(경사 경): 庆, qìng, 心-11, 15, 42

字解 회의. 금문에서는 文^(글월 문)과 鹿^(사슴 록)으로 구성되어 무늬^(文) 든 사슴^(鹿) 가죽을 말했는데, 이후 사슴^(鹿)이 머리와 몸통부분^(吂·록)과 뒷다리^(夊·치)로 분리되고 文 대신 心^(마음 심)이 들어가 지금의 자형이 되었다. 고대 중국에서는 결혼 축하 선물로 무늬가 든 아름다운 사슴 가죽을 가져가던 전통이 있었는데, 이로부터 慶事^(경사), 축하하다, 慶祝^(경축)하다는 뜻이 나왔다. 사슴 가죽은 중국 신화에서 인류의 시조가 되는 복희와 여와가 교접할 때 사용했던 상징물이었기에 이런 전통이 생겼다. 이후 무늬를 뜻하는 文이 마음을 뜻하는 心으로 바뀌어 그런 축하가 마음^(心)으로부터 우러나와야 함을 표현했다. 중국의 간화자에서는 간단하게 줄인 庆으로 쓴다.

字形 <글자 형태들> 金文 <글자 형태들> 古陶文 <글자 형태들> 簡牘文 <글자 형태들> 古璽文 <글자 형태> 說文小篆

●예● 慶事(경사), 慶祝(경축), 國慶日(국경일)

047

敬(공경할 경): jìng, 攴-9, 13, 52

字解 회의. 갑골문에서 苟^(진실로 구)로 썼으나 금문에 들면서 손에 몽둥이를 든 모습인 攴^(칠 복)을 더하여 지금의 자형이 되었다. 苟는 머리에 羊^(양 양)이 그려진 꿇어앉은 사람을 그렸는데, 羊은 양을 토템으로 삼던 고대 중국의 서북쪽의 羌族^(강족)을 뜻하고, 꿇어앉은 사람은 포로가 되었다는 것을 상징한다. 羌族은 갑골문 시대 때 商族^(상족)과 가장 치열하게 싸웠고 위협이 되었던 강력한 적대 민족이었다. 전쟁에서 져 포로로 붙잡혀 꿇어앉은 羌族에게 商族은 '진실하고' '공경하는' 마음으로 복종하길 요구했을 것이다. 그것이 잘 지켜지지

않았던지 攵을 더하여 매를 들어 강제로 굴복시키는 모습을 강조했다. 이후 敬은 자신의 마음속에 들어 있는 여러 욕망을 억제하여 언제나 敬虔^(경건)한 자세를 가지게 하는 정신을 말하는 철학적인 용어로 변했다.

字形 甲骨文 金文

說文小篆

●예● 尊敬(존경), 恭敬(공경), 敬老堂(경로당), 敬意(경의), 敬聽(경청), 敬禮(경례), 敬愛(경애)

048

景(볕 경): jǐng, 日-8, 12, 50

字解 형성. 日^(날 일)이 의미부이고 京^(서울 경)이 소리부로, 태양^(日)이 높은 집^(京)들 위를 비추는 모습으로부터 '빛'이라는 뜻이 나왔고, 다시 풍경이나 '景致^(경치), 우러러보다^(景仰경앙) 등의 뜻이 나왔다. 이후 의미를 더 강조하고자 강렬한 햇살을 뜻하는 彡^(터럭 삼)을 더하여 影^(그림자 영)으로 분화했다.

字形 景 說文小篆

●예● 景氣(경기), 背景(배경), 景致(경치), 風景(풍경), 景觀(경관), 光景(광경)

049

競(겨룰 경): 竞, jìng, 立-15, 20, 50

字解 회의. 두 개의 竟^(다할 경)으로 구성되어, 두 사람 간의 연주 競爭^(경쟁)을 나타냈으며 이로부터 '다투다'의 뜻이 나왔는데, 달리 竸^(겨룰 경)으로도 쓴다. 이후 달려가다, 논쟁을 벌이다 등의 뜻도 나왔다. 중국의 간화자에서는 竟^(다할 경)

에 통합되었다.

字形 甲骨文 金文 說文小篆

●예● 競技(경기), 競爭(경쟁), 競賣(경매), 競走(경주), 競馬(경마)

050

經(날 경): 经, jīng, 糸-7, 13, 42

字解 형성. 糸^(가는 실 멱)이 의미부이고 巠^(지하수 경)이 소리부로, 날실 즉 베틀^(巠)의 세로 선^(糸)을 말한다. 날실은 베를 짤 때 가장 중요하여, 날실의 분포가 베의 길이와 넓이와 조밀도를 결정한다. 이 때문에 일의 가장 중요한 부분, 변하지 않는 것 등을 뜻하게 되었고, 이로부터 經書^(경서)나 經典^(경전) 등의 뜻도 나왔다. 또 베를 짜듯 일이나 사람을 관리하고 운영함을 비유하게 되었다. 중국의 간화자에서는 经으로 쓴다.

字形 金文 簡牘文 說文小篆

●예● 經濟(경제), 經驗(경험), 經營(경영), 經費(경비), 經歷(경력), 經典(경전), 神經(신경)

051

耕(밭 갈 경): [畊], gēng, 耒-4, 10, 32

字解 형성. 耒^(쟁기 뢰)가 의미부이고 井^(우물 정)이 소리부로, 쟁기^(耒)로 경지 정리된^(井) 논밭을 耕作^(경작)함을 말하며, 이로부터 씨를 뿌리다, 어떤 일에 매진하다 등의 뜻이 나왔다. 달리 耒(뢰) 때신 田^(밭 전)이 들어간 畊^(밭 갈 정)으로 쓰기도 했는데, 논밭^(田)을 가지런하게^(井) 갈무리한다는 뜻을 담았다.

字形 說文小篆

●예● 農耕(농경), 耕作(경작), 耕地(경지), 晝耕夜讀(주경야독)

052

輕(가벼울 경): 轻, qīng, 車-7, 14, 50

字解 형성. 車^(수레 거차)가 의미부이고 巠^(지하수 경)이 소리부로, 간단한 베틀^(巠)처럼 날렵하고 가벼운 수레^(車)를 말한다. 이후 나이가 젊다는 뜻도 가지는데, 농경사회를 살았던 중국에서 경험이 부족한 젊은 사람은 '가볍고' 경솔한 존재로 인식했기 때문이다. 중국의 간화자에서는 轻으로 줄여 쓴다.

字形 䡖䡖䡖䡖䡖**輕** 簡牘文 **輕** 說文小篆

●예● 輕視(경시), 輕薄(경박), 輕重(경중), 輕率(경솔), 輕減(경감), 輕微(경미)

053

驚(놀랄 경): 惊, jīng, 馬-10, 23, 40

字解 형성. 馬^(말 마)가 의미부이고 敬^(공경할 경)이 소리부로, 말^(馬)이 두려워^(敬)하며 놀라는 모습을 말했는데, 이후 '놀라다'는 일반적인 의미로 확장되었으며, 경황이 없다, 재빠르다 등의 뜻이 나왔다. 중국의 간화자에서는 惊^(슬플 량)에 통합되었다.

字形 驚 說文小篆

●예● 驚歎(경탄), 驚天動地(경천동지)

계

054

季(끝 계): jì, 子-5, 8, 40

字解 회의. 禾^(벼 화)와 子^(아들 자)로 구성되어, 곡식^(禾)의 수확에 동원 가능한 마지막

단계의 어린 아이^(子)까지 내보내 수확한다는 뜻에서 '마지막'의 뜻이 나왔다. 이로부터 季父^(계부)처럼 형제 중 막내, 季春^(계춘)처럼 계절의 마지막 달, 季節^(계절) 등의 뜻을 갖게 되었다.

字形 甲骨文 金文 古陶文 簡牘文 帛書 說文小篆

●예● 季節(계절), 四季(사계), 冬季(동계)

055

溪(시내 계): [谿], xī, 水-10, 13, 32

字解 형성. 水^(물 수)가 의미부이고 奚^(어찌 해)가 소리부로, 골짜기를 흐르는 작은 내를 말하며, 이로부터 작은 길의 뜻도 나왔다. 원래 谿^(시내 계)로 썼으나 의미부인 谷^(골 곡)이 水로 대체되었다.

字形 簡牘文 說文小篆 溪 玉篇

●예● 溪谷(계곡), 碧溪水(벽계수)

056

界(경계 계): [堺, 畍], jiè, 田-4, 9, 60

字解 형성. 田^(밭 전)이 의미부이고 介^(끼일 개)가 소리부로, 논밭^(田) 사이에 끼인^(介) 둑으로 만들어진 境界^(경계)를 뜻한다. 이로부터 주위, 접경, 영역 등의 뜻이 나왔다. 현대에 들어서는 學界^(학계)에서처럼 직업이나 지위, 성별 등의 차이에 따라 구분된 집단을 의미하기도 한다. 달리 좌우구조로 된 畍나 土^(흙 토)가 더해진 堺^(지경 개)로 쓰기도 한다.

字形 簡牘文 說文小篆

●예● 世界(세계), 境界(경계), 限界(한계), 業界(업계), 外界人(외계인)

057

癸(열째 천간 계): guǐ, 癶-4, 9, 30

字解 상형. 갑골문의 자형에서 이것이 무엇을 그렸는지에 대해서는 의견이 분분하다. 혹자는 나무막대를 교차시킨 것이라거나 컴퍼스처럼 생긴 거리를 재는 도구라고도 한다. 하지만, 점에 쓸 시초처럼 묶은 풀이나 나무가 교차한 모습으로 보는 것이 일반적이다. 점괘를 풀어줄 풀이나 나무막대를 손으로 골라 '점괘를 해석하다'는 뜻으로부터 '재다', '추측하다'의 뜻이 나왔다. 이후 癸가 간지자로 가차되어 쓰이게 되자, 원래 의미는 手^(손 수)를 더해 揆^(헤아릴 규)로 분화했다.

字形 [甲骨文] [金文] [古陶文] [簡牘文] [古璽文] [石刻古文] [說文小篆] [說文籒文]

058

計(꾀 계): 计, jì, 言-2, 9, 60

字解 회의. 言^(말씀 언)과 十^(열 십)으로 구성되었는데, 사람들이 일하는 시간을 숫자^(十)로써 보다 자세하게 일러준다^(言)는 의미를 담고 있다. 이로부터 計算^(계산)이라는 뜻이 나왔고, 다시 미리 계산해 둔다는 의미에서 計略^(계략)에서처럼 '꾀'라는 뜻까지 나왔다.

字形 [簡牘文] [說文小篆]

●예● 計劃(계획), 計算(계산), 統計(통계), 家計(가계), 生計(생계), 時計(시계), 設計(설계), 姑息之計(고식지계)

059

鷄(닭 계): 鸡, [雞], jī, 鳥-10, 21, 40

字解 형성. 鳥^(새 조)가 의미부이고 奚^(어찌 해)가 소리부로, 새^(鳥)의 일종인 '닭'을 말하는데, 머리를 묶인 여자 포로^(奚)와 같이 생긴 볏을 가진 새^(隹·추)라는 뜻을 담았다. 의미부인 鳥를 隹로 바꾼 雞^(닭 계)로 쓰기도 한다. 중국의 간화자에서는 소리부 奚를 간단하게 줄인 鸡로 쓴다.

字形 🐓🐓🐓🐓🐓甲骨文 🐓古陶文 🐓 🐓簡牘文 🐓 說文小篆

🐓 說文籀文

●예● 養鷄場(양계장), 鷄卵(계란), 群鷄一鶴(군계일학)

고

060

古(옛 고): gǔ, 口-2, 5, 60

字解 회의. 十^(열 십)과 口^(입 구)로 구성되었는데, 『설문해자』에서는 십^(十) 대 이전부터 구전되어^(口) 오던 오래된 옛날이야기라는 뜻이라고 했다. 이로부터는 '옛날'이라는 의미가 나왔고, 이후 오래되다, 소박하다 등의 뜻도 나왔다. 갑골문에서는 口에 세로획^(|)이 더해진 형태였는데, 이후 세로획이 十으로 변해 지금의 자형이 되었다.

字形 🔤🔤🔤甲骨文 🔤🔤🔤🔤🔤🔤金文 🔤🔤古陶文 🔤🔤簡牘文 🔤 說文小篆 🔤 說文古文

●예● 古代(고대), 古典(고전), 古墳(고분), 古書(고서), 古物(고물), 古鐵(고철), 古都(고도)

061

告(알릴 고): gào, 口-4, 7, 52

字解 회의. 牛^(소 우)와 口^(입 구)로 이루어져, 희생 소^(牛)를 바치고 기도하는^(口) 모습에서 '알리다'의 뜻을 그렸다. 이후 의미를 더욱 강조하기 위해 言^(말씀 언)을 더하여 誥^(고할 고)를 만들기도 했다.

字形 甲骨文 金文 古陶文 簡牘文 說文小篆

●예● 警告(경고), 廣告(광고), 申告(신고), 報告(보고), 豫告(예고), 宣告(선고), 告白(고백), 告發(고발), 忠告(충고), 告訴(고소)

062

固(굳을 고): gù, 口-5, 8, 50

字解 형성. 口^(나라 국에워쌀 위)가 의미부이고 古^(옛 고)가 소리부로, 옛것^(古)에 둘러싸여^(口·위) 밖으로 나가지 못하는 모습으로부터 고루함과 頑固^(완고)함이나 固執^(고집)을 그렸다. 옛것에 얽매여 새로운 사고를 하지 못함은 바로 굳음이요, 굳음은 바로 '노자'의 말처럼 죽어가는 모습에 다름 아니다.

字形 金文 古陶文 盟書 簡牘文 古璽文 說文小篆

●예● 固執(고집), 堅固(견고), 確固(확고), 固定(고정), 固守(고수), 固體(고체), 固着(고착)

063

故(옛 고): gù, 支-5, 9, 42

字解 형성. 攴^(칠 복)이 의미부이고 古^(옛 고)가 소리부인데, 회초리를 쳐가며^(攴) 옛것^(古)으로 되돌아가게 하다는 뜻이며, 이로부터 '옛것'의 뜻이, 다시 '억지로^(故意:고의)'라는 뜻이 나왔다.

字形 古 故 金文 故 古陶文 故 古 古 故 故 簡牘文 苑 帛書 石刻 古文 故 說文小篆

•예• 事故(사고), 故鄕(고향), 故人(고인), 故意(고의), 故國(고국), 溫故知新(온고지신), 竹馬故友(죽마고우), 故事成語(고사성어)

064

考(상고할 고): kǎo, 老-0, 6, 50

字解 형성. 老^(늙을 로)의 생략된 모습이 의미부이고 丂^(공교할 교)가 소리부로, 머리를 풀어헤친 채 지팡이를 짚고 서 있는 모습의 '노인'을 형상화했다. 노인이라는 뜻으로부터 돌아가신 아버지라는 뜻이 나오기도 하였고, 경험이 많은 노인처럼 깊이 생각하다는 뜻에서 '詳考^(상고)하다', 깊이 살피다 등의 뜻이 나왔다. 『설문해자』에서는 老와 같은 뜻이라고 했는데, 老와 考의 고대 한자음은 같았을 것으로 추정된다.

字形 甲骨文 金文 簡牘文 說文小篆

•예• 考慮(고려), 思考(사고), 參考(참고), 考査(고사), 考試(고시), 考察(고찰), 考案(고안)

065

苦(쓸 고): kǔ, 艸-5, 9, 60

字解 형성. 艸(풀 초)가 의미부이고 古(옛 고)가 소리부로, 쓴맛이 나는 풀(艸)의 하나인 '씀바귀'를 말하며, 이후 맛이 쓰다, 어렵다, 힘들다 등의 뜻이 나왔다.

字形 **苦**古璽文 **苦** 說文小篆

●예● 苦痛(고통), 苦惱(고뇌), 苦生(고생), 苦難(고난), 忍苦(인고), 同苦同樂(동고동락), 苦盡甘來(고진감래), 鶴首苦待(학수고대)

066

高(높을 고): [髙], gāo, 高-0, 10, 60

字解 상형. 갑골문에서처럼 윗부분은 지붕이고, 중간은 몸체를, 아랫부분은 기단으로, 땅을 다져 만든 기단 위에 높게 지은 건축물을 그렸는데 자형이 변해 지금처럼 되었다. 금문에 들면서는 2층 구조로 변했는데, 한나라 때 출토된 건물 모형에서는 이미 5-6층 건물까지 등장했다. 그래서 高는 '높다'가 원래 뜻이고, 이로부터 高尙(고상)함이나 지위의 높음까지 뜻하게 되었다.

字形 **高高高** 甲骨文 **高高** 金文 **高高高高高** 古陶文 **高高高** **高高** 簡牘文 **高** 石刻古文 **高** 說文小篆

●예● 最高(최고), 高等學校(고등학교), 高位(고위), 提高(제고), 高速(고속), 高級(고급), 天高馬肥(천고마비), 登高自卑(등고자비), 氣高萬丈(기고만장)

곡

067

曲(굽을 곡): [麯, 麴], qū, 曰-2, 6, 50

상형. 갑골문에서 대나 버들을 굽혀 엮어 놓은 광주리의 모습을 그렸고, 이로부터 '굽다'는 뜻이 나왔고, 이로부터 曲線^(곡선), 歪曲^(왜곡), 曲解^(곡해) 등의 의미도 나왔다. 『설문해자』에서도 '물건을 담을 수 있게 한 네모진 기물을 말하는데, 일설에는 누에 칠 때 쓰는 채반을 말한다.'라고 했다. 현대 중국에서는 麯^(누룩 국)과 麴^(누룩 국)의 중국의 간화자로도 쓰인다.

金文 簡牘文 說文小篆 說文古文 麯 麴 玉篇

●예● 曲線(곡선), 曲折(곡절), 屈曲(굴곡), 歌曲(가곡), 作曲(작곡), 樂曲(악곡)

068

穀(곡식 곡): 谷, gǔ, 禾-9, 14, 40

字解 형성. 禾^(벼 화)가 의미부이고 㱿^(껍질 각)이 소리부로, 벼^(禾)로 대표되는 '穀食^(곡식)'을 통칭한다. 옛날에는 곡식을 봉급으로 받았으므로 봉록, 봉양하다의 뜻이, 다시 좋다, 살아 있다 등의 뜻도 나왔다. 중국의 간화자에서는 독음이 같은 谷^(골 곡)에 통합되었다.

字形 簡牘文 說文小篆

●예● 穀物(곡물), 穀食(곡식), 穀雨(곡우), 糧穀(양곡), 五穀百果(오곡백과)

069

谷(골 곡): gǔ, 谷-0, 7, 32

字解 회의. 윗부분은 水^(물 수)의 일부가 생략된 모습이고 아랫부분의 口^(입 구)는 입구를 상징하여, 물이 흘러나오되 아직 큰 물길을 이루지 못한 산에 있는 샘의 입구를 그렸다. 그래서 『설문해자』에서도 "물이 솟아 나와 내^(川·천)로 통하는 곳을 谷이라 하며, 水의 반쪽 모습으로 구성되었다."라고 했다. 이처럼

谷은 내가 시작되는 산속 샘의 입구라는 뜻으로부터 산 사이로 우묵 들어간 '골짜기'를 의미하게 되었다. 골짜기는 '물길'이자 사람이 다니는 좁은 통로이기도 했으며, 깊게 팬 골짜기는 크고 텅 빈 공간으로 넉넉함과 수용을 상징하기도 했다. 그러나 크고 깊은 협곡에 빠져 적의 매복이라도 만나는 날이면 나아가지도 물러서지도 못한다는 뜻에서 進退維谷^(진퇴유곡)처럼 困境^(곤경)을 뜻하기도 하였다. 하지만, 谷의 자형에 유의해야 하는데, 윗부분이 물을 그렸기 때문에 사실은 갑골문에서처럼 아래위 획 모두 중간이 분리되어야 하는데, 예서에 들면서 지금처럼 되어 버렸다. 이와 반대로 아래위 획 모두 붙어 人^(사람 인)처럼 되면 '입^(口) 둘레로 난 구비'를 뜻하는 '谷'자가 되는데, 卻^(물리칠 각), 峪^(새가 울 곡) 등은 이 글자로 구성되었다. 이처럼 谷은 계곡을 지칭하거나 계곡의 상징을 말한다.

字形 谷谷谷 甲骨文 谷谷谷 金文 吾 古陶文 谷谷 簡牘文 谷 古璽文 谷 石刻古文 說文小篆

●예● 溪谷(계곡), 進退維谷(진퇴유곡), 深山幽谷(심산유곡)

곤

070

困(괴로울 곤): kùn, 囗-4, 7, 40

字解 회의. 囗^(나라 국에워쌀 위)와 木^(나무 목)으로 구성되었는데, 囗은 네모로 둘러쳐진 집이나 방을 상징하여, 변변한 가재도구도 없이 선반과 같은 나무^(木)만 덩그러니 남은 困窮^(곤궁)한 모습을 담았고, 다시 힘들다, 疲困^(피곤)하다, 어려움에 부닥치다 등의 뜻이 나왔다.

字形 困 甲骨文 困 簡牘文 困 說文小篆 朿 說文古文

●예● 疲困(피곤), 困難(곤란), 困境(곤경), 貧困(빈곤), 困窮(곤궁), 春

071

坤(땅 곤): [堃], kūn, 土-5, 8, 30

字解 형성. 土^(흙 토)가 의미부이고 申^(아홉째 지지 신)이 소리부로, 흙^(土)과 번개^(申)가 더해져 음과 양의 기운이 만나 무한한 에너지를 만들어 내는 번개^(申)처럼 모든 생물을 생장 가능하게 하는 흙^(土)을 가진 '땅'을 말한다. 여성, 어머니, 서쪽의 상징으로도 쓰이며, 『주역』에서 땅을 뜻하는 팔괘의 하나^(☷)이기도 하다. 달리 堃^(땅 곤)으로 쓰기도 하는데, 사방^(方·방) 팔방^(方)으로 흩어진 땅^(土)이라는 뜻을 담았다.

字形 古璽文 石刻古文 坤 說文小篆

●예● 乾坤(건곤)

골

072

骨(뼈 골): gǔ, 骨-0, 10, 40

字解 회의. 소전체에서부터 등장하는데 冎^(살 베어내고 뼈만 앙상히 남을 과, 剮와 같은 글자)에 肉^(고기 육)이 더해진 모습으로, 살이 붙은 '뼈'를 잘 형상화했다. 冎는 갑골문에서 卜^(점 복)과 뼈로 구성되어, 당시 거북 딱지와 함께 점복에 주로 사용되었던 소의 어깻죽지 '뼈'를 그렸다. 그래서 骨은 원래는 『설문해자』의 해석처럼 '살이 붙은 뼈'를 지칭했으나 이후 '뼈'의 통칭으로 변했다. 뼈는 사람의 몸을 구성하는 근간이며, 기풍을 나타내는 상징이기도 하다. 그래서 骨에는 氣骨^(기골)이라는 뜻이 생겼고, 風骨^(풍골)처럼 문학작품에서 기풍과 필력이 웅건한 스타일을 가리키기도 했다. 이처럼 骨로 구성된 글자는 주로 뼈와 관련된 의미나 신체부위, 기풍 등을 나타낸다.

●예● 骨格(골격), 白骨(백골), 刻骨難忘(각골난망), 鷄卵有骨(계란유골)

공

073

公(공변될 공): gōng, 八-2, 4, 60

字解 회의. 厶^(사사 사, 私의 원래 글자)와 八^(여덟 팔)로 구성되어, 공변됨을 말하는데, 사사로움^(厶)에 반대되는^(八) 개념을 公으로 보았다. 즉 그런 사적인 테두리나 영역을 없애버리거나 그러한 사적인 개념에 배치된다^(八)는 개념을 그렸다. 그래서 公에는 公的^(공적)이라는 뜻과 公平^(공평), 公共^(공공)이라는 뜻이 생겼고, 다시 '公開的^(공개적)'인', '公式^(공식)적'이라는 뜻도 생겼는데, 공적인 일은 반드시 은밀하지 않은 공개적인 방법에 의해서 진행되어야 하기 때문이다. 또 고대의 작위 이름으로 쓰였고, 할아버지뻘의 남성이나 시아버지를 부르는 호칭으로도 쓰였다.

字形 甲骨文 金文 古陶文 古幣文 簡牘文 古璽文 古璽 石刻古文 說文小篆

●예● 公開(공개), 公共(공공), 公式(공식), 公園(공원), 公約(공약), 公正(공정), 公平(공평), 公演(공연), 公認(공인), 公務員(공무원), 愚公移山(우공이산)

074

共(함께 공): gòng, 八-4, 6, 60

字解 형성. 갑골문에서 口^(입 구)가 의미부이고 廾^(두 손으로 받들 공)이 소리부로, 어떤 물체^(口)를 두 손으로^(廾) '함께' 받쳐 든 모습을 그렸는데, 자형이 변해 지금처럼 되었다. 이로부터 共同^(공동), 함께 등의 뜻이 나왔고, 합계, 모두라는 뜻으로도 쓰였다.

字形 甲骨文 金文 簡牘文

古璽文 說文小篆 說文古文

●예● 公同(공동), 共通(공통), 共感(공감), 共有(공유), 共存(공존), 共犯(공범), 天人共怒(천인공노)

075

功(공 공): gōng, 力-3, 5, 60

字解 형성. 力^(힘 력)이 의미부이고 工^(장인 공)이 소리부로, 온 힘^(力)을 다해 돌 절굿공이^(工)로 흙담을 쌓는 모습을 그렸다. 工^(도구 공)은 중원지역에서 황토를 다져 성과 담을 쌓던 절굿공이를 그렸고, 그것이 가장 중요한 도구였기에 '도구'의 대표가 되었다. 그래서 功은 적으로부터 자신들을 지켜줄 울이나 성을 절굿공이^(工)로 힘껏^(力) 다져 만드는 모습이며, 이로부터 '일'이나 작업, 노력, 효과 등의 뜻이 생겼다. 이는 고대 사회에서 功이 전쟁에서 세운 공^(戰功·전공)보다 토목 등 구성원의 안정된 생활을 위한 것이 더욱 근원적이었음을 보여준다.

字形 金文 簡牘文 石刻古文 說文小篆

●예● 功勞(공로), 成功(성공), 功績(공적), 論功行賞(논공행상), 螢雪之功(형설지공)

076

工(장인 공): gōng, 工-0, 3, 70

字解 상형. 이의 자원에 대해 도끼를 그렸다느니 자를 그렸다는 등 의견이 분분하지만, 갑골문을 보면 땅을 다질 때 쓰던 돌 절굿공이를 그렸음이 분명하다. 윗부분은 손잡이고 아랫부분이 돌 절굿공이인데, 딱딱한 거북 딱지에 칼로 새긴 갑골문에서 새기기 편하도록 아랫부분이 네모꼴로 변했을 뿐이다. 지금도 황하 유역을 가면 집터를 만들거나 담을 쌓아 올릴 때 진흙을 다져 만드는 방법^(版築法·판축법)을 자주 볼 수 있는데, 이때 가장 유용하게 쓰이는 도구가 바로 돌 절굿공이다. 그러한 절굿공이가 그 지역의 가장 대표적이고 기본적인 도구라는 뜻에서 工具^(공구)의 뜻이 나왔고, 공구를 전문적으로 다루는 사람을 工匠^(공장), 공구를 사용한 작업을 工程^(공정)이나 工作^(공작)이라 부르게 되었으며, 어떤 일에 뛰어나다는 뜻도 갖게 되었다.

字形 🔲工 甲骨文 工工工 金文 工 古陶文 工工工 簡牘文 工 石刻古文 工 說文小篆 工 說文古文

•예• 工夫(공부), 工場(공장), 工事(공사), 加工(가공), 工業(공업), 人工(인공), 工作(공작), 完工(완공)

077

空(빌 공): kōng, 穴-3, 8, 70

字解 형성. 穴^(구멍 혈)이 의미부이고 工^(장인 공)이 소리부로, 공구(工)로 황토 언덕에 굴^(穴)을 파 만든 '空間^(공간)'을 뜻하며, 이후 큰 공간인 '하늘과 '텅 빔', 틈, 공간이나 칸을 비우다 등의 뜻도 나왔다.

字形 🔲金文 🔲🔲古陶文 🔲🔲🔲簡牘文 🔲 說文小篆

•예• 空間(공간), 空氣(공기), 空港(공항), 航空(항공), 空中(공중), 空軍(공군), 空白(공백), 空想(공상), 蒼空(창공), 虛空(허공)

과

078

果(열매 과): [菓], guǒ, 木-4, 8, 60

字解 상형. 나무^(木목)에 과실이 열린 모습을 그렸는데, 과실을 그린 윗부분이 田^(밭전)으로 변해 지금의 자형이 되었다. 열매가 원래 뜻이며, 결실을 보다, 성과물, 이루다 등의 뜻이 나왔고, 다시 果斷性^(과단성)이 있다, 확실히, 果然^(과연) 등의 뜻도 나왔다. 그러자 원래 뜻은 艸^(풀 초)를 더해 菓^(열매 과)로 분화했다.

字形 甲骨文 金文 簡牘文 古璽文 說文小篆

●예● 結果(결과), 效果(효과), 成果(성과), 果敢(과감), 果然(과연), 果實(과실), 因果應報(인과응보)

079

科(과정 과): kē, 禾-4, 9, 60

字解 형성. 斗^(말 두)가 의미부이고 禾^(벼 화)가 소리부로, 말^(斗)로 곡식^(禾)의 양을 잼을 말한다. 곡식의 양을 재려면 분류가 이루어질 것이고, 분류된 곡식은 그 질에 따라 等級^(등급)이 매겨지기 마련이다. 이 때문에 科에 매기다, 等級, 분류 등의 뜻이 함께 생겼다. 그래서 科學^(과학)은 곡식^(禾)을 용기^(斗)로 잴 때처럼 '정확하게' 하는 학문^(學)이라는 뜻으로, 사람들의 이해관계에 따라 척도가 달라져서는 아니 되는 것이 바로 科學의 정신임을 천명하고 있다. 이는 '지식'이라는 어원을 가지는 영어에서의 '사이언스^(science)'보다 더욱더 현대적 의미의 科學 정신을 잘 반영하고 있다.

字形 說文小篆

●예● 科學(과학), 科目(과목), 科學(과거), 教科(교과), 金科玉條(금과

080

課(매길 과): 课, kè, 言-8, 15, 52

(字解) 형성. 言^(말씀 언)이 의미부이고 果^(열매 과)가 소리부로, 어떤 결과나 성과^(果)를 말^(言)로 '시험하고' 평가하다는 뜻이며, 이로부터 등급을 매기다, 세금을 매기다, 평가하다, 계산하다, 課題^(과제) 등의 뜻이 나왔으며, 敎務課^(교무과)에서처럼 기관이나 학교 등의 행정 단위로도 쓰인다.

(字形) 課課 簡牘文 課 說文小篆

●예● 課題(과제), 課外(과외), 日課(일과), 課程(과정)

081

過(지날 과): 过, guò, 辵-9, 13, 52

(字解) 형성. 辵^(쉬엄쉬엄 갈 착)이 의미부이고 咼^(입 비뚤어질 괘)가 소리부인데, 咼는 점복에 쓰이는 동물 뼈를 그린 冎^(뼈 발라낼 과)에 물음을 뜻하는 口^(입 구)가 더해진 모습이다. 갑골문에서 過는 '잘못'이나 '재앙' 등의 뜻으로 쓰였고, 이후 지나가다^(辵), 지나치다, 넘어서다, 과거 등의 뜻이 나왔으며, 현대 한어에서는 과거 경험을 나타내는 조사로 쓰인다. 중국의 간화자에서는 소리부인 咼를 寸^(마디 촌)으로 간단하게 줄인 过로 쓴다.

(字形) 過過 金文 過 盟書 過過過過 簡牘文 過 古璽文 過 說文小篆

●예● 過程(과정), 過去(과거), 謝過(사과), 通過(통과), 超過(초과), 過誤(과오), 過猶不及(과유불급)

관

082

官(벼슬 관): guān, 宀-5, 8, 42

字解 회의. 宀(집 면)과 自(군사 사, 師의 원래 글자)로 구성되어, 군대(自)의 주둔지에 만들어 진 집(宀)이라는 뜻으로부터 官公署(관공서), 官舍(관사), 官府(관부) 등의 뜻이 나왔으며, 거기를 관리하는 사람까지 뜻하게 되었다. 이후 官僚(관료)는 물론 국가에 속하는 것의 비유로도 쓰였다.

字形 甲骨文 金文 古陶文 簡牘文 古璽文 說文小篆

●예● 長官(장관), 官吏(관리), 官廳(관청), 官職(관직), 貪官汚吏(탐관오리)

083

觀(볼 관): 观, guān, 見-18, 25, 52

字解 형성. 見(볼 견)이 의미부이고 雚(황새 관)이 소리부로, 큰 눈을 가진 수리부엉이(雚)가 목표물을 응시하듯 뚫어지게 바라다봄을 말하며, 이로부터 觀察(관찰)하다, 본 모습, 사물에 대한 인식이나 觀點(관점), 觀念(관념)의 뜻이 나왔고, 도교사원을 지칭하기도 했다. 중국의 간화자에서는 雚을 간단한 부호로 又(또 우)로 줄인 观으로 쓴다.

字形 甲骨文 金文 簡牘文 說文小篆 說文古文

●예● 觀光(관광), 觀測(관측), 觀察(관찰), 觀點(관점), 主觀(주관), 觀念(관념), 觀覽(관람), 坐井觀天(좌정관천), 明若觀火(명약관화)

084

關(빗장 관): 关, guān, 門-11, 19, 52

字解 회의. 門(문 문)과 빗장을 실(소·요)로 꽁꽁 묶어 놓은 모습을 그렸고, 이로부터 '빗장', '잠그다', '폐쇄하다' 등의 뜻이 나왔다. 이후 출입을 통제하며 문을 잠그고 여는 성문이나 요새, 關門(관문), 關稅(관세) 등을 뜻하게 되었고, 중국의 函谷關(함곡관)이나 潼關(동관)을 말하기도 한다. 중국의 간화자에서는 关으로 쓴다.

字形 門 門 關 金文　門 門 關 古陶文　關 關 關 關 簡牘文　門 門 關 古璽文　關 說文小篆

●예● 關係(관계), 關聯(관련), 機關(기관), 關心(관심), 關與(관여), 無關(무관), 相關(상관), 關稅(관세)

광

085

光(빛 광): [炗, 苂], guāng, 儿-4, 6, 60

字解 회의. 원래는 火(불 화)와 儿(사람 인)으로 구성되어, 불(火)을 들고 곁에서 시중드는 사람(儿)을 그린 글자로 炗(빛 광)으로 쓰기도 했는데 자형이 조금 변해 지금처럼 되었다. 종(儿)으로 하여금 등불(火)을 들게 했던 옛날의 모습을 형상화했으며, 이로부터 빛, 밝히다, 비추다, 떨치다 등의 뜻이 나왔다.

字形 甲骨文　金文　古陶文　簡牘文　說文小篆　說文古文

●예● 觀光(관광), 榮光(영광), 光陰(광음), 光復(광복), 光景(광경), 光線(광선), 光彩(광채), 光明(광명), 光澤(광택), 風光(풍광)

086

廣(넓을 광): 广, guǎng, 广-12, 15, 52

字解 형성. 广^(집 엄)이 의미부이고 黃^(누를 황)이 소리부로, 사방으로 벽이 없는 큰 집 广^(엄)을 말하며, 이로부터 크고 廣闊^(광활)하다, 멀다, 광대하다 등의 뜻이 만들 어졌다. 중국의 간화자에서는 소리부 黃을 생략한 广으로 쓴다.

字形 廣廣廣廣金文 廣廣古陶文 廣廣廣簡牘文 廣說文小篆

●예● 廣告(광고), 廣場(광장), 廣域(광역), 廣野(광야), 廣範圍(광범위)

교

087

交(사귈 교): jiāo, 亠-4, 6, 60

字解 상형. 다리가 교차한 사람의 모습을 그렸으며, 이로부터 交叉^(교차)하다, 交流 ^(교류)하다, 상대에게 주다 등의 뜻이 나왔다. 이후 만나다, 복잡하게 얽히다 등의 뜻도 나왔으며 친구, 성교 등의 비유로 쓰였으며, 나무 등을 교차시켜 만든 울을 뜻하기도 한다.

字形 交交甲骨文 交交金文 交古陶文 交交簡牘文 交石刻古文 交說文小篆

●예● 交通(교통), 外交(외교), 交流(교류), 交替(교체), 交換(교환), 交易(교역), 交代(교대)

088

教(가르칠 교): [敎], jiào, jiāo, 攴-7, 11, 80

字解 형성. 子^(아들 자)와 攵^(支, 칠 복)이 의미부이고 爻^(효 효)가 소리부로, 아이^(子)에게 새끼 매듭^(爻) 지우는 법을 회초리로 치며^(攵) 가르치는 모습을 그렸는데, 새 끼 매듭^(結繩·결승)은 문자가 출현하기 전 기억을 보조하던 주요 수단이었고, 그것을 가르치는 것이 教育^(교육)이었다. 이로부터 지식이나 기능 등을 전수 하다는 뜻이 생겼고, 학술 등의 유파를 뜻하여 宗教^(종교)라는 뜻도 나왔으며, 이후 사역동사로도 쓰였다. 달리 孝^(효도 효)가 소리부이고 攵이 의미구조로 된 敎로 쓰기도 하는데, 가르침의 최고 대상의 하나가 '효'임을 천명했다.

字形 [갑골문] 甲骨文 [금문] 金文 [간독문] 簡牘文 [석각고문] 石刻古文 [설문소전] 說文小篆 [설문고문] 說文古文

●예● 教育(교육), 宗教(종교), 教授(교수), 教師(교사), 教室(교실), 教 訓(교훈), 教養(교양), 教材(교재)

089

校(학교 교): xiào, jiào, 木-6, 10, 80

字解 형성. 木^(나무 목)이 의미부이고 交^(사귈 교)가 소리부인데, 나무^(木)를 교차시킨^(交) 울타리를 말하는데, 그런 울타리를 둘러 학교를 만들었기에 '學校^(학교)'라는 의미가 나왔으며, 군영도 뜻한다. 원래는 사냥에서 잡은 짐승을 울에 임시 로 가두어 놓고서 사냥이 끝난 다음 결과를 비교하던 데서, 비교하다, 따지 다, 견주다의 뜻이 나왔다. 『설문해자』에서는 나무^(木)로 만든 사람을 가두는 '울'을 말한다고 했으며, 목에 쓰는 칼과 같은 형벌 도구를 지칭하기도 했다.

字形 [고도문] 古陶文 [간독문] 簡牘文 [고새문] 古璽文 [설문소전] 說文小篆

●예● 學校(학교), 登校(등교), 校長(교장), 校歌(교가), 母校(모교), 校 服(교복), 開校(개교)

090

橋(다리 교): 桥, qiáo, 木-12, 16, 50

字解 형성. 木^(나무 목)이 의미부이고 喬^(높을 교)가 소리부로, 배 등이 아래로 지나갈
수 있도록 높다랗게^(喬) 아치형으로 설계된 나무^(木)로 만든 다리를 말하며,
이로부터 橋梁^(교량), 架橋^(가교) 등의 뜻이 나왔다. 중국의 간화자에서는 喬를
乔로 줄인 桥로 쓴다.

字形 古陶文　簡牘文　說文小篆

●예● 橋梁(교량), 架橋(가교), 橋脚(교각), 陸橋(육교), 大橋(대교)

구

091

久(오랠 구): jiǔ, 丿-2, 3, 32

字解 지사. 소전체에 근거해 볼 때 윗부분이 사람이고 엉덩이 쪽에 뾰족한 침 같
은 것을 꽂은 모습이다. 엉덩이 부위에 침이나 뜸을 뜨는 모습을 그린 것으
로 추정되며, 이로부터 '뜸'이나 '뜸을 들이다' 등의 뜻을 갖게 되었고, 다시
'오래'라는 뜻도 나왔다. 그러자 원래 뜻은 火^(불 화)를 더한 灸^(뜸 구)로 분화했
다.

字形 說文小篆

●예● 永久(영구), 持久力(지구력), 悠久(유구)

092

九(아홉 구): jiǔ, 乙-1, 2, 80

字解 지사. 자원에 대해서는 의견이 분분하여, 끝이 굽은 낚싯바늘을 그렸다고 하
기도 하고 팔꿈치를 그려, 肘^(팔꿈치 주)의 원래 글자라고는 하나 모두 분명하

지 않다. 갑골문이나 금문에서 이미 숫자를 나타내는 '아홉'의 뜻으로만 쓰였다. 중국에서 9는 최고의 숫자로 알려져, 완성이나 많음의 비유로 쓰인다.

字形 （甲骨文, 金文, 古陶文, 簡牘文, 古璽文, 石刻古文, 說文小篆）

●예● 九天(구천), 九牛一毛(구우일모), 三旬九食(삼순구식), 九死一生(구사일생)

093

口(입 구): kǒu, 口-0, 3, 70

字解 상형. 벌린 입을 사실적으로 그렸으며, 口^(입 구)는 먹고 말하는 인간과 동물의 신체기관은 물론 집의 入口^(입구)나 기물의 아가리까지 지칭하는 다양한 의미로 확장되었다. 口로 구성된 글자들은 다양하지만 대체로 味^(맛 미)와 같이 '먹는' 행위, 占^(점칠 점)과 같이 '말'을, 命^(목숨 명)과 같이 명령과 권위의 상징, 器^(그릇 기)처럼 집의 입구나 아가리를 말하기도 했다.

字形 （甲骨文, 金文, 古陶文, 古幣文, 簡牘文, 古璽文, 漢印, 說文小篆）

●예● 家口(가구), 人口(인구), 口號(구호), 窓口(창구), 入口(입구), 港口(항구), 口舌數(구설수), 有口無言(유구무언)

094

句(글귀 구): [勾], jù, 口-2, 5, 42

字解 형성. 갑골문에 의하면 口^(입 구)가 의미부이고 丩^(얽힐 구)가 소리부로, 말^(口)을 서로 얽어서^(丩) 만들어낸 '문장'이나 그 단위를 말했고, 이로부터 '글'이라는

의미가 나왔는데, 이후 배가 불러 허리를 굽힌 사람의 모습인 勹^(쌀 포)와 口
의 결합으로 변했다. 句로 구성된 합성자에서는 句와 勾를 서로 바꾸어 쓰
기도 한다.

字形 甲骨文 金文 古陶文 簡牘文 員說
文小篆

●예● 句節(구절), 文句(문구), 詩句(시구), 語句(어구), 對句(대구), 美
辭麗句(미사여구), 一言半句(일언반구)

095

救(건질 구): jiù, 攴-7, 11, 50

字解 형성. 攴^(칠 복)이 의미부이고 求^(구할 구)가 소리부로, 손에 막대기^(攵)를 쥐고 털
달린 짐승^(求)이 해치지 못하도록 몰아내 사람을 구해 주는 모습을 그렸고,
이로부터 돕다, 구제하다는 뜻이 나왔다.

字形 金文 簡牘文 石刻古文 說文小篆

●예● 救濟(구제), 救出(구출), 救助(구조), 救護(구호), 救命(구명), 救急(구
급), 救援(구원)

096

求(구할 구): qiú, 水-3, 7, 42

字解 상형. 원래는 가죽 옷 위로 털^(毛모)이 삐져나온 모습을 그렸는데, 자형이 변
해 지금처럼 되었다. 털이 달린 가죽 옷을 그렸다. 가죽옷은 지금도 귀한
옷이지만 난방 시설이 열악했던 옛날에는 추위를 나는데 더욱 귀한 존재였
을 것이다. 그래서 가죽 옷은 모든 사람이 '구하고자 하는' 대상이었다. 이
때문에 求에는 追求^(추구)하다, 要求^(요구)하다, 請求^(청구)하다 등의 뜻이 담기게
되었다. 그러자 원래 의미는 衣^(옷 의)를 더해 裘^(갓옷 구)로 분화했다.

金文 簡牘文 說文古文

•예• 要求(요구), 請求(청구), 追求(추구), 欲求(욕구), 求職(구직)

097

究(궁구할 구): jiū, 穴-2, 7, 42

字解 형성. 穴^(구멍 혈)이 의미부이고 九^(아홉 구)가 소리부로, 구멍^(穴)의 끝까지^(九) 들어 간다는 뜻으로, 사물의 가장 깊은 곳까지 파헤침을 말하며, 이로부터 끝까 지 파헤치다, 探究^(탐구)하다 등의 뜻이 나왔다.

字形 說文小篆

•예• 研究(연구), 探究(탐구), 學究熱(학구열)

098

舊(옛 구): 旧, jiù, 臼-12, 18, 52

字解 형성. 萑^(부엉이 환풀 많을 추)이 의미부이고 臼^(절구 구)가 소리부로, 원래는 부엉이처 럼 솟은 눈썹을 가진 새^(萑)를 말했는데, '옛날'이라는 의미로 가차되었다. 이 로부터 오래되다, 낡다, 장구하다, 이전의, 원래의, 여전히 등의 뜻을 갖게 되었다. 이후 소리부인 臼^(절구 구)를 더해 지금의 舊가 되었으며, 약자와 중국 의 간화자에서는 旧로 쓴다.

字形 甲骨文 金文 簡牘文 說文小篆 說文或 體

•예• 親舊(친구), 復舊(복구), 新舊(신구), 舊態(구태), 守舊(수구), 送 舊迎新(송구영신)

국

099

國(나라 국): 国, [囯], guó, 囗-8, 11, 80

字解 형성. 囗^(에워쌀 위)가 의미부이고 或^(혹시 혹)이 소리부로, 성으로 둘러싸인^(囗) '나라'를 말한다. 원래는 或^(혹 혹)으로 써 무기^(戈 과)를 들고 성^(囗)을 지키는 모습이며, 성을 지키려면 무기^(戈)가 필수적임을 강조했다. 그것은 지금과 달리 고대사회에서 국가의 경계가 유동적이었음을, 지킬 수 없을 때에는 곧바로 사라질 수 있었음을 시사한다. 이는 날이 여럿인 창^(戈)을 그린 我^(나 아)로 '우리'를 나타냈던 것을 보면 더욱 명확해진다. 我가 지금은 '나'를 뜻하지만, 옛날에는 '우리'라는 집단을 의미했다. 이렇게 볼 때, 或은 '혹시' 있을지도 모를 만일의 사태에 대비하여 방어를 굳건히 해야 하는 것이 '나라'라는 의미일 터, 이것이 或이 단순한 가차를 넘어선 그 이면에 숨겨진 맥락이요 상황일 것이다. 그 후 或이 '혹시'로 널리 쓰이자 다시 囗을 더한 國으로 분화했으며, 혹시^(或)나 하는 것에 기대를 거는 마음^(心·심)이 바로 '미혹됨^(惑·혹)'이다. 한국의 속자에서는 王^(왕 왕)과 囗이 결합한 구조인 国으로 쓰며, 중국의 간화자에서는 玉^(옥 옥)이 들어간 国으로 쓴다.

字形 〔甲骨文〕 〔金文〕 〔古陶文〕 〔盟書〕 〔簡牘文〕 〔古璽文〕 〔石刻古文〕 〔說文小篆〕

●예● 國家(국가), 國民(국민), 國會(국회), 國際(국제), 國政(국정), 全國(전국), 國語(국어), 國防(국방), 祖國(조국), 大韓民國(대한민국), 傾國之色(경국지색)

군

100

君(임금 군): jūn, 口-4, 7, 40

字解 형성. 口^(입 구)가 의미부이고 尹^(다스릴 윤)이 소리부인데, 명령^(口)을 내릴 수 있는 문서 관리자^(尹)라는 뜻을 그렸고, 이루부터 '임금'과 통치자의 의미가 나왔고, 다시 상대방에 대한 존칭으로 쓰여 君子^(군자)라는 의미가 나왔다.

字形 𦥑𦥑𦥑甲骨文 𠬝𠬝𠬝𠬝𠬝𠬝金文 𠬝古陶文 𠬝𠬝盟書 𠬝簡牘文 𠬝𠬝古璽文 𠬝漢印 𠬝石刻古文 𠬝說文小篆 𠬝說文古文

●예● 君子(군자), 君臣(군신), 君王(군왕), 君主(군주), 聖君(성군), 檀君(단군), 梁上君子(양상군자)

101

軍(군사 군): 军, jūn, 車-2, 9, 80

字解 형성. 원래 車^(수레 거차)가 의미부이고 勻^(고를 균, 均의 원래 글자)이 소리부로, 전차^(車)를 고르게^(勻) 배치함을 말했는데, 자형이 줄어 지금처럼 되었다. 이후 전차^(車)가 고르게 배치된^(勻) 軍隊^(군대)나 무장한 부대를 지칭하게 되었고, 군대 단위로 쓰여 師^(사)보다 큰 단위의 군대를 지칭하는데, 옛날에는 4천 명 정도의 규모였다. 중국의 간화자에서는 军으로 쓴다.

字形 𠇶𠇶𠇶𠇶金文 𠇶古陶文 𠇶𠇶簡牘文 𠇶說文小篆

●예● 軍隊(군대), 軍人(군인), 陸軍(육군), 我軍(아군), 敵軍(적군), 軍歌(군가), 獨不將軍(독불장군), 孤軍奮鬪(고군분투)

102

郡(고을 군): jùn, 邑-7, 10, 60

字解 형성. 邑^(고을 읍)이 의미부이고 君^(임금 군)이 소리부로, 우두머리^(君)가 통치하는 영역^(邑)이라는 뜻으로부터 행정단위의 하나인 '군'을 지칭하게 되었다. 周^(주) 나라 지방 행정제도에 의하면, 천자의 사방 1천 리 지역을 1백 개의 縣^(현) 으로 나누고, 현마다 4개의 郡^(군)을 두었다 한다. 하지만 秦^(진)나라에 이르 면 현을 통괄하는 단위가 군이 되어 현보다 큰 행정단위로 변하였다.

字形 周 珥 古陶文 郡 龍 簡牘文 郡 說文小篆

●예● 郡守(군수), 郡廳(군청), 郡民(군민)

궁

103

弓(활 궁): gōng, 弓-0, 3, 32

字解 상형. 갑골문에서 활을 그렸는데, 활시위가 얹힌 때도 있고 풀린 경우도 보 인다. 활은 고대사회에서 식량으로 쓸 짐승을 잡는 도구로 쓰였으며, 야수 나 적의 침입을 막아내는 유용한 무기이기도 했다. 弓으로 구성된 한자는 활을 직접 지칭하거나, 활과 관련된 여러 기능 및 특성과 의미적 관련을 맺 는다.

字形 卩 刁 弓 甲骨文 弓 刁 弓 金文 弓 古陶文 弓 簡牘文 弓 古璽文 弓 石 刻古文 弓 說文小篆

●예● 弓矢(궁시), 洋弓(양궁), 弓手(궁수)

권

104

勸(권할 권): 劝, [勧, 勸], quàn, 力-18, 20, 40

字解 형성. 力^(힘 력)이 의미부이고 雚^(황새 관)이 소리부로, 힘^(力)으로 강권하다, 설득하다는 뜻이며, 이로부터 권하다, 권력의 뜻이 나왔다. 중국의 간화자에서는 소리부인 雚을 간단한 부호 又^(또 우)로 바꾼 劝으로 쓴다.

字形 簡牘文 說文小篆

●예● 勸奬(권장), 勸告(권고), 勸誘(권유), 勸善懲惡(권선징악)

105

卷(굽을 권): [捲], juǎn, juàn, 卩-6, 8, 40

字解 형성. 원래는 廾^(두 손으로 받들 공)과 卩^(병부 절)이 의미부이고 釆^(분별할 변)이 소리부로, 두 손을 모으고^(廾) 무릎을 오므린 채 꿇어앉은^(卩) 사람의 모습에서 굽히다, 굽다, 접다 등의 뜻이 나왔고 다리의 접히는 부분이 '오금'을 뜻하게 되었다. 이후 죽간이나 종이에다 글을 쓰고 이를 말아 놓은 것이 옛날의 '책'이었으므로, 책을 헤아리는 단위로도 쓰이게 되었다. 따라서 卷으로 구성된 글자들은 '말다'는 의미와 관련되어 있다.

字形 簡牘文 說文小篆

●예● 席卷(석권), 壓卷(압권), 手不釋卷(수불석권), 開卷有益(개권유익)

106

權(저울추 권): 权, quán, 木-18, 22, 42

字解 형성. 木^(나무 목)이 의미부이고 雚^(황새 관)이 소리부인데, 雚은 갑골문에서 볏이

나고 눈이 크게 그려진 수리부엉이의 모습을 그렸다. 權은 처음에는 노란 꽃이 피는 黃華木^(황화목)을 지칭했으나 이후 양쪽의 평형을 잡아 무게를 재는 기구인 저울의 추를 뜻하게 되었다. 저울추라는 뜻에서 다시 권세나 권력, 권리 등의 뜻이 나왔는데, 인간 사회의 힘이나 세력을 재는 기구라는 뜻을 담았다. 중국의 간화자에서는 소리부인 雚을 간단한 부호 又^(또 우)로 바꾼 权으로 쓴다.

字形 雚 權 簡牘文 權 說文小篆

●예● 權力(권력), 政權(정권), 權利(권리), 人權(인권), 主權(주권), 權威(권위), 權不十年(권불십년)

귀

107

歸(돌아갈 귀): 归, [㱕], guī, 止-14, 18, 40

字解 형성. 원래는 婦^(며느리 부)의 생략된 모습과 自^(사, 師의 원래 글자)로 구성되어, 출정했던 군대^(自)가 돌아오고 시집갔던 딸^(婦)이 친정집으로 돌아옴을 말하며, 이로부터 돌아오다, 歸還^(귀환)하다, 돌려주다, 합치다 등의 뜻이 나왔다. 이후 동작을 강조하기 위해 止^(발 지)가 더해져 지금의 자형이 되었다. 중국의 간화자에서는 초서체로 줄인 归로 쓴다.

字形 (甲骨文) (金文) (盟書) (簡牘文) (石刻古文) 歸 說文小篆 㱕 說文籀文

●예● 復歸(복귀), 歸還(귀환), 歸國(귀국), 歸家(귀가), 歸鄕(귀향), 回歸(회귀), 事必歸正(사필귀정)

貴(귀할 귀): 贵, guì, 貝-5, 12, 50

字解 회의. 갑골문에서 두 손과 광주리와 흙^(土·토)을 그려 흙 속에서 뭔가를 파거나 건져내는 모습을 그렸는데, 자형이 변해 지금처럼 되었다. 이후 광주리는 종종 생략되기도 했으며, 흙^(土) 대신 조개^(貝·패)가 들어가 지금처럼 변했다. 그래서 貴는 '흙 속에서 어떤 것을 파내다'가 기본적인 뜻으로 추정된다. 고대인들의 문명은 큰 강을 중심으로 이루어졌기에, 흙이나 갯벌에서 파내는 것들은 고대인들의 주요 먹을거리인 동시에 생필품의 조달에 반드시 필요한 것들이었을 것이다. 따라서 흙이나 갯벌에서 파낸 것들은 조개^(貝)와 마찬가지로 아주 귀한 것들이었을 것이고, 이로부터 貴하다, 가격이 높다는 뜻이 생겼다. 그리고 여기서 확장되어, 파내어 다른 곳으로 '옮기다'나 파낸 곳이 '무너지다'는 의미도 함께 생겼다. 또 조개 등을 건져내는 광주리에 주목하여 그 도구인 삼태기도 지칭했다. 이후 貴하다는 뜻은 가장 중심이 된 의미였기에 그대로 남았지만, 다른 곳으로 '옮기다'는 뜻을 나타낼 때에는 辵^(쉬엄쉬엄 갈 착)을 더하여 遺^(끼칠 유)로, '무너지다'는 뜻을 나타낼 때에는 阜^(언덕 부)를 더하여 隤^(무너질 퇴)나 水^(물 수)를 더하여 潰^(무너질 궤)로, '삼태기'를 나타낼 때에는 竹^(대 죽)을 더하여 簣^(삼태기 궤) 등으로 분화했다.

字形 𦉔 貴古陶文 蕢賚簡牘文 賞說文小篆

●예● 貴重(귀중), 貴下(귀하), 富貴(부귀), 貴族(귀족), 稀貴(희귀), 貴賤(귀천), 貴賓(귀빈)

균

均(고를 균): jūn, 土-4, 7, 40

字解 형성. 土^(흙 토)가 의미부이고 勻^(고를 균)이 소리부로, 흙^(土)을 고르게 하다^(勻)는

뜻이며, 이로부터 고르다, 공평하다, 平均^(평균), 전면적인, 보편적인, 동등하다, 조화롭다 등의 뜻이 나왔다.

字形 金文　簡牘文　古璽文　設文小篆

●예● 均等(균등), 均一(균일), 平均(평균), 均衡(균형)

극

110

極(다할 극): 极, jí, 木-9, 13, 42

字解 형성. 木^(나무 목)이 의미부이고 亟^(빠를 극)이 소리부로, 집을 지을 때 가장 위쪽 끝^(亟)에다 거는 나무^(木) 마룻대^(棟·동)를 말하며, 집에서 가장 높은 곳에 위치하므로 極限^(극한), 궁극 점, 있는 힘을 다하다 등의 뜻이 나왔다. 중국의 간화자에서는 소리부인 亟을 及^(미칠 급)으로 바꾼 极으로 쓴다.

字形 簡牘文　古璽文　設文小篆

●예● 極致(극치), 積極(적극), 北極(북극), 極度(극도), 極右(극우), 兩極化(양극화), 太極旗(태극기)

근

111

勤(부지런할 근): [懃, 廑], qín, 力-11, 13, 40

字解 형성. 力^(힘 력)이 의미부이고 堇^(노란 진흙 근)이 소리부인데, 정성스레^(堇) 온 힘^(力)을 다해 부지런히 일함을 말하며, 사력을 다하다, 정성을 다하다, 힘들다 등의 뜻이 나왔다.

字形 金文　簡牘文　石刻古文　設文小篆

•예• 勤勉(근면), 勤務(근무), 出勤(출근), 退勤(퇴근), 皆勤(개근), 缺勤(결근), 勤勞者(근로자)

112

根(뿌리 근): gēn, 木-6, 10, 60

(字解) 형성. 木(나무 목)이 의미부이고 艮(어긋날 간)이 소리부로, 위쪽으로 하늘을 향해 무성한 가지를 뻗으며 자라나는 나무(木)의 속성과 배치되어(艮) 아래의 땅속으로 뻗어나가는 '뿌리'를 뜻한다. 이로부터 사물의 기초나 根據(근거), 根本(근본) 등을 뜻하게 되었고, 뿌리까지라는 뜻에서 철저하다는 뜻이 나왔다. 또 나무처럼 긴 것을 헤아리는 단위사로도 쓰인다.

(字形) 榓 簡牘文 根 說文小篆

•예• 根據(근거), 根本(근본), 根源(근원), 根絕(근절), 根幹(근간)

113

近(가까울 근): jìn, 辵-4, 8, 60

(字解) 형성. 辵(쉬엄쉬엄 갈 착)이 의미부이고 斤(도끼 근)이 소리부로, 가까운 거리를 말하는데, 일상 도구인 도끼(斤)를 가지러 갈(辵) 수 있는 가까운 거리라는 뜻을 담았다. 이후 가까운 시간도 뜻하게 되었고, 近接(근접)하다, 親近(친근)하다의 뜻이 나왔고, 총애나 실력자 가까이 있는 사람의 비유로도 쓰였다.

(字形) 遊近 簡牘文 訴 說文小篆 岩 說文古文

•예• 近接(근접), 親近(친근), 最近(최근), 隣近(인근), 側近(측근), 附近(부근), 近處(근처), 近視(근시), 近來(근래), 近代(근대), 近墨者黑(근묵자흑)

금

114

今(이제 금): jīn, 人-2, 4, 60

字解 상형. 이의 자원에 대해서는 의견이 분분하다. 『설문해자』에서는 曰^(가로 왈)자를 거꾸로 그린 것이라고 하나, 갑골문을 보면 鐘^(종)의 불알을 그린 것으로 추정된다. 종은 옛날 명령을 내리는 데 사용되었으며, 명령을 내리는 그때가 '현재 시점'이 되므로 '지금'이나 '곧' 등의 의미가 나온 것으로 추정된다.

字形 甲骨文 金文 盟書 簡牘文 石刻古文 說文小篆

●예● 只今(지금), 古今(고금), 今日(금일), 今年(금년), 今始初聞(금시초문)

115

禁(금할 금): jìn, 示-8, 13, 42

字解 회의. 林^(수풀 림)과 示^(보일 시)로 구성되어, 숲^(林)에 대한 제사^(示)를 형상화했다. 숲은 산신이 사는 곳이라 하여 제사의 대상이 되기도 했겠지만, 이 글자가 秦^(진)나라 때의 죽간에서부터 나타나고 당시의 산림 보호에 관한 법률을 참고한다면, 산림의 남벌이나 숲 속에 사는 짐승들의 남획을 '禁止^(금지)'하기 위해 산림^(林)을 신성시하였던^(示) 전통을 반영한 글자일 가능성이 크다. 이로부터 禁止하다는 일반적인 의미로 확장되었고, 禁書^(금서)나 禁錮^(금고) 등과 같은 어휘를 만들게 되었다.

字形 簡牘文字 說文小篆

●예● 禁止(금지), 禁煙(금연), 禁忌(금기), 拘禁(구금), 監禁(감금), 解

116

金(쇠 금성 김): jīn, 金-0, 8

字解 상형. 금문에서 청동 기물을 제조하는 거푸집을 그렸는데, 거푸집 옆의 두 점$^{(?\cdot빙, \; 氷의 \; 원래 \; 글자)}$은 청동의 재료인 원석을 상징한다. 이는 얼음$^{(?)}$이 녹아 물이 되듯 동석을 녹여 거푸집에 붓고 이를 굳혀 청동 기물을 만들어 낸다는 뜻이다. 소전체에 들면서 두 점이 거푸집 안으로 들어가 지금의 자형이 되었다. 세계의 그 어떤 지역보다 화려한 청동기 문명을 꽃피웠던 중국이었기에 청동 거푸집을 그린 金이 모든 '금속'을 대표하게 되었고, 청동보다 강한 철이 등장했을 때에도 '쇠'의 통칭으로, 나아가 가장 값비싼 금속으로, 黃金$^{(황금)}$과 現金$^{(현금)}$에서처럼 '돈'까지 뜻하게 되었다.

字形 〔금문 자형들〕 金文 〔고도문 자형들〕 古陶文

〔간독문 자형들〕 簡牘文 〔고새문 자형들〕 古璽文 〔석각고문 자형〕 石刻古文

〔설문소전 자형〕 說文小篆 〔설문고문 자형〕 說文古文

•예• 黃金(황금), 現金(현금), 稅金(세금), 賃金(임금), 資金(자금), 料金(요금), 金屬(금속), 罰金(벌금), 金蘭之交(금란지교)

급

117

及(미칠 급): jí, 又-2, 4, 32

字解 회의. 人$^{(사람 \; 인)}$과 又$^{(또 \; 우)}$로 구성되어, 사람$^{(人)}$의 뒤쪽을 손$^{(又)}$으로 잡은 모습에서 '잡다'의 뜻을 그렸고, 다시 어떤 목표에 '이르다'의 뜻이 생겼다. 不狂不及$^{(불광불급\cdot미치지 \; 않으면 \; 미치지 \; 못한다)}$은 '미쳐야 미친다'는 말이다. 이후 대상물

에 미치다는 뜻으로부터 '………및'이라는 접속사로 쓰였다.

字形 甲骨文 金文 古陶文
簡牘文 石刻古文 說文小篆 說文
古文

●예● 言及(언급), 普及(보급), 波及(파급), 及第(급제)

118

急(급할 급): jí, 心-5, 9, 60

字解 형성. 원래는 心^(마음 심)이 의미부이고 及^(미칠 급)이 소리부인데, 자형이 약간 변해 지금의 자형이 되었다. 마음^(心)이 어떤 걱정에 이르다^(及)는 뜻으로부터 '躁急^(조급)하다'는 의미를 그렸고, 이로부터 急迫^(급박)하다, 요긴하다, 중요시하다 등의 뜻이 나왔다.

字形 簡牘文 說文小篆

●예● 緊急(긴급), 急增(급증), 急激(급격), 急速(급속), 危急(위급), 應急室(응급실), 救急車(구급차), 不要不急(불요불급)

119

給(넉넉할 급): 给, jí, 糸-6, 12, 50

字解 형성. 糸^(가는 실 멱)이 의미부이고 合^(합할 합)이 소리부로, 끊어진 실^(糸)을 연결하여 합치다^(合)는 뜻이며, 이로부터 넉넉하다, 풍족하다는 뜻이 나왔고, 다시 넉넉하도록 '주다', '供給^(공급)하다'는 뜻도 나왔다.

字形 簡牘文 說文小篆

●예● 支給(지급), 給與(급여), 需給(수급), 發給(발급), 月給(월급), 給食(급식), 還給(환급), 配給(배급), 自給自足(자급자족)

기

其(그 기): qí, 八-6, 8, 32

字解 상형. 箕^(키 기)의 원래 글자로 '키'를 그렸으며, 간혹 두 손을 더해 키를 까부는 동작을 강조하기도 했다. 이후 '그'라는 의미로 가차되어 쓰이자 원래의 뜻은 竹^(대 죽)을 더하여 箕로 분화했다. 고대 한자에서는 윗부분을 줄여 丌^(그 기)로 쓰기도 한다.

字形 (甲骨文) (金文) (古陶文) (簡牘文) (石刻古文) (說文小篆) (說文古文) (說文籀文)

●예● 其他(기타)

基(터 기): jī, 土-8, 11, 52

字解 형성. 土^(흙 토)가 의미부이고 其^(그 기)가 소리부로, 키^(其)처럼 생긴 삼태기로 흙^(土)을 들어내고 땅을 다져 만든 건축물의 基礎^(기초) 터를 말한다. 이로부터 가장 아래쪽, 사물의 근본, 시작, 기초를 놓다, 사업 등의 뜻이 나왔다.

字形 (金文) (古陶文) (說文小篆)

●예● 基準(기준), 基本(기본), 基礎(기초), 基地(기지), 基盤(기반), 基金(기금), 基幹(기간)

122

己(몸 기): jǐ, 己-0, 3, 52

字解 상형. 이의 자원에 대해선 의견이 분분하다. 갑골문을 보면 구불구불하게 놓인 실로 보이는데, 곡선으로 그려야 했지만 딱딱한 거북 딱지나 동물 뼈에 칼로 새겨야 했던 갑골문의 특성상 직선으로 그려졌다. 실은 무엇인가를 묶는 데 쓰였으며, 문자가 탄생하기 전 실을 묶고 매듭을 지어 약속 부호로 사용했는데, 소위 結繩^(결승)이라는 것이 그것이다. 남아메리카 인디언들이 사용하던 결승인 페루의 '퀴푸^(quipu)는 대단히 복잡하여 등장하는 매듭의 종류가 3백여 개에 이르고 있다. 이러한 매듭을 짓는 법을 배우고 매듭이 대표하는 의미를 이해해야만 구성원들 사이의 의사 교환이 가능했을 것이다. 그래서 己의 원래 뜻은 결승으로 상징되는 끈이다. 이후 이를 더욱 구체화하기 위해 糸^(가는 실 멱)을 더해 紀^(벼리 기)를 만들어 '기록하다'는 의미로 사용했다. 記^(기록할 기)는 사람의 말^(言)을 결승^(己)으로 기록해 두는 모습이다. 이후 己는 起^(일어날 기)에서처럼 '몸'이라는 뜻으로 가차되었고, 自己^(자기)에서처럼 자신을 지칭하는 일인칭 대명사로 사용되었다.

字形 [甲骨文] [金文] [古陶文] [簡牘文] [古璽文] [石刻古文] [說文小篆] [說文古文]

•예• 自己(자기), 利己心(이기심), 克己(극기), 知彼知己(지피지기)

123

幾(기미 기): 几, jǐ, 幺-9, 12, 30

字解 회의. 금문에서 베틀에 앉아 실^(幺)로 베를 짜는 사람^(人)을 그렸는데, 이후 베틀이 戈^(창 과)로 변해 지금의 자형이 되었다. 베 짜기는 대단히 섬세한 관찰과 손이 많이 가는 작업이기에 '세밀함'의 뜻이 생겼고, 그러자 원래의 '베틀'은 다시 木^(나무 목)을 더한 機^(기계 기)로 분화했다. 고대 사회에서 베틀은 가

장 중요하고 복잡한 구조를 가진 機械^(기계)의 대표였고 이 때문에 기계의 총

칭이 되었다. 이후 '얼마'라는 의문사로 가차되어 쓰이자 원래 뜻은 木을 더

한 機^(틀 기)로 분화했다. 중국의 간화자에서는 几에 통합되었다.

字形 𢆶 𢆶 𢆶 金文 𢆶 𢆶 𢆶 𢆶 簡牘文 𢆶 說文小篆

●예● 幾微(기미), 幾何學(기하학)

124

技(재주 기): jì, 手-4, 7, 50

字解 형성. 手^(손 수)가 의미부이고 支^(지탱할 지)가 소리부로, 손^(手)으로 댓가지를 제

거하고 갈라^(支) 여러 가지 생활용품을 만든다는 뜻에서 '손재주'의 뜻이, 다

시 '솜씨'와 技術^(기술), 技巧^(기교), 技能^(기능) 등의 뜻이 나왔다.

字形 技 說文小篆

●예● 技術(기술), 競技(경기), 技能(기능), 特技(특기), 演技(연기), 妙

技(묘기), 球技(구기)

125

既(이미 기): 既, jì, 无-7, 11, 30

字解 회의. 旡^(목멜 기)와 皀^(고소할 급)로 구성되어, 식기^(皀, 食에서 뚜껑이 생략된 모습)를 앞에

둔 채 고개를 뒤로 돌린 사람^(旡)을 그려, 식사가 '이미' 끝났음을 나타냈으

며, 사실은 无^(없을 무)와 전혀 관련이 없는 글자들인데 형체가 비슷해 '无'부

수에 귀속되었다.

字形 既 既 既 既 既 甲骨文 既 既 既 金文 既 既 古陶文

既 既 既 盟書 既 簡牘文 既 帛書 既 石刻古文 既 說文小篆

●예● 旣存(기존), 旣婚(기혼), 旣成服(기성복), 旣得權(기득권)

126

期(기약할 기): [朞], qī, 月-8, 12, 50

字解 형성. 月^(달 월)이 의미부이고 其^(그 기)가 소리부로, 달^(月)의 순환처럼 일정한 '週期^(주기)'를 말한다. 이로부터 定期^(정기)에서처럼 정해진 기간이 되면 만나는 것을 말했으며, 이로부터 期約^(기약)의 뜻이 나왔다. 달리 상하구조로 된 朞^(돌 기)로 쓰기도 했으며, 금문에서는 月 대신 日^(날 일)로 쓰기도 했으나, 의미는 같다.

字形

●예● 期待(기대), 期間(기간), 時期(시기), 期約(기약), 定期(정기), 任期(임기), 延期(연기), 初期(초기)

127

氣(기운 기): 气, xì, 气-6, 10, 70

字解 형성. 气^(기운 기)가 의미부이고 米^(쌀 미)가 소리부로, 기운^(气)을 말한다. 원래는 气로 써 구름 띠가 하늘에 퍼진 모습을 그렸다. 이후 米를 더해 지금의 자형이 되었고, 쌀^(米)로 밥을 지을 때 피어오르는 것과 같은 증기라는 의미를 담았다. 달리 炁^(기운 가사랑할 애)로 쓰기도 하며, 중국의 간화자에서는 원래의 气^(기운 기)에 통합되었다.

字形 說文小篆

●예● 景氣(경기), 節氣(절기), 感氣(감기), 氣候(기후), 電氣(전기), 氣溫(기온), 空氣(공기), 人氣(인기), 勇氣(용기), 熱氣(열기), 氣體

128

記(기록할 기): 记, jì, 言-3, 10, 70

字解 형성. 言^(말씀 언)이 의미부이고 己^(몸 기)가 소리부로, 사람의 말^(言)을 결승^(己)으로 기록해 두는 모습을 그렸다. 이로부터 記錄^(기록)하다, 잊지 않다, 공문서, 저작물 등의 뜻이 나왔고, 서사를 위주로 하는 문체의 이름으로도 쓰였다.

字形 記 說文小篆

●예● 記錄(기록), 記者(기자), 日記(일기), 記念(기념), 記述(기술), 記載(기재), 記事(기사), 表記(표기), 傳記(전기), 暗記(암기), 筆記(필기)

129

起(일어날 기): qǐ, 走-3, 10, 42

字解 형성. 走^(달릴 주)가 의미부이고 己^(몸 기)가 소리부인데, 금문 등에서는 己가 아닌 巳^(여섯째 지지 사)로 그려졌다. 巳가 아직 팔이 나지 않은 뱃속의 태아를 그린 것임을 고려하면, 아이^(巳)가 걷는^(走) 것을 말한다. 아이가 첫 걸음을 떼려면 자리에서부터 '일어설' 줄 알아야 하며, 자리에서 일어서고 나서 한 걸음 한 걸음 발을 내디디며 걷고 이것이 모든 것의 '시작'이 된다. 이로부터 일어나다, 시작, 출발점 등의 뜻이 나왔다.

字形 起 起 起 簡牘文 起 說文小篆 起 說文古文

●예● 提起(제기), 起立(기립), 起源(기원), 再起(재기), 起床(기상)

길

吉(길할 길): jí, 口-3, 6, 50

字解 회의. 口^(입 구)와 土^(선비 사)로 구성되었는데, 이의 자원에 대해서는 의견이 분분하다. 혹자는 위가 화살촉 모양을 하였고 아래쪽은 그런 병기를 담는 그릇으로, 병기를 보관하는 그릇은 튼튼해야 하고 튼튼한 것은 '좋은 것'이라는 뜻에서 '길상'의 의미가 나왔다고 풀이하기도 한다. 또 윗부분은 제사를 지내는 사당을 그렸고 아랫부분은 거기로 들어가는 입구^(口)로 보아, 사당에서 '좋은' 일이 일어나기를 비는 행위로부터 '길하다'는 뜻이 나왔다고도 한다. 하지만, 원시 시절 집의 입구^(口)에 설치한 남성 숭배물^(土)로부터 '길함'과 吉祥^(길상), 상스러움 등의 뜻이 나왔다는 것이 더욱 설득력이 있다. 좋다, 단단하다가 원래 뜻이고, 이로부터 훌륭하다, 길하다 등의 뜻이 나왔다.

字形 甲骨文 金文 古陶文 古幣文 盟書 簡牘文 古璽文 說文小篆

●예● 吉夢(길몽), 吉兆(길조), 不吉(불길), 吉凶禍福(길흉화복), 立春大吉(입춘대길)

ㄴ

난

131

暖(따뜻할 난): [煗 煖], nuǎn, 日-9, 13, 42

字解 형성. 日^(날 일)이 의미부이고 爰^(이에 원)이 소리부로, 해^(日)를 끌어 당기다^(爰)는 뜻으로부터 '따뜻하다'는 의미를 그렸고, 이로부터 따뜻하게 하다, 열기 등의 뜻이 나왔다. 원래는 日 대신 火^(불 화)를 쓴 煗^(따뜻할 난)으로 썼으며, 『설문해자』에서는 日 대신 火^(불 화)가 들어간 煖으로 썼다.

字形 𤑃簡牘文 𤑒說文小篆 暖玉篇

●예● 暖房^(난방), 溫暖^(온난)

132

難(어려울 난): 难, nán, nàn, 隹-11, 19, 42

字解 형성. 隹^(새 추)가 의미부이고 𦰧^(노란 진흙 근)이 소리부로, 원래는 새^(隹) 이름이었다. 𦰧이 제물로 바치고자 손이 위로 묶인 채 입을 크게 벌리고 고통스러워하는 사람을 그린 것을 보면, 難은 날개가 묶여 고통스러워하는^(𦰧) 새^(隹)로 볼 수 있고, 이로부터 (날기가) 쉽지 않다, 어렵다 등의 뜻이 나온 것으로 추정된다. 이로부터 어려움, 사고, 변란, 詰難^(힐난)하다 등의 뜻도 나왔다. 『설문해자』에서는 隹 대신 鳥^(새 조)를 쓰기도 했으며, 중국의 간화자에서는 𦰧을 간단한 부호 又^(또 우)로 줄인 难으로 쓴다.

字形 𩁹𩁺𩁻金文 𩁼𩁽𩁾𩁿𩂀簡牘文 𩂁石刻古文 𩂂說文小

篆 䒷 說文或體　䒰 䒱 䒵 說文古文

남

133

南(남쪽 남): nán, 十-7, 9, 80

字解 상형. 이의 자원에 대해서는 해설이 분분하지만, 악기를 매달아 놓은 모습임
은 분명해 보이며, 이 악기가 남방에서 온 것이어서 '남쪽'을 뜻하게 된 것
으로 보인다. 이 때문에 남쪽, 남방 등의 뜻 이외에도 남방의 음악이나 춤
이라는 뜻도 가진다. 이후 성씨로도 쓰였으며, 명나라 때에는 南京(남경)을 지
칭하기도 했다.

字形 ▦▦▦▦ 甲骨文 ▦▦▦▦ 金文 ▦ ▦ ▦ ▦ ▦ 古陶文
▦▦▦ 簡牘文 ▦ 古璽文 ▦ 石刻古文 ▦ 說文小篆 ▦ 說
文古文

●예● 南北(남북), 南極(남극), 南男北女(남남북녀)

134

男(사내 남): [侽], nán, 田-2, 7, 70

字解 회의. 田(밭 전)과 力(힘 력)으로 구성되어, 논밭에서 쟁기(力)를 부리는 남자를 말
하는데, 밭(田)에 나가 쟁기(力)를 끄는 것은 전통적으로 남자(男)의 몫이었고,
그런 힘은 남성의 상징이었다. 男은 이후 남성의 존칭으로 쓰였으며, 고대
중국에서는 公(공)·侯(후)·伯(백)·子(자)와 함께 주요 지배 계급의 하나를 뜻하기도

했다.

字形 甲骨文 金文 古陶文 男

簡牘文 石刻古文 說文小篆

●예● 男女(남녀), 男妹(남매), 甲男乙女(갑남을녀), 男負女戴(남부여대),
善男善女(선남선녀), 男女老少(남녀노소), 男尊女卑(남존여비)

내

135

乃(이에 내): [酒, 廼], nǎi, ノ-1, 2, 30

字解 상형. 자원에 대해서는 낫처럼 생긴 수확도구를 그렸다는 등 설이 분분하지만, 선 사람의 측면 모습에 유방을 돌출시킨 모습으로 해석하여, 아이에게 젖을 먹이는 사람의 모습을 그렸다고 보는 것이 일반적이다. 이후 발어사나 이인칭 대명사로 가차되어 쓰이게 되자, 원래 뜻을 나타낼 때에는 女(계집 녀)를 더한 奶(젖·유모 내)를 만들어 분화했다. 乃에 子(아이 자)가 더해진 孕(아이 밸 잉)은 뱃속에 아이가 든 모습을 그렸다. 달리 酒(이에 내)와 통용하기도 한다.

字形 甲骨文 金文 古陶文 簡

牘文 帛書 石刻古文 說文小篆 說文古文 說文籀文

●예● 人乃天(인내천)

136

內(안 내): nèi, 入-2, 4, 70

字解 회의. 冂(덮을 멱)과 入(들 입)으로 이루어져 덮개(冂) 속에 든(入) 어떤 물건을 형상화하여 '안쪽'의 의미를 그렸다. 금문에서는 宀(집 면)과 入으로 구성되어 집으

난~능 67

로^(宀) 들어가는^(入) 것이 바로 '안쪽^(內)'임을 더욱 직접 표현하기도 했다. 이후 內心^(내심)에서처럼 모든 것의 '안쪽'이나 '속'이라는 의미로 확대되었다. 그리하여 納^(바칠 납)은 주머니^(糸·멱) 안으로 넣는^(內) 것을, 訥^(말 더듬을 눌)은 말^(言·언)을 넣어둔^(內) 채 어눌하게 함을 말한다.

字形 𠫤𠫟内甲骨文 𠫞内肉内𠫮内肉金文 𠬛古陶文 𠨙 内盟書 内内簡牘文 内說文小篆

●예● 內容(내용), 國內(국내), 內部(내부), 案內(안내), 市內(시내), 室內(실내), 內外(내외), 內憂外患(내우외환)

녀

137

女(여자 녀): nǚ, 女-0, 3, 80

字解 상형. 두 손을 앞으로 모으고 점잖게 앉은 여인의 모습을 그렸으며, 이로부터 '여자'의 통칭이 되었다. 이후 이인칭 대명사로도 사용되었다. 한자에서 女의 상징은 시대를 따라 변해왔다. 后^(임금 후)에서처럼 처음에는 인류의 기원이자 무한한 생산성을 가진 위대한 존재로 인식되었으며, 母^(어미 모)에서처럼 어미는 아이를 양육하고 문화를 전승하고 창조해 가는 주체로 인식되었다. 그래서 姸^(고울 연)에서처럼 여성은 위대한 존재였고, 아름다움의 상징이었다. 하지만, 이후 인류사회가 부권 중심으로 옮아가면서 여성은 모권사회에서 생산 활동의 절대 대부분을 책임질 만큼 강인하고 활동적인 존재였음에도 如^(같을 여)에서처럼 나약하고 조용한 힘없는 존재로 인식되었다. 나아가 여성에 대한 인식 변화는 여기서 그치지 않았는데, 사회의 약자로 그 지위가 변하면서 여성은 姦^(간사할 간)에서처럼 간사하고 투기 잘하는 비천한 존재로 그려졌다.

字形 甲骨文 金文 古陶文 盟書
簡牘文 帛書 石刻古文 古璽文
說文小篆

•예• 女性(여성), 少女(소녀), 婦女子(부녀자), 女必從夫(여필종부)

년

138

年(해 년): [秊], nián, 干-3, 6, 80

字解 형성. 원래 禾^(벼 화)가 의미부이고 人^(사람 인)이 소리부로, 사람^(人)이 볏단^(禾)을 지고 가는 모습에서 수확의 의미를 그렸는데, 자형이 다소 변해 지금처럼 되었다. 곡식이 익다, 수확하다가 원래 뜻이며, 수확에서 다음 수확까지의 시간적 순환으로부터 한 '해'라는 개념이 나왔으며, 年代^(연대), 나이 등도 지칭하게 되었다. 달리 人을 千^(일천 천)으로 바꾼 秊^(해 년)으로 쓰기도 한다.

字形 甲骨文 金文 古陶文 簡牘文 石刻古文 說文小篆

•예• 今年(금년), 來年(내년), 每年(매년), 靑年(청년), 百年河淸(백년하청), 權不十年(권불십년)

념

139

念(생각할 념): [唸], niàn, 心-4, 8, 52

字解 형성. 心^(마음 심)이 의미부이고 今^(이제 금)이 소리부로, 그리워하다, 생각하다, 念

頭^(염두)에 두다는 뜻인데, 언제나 마음에 두는 지금^(今)의 마음^(心)이 바로 그리워함이자 생각임을 보여주고 있다. 이후 마음으로 생각하며 읽는 것이 '공부'임을 강조하여 '공부'라는 뜻까지 가지게 되었다. 달리 口^(입 구)를 더한 唸^(글 소리 내어 읽을 념)으로 쓰기도 한다.

字形 金文　簡牘文　石刻古文　說文小篆

●예● 概念(개념), 理念(이념), 記念(기념), 觀念(관념), 執念(집념), 黙念(묵념), 無念無想(무념무상)

노

140

怒(성낼 노): nù, 心-5, 9, 42

字解 형성. 心^(마음 심)이 의미부이고 奴^(종 노)가 소리부로, 분노하다는 뜻인데, 노비^(奴)들의 마음속 깊이 자리한 분한 마음^(心)을 말한다. 이로부터 나무라다, 기세가 등등하다, 맹렬하다 등의 뜻도 나왔다.

字形 簡牘文　石刻篆文　說文小篆

●예● 憤怒(분노), 天人共怒(천인공노), 喜怒哀樂(희노애락), 怒發大發(노발대발)

농

141

農(농사 농): 农, [辳], nóng, 辰-6, 13, 70

字解 회의. 갑골문에서 林^(수풀 림)과 辰^(때 산지지 진)으로 이루어져, 조개 칼^(辰)로 숲^(林)의 풀을 베어 내고 농작물을 키우는 모습을 그렸고, 이로부터 '農事^(농사)'의 뜻이 나왔으며 농사나 農民^(농민)을 지칭하게 되었다. 고대 중국에서 농사가

모든 산업의 핵심이었으므로 '진정한'이라는 의미도 가진다. 금문에 들면서 田^(밭 전)이 더해졌고, 소전체에 들면서 林이 두 손을 그린 臼^(절구 구)로 변했으며, 예서에서부터 지금의 자형으로 변했다. 중국의 간화자에서는 초서체로 줄여 쓴 农으로 쓴다.

字形 農農農農 甲骨文 農農農農農農農 金文 農 古陶文

農 簡牘文 農 說文小篆 農 說文籍文 農 說文古文 農 說文古文

●예● 農業(농업), 農夫(농부), 農民(농민), 農村(농촌), 歸農(귀농), 農耕(농경), 農産物(농산물)

142

能(능할 능): néng, 肉-6, 10, 52

字解 상형. 원래는 곰의 모습을 그렸는데, 자형이 많이 변했다. 지금의 자형을 구성하는 厶^(사사 사)는 곰의 머리를, 月^(肉고기 육)은 몸통을, 두 개의 匕^(비수 비)는 다리를 말한다. 곰은 몸집에 걸맞지 않게 나무를 잘 타며 엄청난 힘을 갖고 있으며, 특히 불곰은 사나워 호랑이도 범하지 못할 정도이다. 그래서 곰의 이러한 가공할 만한 힘과 용맹스러움 때문에 '곰'에 能力^(능력)과 才能^(재능)이라는 뜻이 생겼으며, 능하다, 可能^(가능)하다는 뜻으로도 쓰였다. 그러자 원래 뜻인 '곰'을 나타낼 때에는 소리부인 炎^(불탈 염)의 생략된 모습인 火^(灬불 화)를 더해 熊^(곰 웅)을 만들어 분화했다.

字形 能能能能能能能 金文 能能 簡牘文 能 說文小篆

●예● 能力(능력), 技能(기능), 才能(재능), 可能(가능), 知能(지능), 性能(성능), 本能(본능), 藝能(예능)

은허(殷墟). 1899년 갑골문이 처음 출토된 곳이다. 상나라 후기 수도로 273년간 도읍하였던 곳으로 밝혀졌으며, 지금까지 약 15만 편이 발굴되어 상나라 역사를 전설시대에서 역사시기로 편입시켰다. 2006년 세계문화유산으로 등재되었다. 기념 표지석 뒤로 복원된 은나라 궁실의 정문이 보인다.

ㄷ

다

143

多(많을 다): duō, 夕-3, 6, 60

字解 회의. 두 개의 夕^(저녁 석)으로 구성되었는데, 이의 의미에 대해서는 의견이 분분하다. 혹자는 夕이 중복되어 아침이 밤^(夕)이 되고 밤^(夕)이 다시 아침이 된다는 의미를 그렸고, 이로부터 무수한 밤과 낮이 계속되는, '많음'을 상징하였다고 풀이하기도 한다. 하지만, 고대 한자에서 多와 같은 형태가 들어간 俎^(도마 조)나 宜^(마땅할 의) 등과 관련지어 볼 때, 多는 고깃덩어리를 그린 月^(=肉고기 육)이 중복된 모습이고, 고깃덩어리가 널린 모습으로부터 '많음'을 그린 것이라고 보는 것이 더 합당해 보인다. 많다가 원래 뜻이고, 이로부터 정도가 심하다, 지나치다 등의 뜻이 나왔다.

字形 甲骨文 金文 古陶文 簡牘文 石刻古文 說文小篆 說文古文

●예● 多樣(다양), 多數(다수), 多幸(다행), 多少(다소), 多量(다량), 多情(다정), 多多益善(다다익선)

단

144

丹(붉을 단): dān, 丶-3, 4, 32

字解 지사. 井^(우물 정)에 점^(丶)이 더해진 형상인데, 여기에서 井은 광물을 캐내는 鑛

丼^(광정)을 뜻하고 점^(ヽ)은 그곳에 무엇인가 있다는 의미를 나타내는 지사 부호이다. 『설문해자』의 고문에서는 광채를 뜻하는 彡^(터럭 삼)이 더해지기도 했다. 그래서 丹의 원래 의미는 붉은색을 내는 광석인 丹砂^(단사)를 캐던 광정을 말했고 이로부터 단사와 붉다는 뜻을 갖게 되었다. 한나라 때 유행했던 方士^(방사)들은 불로장생을 위해 단사를 많이 먹었는데, 단사를 약으로 보았기 때문에 丹藥^(단약)이라 부른다. 이후 丹은 가장 대표적인 약으로 자리 잡게 되었으며, 지금도 '活絡丹^(활락단)'처럼 丹은 정교하게 만든 알약이나 가루약을 지칭하는 데도 쓰인다.

字形 ^{甲骨文} ^{金文} ^{古陶文} ^{簡牘文}

古璽文 說文小篆 說文古文

●예● 丹粧(단장), 一片丹心(일편단심)

145

但(다만 단): dàn, 人-5, 7, 32

字解 형성. 人^(사람 인)이 의미부이고 旦^(아침 단)이 소리부로, 지평선 위로 떠오르는 해^(旦)처럼 사람^(人)의 어깨가 드러난 상태를 말했는데, 이후 '단지'라는 부사어로 가차되었다. 그러자 원래 뜻은 옷^(衣)을 벗어 속살을 드러내다^(旦)는 뜻의 袒^(옷통 벗을 단)으로 표현했다.

字形 ^{甲骨文} ^{簡牘文} ^{說文小篆}

●예● 但只(단지), 非但(비단)

146

單(홑 단): 单, dān, 口-9, 12, 42

字解 상형. 옛날의 사냥도구를 그렸는데, 윗부분은 남아메리카 인디언들의 유용한

수렵 도구인 '볼라스^(bolas)'와 같은 것을, 아랫부분은 커다란 뜰채를 그렸다는 설이 유력하다. 볼라스는 줄의 양끝에 쇠 구슬을 매달고 이를 던져 짐승의 뿔이나 발을 걸어 포획하는 데 쓰는 도구를 말하는데, 고대 중국에서는 쇠 대신 돌 구슬이 많이 사용되었다. 單은 이러한 사냥 도구는 물론 그러한 사냥 조직을 말했으며, 여기서 單位^(단위)라는 뜻이 나왔다. 또 그러한 조직은 사냥을 위한 것이었지만 유사시에는 전쟁을 치르는 군사조직으로 전환되었다. 그래서 商^(상)나라 때는 씨족으로 구성된 사회의 기층단위를 單이라 불렀다. 單이라는 조직은 單一^(단일) 혈연으로 구성되었으며, 독립적으로 운용 가능한 기초 조직이었기에 '單獨^(단독)'이라는 뜻이 생겼을 것이다. 중국의 간화자에서는 윗부분을 줄인 单으로 쓴다.

字形 ￥ ￥ ￥ ￥ 甲骨文　￥ ￥ ￥ ￥ 金文　單 單 簡牘文　單

單 古璽文　單 說文小篆

●예● 單純(단순), 簡單(간단), 單獨(단독), 單式(단식), 單語(단어), 名單(명단), 單一(단일), 單刀直入(단도직입)

147

短(짧을 단): duǎn, 矢-7, 12, 60

字解 회의. 矢^(화살 시)와 豆^(제기콩 두)로 구성되어, 굽 높은 제기의 일종인 豆가 화살^(矢)보다 키가 '작음'을 그렸고, 이로부터 '짧다', '모자라다', '短點^(단점)' 등의 뜻이 나왔다.

字形 短 說文小篆

●예● 短縮(단축), 長短(장단), 短點(단점), 短篇(단편), 短期(단기)

148

端(바를 단): duān, 立-9, 14, 42

字解 형성. 立^(설 립)이 의미부이고 耑^(시초 단)이 소리부로, 몸을 꼿꼿하게^(耑) 세운 사람^(立)에서 端正^(단정)하다는 의미를 그렸고, 이로부터 바르다, 공정하다, 정직하다 등의 뜻이 나왔고 그런 사람을, 또 사물의 한쪽 끝을 지칭하기도 했다.

字形 峏 說文小篆

●예● 尖端(첨단), 弊端(폐단), 端緒(단서), 極端(극단), 發端(발단), 末端(말단)

달

149

達(통달할 달): 达, dá, 辵-9, 13, 42

字解 형성. 辵^(쉬엄쉬엄 갈 착)이 의미부이고 羍^(어린 양 달)이 소리부이나, 갑골문에서는 彳^(조금 걸을 척)이 의미부이고 大^(큰 대)가 소리부로, 사람^(大)이 다니는^(彳) '큰 길'을 말했는데 발을 뜻하는 止^(발 지)가 더해져 의미를 분명하게하기도 했다. 금문에 들면서 羊^(양 양)이 더해져 羍로 되어 지금의 자형이 되었다. 막힘없이 뚫린 큰길은 어디든 통하고 이르게 하기에 '두루 통하다'는 뜻이 나왔고 이로부터 어떤 분야든 막힘없이 두루 아는 것을 말했고 또 그처럼 고급 지식과 높은 지위를 가진 사람을 지칭하기도 했다. 중국의 간화자에서는 소리부인 羍 대신 大^(큰 대)가 들어간 达로 써 다시 원래의 글자로 돌아갔다.

字形 徣 仦 甲骨文 徔 遽 金文 逮 肂 肂 簡牘文 達 古璽文 鏵 說文小篆 達 說文或體

●예● 通達(통달), 傳達(전달), 發達(발달), 達成(달성), 到達(도달), 配達(배달), 未達(미달), 欲速不達(욕속부달), 四通八達(사통팔달)

담

150

談(말씀 담): 谈, tán, 言-8, 15, 50

字解 형성. 言^(말씀 언)이 의미부이고 炎^(불 탈 염)이 소리부로, 談話^(담화)나 談笑^(담소)를 말하는데, 불꽃 튀듯^(炎) 말^(言)을 활발하게 나눈다는 뜻을 담았다.

字形 古陶文 簡牘文 古璽文 說文小篆

●예● 會談(회담), 俗談(속담), 弄談(농담), 相談(상담), 對談(대담), 街談巷說(가담항설)

답

151

答(대답할 답): [荅, 畣, 畗], dá, 竹-6, 12, 70

字解 형성. 竹^(대 죽)이 의미부이고 合^(합할 합)이 소리부로, '응대하다'는 뜻이다. 종이 가 보편적으로 쓰이기 전까지 주로 죽간에다 글을 썼기 때문에 대쪽^(竹)에다 물음에 들어맞도록^(合) 답을 써서 응대했다. 이 때문에 응답하다, 회신을 보내다가 원래 뜻이고 이로부터 報答^(보답)하다 등의 뜻이 나왔다. 『설문해자』에서는 艸^(풀 초)가 의미부이고 合이 소리부인 荅으로 썼다.

字形 金文 簡牘文 古璽文 說文小篆

●예● 對答(대답), 報答(보답), 應答(응답), 問答(문답), 解答(해답), 正答(정답), 誤答(오답), 東問西答(동문서답), 黙黙不答(묵묵부답)

당

152

堂(집 당): táng, 土-8, 11, 60

字解 형성. 土$^{(흙\ 토)}$가 의미부이고 尙$^{(오히려\ 상)}$이 소리부로, 흙$^{(土)}$을 다진 기단 위에 높게$^{(尙)}$ 세운 '집'이라는 뜻으로, 집의 前室$^{(전실)}$을 말한다. 어떤 의식을 거행하거나 근무를 하던 곳을 말했는데, 점차 '집'이라는 뜻으로 확장되었으며, 같은 집에서 산다는 뜻에서 '사촌'을 뜻하였고, 堂堂$^{(당당)}$에서처럼 크고 위엄이 있음을 말하기도 했다. 금문이나 『설문해자』의 주문체에서는 尙 대신 高$^{(높을\ 고)}$가 들어가 높다랗게$^{(高)}$ 세워진 집임을 더욱 강조했다.

字形 ⬚⬚ 金文 ⬚ ⬚ 古陶文 ⬚⬚ 簡牘文 ⬚ 說文小篆 ⬚ 說文古文 ⬚ 說文籀文

●예● 講堂(강당), 食堂(식당), 殿堂(전당), 聖堂(성당)

153

當(당할 당): 当, [噹], dāng, 田-8, 13, 52

字解 형성. 田$^{(밭\ 전)}$이 의미부이고 尙$^{(오히려\ 상)}$이 소리부로, 논밭$^{(田)}$의 가격이 서로 비슷하다는 뜻에서 '상당하다'의 뜻이 나왔고, 논밭을 저당 잡히고 그에 상당하는 가격을 받음을 말했다. 이로부터 抵當$^{(저당)}$이나 典當$^{(전당)}$의 뜻까지 나왔다. 중국의 간화자에서는 초서체로 간략하게 줄인 当으로 쓴다.

字形 ⬚⬚ 金文 ⬚ ⬚ 古陶文 ⬚⬚ ⬚⬚ 簡牘文 ⬚ 說文小篆

●예● 該當(해당), 當時(당시), 擔當(담당), 當然(당연), 當選(당선), 適當(적당), 妥當(타당), 當爲性(당위성), 正正堂堂(정정당당)

대

154

代(대신할 대): dài, 人-3, 5, 60

字解 형성. 人^(사람 인)이 의미부이고 弋^(주살 익)이 소리부로, 다른 사람^(人)으로 바꾸다는 뜻에서 교체하다, 代身^(대신)하다 등의 뜻이 나왔으며, 한 세대 한 세대 바뀌면서 역사가 이어진다는 뜻에서 世代^(세대)와 朝代^(조대)의 뜻도 나왔다.

字形 𢖩𢖩 簡牘文 𢖩 說文小篆

●예● 代表(대표), 代替(대체), 時代(시대), 近代(근대), 現代(현대), 歷代(역대), 代身(대신), 世代(세대), 前代未聞(전대미문)

155

大(큰 대): dà, 大-0, 3, 80

字解 상형. 팔과 다리를 벌린 사람의 정면 모습을 그렸는데, 사람의 측면 모습을 그린 人^(사람 인)과는 달리 크고 위대한 사람을 말한다. 이로부터 크다, 偉大^(위대)하다는 뜻이, 다시 면적, 수량, 나이, 힘, 강도 등이 큰 것을 말했고, 정도가 심하다, 중요하다는 뜻도 나왔다. 또 상대를 존중할 때나 아버지를 지칭할 때도 쓰인다.

字形 𠀐𠀐𠀐𠀐𠀐𠀐 甲骨文 𠀐𠀐𠀐𠀐 𠀐金文 𠀐𠀐𠀐𠀐𠀐 𠀐𠀐𠀐古陶文 𠀐𠀐𠀐 簡牘文 𠀐石刻古文 𠀐 說文小篆

●예● 擴大(확대), 大學(대학), 最大(최대), 大同小異(대동소이), 大器晚成(대기만성)

156

對(대답할 대): 对, duì, 寸-11, 14, 60

(字解) 회의. 갑골문에서 丵^(풀 무성할 착)과 寸^(마디 촌)으로 구성되었는데, 丵은 악기를 내걸기 위한 나무걸이 대^{(業에서 아랫부분의 木(나무 목)이 생략된 형태로 叢(모일 총)·鑿(뚫을 착)에 도 들어 있다)}를 그렸다. 그래서 對는 손^(寸)으로 악기의 걸이 대^(丵)를 내단 모습이다. 이로부터 '올리다', '받들다'는 뜻이 생겼고, 이후 소전체에 들면서 '대답하다'는 뜻을 강조하기 위해 丵의 아랫부분에 口^(입 구)가 더해졌고, 해서체에서는 口가 다시 士^(선비 사)로 변해 지금의 자형이 되었다. 중국의 간화자에서는 丵을 간단한 부호로 대체한 对로 쓴다.

(字形) 甲骨文 金文 對 說文小篆 對 說文或體

●예● 對答(대답), 對策(대책), 對象(대상), 對應(대응), 反對(반대), 對備(대비), 對話(대화), 相對(상대), 對決(대결)

157

待(기다릴 대): dài, 彳-6, 9, 60

(字解) 형성. 彳^(조금 걸을 척)이 의미부이고 寺^(절 사내관 시)가 소리부로, 길^(彳)에서 시중들다^(寺)는 뜻으로부터 '기다리다', '招待^(초대)하다' 등의 뜻이 생겼고, 이로부터 接待^(접대)하다, 공급하다 등의 뜻도 나왔다.

(字形) 待 說文小篆

●예● 待機(대기), 期待(기대), 待遇(대우), 待接(대접), 優待(우대), 招待(초대), 鶴首苦待(학수고대)

덕

德(덕 덕): [惪], dé, 彳-12, 15, 52

(字解) 형성. 원래 彳(조금 걸을 척)이 의미부이고 直(곧을 직)이 소리부로, 길을 갈(彳) 때 곁눈질하지 않고 똑바로(直) 보다는 의미를 그렸는데, 이후 心(마음 심)이 다해져 지금의 자형이 되었다. 그렇게 되자 의미도 '똑바른(直) 마음(心)'이라는 도덕성을 강조하게 되었고, 도덕의 지향점이 德이라는 것을 형상적으로 보여주게 되었다. 달리 直과 心이 상하구조로 이루어진 惪(덕 덕)으로 쓰기도 한다.

(字形) 甲骨文 金文 古陶文 盟書 簡牘文 說文小篆

●예● 道德(도덕), 德談(덕담), 德澤(덕택), 德分(덕분), 美德(미덕), 功德(공덕), 德目(덕목), 背恩忘德(배은망덕), 德有必隣(덕유필린)

도

刀(칼 도): dāo, 刀-0, 2, 32

(字解) 상형. 칼의 모습을 그렸는데 자형이 조금 변해 지금처럼 되었다. 칼은 물건을 자르거나 약속부호를 새기던 도구였다. 또 적을 찌르는 무기였기에 '무기'를 지칭하기도 했고, 옛날의 돈이 칼처럼 생겼다고 해서 돈(刀錢도전)을 뜻하기도 했다. 이후 칼같이 생긴 것의 통칭이 되었으며, 또 종이를 헤아리는 단위로도 쓰여 100장을 지칭했다.

字形 丿丿甲骨文 丿古陶文 ㇆丿簡牘文 ㇆ 說文小篆

●예● 刀劍(도검), 銀粧刀(은장도), 單刀直入(단도직입)

160

到(이를 도): dào, 刀-6, 8, 52

字解 형성. 至^(이를 지)가 의미부이고 刀^(칼 도)가 소리부로, 이르다^(至), 到着^(도착)하다는 뜻이며, 주도면밀하다는 뜻도 가진다. 원래는 화살^(矢)이 땅^(一)에 꽂힌 모습이 至로 썼으나 至가 지극이라는 의미로 자주 쓰이자 다시 刀를 더해 분화한 글자이다. 현행 옥편에서는 이를 소리부로 쓰인 刀부수에 귀속시켰다.

字形 金文 簡牘文 說文小篆

●예● 到着(도착), 到達(도달), 到來(도래), 到處(도처)

161

圖(그림 도): 图, [圗], tú, □-11, 14, 60

字解 회의. □^(에워쌀 위)와 啚^(인색할 비, 鄙의 원래 글자)로 구성되었는데, 원래는 啚로 썼다. 啚는 높은 기단 위에 지어진 곡식 창고^(㐭름)를 말했으며, 이후 다시 에워싼 담^(□)을 더해 지금의 圖가 되었다. 그래서 啚는 곡식창고가 세워진 성의 변두리 지역을 말했고 이로부터 바깥쪽에 있는 변두리 '마을'을 뜻했고, 다시 중심지보다 啚賤^(비천)하고 啚陋^(비루)하다는 뜻까지 갖게 되었다. 그래서 圖는 중심 되는 읍^(□)과 변두리 지역^(啚)을 함께 모두 그려 넣어야 하는 것이 地圖^(지도)임을 말했고, 지도를 그리며 앞의 일을 설계하고 계획한다는 뜻에서 圖謀^(도모)하다와 企圖^(기도)하다는 뜻이 나왔다. 일본 한자에서는 図로, 중국의 간화자에서는 图로 쓴다.

字形 金文 簡牘文 說文小篆

●예● 試圖(시도), 圖謀(도모), 地圖(지도), 意圖(의도), 構圖(구도), 圖書(도서), 圖形(도형), 圖案(도안)

162

島(섬 도): 岛, [嶋, 隝], dǎo, 山-7, 10, 50

字解 형성. 山^(뫼 산)이 의미부이고 鳥^(새 조)의 생략된 모습이 소리부로, 바다 위에 솟은 돌산^(山) 위에 갈매기 등 새^(鳥)들이 앉은 모습으로부터 그곳이 '섬'임을 나타냈다. 『설문해자』에서는 생략되지 않은 형태의 嶋로 썼으며, 달리 좌우구조로 된 嶋^(섬 도)이나 山 대신 阜^(언덕 부)가 들어간 隝^(섬 도)로 쓰기도 한다. 중국의 간화자에서는 岛로 줄여 쓴다.

字形 🐦 說文小篆

●예● 獨島(독도), 半島(반도), 諸島(제도)

163

度(법도 도·잴 탁): dù, 广-6, 9, 60

字解 형성. 又^(또 우)가 의미부이고 庶^(여러 서)의 생략된 모습이 소리부로, 손^(又)으로 길이를 재다는 뜻으로부터 '재다'의 뜻이, 재는 기준이 된다는 뜻에서 표준과 尺度^(척도)의 뜻이 나왔다. 又는 寸^(마디 촌), 尺^(자 척), 尋^(찾을 심) 등 길이를 나타내는 단위들이 모두 又로 구성되었듯, 길이와 양을 재는 표준이자 법도였다. 다만 '재다'는 동사적 의미로 쓰일 때에는 '탁'으로 구분해 읽는다.

字形 度 🍂古陶文　度 度 簡牘文　度 說文小篆

●예● 程度(정도), 態度(태도), 制度(제도), 速度(속도), 溫度(온도), 極度(극도), 法度(법도), 用度(용도), 高度(고도), 年度(연도)

164

徒(무리 도): [迬], tú, 彳-7, 10, 40

字解 형성. 彳(조금 걸을 척)이 의미부이고 走(달릴 주)가 소리부로, 길(彳)을 '함께' 가는(走) 사람을 말하며, 이로부터 '무리'라는 뜻이 나왔다. 원래는 彳이 의미부이고 土(흙 토)가 소리부인 구조였으나 이후 止(발 지)가 더해져 지금의 구조로 변했으며, 달리 辵(쉬엄쉬엄 갈 착)과 土로 구성된 迬로 쓰기도 한다.

字形 金文 古陶文 盟書 簡牘文 說文小篆

●예● 信徒(신도), 徒步(도보), 生徒(생도), 學徒兵(학도병)

165

道(길 도): dào, 辵-9, 13, 70

字解 회의. 首(머리 수)와 辵(쉬엄쉬엄 갈 착)으로 구성되었는데, 首에 대해서는 의견이 분분하지만 사슴의 머리를 그린 것으로 보인다. 사슴의 머리(首)는 매년 자라나 떨어지는 뿔을 가졌기에 순환의 상징이기도 하다. 그래서 道는 그런 순환의 운행(辵) 즉 자연의 준엄한 법칙을 말했고, 그것은 인간이 따라야 할 '길'이었다. 이로부터 '道'라는 숭고한 개념이 담겼고, 이런 길(道)을 가도록 잡아(寸손 촌) 이끄는 것이 導(이끌 도)이다.

字形 金文 古陶文 盟書 簡牘文 說文小篆 說文古文

●예● 報道(보도), 道路(도로), 道理(도리), 道德(도덕), 鐵道(철도), 道具(도구), 孝道(효도), 安貧樂道(안빈낙도)

都(도읍 도): dū, 邑-9, 12, 50

㉿解 형성. 邑^(고을 읍)이 의미부이고 者^(놈 자)가 소리부로, 선왕의 신주를 모신 종묘가 설치된 읍^(邑), 즉 都城^(도성)을 말한다. 중요하고 큰 읍을 말한 데서 大都市^(대도시)의 뜻이, 다시 '완전하다', '모두'라는 뜻까지 나오게 되었다.

字形 金文 古陶文 盟書 簡牘文 說文小篆

•예• 都市(도시), 首都(수도), 都邑(도읍), 都心(도심), 遷都(천도), 古都(고도)

독

獨(홀로 독): 独, dú, 犬-13, 16, 52

㉿解 형성. 犬^(개 견)이 의미부이고 蜀^(나라 이름 촉)이 소리부인데, 개^(犬)는 무리지어 살지 않고 혼자서 살기를 좋아하기 때문에 '홀로'라는 뜻이 생겼으며, 이로부터 單獨^(단독), 고립, 獨特^(독특)하다 등의 뜻이 나왔다. 또 자식이 없거나 아내가 없는 사람의 지칭으로도 쓰였다. 중국의 간화자에서는 소리부인 蜀을 虫^(벌레 충)으로 줄인 独으로 쓴다.

字形 簡牘文 說文小篆

•예• 獨立(독립), 單獨(단독), 獨特(독특), 獨島(독도), 獨裁(독재), 獨白(독백), 獨占(독점), 獨唱(독창), 孤獨(고독), 獨不將軍(독불장군), 獨守空房(독수공방)

讀(읽을 독이두 두): 读, dú, 言-15, 22, 60

字解 형성. 言^(말씀 언)이 의미부이고 賣^(팔 매)가 소리부로, 소리^(言) 내어 책을 읽다는 뜻이며, 이로부터 음미하다, 자세히 보다, 강설하다, 해설하다 등의 뜻이 나왔으며, 讀後感^(독후감) 등을 지칭하는 문체이름으로도 쓰였다. 또 문장에서 끊어 읽는 곳을 말하는데, 이때에는 句讀^(구두)에서처럼 '두'로 읽힘에 유의해야 한다. 중국의 간화자에서는 賣를 卖로 줄여 쓴 读으로 쓴다.

字形 讀古文四聲韻 讀說文小篆

●예● 讀書(독서), 讀者(독자), 解讀(해독), 多讀(다독), 速讀(속독), 牛耳讀經(우이독경), 晝耕夜讀(주경야독)

동

冬(겨울 동): dōng, 冫-3, 5, 70

字解 상형. 이의 자원에 대해서는 설이 분분하나, 갑골문에서 실 양쪽 끝으로 매달린 베틀 북을 그렸다는 설이 대표적이다. 베틀 북은 베 짜기를 대표하고, 베 짜는 계절이 바로 '겨울'이다. 혹자는 가지 끝에 매달린 잎사귀라고 풀이하기도 한다. 이후 '겨울'이라는 의미를 명확하게 하고자 얼음^(冫)을 더해 지금의 冬이 되었다. 또 끝이라는 의미를 강조하기 위해 糸^(가는 실 멱)을 더해 終^(끝날 종)으로 분화했다.

字形 甲骨文 金文 古陶文 簡牘文 石刻古文 說文小篆 說文古文

●예● 冬至(동지), 立冬(입동), 冬季(동계), 冬服(동복), 嚴冬雪寒(엄동설한)

170

動(움직일 동): 动, [勭], dòng, 力-9, 11, 70

字解 형성. 力^(힘 력)이 의미부이고 重^(무거울 중)이 소리부로, 힘든 일^(重)을 힘껏^(力) 하다는 뜻으로부터 '움직이다'는 뜻이 나왔다. 重은 童^(아이 동)과 같은 字源^(자원)을 가져, 문신용 칼^(辛·신)과 눈^(目·목)과 土^(흙 토)가 의미부이고 東^(동녘 동)이 소리부인 구조이다. 죄를 짓거나 전쟁에 패해 노예가 된 남자 종을 童이라 했듯, 重도 눈을 자해 당한 남자 종이 힘든 일을 하는 모습을 형상화했으며, 이로부터 '過重^(과중)하다'는 뜻이 생겼다. 이런 연유로 童과 重은 鍾이나 鐘^(종 종)에서처럼 지금도 종종 같이 쓰인다. 이후 重은 動作^(동작)을 강조하기 위해 辵^(쉬엄쉬엄 갈 착)이나 力이 더해졌으나, 결국에는 고된 일이나 强制^(강제)함을 뜻하는 力이 대표로 채택되어 지금의 動이 되었다. 따라서 動은 '고된 일을 강제하다'가 원래 뜻이며, '움직이다'는 뜻이 나왔다. 중국의 간화자에서는 소리부인 重을 云^(이를 운)으로 줄인 动으로 쓴다.

字形 🖌金文 🖌簡牘文 🖌說文小篆 🖌說文古文

●예● 動作(동작), 動物(동물), 活動(활동), 運動(운동), 行動(행동), 移動(이동), 勞動(노동), 感動(감동), 輕擧妄動(경거망동), 伏地不動(복지부동)

171

同(한 가지 동): [仝, 衕], tóng, 口-3, 6, 70

字解 회의. 갑골문에서 아랫부분은 입^(口)이고 윗부분은 가마처럼 생긴 들것을 그렸는데, 소전체에 들면서 윗부분이 月^(쓰개 모)로 변해 지금의 자형이 되었다. 따라서 同은 가마처럼 무거운 것을 구령^(口)에 맞추어 '함께' 들어 올리는 모습을 형상화한 것으로 보인다. 가마는 드는 사람이 함께 호흡을 잘 맞추어 힘

을 고르게 해야만 제대로 들 수 있다. 이로부터 '한 가지', '같다', '함께' 등의 뜻이 나왔다.

字形 𝘚 𝘚甲骨文 𝘚𝘚𝘚金文 𝘚古陶文 𝘚𝘚𝘚同 同簡牘文 𝘚帛書 同 說文小篆

●예● 共同(공동), 同盟(동맹), 同時(동시), 同意(동의), 合同(합동), 同病相憐(동병상련), 附和雷同(부화뇌동), 表裏不同(표리부동), 同床異夢(동상이몽)

172

東(동녘 동): 东, dōng, 木-4, 8, 80

字解 회의. 日⁽날 일⁾과 木⁽나무 목⁾으로 구성되어, 해⁽日⁾가 나무⁽木⁾에 걸린 모습으로, 해가 뜨는 방향인 '동쪽'의 의미를 그렸다. 갑골문에서는 양끝을 동여맨 '포대기'나 '자루'를 그렸는데, 이후 '동쪽'이라는 의미로 가차되었고, 그러자 의미를 더욱 정확하게 표현하기 위해 해⁽日⁾가 나무⁽木⁾에 걸린 지금의 형태로 변했다. 이후 동쪽에 있는 집⁽東家·동가⁾이라는 뜻에서 주인의 뜻이 나왔고, 다시 연회의 초대자 등을 뜻하게 되었다. 중국의 간화자에서는 초서로 줄여 쓴 东으로 쓴다.

字形 𝘟𝘟𝘟𝘟𝘟甲骨文 𝘟𝘟𝘟金文 𝘟𝘟𝘟𝘟𝘟𝘟𝘟𝘟古陶文 𝘟𝘟簡牘文 𝘟帛書 𝘟𝘟古璽文 𝘟 說文小篆

●예● 東海(동해), 東洋(동양), 東方(동방), 馬耳東風(마이동풍), 東奔西走(동분서주)

173

洞(골 동·꿰뚫을 통): dòng, 水-6, 9, 70

字解 형성. 水(물 수)가 의미부이고 同(한 가지 동)이 소리부로, 물(水)이 같은(同) 방향으로 빠르게 흐름을 말하며, 이로부터 빠르다, 꿰뚫어보다, 통찰하다는 뜻이 나왔다. 또 물이 세차게 흘러 만든 '구멍'이라는 뜻도 나왔고, 중국 남부 소수민족의 촌락 단위를 말했으며, 한국에서는 기초 행정단위로 쓰인다.

字形 〔洞〕 說文小篆

●예● 洞長(동장), 洞里(동리), 空洞化(공동화), 洞察力(통찰력)

174

童(아이 동): tóng, 立-7, 12, 60

字解 형성. 윗부분이 문신 칼(辛-신)이고 중간이 눈(目-목)이고 아랫부분이 소리부인 東(동녘 동)인 구조로, 반항력을 줄이고자 한쪽 눈(目)을 칼(辛)로 도려낸 남자 노예 '아이'를 그렸으며, 자형이 줄어 지금처럼 되었다. 이후 어린아나 미성년의 통칭이 되었고, 아직 뿔이 나지 않은 짐승의 지칭으로도 쓰였다.

字形 〔甲骨文 여러 字形〕金文 〔字形〕古陶文 〔字形〕 〔字形〕 〔字形〕簡牘文 〔字形〕帛書 〔字形〕 說文小篆 〔字形〕 籒文

●예● 童話(동화), 童謠(동요), 兒童(아동), 童心(동심), 牧童(목동), 玉童子(옥동자), 三尺童子(삼척동자)

두

175

斗(말 두): dǒu, 斗-0, 4, 42

상형. 술을 뜰 때 쓰던 손잡이 달린 국자 모양의 容器^(용기)를 그렸다. 이후 곡식을 나눌 때 쓰던 용기 즉 '말'을 지칭하여 열 되^(升)를 뜻하였고, 다시 北斗七星^(북두칠성)이나 南斗星^(남두성)에서처럼 국자같이 생긴 것을 통칭하게 되었다.

字形 金文 古陶文 簡牘文 說文小篆

●예● 泰山北斗(태산북두), 北斗七星(북두칠성)

176

豆(콩 두): dòu, 豆-0, 7, 42

字解 상형. 大豆^(대두)에서처럼 지금은 '콩'의 의미로 주로 쓰이지만, 원래는 곡식이나 음식을 담는 굽 높은 祭器^(제기)를 그렸다. 콩은 원래 넝쿨과 깍지를 그린 未^(콩 숙, 叔의 본래 글자)으로 썼는데, 이후 '아재비'라는 뜻으로 가차되자 원래 뜻은 艸^(풀 초)를 더한 菽^(콩 숙)으로 분화했다. 한편, 豆에 콩을 주로 담았던 때문인지, 한나라 이후로 '콩'을 지칭할 때 菽 대신 豆가 주로 쓰였고, 그러자 원래의 굽 달린 제기는 木^(나무 목)을 더한 梪^(나무그릇 두)로 분화했으며, 콩을 뜻할 때에는 艸를 더하여 荳^(콩 두)로 쓰기도 한다. 그래서 豆에는 원래의 '제기'와 이후의 '콩'이라는 뜻이 함께 들어 있다. 또 豆는 아래로 받침대가 놓이고 위로 술 같은 장식물이 달린 '북^(壴·주)'과 닮아 壴와 서로 혼용되기도 했다.

字形 甲骨文 金文 古陶文 簡牘文 說文小篆 說文古文

●예● 豆腐(두부), 豆乳(두유), 大豆(대두), 綠豆(녹두), 種豆得豆(종두득두)

177

頭(머리 두): 头, tóu, 頁-7, 16, 60

字解 형성. 頁^(머리 혈)이 의미부이고 豆^(콩 두)가 소리부로, 사람의 가장 높은^(豆) 부분에 있는 머리^(頁)를 말하며, 머리칼을 뜻하기도 한다. 사람의 머리가 가장 위쪽에 위치하므로, 사물의 첫 부분이나 가장 앞부분, 최고 등을 뜻하기도 한다. 중국의 간화자에서는 초서체로 줄여 쓴 头로 쓴다.

字形 ![金文] 金文 ![簡牘文] 簡牘文 ![古璽文] 古璽文 ![說文小篆] 說文小篆

●예● 沒頭(몰두), 念頭(염두), 頭腦(두뇌), 先頭(선두), 頭髮(두발), 羊頭狗肉(양두구육)

178

得(얻을 득): dé, 彳-8, 11, 42

字解 회의. 원래 貝^(조개 패)와 寸^(마디 촌)으로 이루어져 조개 화폐^(貝)를 손^(寸)으로 줍는 모습을 그렸는데, 이후 그러한 행위가 길거리에서 행해졌음을 강조하기 위해 彳^(조금 걸을 척)을 더해 의미를 강화했고, 자형이 줄어 지금처럼 되었다. 줍다, 얻다는 뜻으로부터 가능하다, 적합하다, 만족하다의 뜻이 나왔고, 현대 중국어에서는 괜찮다, 됐다 등의 뜻으로도 쓰인다.

字形 ![甲骨文] 甲骨文 ![金文] 金文 ![古陶文] 古陶文 ![簡牘文] 簡牘文 ![帛書] 帛書 ![石刻古文] 石刻古文 ![說文小篆] 說文小篆 ![說文古文] 說文古文

●예● 所得(소득), 納得(납득), 獲得(획득), 取得(취득), 利得(이득), 得失(득실), 一擧兩得(일거양득)

등

179

燈(등잔 등): 灯, dēng, 火-12, 16, 42

字解 형성. 火^(불 화)가 의미부이고 登^(오를 등)이 소리부로, 불^(火)을 올리는^(登) '등잔'을 말한다. 중국의 간화자에서는 소리부 登을 丁^(넷째 천간 정)으로 바꾸어 灯으로 쓴다.

●예● 電燈(전등), 點燈(점등), 燈臺(등대), 信號燈(신호등), 風前燈火(풍전등화), 燈火可親(등화가친), 燈下不明(등하불명)

180

登(오를 등): [登, 큟], dēng, 癶-7, 12, 70

字解 회의. 癶^(등질 발)과 豆^(콩 두)로 구성되어, 굽 높은 제기^(豆)에 담긴 음식이나 곡식을 신전으로 가져가^(癶) '드리는' 모습을 그렸으며, 이로부터 올리다, 오르다, 곡식이 익다, 장부에 기록하다 등의 뜻이 생겼다. 이후 의미를 강조하기 廾^(두 손으로 받들 공)이 더해져 공손하게 올림을 강조하기도 했으나 지금의 다시 원래의 자형으로 돌아갔다.

字形 甲骨文 金文 古陶文 簡牘文 說文小篆 說文籀文

●예● 登山(등산), 登場(등장), 登錄(등록), 登校(등교), 登龍門(등용문), 登高自卑(등고자비)

181

等(가지런할 등): děng, 竹-6, 12, 60

회의. 竹^(대 죽)과 寺^(절 사)로 이루어져, 대^(竹)를 쪼개 만든 竹簡^(죽간)을 손으로 잡고^(寺) 정리하는 모습을 그렸다. 정리를 거친 죽간은 경전을 기록한 크고 질 좋은 것, 그다음의 것, 보통의 일반적인 것 등 내용에 따라 等級^(등급)을 정하게 되기 때문에 '등급'이나 '무리' 등의 뜻이 생겼다. 이렇게 정리된 죽 간은 이후 글을 쓰게 될 재료가 된다는 점에서 '기다리다'는 뜻까지 나온 것 으로 추정된다.

字形 𥫣 荸 荸 ᎐ 簡牘文 등 說文小篆

●예● 等級(등급), 平等(평등), 劣等(열등), 均等(균등), 差等(차등), 初等(초 등), 高等(고등), 越等(월등), 等高線(등고선)

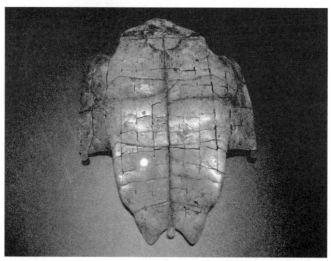

상나라 갑골문. 거북딱지에 새긴 것을 갑(甲)(아래, 은허박물원 소장), 동물 뼈에 새긴 것을 골(骨)이라 한다(위, 탁본). 상나라 사회사를 연구하는 결정적 자료이다.

ㄹ

락

182

樂(즐거울 락풍류 악좋아할 요): 乐, yuè, lè, 木-11, 15

字解 형성. 木^(나무 목)과 두 개의 幺^(작을 요)가 의미부이고 白^(흰 백)이 소리부로, 나무^(木)와 실^(幺·요)로 만든 악기를 그렸다. 원래는 木과 幺로만 구성되었는데, 이후 소리부인 白이 더해져 지금의 자형이 되었다. '악기'나 음악이 원래 뜻이며, 이후 음악은 즐거움을 주는 것이라는 뜻에서 '즐겁다'의 뜻이, 사람들이 음악을 좋아하다는 뜻에서 '좋아하다'의 뜻이 나왔다. 音樂^(음악)이나 樂器^(악기)를 뜻할 때에는 '악'으로, 즐겁다는 뜻은 樂天^(낙천)에서와 같이 '낙'으로, 좋아하다는 뜻은 樂山樂水^(요산요수)에서처럼 '요'로 구분해 읽는다. 중국의 간화자에서는 초서체를 형상화한 乐으로 쓴다.

字形 [甲骨文] [金文] [古陶文] [盟書] [簡牘文] [古璽文] [唐寫本說文] [說文小篆]

● 예 ● 娛樂(오락), 苦樂(고락), 樂觀(낙관), 樂園(낙원), 快樂(쾌락), 享樂(향락), 音樂(음악), 國樂(국악), 農樂(농악), 樂器(악기), 君子三樂(군자삼락)

183

落(떨어질 락): luò, 艸-9, 13, 50

字解 형성. 艸^(풀 초)가 의미부이고 洛^(강 이름 락)이 소리부로, 식물^(艸)의 잎이 떨어지다

는 뜻이며, 이로부터 떨어지다, 脫落^(탈락)하다, 내려가다, 진입하다 등의 뜻
이 나왔다. 원래는 풀^(艸)의 잎이 떨어지는 것을 零, 나무^(木)의 잎이 떨어지
는 것을 落이라 구분했으나, 이후 落이 모든 것을 대표하게 되었다. 또 잎
이 떨어지면 새순이 다시 나게 되듯, 떨어지는 것은 새로운 시작이 되므로
'시작'이라는 뜻도 가진다.

字形 說文小篆

•예• 落葉(낙엽), 下落(하락), 墮落(타락), 沒落(몰락), 脫落(탈락), 烏
飛梨落(오비이락), 難攻不落(난공불락)

란

184

卵(알 란): luǎn, 卩-5, 7, 40

字解 상형. 卵^(알 란)은 수초에 붙어 있는 물고기의 알을 그렸는데, 이후 '알'을 총칭
하게 되었으며, 기르다, 고환, 남성 생식기를 뜻하기도 한다. 현행 옥편에서
는 卩^(병부 절)부수에 귀속시켰다.

字形 簡牘文 說文小篆

•예• 鷄卵(계란), 卵子(난자), 産卵(산란), 累卵之危(누란지위), 鷄卵有
骨(계란유골)

랑

185

浪(물결 랑): láng, 水-7, 10, 32

字解 형성. 水^(물 수)가 의미부이고 良^(좋을 양)이 소리부로, 남쪽으로 흘러 장강으로
흘러드는 滄浪水^(창랑수)를 말했으나, 물^(水)의 움직임에 의해 긴 회랑^(良)처럼

만들어지는 물결을 말한다.

(字形) 瀺 說文小篆

●예● 浪費(낭비), 激浪(격랑), 風浪(풍랑), 放浪(방랑), 流浪(유랑)

186

郞(사나이 랑): láng, 邑-7, 10, 32

(字解) 형성. 阝(阜·언덕 부)가 의미부이고 良(좋을 양)이 소리부로, 집으로 가는 길(良)처럼 길게 만들어진 흙길(阝)이 원래 뜻으로, 이로부터 궁궐의 '회랑' 등을 뜻하게 되었다. 이후 궁궐에서 일을 보는 최측근을 郞中(낭중)이라 했던 것처럼 '훌륭하고 뛰어난 남자'를 뜻하게 되자, 다시 广(집 엄)을 더해 廊(복도 랑)으로 분화했다.

(字形) 㝩 說文小篆

●예● 新郞(신랑), 花郞(화랑), 郞君(낭군)

래

187

來(올 래): 来, [倈], lái, 人-6, 8, 70

(字解) 상형. 麥(보리 맥)의 원래 글자로, 이삭이 팬 보리의 모습을 그렸다. 보리는 식량 혁명을 일으킬 정도의 변혁을 가져다준 중앙아시아로부터 들어 온 외래 종이었기에 '오다'는 뜻을 갖게 되었고 이로부터 다가올 미래라는 시간적 개념을 말하였고, 또 숫자에서의 개략 수를 지칭하기도 한다. 그러자 원래 뜻은 땅속 깊이 뿌리를 내리는 보리의 특성을 반영해 뿌리를 그려 넣은 麥으로 분화했다. 중국의 간화자에서는 초서체로 줄여 来로 쓴다.

(字形) 來來來來 甲骨文 來來來 金文 來來來 古陶文 來來 簡牘文

石刻古文　 說文小篆

•예● 　未來(미래),　招來(초래),　來年(내년),　去來(거래),　將來(장래),　往
來(왕래),　由來(유래),　苦盡甘來(고진감래),　興盡悲來(흥진비래),
說往說來(설왕설래)

랭

188

冷(찰 랭): lěng, 冫-5, 7, 50

(字解) 형성. 冫^(얼음 빙)이 의미부이고 令^(영 령)이 소리부로, 차다, 冷靜^(냉정)하다, 冷冷^(냉랭)하다 등의 뜻을 가지는데, 우두머리가 내리는 명령^(令)은 얼음^(冫)처럼 찬^(令) 것임을 그렸다.

(字形) 說文小篆

•예● 　冷徹(냉철),　冷戰(냉전),　冷却(냉각),　冷情(냉정),　冷凍(냉동),　冷
藏庫(냉장고)

량

189

兩(두 짝 량): 两, [両], liǎng, 入-6, 8, 42

(字解) 상형. 이의 자원에 대해서는 의견이 분분하여, 마차의 두 멍에를 묶은 모습이라거나 두 물체를 합쳐놓고 그 사이를 갈라놓은 모습이라고도 하지만, 입이 위로 쏙 들어간 종처럼 생긴 옛날 돈^(錢전)을 두 개 나란히 그린 모습으로 추정된다. 이로부터 兩^(양측)에서처럼 '둘'이나 '나란히'의 뜻이 나왔고, 돈을 헤아리는 단위로 쓰이게 되었다. 이후 兩은 또 두 개^(兩)의 錢에 해당하는 무게 단위 즉 24銖^(수)를 말하기도 했다. 중국의 간화자에서는 两으로 쓴

다.

字形 丙丙由金文 爾丙丙簡牘文 雨 說文小篆

●예● 兩側(양측), 兩班(양반), 兩面(양면), 兩極化(양극화), 一擧兩得
(일거양득), 進退兩難(진퇴양난)

190

涼(서늘할 량): [凉], liáng, 冫-8, 10

字解 형성. 冫^(얼음 빙)이 의미부이고 京^(서울 경)이 소리부로, '서늘하다'는 뜻인데, 높
은 집^(京)에 올라서면 바람 때문에 얼음^(冫)처럼 서늘하게^(涼) 느껴짐을 그렸다.
서늘하다, 차다가 원래 뜻이며, 마음이 슬프다, 냉대하다, 조용하다, 냉담하
다 등의 뜻이 나왔다. 『설문해자』에서는 冫 대신 水^(물 수)가 들어간 涼<sup>(서늘할
량)</sup>으로 썼다.

字形 涼 說文小篆

●예● 淸涼飮料(청량음료), 納涼(납량)

191

良(좋을 량): liáng, 艮-1, 7, 52

字解 상형. 良의 자원에 대해서는 풀이가 다양하지만, 갑골문에서 원형이나 네모꼴
로 된 (동굴) 집과 그 아래위로 길이 난 모습이어서, 집으로 통하는 길을
그린 것으로 추정된다. 이후 집으로 가는 길은 흡족함의 상징이기에 良에
'좋다'는 뜻이 생겼고, 원래 뜻은 阜^(언덕 부)가 더해져 郎^(사나이 랑)이 되었다. 하
지만, 郎도 궁궐의 회랑^(郎)에서 일을 보는 최측근을 郎中^(낭중)이라 했던 것처
럼 '훌륭하고 뛰어난' 신하를 뜻하게 되자, 다시 广^(집 엄)을 더한 廊^(복도 랑)으
로 발전했다.

字形 甲骨文 金文 古陶文 簡牘文 說文小篆 說文古文

●예● 良識(양식), 改良(개량), 良心(양심), 不良(불량), 良好(양호), 善良(선량), 優良(우량), 良藥苦口(양약고구), 美風良俗(미풍양속)

192

量(헤아릴 량): liáng, liàng, 里-5, 12, 50

字解 회의. 원래 윗부분이 깔때기이고 아랫부분이 포대기^(東·동)로 곡식을 포대에 담는 모양을 그렸고, 이로부터 부피의 양을, 다시 부피를 재는 도구를 뜻하게 되었다. 또 부피를 재다는 뜻으로부터 '헤아리다'의 뜻이 나왔다.

字形 金文 古陶文 簡牘文 說文小篆 說文古文

●예● 力量(역량), 分量(분량), 數量(수량), 裁量(재량), 測量(측량), 質量(질량), 減量(감량)

려

193

旅(군사 려): lǚ, 方-6, 10, 52

字解 회의. 나부끼는 깃발^(队·언) 아래에 사람^(人·인)이 여럿 모여 있는 모습을 그렸는데, 자형이 조금 변해 지금처럼 되었다. 깃발은 부족이나 종족의 상징이며, 전쟁과 같은 중대사가 생기면 사람들은 깃발을 중심으로 모여들었다. 그래서 旅는 軍隊^(군대)나 軍師^(군사)의 편제가 원래 뜻이며, 옛날에는 5백 명의 군사를 旅라 했다. 군대는 함께 모여 출정을 하게 마련이며, 그래서 旅에는 '무리'나 '出行^(출행)'이라는 뜻이, 다시 '바깥을 돌아다니다'는 뜻까지 생겼다.

金

文 簡牘文 說文小篆 說文古文

●예● 旅行(여행), 旅券(여권), 旅館(여관), 旅程(여정)

력

194

力(힘 력): lì, 力-0, 2, 70

字解 상형. 갑골문에서 쟁기를 그렸다. 동물이 쟁기를 끌기 전 사람이 쟁기를 직접 끌었기에 '體力^(체력)'이나 '힘'의 뜻이, 다시 능력이나 위력, 나아가 힘으로 제압한다는 의미까지 생겼다.

字形 甲骨文 金文 古陶文 簡牘文 古璽

文 石刻古文 說文小篆

●예● 努力(노력), 能力(능력), 勢力(세력), 壓力(압력), 暴力(폭력), 協力(협력), 權力(권력), 實力(실력)

195

歷(지낼 력): 历, lì, 止-12, 16, 52

字解 형성. 止^(발 지)가 의미부이고 厤^(다스릴 력)이 소리부로, 다스려 온^(厤) 흔적^(止)을 말한다. 원래는 두 개의 禾^(나무 성글 력)과 止로 구성되어 곡식^(禾)이 제대로 자랐는지를 걸어가며^(止) 확인하는 모습에서 '지나감'을 그렸다. 인간이 걸어온 이 흔적이 바로 과거이며, 지나간 과거를 다 모은 것이 바로 歷史^(역사)이다. 중국의 간화자에서는 소리부인 厤을 力^(힙 력)으로 대체한 历으로 쓴다.

●예● 歷史(역사), 經歷(경력), 履歷(이력), 學歷(학력), 前歷(전력), 歷代(역대), 歷任(역임)

련

196

練(익힐 련): 练, liàn, 糸-9, 15, 52

字解 형성. 糸^(가는 실 멱)이 의미부이고 柬^(가릴 간)이 소리부로, 원래는 생사^(糸)를 삶아 부드럽고 희게 만드는 작업을 말했으며, 이로부터 '익히다', '흰 명주'라는 뜻이 나왔다. 실^(糸)로 짠 포대에 넣어 불순물을 걸러내는^(柬) 작업은 숱한 반복과 練習^(연습) 끝에 이루어진다는 뜻에서 熟練^(숙련)이나 경험이 많다는 뜻이 나왔다. 중국의 간화자에서는 练으로 쓴다.

字形 古陶文 簡牘文 說文小篆

●예● 訓練(훈련), 練習(연습), 熟練(숙련), 修練(수련), 調練(조련)

197

連(잇닿을 련): 连, lián, 辵-7, 11, 42

字解 회의. 車^(수레 거차)와 辵^(쉬엄쉬엄 갈 착)으로 구성되어, 수레^(車)들이 연이어 가는^(辵) 모습으로부터 '잇닿다'는 뜻을 그렸고, 이로부터 連續^(연속)되다, 연락하다, 연루되다, 관계되다 등의 뜻이 나왔다. 또 옛날에는 사람이 끄는 수레^(車)를 지칭하기도 했다. 중국의 간화자에서는 连으로 쓴다.

字形 金文 簡牘文 古璽文 說文小篆

●예● 連繫(연계), 連絡(연락), 連結(연결), 連累(연루), 連鎖(연쇄), 連續(연속), 連休(연휴)

렬

198

列(벌일 렬): liè, 刀-4, 6, 42

字解 회의. 歹^(뼈 부서질 알)과 刀^(칼 도)로 구성되어, 불로 지져 점을 칠 때 불로 지지면 일정한 모습으로 잘 갈라질 수 있도록 뼈^(歹)에다 칼^(刀)로 나란히 줄을 지어 홈을 파던 모습을 형상했는데, 이로부터 '열을 지우다', 陳列^(진열)하다, 排列^(배열)하다, 갈라지다, 나누어지다 등의 의미가 생겼다. 이렇게 가공된 거북 딱지나 동물 뼈를 불^(火·화)로 지지면 쩍쩍 소리를 내면서 세차게^(烈·열) 갈라지게 되고, 그 모양에 근거해 길흉을 점쳤다. 이후 기차 등 열을 지은 것을 헤아리는 단위사로도 쓰였다. 음역자로 쓰여 '레닌^(列寧·V. Lenin)'을 지칭하기도 한다.

字形 𦨶 𠝩 簡牘文 � 說文小篆

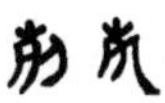

●예● 列車(열차), 陳列(진열), 隊列(대열), 行列(행렬), 系列(계열), 配列(배열), 列擧(열거)

199

烈(세찰 렬): liè, 火-6, 10

字解 형성. 火^(불 화)가 의미부이고 列^(벌일 렬)이 소리부로, 갈라낸 뼈^(列)를 태우는 세찬 불^(火)을 말한다. 이로부터 猛烈^(맹렬)하다, 혁혁한 공을 세우다 등의 뜻이 나왔고, 강직하고 고상한 성품의 비유로도 쓰였다.

字形 𤋱 金文 𤑔 說文小篆

●예● 激烈(격렬), 猛烈(맹렬), 先烈(선열), 烈士(열사), 壯烈(장렬)

령

200

令(우두머리 령): lìng, 人-3, 5, 50

字解 회의. 모자를 쓰고^(△) 앉은 사람^(口)의 모습으로부터 우두머리가 내릴 수 있는 '명령^(令)'의 의미를 그렸으며, 이로부터 命令^(명령), 명령을 내리다, 황제 등의 명령, 행정기관의 우두머리 등의 뜻이 나왔고, 命名^(명명)하다, 좋다, 훌륭하다의 뜻도 나왔다. 또 令尊^(영존)에서처럼 상대에 대한 존경을 나타내는 접두어로도 쓰였다.

字形 甲骨文 金文 盟書 簡牘文 說文小篆

●예● 命令(명령), 法令(법령), 巧言令色(교언영색)

201

領(옷깃 령): 领, lǐng, 頁-5, 14, 50

字解 형성. 頁^(머리 혈)이 의미부이고 令^(우두머리 령)이 소리부로, 저고리나 두루마기에서 머리^(頁)와 맞닿은 목에 둘러대어 앞에서 여밀 수 있도록 한 부분을 말했는데, '옷깃'은 옷 전체 중심이 되므로 명령^(令)을 내릴 수 있는 '지도자', 통솔하다, 이끌다는 뜻이 나왔다.

字形 簡牘文 說文小篆

●예● 領土(영토), 領域(영역), 占領(점령), 領海(영해), 首領(수령), 大統領(대통령)

례

202

例(법식 례): lì, 人-6, 8, 60

字解 형성. 人$^{(사람 인)}$이 의미부이고 列$^{(벌일 렬)}$이 소리부로, 사람들$^{(人)}$이 차례로 열 지어$^{(列)}$ 선 모습에서 의례나 법식 등의 뜻이 생겼다.

字形 說文小篆

●예● 次例(차례), 事例(사례), 例外(예외), 慣例(관례), 比例(비례), 例 示(예시), 例文(예문), 例題(예제)

203

禮(예도 례): 礼, lǐ, 示-13, 18, 60

字解 형성. 示$^{(보일 시)}$가 의미부이고 豊$^{(예도·절인사 례)}$가 소리부로, 옥과 북 등을 동원 해$^{(豊)}$ 경건하게 신을 모시던 제사$^{(示)}$ 행위를 말하며, 이로부터 '예도'나 '예 절'의 뜻을 갖게 되었으며, 예물이나 축하하다 등의 뜻도 나오게 되었다. 중 국의 간화자에서는 豊을 줄여 乙$^{(새 을)}$로 쓴 礼로 쓰는데, 『설문해자』 고문 체에서도 이렇게 썼다.

字形 甲骨文 金文 石刻篆文 簡牘文 汗簡 禮 說文 小篆 說文古文

●예● 禮節(예절), 禮儀(예의), 婚禮(혼례), 葬禮(장례), 禮式(예식), 敬 禮(경례)

로

204

勞(일할 로): 劳, láo, 力-10, 12, 52

字解 형성. 力^(힘 력)이 의미부이고 熒^(등불 형)의 생략된 모습이 소리부인데, 금문에서는 두 개의 火^(불 화)와 衣^(옷 의)로 구성되었다. 火는 등불을 뜻하고 衣는 사람을 의미하여, 불을 밝혀 밤새워 일하는 모습을 형상화했다. 금문에서는 衣 대신 心^(마음 심)이 더해지기도 했지만, 소전체로 들면서 지금처럼 力으로 고정되었다. 이는 세월이 지나면서 힘든 일로 고생스런 정신적^(心) 노동보다 육체적^(力) 노동이 勞動^(노동)의 대표가 되었음을 보여준다. 중국의 간화자에서는 윗부분을 간단하게 줄여 劳로 쓴다.

字形 〔金文〕 〔簡牘文〕 〔說文小篆〕 〔說文古文〕

●예● 勞組(노조), 疲勞(피로), 功勞(공로), 過勞(과로), 勞苦(노고), 勤勞者(근로자), 勞動者(노동자), 犬馬之勞(견마지로)

205

老(늙을 로): lǎo, 老-0, 6, 70

字解 상형. 갑골문에서 긴 머리칼과 굽은 몸, 내민 손에 지팡이를 든 모습이 상세히 그려졌다. 금문부터는 지팡이가 匕^(될 화)로 변했는데, 이는 化^(될 화)의 생략된 모습이며 '머리칼'이 하얗게 변했다는 의미를 담고 있다고 풀이할 수 있다. 나이가 들다가 원래 뜻이고, 이로부터 늙다, 老鍊^(노련)하다, '경험이 많다'의 뜻, 다시 오랜 시간, 언제나 등의 뜻이 나왔다. 현대 후기 산업사회에서 노인은 생산력을 상실한, 그래서 사회의 구성에 부담을 주는 존재로 전락하고 있지만, 정착 농경사회를 살았던 고대 중국에서 老人^(노인)은 지혜의 원천이었다. 축적된 경험이 곧 지식이었던 그 사회에서는 풍부한 경험을 확

보한 노인은 그 사회의 지도자였고 대소사를 판단하는 준거를 제공했다. 그래서 노인은 존경의 대상이었으며, 그 때문에 노인에 대한 구분도 상세하게 이루어졌다. 노인(老)을 몇 살부터 규정했는가에 대해서는 의견이 분분하지만, 일반적으로는 쉰 이상을 부른 것으로 알려졌다. 나이 쉰이 되면 신체가 쇠약해지며, 예순이 되면 노역이 면제되는 대신 국가에서 받았던 농지도 반환해야 했으며, 일흔이 되면 모든 일에서 은퇴하는 것이 고대 중국의 관습이었다. 老는 나이 든 모든 노인을 포괄하는 통칭이었다. 이러한 노인들은 개인은 물론 국가에서도 모시고 봉양해야만 하는 대상이었으며, 노인을 모시는 '孝(효)'를 국가를 지탱하는 중심 이데올로기로 설정하기도 했다.

字形 大 甲骨文　金文　古陶文　簡牘文　說文小篆

•예• 老人(노인), 元老(원로), 老母(노모), 老鍊(노련), 敬老(경로), 不老草(불로초)

206

路(길 로): lù, 足-6, 13, 60

字解 형성. 足(발 족)이 의미부이고 各(각각 각)이 소리부로, 사람의 발(足)이 이르는(各·각) 곳, 즉 '길'을 말하며, 이후 생각이나 행위의 經路(경로)나 방향 등도 뜻하게 되었다.

字形 路 金文　路 簡牘文　踚 說文小篆

•예• 道路(도로), 經路(경로), 路線(노선), 通路(통로), 街路(가로), 進路(진로), 迷路(미로)

207

露(이슬 로): lù, 雨-13, 21, 32

字解 형성. 雨⁽ᵇⁱ ᵘ⁾가 의미부이고 路⁽ᵍⁱˡ ˡᵒ⁾가 소리부로, 비⁽雨⁾와 같이 하늘에서 내리는 '이슬'을 말하는데 이로부터 드러나다, 폭로하다의 뜻도 나왔다. 『설문해자』에서는 윤택하게 한다는 뜻이라고 했다. 이후 露天⁽노천⁾에서처럼 지붕이 없는 것을 말했고, 또 지표면에 그대로 드러나는 샘물이나 약재나 과즙을 이용해 만든 음료를 지칭하기도 했다.

字形 說文小篆

●예● 白露(백로), 寒露(한로), 露出(노출), 暴露(폭로), 露天(노천), 露宿(노숙), 露骨的(노골적)

록

208

綠(초록빛 록): 绿, lǜ, lù, 糸-8, 14, 60

字解 형성. 糸⁽ᵍᵃᵗ ⁿᵉⁱ ˢⁱˡ ᵐⁱᵉᵏ⁾이 의미부이고 彔⁽ⁿᵃᵐᵘ ᵍⁱˡᵉ ˡᵒᵏ⁾이 소리부로, 파란색과 노란색을 섞어 만든 초록빛의 비단⁽糸⁾을 말했는데, 이후 초록색의 통칭으로 쓰였다. 중국의 간화자에서는 绿으로 쓴다.

字形 甲骨文 簡牘文 說文小篆

●예● 草綠(초록), 綠色(녹색), 綠茶(녹차), 綠陰(녹음), 葉綠素(엽록소), 常綠樹(상록수), 草綠同色(초록동색), 綠衣紅裳(녹의홍상)

론

209

論(말할 론): 论, lùn, lún, 言-8, 15, 42

字解 형성. 言⁽ᵐᵃˡ ˢˢᵘᵐ ᵉⁿ⁾이 의미부이고 侖⁽ᵈᵘⁿᵍ ᵍᵉᵘˡ ⁿᵉⁿ⁾이 소리부로, 事理⁽ˢᵃⁿⁱ⁾를 분석하여 조리 있게⁽侖⁾ 말⁽言⁾로 설명하고 논의하는 것을 말한다. 이로부터 의논하다, 가

늠하다, 차례를 매기다, 연구하다, 조사하다 등의 뜻이 나왔다. 중국의 간화자에서는 論을 줄여 论으로 쓴다.

字形 ⋔金文 論論簡牘文 論說文小篆

●예● 論難(논란), 輿論(여론), 論議(논의), 言論(언론), 討論(토론), 論文(논문), 結論(결론), 理論(이론), 卓上空論(탁상공론)

210

料(되질할 료): liào, 斗-6, 10, 50

字解 회의. 米(쌀 미)와 斗(말 두)로 구성되어, 쌀(米)을 용기(斗)로 재는 모습이다. 쌀을 말로 되면서 그 양을 '헤아리게' 되고, 그래서 '추측하다'는 뜻까지 나왔다. 따라서 料理(요리)는 음식을 만들 때 재료의 양을 정확하게 헤아려(料) 갈무리(理) 함을 말한다. 훌륭한 料理란 배합될 재료의 양을 정확하게 斟酌(짐작)하는 것이 무엇보다 중요함을 보여주고 있다. 이후 헤아림의 원료이자 재료의 대상이라는 뜻에서 '재료'나 어떤 물건의 원료를 뜻하게 되었고, 사람의 재질의 비유로도 쓰였다.

字形 米金文 料古陶文 料料簡牘文 料說文小篆

●예● 資料(자료), 料金(요금), 材料(재료), 原料(원료), 燃料(연료), 飮料(음료), 料理(요리)

211

柳(버들 류): [栁], liǔ, 木-5, 9, 40

字解 형성. 木(나무 목)이 의미부이고 卯(넷째지지 묘)가 소리부로, 버드나무를 말하는

데, 버드나무는 껍질과 속 몸체가 잘 분리되는^(卯) 특성이 있는 나무^(木)의 하나이다. 또 별자리 이름으로 가차되어 28수^(宿)의 하나를 지칭한다.

字形 🀀甲骨文 🀀🀀金文 🀀🀀古陶文 🀀盟書 🀀🀀🀀簡牘文

🀀說文小篆

●예● 楊柳(양류), 花柳界(화류계)

212

流(흐를 류): liú, 水-7, 10, 52

字解 형성. 水^(물 수)가 의미부이고 㐬^(깃발 류)가 소리부로, 어린 아이^(㐬)와 물^(水)로 구성되었으며, 금문과 『설문해자』의 소전체에서는 水가 하나 더 더해졌으며, 아이가 거꾸로 나올 때 양수가 쏟아져 내림을 그렸다. 이로부터 물이 흐르다, 피가 흐르다는 의미가 나왔고, 액체가 이동하다, 미끄럽다, 흐르다, 흐르는 물체, …을 향해 가다, 내쫓다, 流派^(유파) 등의 뜻이 나왔다.

字形 🀀金文 🀀古陶文 🀀🀀🀀🀀🀀簡牘文 🀀說文小篆

🀀說文篆文

●예● 流通(유통), 交流(교류), 流出(유출), 流行(유행), 流入(유입), 氣流(기류), 上流(상류), 下流(하류), 支流(지류), 潮流(조류), 暖流(난류), 寒流(한류), 韓流(한류)

213

留(머무를 류): [畱, 㽞], liú, 田-5, 10, 42

字解 형성. 田^(밭 전)이 의미부이고 卯^(넷째 지지 묘)가 소리부로, 전답^(田)에 머물다는 뜻으로부터, 머물다, 남다, 마음속에 두다, 받아들이다, 물이 흐르다 등의 뜻이 나왔다.

字形 **ᵖ 𝄢**金文 **𝄢 𝄢 𝄢**古陶文 **𝄢 𝄢**簡牘文 **𝄢**古璽文 **𝄢**說文小篆

•예• 留學(유학), 滯留(체류), 保留(보류), 抑留(억류), 留意(유의), 殘留(잔류), 停留場(정류장), 人死留名(인사유명), 虎死留皮(호사유피)

륙

214

六(여섯 륙): liù, 八-2, 4, 80

字解 상형. 갑골문에서 땅 위에 만들어진 집의 모습으로 보이지만, 자원은 정확하지 않다. 갑골문 당시 이미 숫자 6을 뜻해, 원래의 의미를 상실했다. 이후 숫자 6은 물론, 『주역』 괘의 陰爻^(음효)를 지칭하기도 했으며, 중국 전통 악보인 工尺譜^(공척보)에서 음을 기록하는 부호의 하나로도 쓰였다.

字形 **𝄢 𝄢 𝄢 𝄢 𝄢 𝄢**甲骨文 **𝄢 𝄢**金文 **𝄢 𝄢 𝄢 𝄢 𝄢**古陶文 **𝄢**盟書 **𝄢 𝄢 𝄢 𝄢 𝄢**簡牘文 **𝄢**石刻古文 **𝄢**說文小篆

•예• 六旬(육순), 六角(육각), 六面體(육면체)

215

陸(뭍 륙): 陆, lù, 阜-8, 11, 52

字解 형성. 阜^(언덕 부)가 의미부이고 坴^(언덕 륙)이 소리부로, 집이 겹겹이 만들어진^(坴) 언덕배기^(阜)라는 의미로부터 사람이 기거할 수 있는 '뭍'의 뜻, 다시 대륙을 뜻하게 되었다. 달리 六^(여섯 륙)의 갖은 자로 쓰이기도 한다. 중국의 간화자에서는 陆으로 줄여 쓴다.

字形 **陸**說文小篆 **𝄢**說文籀文

륜

216

倫(인륜 륜): 伦, lún, 人-8, 10, 32

字解 형성. 人^(사람 인)이 의미부이고 侖^(둥글 륜)이 소리부로, 같은 무리^(人) 사이에서의 次序^{(차서·차례)(侖)}를 말하는데, 정착 농경을 일찍 시작한 고대중국은 경험에 의한 나이 중심의 사회였기에 사람들 간의 次序가 倫理^(윤리)의 핵심 개념으로 자리 잡았고, 이후 이는 사람^(人)들에게 두루^(侖) 미칠 수 있는 윤리 개념으로 발전하였다. 중국의 간화자에서는 侖을 仑으로 줄여 伦으로 쓴다.

字形 𥛆 簡牘文 倫 說文小篆

●예● 倫理(윤리), 天倫(천륜), 人倫(인륜), 不倫(불륜), 三綱五倫(삼강오륜)

률

217

律(법 률): lǜ, 彳-6, 9, 42

字解 형성. 彳^(조금 걸을 척)이 의미부이고 聿^(붓 률)이 소리부로, 길^(彳)에서 붓^(聿)으로 '법령'을 써 붙이는 모습이고, 이로부터 온 백성에게 고르게 펼치는 법령이라는 뜻이 생겼으며, 이로부터 규범, 기율 등의 뜻이 나왔다. 또 음악의 고저를 정하는 표준을 말하는데, 성음을 6律과 6呂^(려)로 나누고 이를 12律이라 했다.

字形 𢔃 甲骨文 律律 簡牘文 𦘒 說文小篆

●예● 法律(법률), 調律(조율), 自律(자율), 韻律(운율), 規律(규율), 律動(율동), 音律(음률), 二律背反(이율배반), 千篇一律(천편일률)

리

218

利(날카로울 리): lì, 刀-5, 7, 60

字解 회의. 禾^(벼 화)와 刀^(칼 도)로 구성되어, 곡식^(禾)을 자르는 칼^(刀)로부터 '날카롭다'는 뜻이 나왔고, 이로부터 순조롭다, 날이 날카롭다, 언변이 뛰어나다 등의 뜻이 나왔다. 갑골문에서는 칼^(刀) 주위로 점이 더해지거나 土^(흙 토)까지 더해져 이것이 쟁기임을 형상화하기도 했다. 예리한 날을 가진 쟁기는 땅을 깊게 잘 갈아 곡식을 풍성하게 해 주고, 날이 예리한 칼은 곡식의 수확에 유리하기에 '利益^(이익)의 뜻이, 다시 이윤, 이자 등의 뜻이 나왔다.

字形 甲骨文 金文 古陶文 簡牘文 帛書 說文小篆

●예● 利益(이익), 利用(이용), 權利(권리), 勝利(승리), 有利(유리), 便利(편리), 利得(이득), 銳利(예리), 暴利(폭리), 利己心(이기심), 漁父之利(어부지리), 甘言利說(감언이설), 見利思義(견리사의)

219

李(자두나무 리): lǐ, 木-3, 7, 60

字解 형성. 木^(나무 목)이 의미부이고 子^(아들 자)가 소리부로, 자두나무^(木)를 말하며, 이의 열매^(子)인 자두를 지칭하고, 또 성씨로도 쓰인다.

字形 金文 古陶文 簡牘文 說文小篆 說文古文

●예● 張三李四(장삼이사), 李下不整冠(이하부정관)

220

理(다스릴 리): lǐ, 玉-7, 11, 60

字解 형성. 玉^(옥 옥)이 의미부이고 里^(마을 리)가 소리부로, 원래 玉^(옥 옥)에 난 무늿결을 뜻했고 玉을 다듬을 때는 무늿결을 따라 쪼아야 옥이 깨지지 않는다는 뜻에서 '다스리다'의 뜻이 나왔다. 또 옥의 무늿결처럼 짜인 것이라는 의미에서 하늘이나 세상의 理致^(이치), 事理^(사리), 道理^(도리), 본성 등의 뜻이 나왔다.

字形 **理**古陶文 **里**簡牘文 **理**說文小篆

●예● 理由(이유), 管理(관리), 處理(처리), 理致(이치), 事理(사리), 道理(도리), 理論(이론), 理性(이성), 理解(이해), 整理(정리), 非理(비리), 理念(이념), 合理(합리)

221

里(마을 리): lǐ, 里-0, 7, 70

字解 회의. 금문에서 田^(밭 전)과 土^(흙 토)로 이루어졌다. 田은 경작 가능한 농지를, 土는 농작물을 생장케 해주는 상징이다. 정착 농경을 일찍 시작했던 고대 중국에서 농지가 갖추어진 곳이 바로 정착할 수 있는 '마을'이었다. 고대 문헌에서 "다섯 집^(家·가)을 鄰^(이웃 린)이라 하고, 다섯 鄰을 里라고 한다."라고 했으니, 대략 하나의 마을^(里)은 25家로 이루어졌던 셈이다. 현대 중국에서는 옷^(衣·의)의 속을 뜻하는 裏^(裡·속 리)의 중국의 간화자로 쓰인다. 이처럼 里의 본래 뜻은 마을이고, 이로부터 鄕里^(향리)라는 말이 나왔다. 나아가 里는 마을과 마을 사이의 거리를 재는 단위로 쓰였으며, 현대에 들어서는 물길^(水·수)의 거리^(里)를 재는 단위인 浬^(해리 리)가 생겨났다.

字形 **里里**金文 **里里里**古陶文 **里里**簡牘文 **里**說文小篆

림

222

林(수풀 림): lín, 木-4, 8, 70

字解 회의. 두 개의 木^(나무 목)으로 구성되어, 숲이나 평지에 나무^(木)가 모여 있는
곳을 말하며, 이로부터 무리지어 자라는 풀이나 사람, 혹은 사물이 한데 모
여 있음을 뜻하기도 하였다.

字形 甲骨文 金文 古
陶文 盟書 說文小篆

립

223

立(설 립): lì, 立-0, 5, 70

字解 회의. 땅^(一) 위로 팔을 벌리고 선 사람^(大)의 모습으로부터 '서다'의 의미를 그
렸으며, 이로부터 자리하다, 멈추다, 설치하다, 제정하다, 결정하다, 존재하
다, 드러내다 등의 뜻이 나왔다.

字形 甲骨文 金文 古陶文
簡牘文 說文小篆

H11:1

H11:1 背面

由又正
血圤三脈三
㞢唐□每其彝
成唐□景
乙宗貞王其冓祭
癸巳彝文武帝

서주(西周) 갑골. 1977년 섬서성 기산현 봉추촌에서 13,900여 편(글자 있는 갑골 289편)이 발견되어, 상나라 외에 주나라에서도 갑골문이 사용되었음을 증명해 주었다. 상나라와 주나라 간의 계승 관계를 규명하는데 매우 중요한 자료이다.

마

224

馬(말 마): 马, mǎ, 馬-0, 10, 50

상형. 갑골문에서 '말'을 그렸는데, 긴 머리와 큰 눈, 멋진 갈기와 발과 꼬리가 모두 갖추어진 매우 사실적인 모습이다. 이후 단순화되긴 했지만 지금도 발이 네 점으로 바뀐 것을 제외하면 대략의 모습을 찾아볼 수 있다. 말은 거칠긴 하지만 훈련만 거치면 수레를 끌고 물건을 나르는 등 유용한 수송수단이 됨은 물론 속도가 빨라 전쟁을 치르는 데에도 대단히 적합한 동물이었다. 그래서 『설문해자』의 말처럼 말의 특성은 '포악한 성질(怒노)과 강한 힘(武무)'으로 개괄될 수 있을 것이다. 중국의 간화자에서는 초서체로 马로 쓴다.

●예● 騎馬(기마), 出馬(출마), 落馬(낙마), 乘馬(승마), 塞翁之馬(새옹지마), 指鹿爲馬(지록위마), 馬耳東風(마이동풍), 天高馬肥(천고마비)

막

225

莫(없을 막): mò, 艸-7, 11, 32

字解 회의. 艸^(풀 우거질 망)과 日^(날 일)로 구성되어, 풀숲^(艸) 사이로 해^(日·일)가 넘어가는 모습을 그렸고 이로부터 '저물다'는 뜻을 그렸다. 그래서 해가 저무는 '저녁'이 원래 뜻이다. 이후 莫이 '···하지 마라'는 부정사로 쓰이게 되자, 원래 뜻은 다시 日을 더해 暮^(저물 모)로 분화했다.

字形 [甲骨文] [金文] [古陶文] [簡牘文] [帛書] [古璽文] [說文小篆]

●예● 莫大(막대), 莫强(막강), 莫重(막중), 莫甚(막심), 莫論(막론), 莫逆之友(막역지우), 莫上莫下(막상막하)

만

226

晚(저물 만): wǎn, 日-7, 11, 32

字解 형성. 日^(날 일)이 의미부이고 免^(면할 면)이 소리부로, 해^(日)가 없어지다^(免)는 뜻으로부터 해가 지는 늦은 시간대를 말하며, 이로부터 늦다, 晚年^(만년), 후임 등의 뜻도 나왔다.

字形 [說文小篆]

●예● 晚學(만학), 晚秋(만추), 晚年(만년), 早晚間(조만간), 大器晚成(대기만성), 晚時之歎(만시지탄)

227

滿(찰 만): mǎn, 水-11, 14, 42

字解 형성. 水(물수)가 의미부이고 㒼(평평할만)이 소리부로, 물(水)이 넘칠 정도로 가득 찬 것을 말하며, 이로부터 가득 채우다, 충만, 飽滿(포만) 등의 뜻이 나왔다.

字形 滿古陶文 滿說文小篆

●예● 滿足(만족), 不滿(불만), 未滿(미만), 充滿(충만), 肥滿(비만), 滿點(만점), 滿醉(만취), 豊滿(풍만), 滿開(만개)

228

萬(일만 만): 万, wàn, 艸-9, 13, 80

字解 상형. 원래 전갈(蠆채)을 그려 윗부분이 두 집게발을, 중간은 머리를, 아랫부분은 발과 꼬리를 그렸는데, 자형이 변해 지금처럼 되었다. 이후 전갈이 무리지어 있는 모습에서 '많다'는 뜻이 나왔고, 많은 숫자의 상징인 1만을 뜻하게 되었다. 그러자 원래 뜻은 虫(벌레충)을 더한 蠆(전갈채)로 분화했다. 금문에서부터 万으로 줄여 쓰기도 했는데, 중국의 간화자에서도 万으로 쓴다.

字形 甲骨文 金文 簡牘文 古璽文 石刻古文 說文小篆

●예● 萬物(만물), 萬能(만능), 萬歲(만세), 家和萬事成(가화만사성)

말

229

末(끝 말): mò, 木-1, 5, 50

字解 지사. 가로획^(一)이 木^(나무 목)의 윗부분에 놓여, 그곳이 나무^(木)의 '끝'임을 말했다. 이후 나무의 뿌리^(本)와 대칭되어, 本末^(본말)에서처럼 본질에서 벗어난 지엽적인 것을 뜻하게 되었으며, 끝나다, 종료하다의 뜻도 나왔다.

字形 𣎵 ⅄金文 釆簡牘文 耑說文小篆

•**예**• 月末(월말), 年末(연말), 終末(종말), 本末(본말), 期末(기말)

망

230

亡(망할 망없을 무): [凶], wáng, 亠-1, 3, 50

字解 지사. 刀^(칼 도)와 점으로 이루어져, 칼^(刀)의 날이 있는 면을 가리켰으며, 이로부터 '날'이라는 뜻이 나왔다. 칼의 날은 어떤 것은 베거나 깎아낼 수 있다는 뜻에서 없다, 없어지다, 逃亡^(도망)하다, 망하다, 잃다, 죽다 등의 뜻이 나왔다. 그러자 원래 뜻은 金^(쇠 금)을 더한 鋩^(칼날 망)을 만들어 분화했다. '없다'는 뜻으로 쓰일 때에는 '무'로 읽는다.

字形 甲骨文 金文 古陶文 盟書 簡牘文 帛書 古璽文 石刻古文 說文小篆

•**예**• 死亡(사망), 逃亡(도망), 滅亡(멸망), 亡命(망명), 興亡(흥망), 亡羊之歎(망양지탄), 脣亡齒寒(순망치한)

231

忘(잊을 망): wàng, 心-3, 7, 30

字解 형성. 心^(마음 심)이 의미부이고 亡^(망할 망)이 소리부인 상하구조로, 잊다, 마음에

두지 않다, 버리다는 뜻인데, 마음^(心)에서 사라져 없어지다^(亡)는 뜻을 담았다.

●**字形** 𢗥𢗥𢗥 金文 𢗥 𢗥 簡牘文 𢗥 說文小篆

●예● 忘却(망각), 勿忘草(물망초), 備忘錄(비망록), 刻骨難忘(각골난망), 背恩忘德(배은망덕)

232

忘(바쁠 망): máng, 心-3, 6, 30

字解 형성. 心^(마음 심)이 의미부이고 亡^(망할 망)이 소리부인 좌우구조로, 정신^(心) 없이 ^(亡) 바쁜 상태를 말하며, 이로부터 경황이 없다, 황망하다, 이상하다 등의 뜻이 나왔다.

●예● 忙中閑(망중한), 公私多忙(공사다망)

233

望(바랄 망): [朢, 望], wàng, 月-7, 11, 52

字解 형성. 月^(달 월)과 壬^(정)이 의미부이고 亡^(망할 망)이 소리부인데, 원래는 뒤꿈치를 들고 '보름' 달^(月)을 바라보는 사람의 모습을 그렸고 이로부터 바라보다, 기대하다의 뜻이 나왔고, 명성, 명망가 등의 뜻도 나왔다. 또 옛날 산천, 일월, 星辰^(성신) 등에게 지내던 제사를 지칭하기도 한다. 이후 소리부인 亡^(없을 망)이 더해져 지금처럼 되었으며, 그러자 달^(月)을 보며 존재하지 않는^(亡) 어떤 것을 渴望^(갈망)하고 기원하는 모습이 더욱 구체화 되었다.

●**字形** 甲骨文 金文 簡牘文 𢗥 石刻古文 𢗥 說文小篆

●예● 展望(전망), 希望(희망), 失望(실망), 絕望(절망), 所望(소망), 怨

매

234

妹(누이 매): mèi, 女-5, 8, 40

字解 형성. 女^(여자 여)가 의미부이고 未^(아닐 미)가 소리부로, 같은 부모로부터 나서 자기의 나이에 미치지 못하는^(未) 여자^(女) 동생을 말하며, 이후 여성의 통칭으로 쓰이기도 했다.

字形 甲骨文 說文小篆

●예● 男妹(남매), 姉妹(자매), 妹弟(매제), 妹兄(매형)

235

每(매양 매): [每], měi, 毋-2, 7, 70

字解 상형. 비녀를 하나 꽂은 성인 여성의 모습을 그렸다. 이로부터 어미^(毋)를 뜻했고, 每樣^(매양·언제나)의 뜻이 나왔다. 어머니라면 그 누구라도 언제나 자식에 대한 변함없는 마음을 가진 존재이기에 '매양'이라는 뜻이 나왔을 것으로 추정하기도 한다.

字形 甲骨文 金文 古陶文 簡 牘文 說文小篆

●예● 每日(매일), 每年(매년), 每番(매번), 每事(매사)

236

買(살 매): 买, mǎi, 貝-5, 12, 50

字解 회의. 网^(그물 망)과 貝^(조개 패)로 구성되어, 그물^(网.皿.망)로 조개^(貝)를 잡는 모습을 그렸고, 조개를 잡으면 필요한 물품을 '살' 수 있음을 말했다. 이로부터 구매하다, 수매하다, 매매하다, 세를 내다 등의 뜻이 나왔다. 중국의 간화자에서는 초서체로 줄여 쓴 买로 쓴다.

字形 ...甲骨文 ...金文 ...古陶文 ...盟書 ...簡牘 文 ...說文小篆

•예• 賣買(매매), 買入(매입), 豫買(예매)

237

賣(팔 매): 卖, mài, 貝-8, 15, 50

字解 형성. 원래는 出^(날 출)이 의미부이고 買^(살 매)가 소리부로, 사들인^(買) 것을 내다^(出) '파는' 것을 말했는데, 出이 士^(선비 사)로 잘못 변해 지금처럼 되었다. 이로부터 팔아먹다, 자신을 드러내다, 과시하다의 뜻이 나왔다. 중국의 간화자에서는 초서체로 줄여 쓴 卖로 쓴다.

字形 ...說文小篆

•예• 賣買(매매), 販賣(판매), 賣出(매출), 賣却(매각), 競賣(경매), 賣店(매점), 薄利多賣(박리다매)

238

麥(보리 맥): 麦, mài, 麥-0, 11, 32

字解 형성. 夊^(뒤져서 올 치)가 의미부이고 來^(올 래)가 소리부로, '보리'를 말한다. 원래는 來^(올 래)로만 썼고 이후 긴 뿌리를 뜻하는 夊가 더해져 만들어진 글자인데, 來는 이삭이 핀 '보리'를 그렸다. 보리는 인류가 가장 보편적으로 재배

한 식량으로, 메소포타미아 지역이 원산지이며, 거기서 서쪽으로는 그리스와
로마를 거쳐 유럽으로 퍼져 나갔으며, 동쪽으로는 중앙아시아를 거쳐 중국
으로 들어왔다. 이 때문에 '보리'를 그린 來에 '오다'는 뜻이 생겼고, 그러자
다시 원래의 '보리'를 나타낼 때에는 보리의 특징인 긴 뿌리$^{(夊)}$를 그려 넣어
麥으로 분화한 것으로 추정된다. 그래서 麥은 보리와 관련된 의미를 지닌다.
중국의 간화자에서는 윗부분의 來를 초서체로 쓴 麦으로 쓴다.

字形 🖹🖹🖹 甲骨文 🖹🖹 金文 🖹🖹🖹 簡牘文 🖹 說文小篆

●예● 麥酒(맥주), 麥秀之歎(맥수지탄)

면

239

免(면할 면): miǎn, 儿-5, 7, 32

字解 형성. 금문에서 宀$^{(집 면)}$이 의미부이고 人$^{(사람 인)}$이 소리부로, 투구$^{(宀)}$를 쓴 사
람$^{(人)}$의 모습을 그렸는데, 이후 자형이 변해 지금처럼 되었다. 투구는 전장
에서 위험을 피하게 해주는 도구이기에 '謀免$^{(모면)}$하다', '벗어나다'는 뜻이
생겼다.

字形 🖹 簡牘文 免 玉篇

●예● 謀免(모면), 罷免(파면), 免除(면제), 免稅(면세), 免許(면허), 免
罪符(면죄부)

240

勉(힘쓸 면): miǎn, 力-7, 9, 40

字解 형성. 力$^{(힘 력)}$이 의미부이고 免$^{(면할 면)}$이 소리부로, 힘껏$^{(力)}$ 노력하다는 뜻이
며, 이로부터 勉勵$^{(면려)}$하다, 격려하다의 뜻이 나왔다.

●예● 勤勉(근면), 勉學(면학)

241

眠(잠잘 면): [瞑], mián, 目-5, 10, 32

字解 형성. 目^(눈 목)이 의미부이고 民^(백성 민)이 소리부로, '눈^(目)을 감고 잠을 자다'가 원래 뜻이나 永眠^(영면)과 같이 '죽다'는 뜻도 가진다. 달리 눈^(目)을 캄캄하게 감다^(冥)는 뜻에서 瞑^(눈 감을 명)으로 쓰기도 한다.

●예● 睡眠(수면), 冬眠(동면), 永眠(영면), 不眠症(불면증), 高枕安眠(고침안면)

242

面(얼굴 면): miàn, 面-0, 9, 70

字解 상형. 갑골문에서 얼굴의 윤곽과 눈^(目·목) 하나를 그렸다. 눈은 사물을 볼 수 있다는 점에서, 또 그 사람의 인상을 가장 잘 나타내 줄 수 있다는 의미에서 얼굴의 가장 중요한 부분이라 생각되었기에 얼굴의 상징이 되었고, 두 개를 중복해 그릴 필요가 없어 하나만 그렸다. 소전체에서는 目을 首^(머리 수)로 변화시켜 의미를 더욱 명확하게 표현했다. 하지만, 예서체에 들면서 다시 원래의 目으로 되돌아갔다. 그래서 面은 『설문해자』의 해석처럼 '얼굴^(顔前·안전)'이 원래 뜻이다. 눈과 눈썹, 코와 입이 갖추어진 '얼굴'은 한 사람을 가장 잘 대표해 줄 수 상징적인 부위이다. 그래서 즐거움은 물론 부끄러움^(靦·전)도 얼굴^(面)에 가장 먼저 나타났던^(見·견) 것이다. 그 때문인지 '몐즈^(面子·체면)'는 중국인들에게 목숨만큼이나 중요한 존재였다. 얼굴은 납작하며 옷으로 가려진 신체의 다른 부위와는 달리 겉으로 드러나는 부위이기에, 麵^(밀가루 면)과 같이 납작한 것이나 사물의 表面^(표면) 등의 뜻까지 가지게 되었다. 한

자에서 '얼굴'을 지칭하는 글자들이 몇 있는데, 현대 중국어에서는 面 대신 臉^(뺨 검)을 자주 쓴다. 하지만, 臉은 위진 시대 쯤 되어서야 등장한 글자로, 원래는 '눈 아래에서 뺨 위까지의 부분'을 지칭하여 '뺨'을 뜻했고 頰^(뺨 협)과 동의어로 사용되었다. 또 洗顔^(세안얼굴을 씻다)에서처럼 顔^(얼굴 안)도 '얼굴'이라는 뜻으로 쓰였지만, 顔은 원래 眉間^(미간)을 지칭하여 '이마'를 뜻했고 額^(이마 액)과 같이 쓰였다. 이렇게 볼 때, 臉은 面보다 훨씬 뒤에 등장하였지만, 현대에 들면서 점점 面의 지위를 대신해 왔음을 알 수 있다. 또 顔은 顔色^(안색)에서처럼 주로 색깔이나 표정을 나타낼 때 주로 사용되지만, 面은 對面^(대면마주 대하다)이나 面刺^(면자·면전에서 지적함) 등과 같이 '얼굴' 자체를 말하는데 자주 쓰인다는 차이를 가진다. 현대 중국에서는 麵^(밀가루 면)의 중국의 간화자로도 쓰인다.

字形 🏺古陶文 簡牘文 說文小篆

●예● 側面(측면), 反面(반면), 面接(면접), 外面(외면), 全面(전면), 畫面(화면), 表面(표면), 方面(방면), 場面(장면), 面從腹背(면종복배)

명

243

名(이름 명): míng, 口-3, 6, 70

字解 회의. 夕^(저녁 석)과 口^(입 구)로 이루어져, 캄캄한 밤^(夕)에 입^(口)으로 부르는 사람의 '이름'을 말하며, 이로부터 부르다, 姓名^(성명), 이름을 붙이다, 시호 등의 뜻이 나왔다. 또 사물의 명칭이나 物目^(물목)의 뜻도 나왔으며, 옛날에는 文字^(문자)라는 뜻으로도 쓰였다.

字形 (甲骨文 金文 古陶文 簡牘

文 （石刻古文） （古璽文） （說文小篆）

●예● 名譽(명예), 名節(명절), 名稱(명칭), 名分(명분), 有名(유명), 地
名(지명), 姓名(성명), 名聲(명성), 假名(가명), 名單(명단), 立身
揚名(입신양명)

244

命(목숨 명): mìng, 口-5, 8, 70

字解 형성. 口^(입 구)가 의미부이고 令^(우두머리 령)이 소리부인데, 令에서 口를 더해 분
화한 글자이다. 모자를 쓰고 앉은 모습의 우두머리^(令)의 입^(口)에서 나오는
命令^(명령)을 표현했고, 이로부터 '시키다'는 뜻이, 다시 하늘의 명령이 목숨이
라는 뜻에서 '목숨'의 뜻이 나왔다.

字形 （甲骨文） （金文） （古陶文） （盟書）
（簡牘文） （帛書） （古璽文） （說文小篆）

●예● 運命(운명), 生命(생명), 命令(명령), 任命(임명), 壽命(수명), 人
命(인명), 救命(구명), 亡命(망명)

245

明(밝을 명): míng, 日-4, 8, 60

字解 회의. 日^(날 일)과 月^(달 월)로 구성되어, 햇빛^(日)과 달빛^(月)의 밝음을 형상화했다.
때로는 창^(囧경)에 달^(月)이 비친 모습으로 '밝음'을 강조하기도 했다. 조명 시
설이 없던 옛날, 창으로 휘영청 스며드는 달빛은 다른 그 무엇보다 밝게 느
껴졌을 것이며, 이로부터 '밝다'는 의미가 나왔다. 이후 비추다, 밝게 비추는
빛, 태양, 分明^(분명)하다, 이해하다 등으로 의미가 확장되었다.

字形 （甲骨文） （金文）

古陶文　盟書　簡牘文

帛書　石刻古文　說文小篆　說文古文

●예● 說明(설명), 分明(분명), 證明(증명), 照明(조명), 透明(투명), 賢明(현명), 明確(명확), 明明白白(명명백백), 明若觀火(명약관화), 燈下不明(등하불명)

246

鳴(울 명): 鸣, míng, 口-11, 14, 40

字解 회의. 口^(입 구)와 鳥^(새 조)로 구성되어, 새^(鳥)의 입^(口)에서 나오는 '지저귐'을 말하며, 이로부터 '울다', 소리를 내다, 놀라다, 부르다 등의 뜻이 나왔다.

字形 甲骨文　金文　簡牘文　說文小篆

●예● 悲鳴(비명), 自鳴鐘(자명종), 孤掌難鳴(고장난명), 鷄鳴狗盜(계명구도), 百家爭鳴(백가쟁명)

暮

247

暮(저물 모): [昬], mù, 日-11, 15, 30

字解 형성. 艸^(풀 초)가 의미부이고 莫^(없을 막)이 소리부로, 해가 풀숲^(艸)으로 넘어가 아무것도 보이지 않는^(莫) 때를 말하며 이로부터 저녁, 밤의 뜻이 나왔으며, 노년의 비유로도 쓰였다. 원래는 풀 숲^(茻·망) 사이로 해^(日·일)가 지는 모습인 莫으로 썼으나 莫이 '없다', '………하지 말라'는 뜻으로 쓰이게 되자 다시 日을 더해 분화한 글자이다. 한국 속자에서는 入^(들 입)과 일로 구성되어 해^(日)가 들어가 버린^(入) 때라는 의미의 昬로 쓰기도 한다.

字形 簡牘文　暮 玉篇

248

母(어미 모): mǔ, 毋-0, 5, 80

字解 상형. 손을 모으고 앉은 여인^(女·여)에 유방을 의미하는 두 점이 더해져 '어미'를 형상했다. 이것은 여자와 어머니의 차이가 젖에 있기 때문이다. 어머니는 젖으로 아이를 키운다. 아이가 젖을 뗄 무렵이 되면, 회초리로 아이를 가르치고 훈육하는데, 이것을 어머니의 주된 역할로 보았다. 그래서 태어나면서 체득하는 것과 관련된 한자에는 모두 母가 들어간다. 예컨대 태어나서 바로 배우는 언어가 母國語^(모국어)이고, 태어나서 자신이 속한 문화를 체득하는 곳이 母國^(모국)이다. 그래서 어머니는 敏^(재빠를 민)에서처럼 익숙하고 편안한 존재이지, 유혹하고 싶은 '여자'는 아니다. 하지만, 비녀 여럿을 꽂아 화려하게 치장한 모습을 그린 毒^(독 독)에서처럼 어머니^(每)가 본연의 의무를 망각하게 되면 이제는 어머니가 아니라 남자를 유혹하는 음란한 여성이 되고 사회의 '독'으로 변한다.

字形 🖼甲骨文 🖼金文 🖼古陶文 🖼

🖼簡牘文 🖼帛書 🖼古璽文 🖼說文小篆

●예● 父母(부모), 母子(모자), 母國(모국), 孟母三遷(맹모삼천)

249

毛(털 모): máo, 毛-0, 4, 42

字解 상형. 『설문해자』에서 '눈썹이나 머리칼 및 짐승의 털'이라고 했는데, 毛髮^(모발)은 바로 이런 뜻이다. 毛의 가운데 선의 아랫부분은 털의 뿌리^(毛根·모근)를, 중간은 줄기^(毛幹·모간)를, 윗부분은 끝자락^(毛梢·모초)을 그렸고, 양쪽으로 갈라진 획은 펼쳐진 털의 모습이다. 머리칼이나 짐승의 털은 대단히 가늘다. 지금

은 '나노 섬유^(nano fiber)'처럼 10억분의 1미터 두께라는 상상하기조차 어려운 가늘고 섬세한 섬유가 개발되었지만, 그전에는 인간이 볼 수 있는 가장 가는 존재가 바로 이런 털이었을 것이다. 이로부터 毛에는 '털'과 모직물은 물론 대단히 작다는 의미가 담겼다.

字形 金文　古陶文　簡牘文　說文小篆

•예• 毛皮(모피), 毛髮(모발), 羊毛(양모), 毛孔(모공), 不毛地(불모지),
九牛一毛(구우일모), 毛遂自薦(모수자천)

목

250

木(나무 목): mù, 木-0, 4, 80

字解 상형. 줄기를 중심으로 잘 뻗은 가지와 뿌리를 그려 '나무'를 형상했다. 木이 둘 셋 중첩되어 만들어진 林^(수풀 림)과 森^(나무 빽빽할 삼)은 '나무'의 의미를 강화한 경우로 '나무'의 원래 의미가 그대로 담겨 있는 경우이다. 나무는 인간 생활에서 빼놓을 수 없었기에 이를 이용해 '위치'나 '방향'을 표시하기도 했다. 예컨대 末^(끝 말)과 本^(밑 본)과 朱^(붉을 주) 등은 木에다 위, 아래, 가운데 부위를 표시하는 부호를 붙여 만든 글자들로, 末은 나무의 끝을, 本은 나무의 뿌리를 말하며, 朱는 나무의 속이 붉은 赤心松^(적심송)을 뜻한 데서 '붉다'는 의미를 그렸다. 또 東^(동녘 동)은 해가 나무에 걸린 모습에서 해 뜨는 쪽을, 杲^(밝을 고)는 해가 나무 위로 위치한 모습에서 한낮의 밝음을, 杳^(어두울 묘)는 해가 나무 아래로 떨어진 어둑해진 때를 말한다. 또 나무는 인간 생활의 기물을 만드는 더없이 중요한 재료로 쓰였다. 나무는 다양한 목제품은 물론, 울타리^(樊·번)나 기둥^(柱·주)이나 악기^(樂·악)의 재료로, 염료^(染·염)로, 심지어 저울추^(權·권)나 거푸집^(模·모), 술통^(樽·준), 쟁반^(槃·반) 등을 만드는 데 쓰였다. 그래서 材^(재목 재)는 갖가지 재주^(才·재)로써 기물을 만들어 내는 나무^(木)라는 뜻이 담겼

다.

字形 ****甲骨文 ****金文 ****古陶文 ** **盟書 ** **

簡牘文 **帛書 **說文小篆

•예• 草木(초목), 木材(목재), 樹木(수목), 植木(식목), 緣木求魚(연목
구어)

251

目(눈 목): mù, 目-0, 5, 60

字解 상형. 눈동자가 또렷하게 그려진 눈의 모습인데, 소전에 들면서 자형이 세로
로 변하면서 눈동자도 가로획으로 변해 지금처럼 되었다. '눈'이 원래 뜻이
고, 눈으로 보다, 눈으로 볼 수 있는 目錄^(목록)을 말한다. 또 눈으로 보는 지
금이라는 뜻에서 目前^(목전)에서처럼 현재 등의 뜻도 나왔다.

字形 ****甲骨文 ****金文 ****古陶文 ****簡牘文

**說文小篆 **說文古文

•예• 目標(목표), 目的(목적), 科目(과목), 題目(제목), 項目(항목), 指
目(지목), 種目(종목), 目錄(목록), 目次(목차), 盲目的(맹목적), 目
不識丁(목불식정)

252

卯(넷째지지 묘): [夘, 戼], mǎo, 卩-3, 5, 30

字解 상형. 卯는 희생물의 몸을 두 쪽으로 대칭되게 갈라 제사 지내던 방법을 말
했는데 이후 간지자로 차용되었다. 그러자 원래 뜻은 칼로 자른다는 뜻에서
刀^(칼 도)를 더하고 다시 칼이 쇠로 만들어졌다는 의미에서 金^(쇠 금)을 더하여

劉^(죽일 류)를 만들어 분화했다.

字形 〔甲骨文〕 〔金文〕 〔古陶文〕 〔盟書〕 〔簡牘文〕 〔古璽文〕 〔石刻古文〕 〔說文小篆〕 〔說文古文〕

253

妙(묘할 묘): [玅, 竗], miào, 女-4, 7, 40

字解 형성. 女^(여자 여)가 의미부이고 少^(적을 소)가 소리부로, 묘하다, 신비하다는 뜻인데, 묘한 매력을 느끼게 하는 나이 어린^(少) 여성^(女)이라는 뜻을 담았다. 『광아』에서는 '좋다'는 뜻이라고 했다. 소전체에서는 玅^(묘할 묘)로 썼는데 작고^(玄현) 어리다^(少)는 뜻을 담았으며, 달리 女 대신 立^(설 립)이 들어간 竗^(땅이름 묘)로 쓰기도 한다.

字形 〔說文小篆〕

•예• 妙技(묘기), 微妙(미묘), 巧妙(교묘), 奇妙(기묘), 絕妙(절묘)

254

務(힘쓸 무): 务, wù, 力-9, 11, 42

字解 형성. 力^(힘 력)이 의미부이고 敄^(군셀 무)가 소리부로, 力은 쟁기를 그려 힘을 뜻하고 敄는 다시 矛^(창 모)와 攵^(칠 복)으로 구성되었다. 그래서 敄는 창^(矛)으로 찌르는^(攵) 모습에서부터 '강하다', '힘쓰다'의 뜻이 나왔다. 그리고 이후 의미를 명확하게 하고자 力이 더해졌으며, 있는 힘^(力)을 다해 창^(矛)을 찌르는^(攵) 모습을 그린 것이 務이다. 그러한 일은 적으로부터 자신들을 지켜내고 보존할 수 있는 가장 중요한 일의 하나였을 것이다. 그리하여 務에는 '일'이라는

의미까지 생겼다. 중국의 간화자에서는 矛를 생략하여 务로 쓴다.

字形 ![금문] 金文 ![간독문] 簡牘文 ![설문소전] 說文小篆

•예• 業務(업무), 義務(의무), 勤務(근무), 職務(직무), 責務(책무), 任務(임무), 事務(사무), 實務(실무), 服務(복무)

255

戊(다섯째 천간 무): wù, 戈-1, 5, 30

字解 상형. 상형자로 날이 넓고 자루가 긴 도끼처럼 생긴 무기를 그렸는데, 이후 간지자의 하나로 가차되었고, 원래 뜻은 쓰이지 않게 되었다. 또 옛날에는 10干^(간)을 사용해 5方^(방)을 나타냈는데, 戊가 중간에 놓였기 때문에 중앙을 상징하였고, 또 땅을 뜻하게 되었다.

字形 ![갑골문] 甲骨文 ![금문] 金文 ![고도문] 古陶文 ![간독문] 簡牘文 ![고새문] 古璽文 ![석각고문] 石刻古文 ![설문소전] 說文小篆

256

武(굳셀 무): wǔ, 止-4, 8, 42

字解 회의. 戈^(창 과)와 止^(발 지)로 구성되어, 무기^(戈)를 메고 가는^(止) '씩씩한 모습'을 그렸다. 이후 戈가 弋^(주살 익)으로 변해 지금처럼 되었다. 이를 전쟁^(戈)을 그치게^(止) 하는 것이 바로 '무력^(武)'이라 풀이하기도 하지만 이는 대단히 위험한 생각이다. 무력보다 대화나 협상이 전쟁을 그치게 하는 더욱 유효한 수단일 수 있기 때문이다. '씩씩하다'가 원래 뜻이며, 이로부터 '용맹하다', '결단력이 있다' 등의 뜻이 나왔고, 다시 무력의 뜻도 나왔다. 또 동주 때에는 길이 단위로도 쓰여 6尺^(척)을 1步^(보)라 하였고 步의 절반 길이를 1武라 했다.

甲骨文 金文

古陶文 帛書 簡牘文 古

璽文 石刻古文 說文小篆

●예● 武器(무기), 武力(무력), 文武(문무), 武士(무사), 武藝(무예), 武術(무술), 武臣(무신)

257

無(없을 무): 无, wú, 火-8, 12, 50

字解 상형. 갑골문자에서 無와 舞^(춤출 무)는 같은 글자였으며, 모두 손에 술 같은 장식물이나 불을 들고 춤추는 모습을 그렸다. 그래서 '춤추다'가 원래 뜻인데, 자형이 변해 지금처럼 되었으며, 아랫부분의 灬^(火, 불 화)는 사람의 발이 잘못 변한 것으로 불과는 관련이 없다. 이후 '없다'는 뜻으로 가차되어 주로 부정사로 쓰이게 되었고, 그러자 원래 뜻은 두 발을 그린 舛^(어그러질 천)을 더해 舞로 분화했다. 『설문해자』에서는 无^(없을 무)를 無의 奇字^(기자)로 제시하기도 했다. 중국의 간화자에서는 无에 통합되었다.

字形 甲骨文 金文 古陶文 盟書

簡牘文 帛書 石刻古文 說文小篆 說文奇字

●예● 無視(무시), 無關(무관), 無效(무효), 無責任(무책임), 無秩序(무질서), 無條件(무조건), 無能力(무능력), 有備無患(유비무환), 眼下無人(안하무인)

258

舞(춤출 무): wǔ, 舛-8, 14, 40

字解 형성. 舛^(어그러질 천)이 의미부이고 無^(없을 무)의 생략된 모습이 소리부로, 두 발^(舛)과 장식물을 들고 춤추는 모습^(無)이 합쳐진 모습이며, 이로부터 춤추다, 춤, 조롱하다 등의 뜻이 나왔다. 갑골문자에서는 無^(없을 무)와 같은 글자였는데, 이후 분화한 글자이다.

字形 甲骨文  金文 簡牘文  說文小篆  說文古文

●예● 舞臺(무대), 歌舞(가무), 群舞(군무), 劍舞(검무), 僧舞(승무)

259

茂(우거질 무): mào, 艹5, 9, 32

字解 형성. 艹^(풀 초)가 의미부이고 戊^(다섯째 천간 무)가 소리부로, 초목^(艹)이 우거져 무성함^(戊)을 말하며, 이로부터 창성하다, 茂盛^(무성)하다, 아름답다, 우수하다 등의 뜻도 나왔다.

字形 古璽文  說文小篆

●예● 茂盛(무성)

260

墨(먹 묵): mò, 土-12, 15, 32

字解 형성. 土^(흙 토)가 의미부이고 黑^(검을 흑)이 소리부로, 흙^(土)에서 나는 검은 색^(黑)을 내는 '먹^(墨炭·묵탄)'을 말했다. 이후 그을음과 송진을 섞어 만든 붓글씨용 '먹'을 지칭하였으며 서예나 회화를 비유적으로 지칭하기도 했다. 이후 묵형이나 '검은색'을 뜻하였고, 깨끗하지 못함이나 '비리'의 비유로도 쓰였다.

字形 金文  古陶文  簡牘文  帛書  古璽  說文小

마~밀 135

篆

•예• 墨守(묵수), 水墨畵(수묵화), 紙筆墨(지필묵), 近墨者黑(근묵자흑)

문

261

問(물을 문): 问, wèn, 口-8, 11, 70

字解 형성. 口^(입 구)가 의미부이고 門^(문 문)이 소리부로, 입^(口)으로 묻는 것을 말하며, 이로부터 살피다, 힐문하다, 논란을 벌이다, 심문하다, 판결하다, 추구하다 등의 뜻이 나왔다. 중국의 간화자에서는 问으로 쓴다.

字形 阳阴 甲骨文 羍 金文 問 說文小篆

•예• 質問(질문), 問答(문답), 問題(문제), 疑問(의문), 學問(학문), 不恥下問(불치하문), 不問可知(불문가지), 不問曲直(불문곡직)

262

文(무늬 문): wén, 文-0, 4, 70

字解 상형. 『설문해자』에서는 "획을 교차시키다는 뜻으로, 교차한 무늬를 형상했다^(錯畫也. 象交文)고 하여, 획을 교차시킨 것이 文의 원래 뜻이라고 했다. 하지만, 갑골문에 근거해 보면 '文身^(문신)'이 원래 뜻이다. 바깥의 仌은 사람의 모습이고, 중간의 ×·∨·入·丿 등은 가슴팍에 새겨진 무늬이다. 혹자는 금문의 용례를 중심으로 文을 제사 지낼 때 신위 대신으로 그 자리에 앉혀 제사를 받게 했던 尸童^(시동)과 연계시켜 해석했지만 이러한 제사 제도가 확립되기 전으로 거슬러 올라가게 되면, 죽음이라는 것을 영혼이 육체에서 분리되는 과정이라 생각했고 그것은 피 흘림을 통해 이루어졌다는 원시인들의 죽음에 대한 인식에 근원 한다. 당시에는 사고나 야수의 습격 등으로 피를 흘려 죽

은 사고사가 대부분이었는데, 그런 경우가 아닌 자연사한 경우에는 인위적으로 칼집에 의한 피 흘림 의식을 행해 죽은 사람의 영혼이 육신으로부터 분리될 수 있게 하였고, '文'은 죽은 사람에 대한 신성화한 기호를 말하며, 죽은 시신을 묻을 때에는 붉은색을 가슴팍에다 칠하기도 했다. 이처럼, 文의 옛 형태는 사람의 가슴에 어떤 무늬를 새겨 놓은 것을 형상했다. 고대 중국인들은 죽음을 육체로부터 영혼이 분리하는 것이라 생각했고, 이 분리는 피 흘림을 통해 이루어진다고 믿었기 때문에 피 흘림 없이 시체에다 문신을 그려 넣었다. 이것을 그린 것이 文이고 그래서 이의 처음 뜻은 '무늬'이다. 문자란 일정한 필획을 서로 아로새겨 어떤 형체들을 그려낸 것이다. 그래서 무늬라는 의미의 文에 '文字(문자)', 즉 '글자'라는 의미도 담기게 되었다. 이후 이러한 글자로 쓰인 것, 즉 '글'을 '文章(문장)'이나 '문학작품'이라 하게 되었다. 이렇게 되자 文은 '문자'나 '문장'이라는 의미로 주로 쓰이게 되었고, 처음의 '무늬'라는 의미를 나타낼 때에는 다시 糸(가는 실 멱)을 더하여 紋(무늬 문)으로 표시했다. 물론 糸이 더해진 것은 베를 짜는 과정에서의 무늬가 생활과 상당히 밀접하게 연관돼 있었기 때문으로 보인다. 그리하여 文은 시신에 낸 무늬로부터 시각적 아름다움이, 다시 시각은 물론 철학적 형식미로까지 발전하여 급기야 文學(문학)과 문학 행위까지 지칭하는 의미로 확장되었다.

字形

•예• 文學(문학), 文字(문자), 文化(문화), 論文(논문), 文章(문장), 文書(문서), 文明(문명), 漢文(한문), 散文(산문), 千字文(천자문), 死後藥方文(사후약방문)

263

聞(들을 문): 闻, [䎽, 聲], wén, 耳-8, 14, 60

字解 형성. 耳$^{(귀 이)}$가 의미부이고 門$^{(문 문)}$이 소리부로, 문$^{(門)}$ 틈으로 귀$^{(耳)}$를 대고 '들음'을 말하며, 이로부터 듣다, 알다, 지식, 소식, 알림, 소문 등의 뜻이 나왔다. 갑골문에서는 손을 귀에 대고 귀 기울여 듣는 모습을 형상화했다. 중국의 간화자에서는 闻으로 쓴다.

字形 甲骨文 金文 簡牘文 古璽文 石刻古文 說文小篆 說文古文

●예● 新聞(신문), 所聞(소문), 見聞(견문), 聽聞(청문), 聞一知十(문일지십), 百聞不如一見(백문불여일견)

264

門(문 문): 门, mén, 門-0, 8, 80

字解 상형. 문짝$^{(戶·호)}$이 두 개로 구성된 양쪽 '문'을 그렸는데, 갑골문에서는 문틀까지 사실적으로 그려졌다. 문은 벽이나 담에 의해 단절된 두 공간을 서로 통하게 한 소통의 장치였으며, 사람이나 물건이 드나드는 공간이었다. 그래서 門$^{(문 문)}$은 '소통'에 그 주된 의미가 있지만 닫으면 단절되기에 '단절'의 뜻도 함께 가진다. 그래서 '문'이 원래 뜻이며, 문처럼 생긴 조정 장치를 지칭하였으며, 또 같은 문을 사용한다는 뜻에서 가문의 뜻이 나왔으며, 다시 학술이나 종교의 '유파'를 지칭하게 되었다. 중국의 간화자에서는 门으로 줄여 쓴다.

字形 甲骨文 金文 古陶文 簡牘文 古璽文 說文小篆

●예● 部門(부문), 專門(전문), 窓門(창문), 大門(대문), 家門(가문), 登龍門(등용문), 門外漢(문외한), 門前成市(문전성시)

물

265

勿(말 물): wù, 勹-2, 4, 32

字解 지사. 흩날리는 깃대를 그렸다는 등 이에 대해서는 의견이 분분하나, 갑골문을 보면 쟁기와 작은 점들로 이루어져, 쟁기질 때 갈라지는 흙덩이를 그린 것으로 보인다. 그래서 원래 뜻은 '쟁기질'과 관련된 것으로 추정되지만, 이미 갑골문 때부터 '⋯⋯하지 말라'는 부정사로 가차되어 쓰였고 원래 뜻으로는 쓰이지 않았다.

字形 〔자형들〕 甲骨文 〔자형들〕 金文 〔자형들〕 古陶文 〔자형〕 盟書 〔자형〕

〔자형들〕 簡牘文 〔자형〕 帛書 〔자형〕 說文小篆 〔자형〕 說文或體

●예● 勿論(물론)

266

物(만물 물): wù, 牛-4, 8, 70

字解 형성. 牛(소 우)가 의미부이고 勿(말 물)이 소리부인데, 勿이 갑골문에서 쟁기질 때 갈라지는 흙덩이를 그린 것으로 추정됨을 고려하면, 物은 소(牛)를 이용한 쟁기질(勿)의 모습을 그린 것으로 추정된다. 그렇다면 쟁기질(物)에 쓸 색깔(色색) 좋은 소(牛)를 '고르다'는 뜻이 바로 物色(물색)이다. 그리고 그러한 소는 색깔에 의해 구분되었기에 物에는 '여러 색깔의 소'라는 뜻이, 다시 만물은 자신의 색깔을 가진다는 뜻에서 각기 萬物(만물)의 뜻이 나왔다. 또 자신 이외의 사람이나 事物(사물)을 지칭하기도 한다.

字形 〔자형들〕 甲骨文 〔자형들〕 簡牘文 〔자형〕 說文小篆

•예• 萬物(만물), 事物(사물), 生物(생물), 物件(물건), 人物(인물), 物質(물질), 植物(식물), 物品(물품), 見物生心(견물생심)

미

267

味(맛 미): wèi, 口-5, 8, 42

字解 형성. 口^(입 구)가 의미부이고 未^(아닐 미)가 소리부로, 입^(口) 속에 느껴지는 갖가지^(未) 맛을 말하며, 이로부터 맛을 보다, 먹다, 음식, 맛을 느끼다, 체득하다 등의 뜻이 나왔다.

字形 味 簡牘文 咮 說文小篆

•예• 意味(의미), 趣味(취미), 興味(흥미), 別味(별미), 味覺(미각)

268

尾(꼬리 미): wěi, 尸-4, 7, 32

字解 회의. 尸^(주검 시)와 毛^(털 모)로 구성되어, 사람의 엉덩이^(尸) 부분에 꼬리 장식^(毛)이 달린 모습인데, 원시 축전 때 동물 모양을 흉내 내며 춤추던 모습을 그린 것으로 추정된다. 이후 '꼬리'로부터 '끝'이나 '뒤를 따라가다'라는 의미까지 갖게 되었다.

字形 尾 甲骨文 尾 簡牘文 尾 說文小篆

•예• 尾行(미행), 語尾(어미), 末尾(말미), 龍頭蛇尾(용두사미), 尾生之信(미생지신)

269

未(아닐 미): wèi, 木-1, 5, 42

字解 지사. 木^(나무 목)에 가지가 하나 더해진 형상으로, 나무^(木)의 가지와 잎이 무성함을 말했다. 무성하게 자란 나무는 햇빛을 가리므로 '어둡다'는 뜻을 갖게 되었는데, 이후 간지자로 가차되었고, 또 '아니다'는 부정사로 쓰이게 되면서 원래 뜻은 상실했다. 그러자 원래 뜻은 日^(날 일)을 더한 昧^(새벽 매)로 분화했다.

字形 ☰甲骨文 ☰金文 ☰古陶文 ☰簡牘文 ☰帛書 ☰古璽文 ☰說文小篆

●예● 未來(미래), 未滿(미만), 未完(미완), 未開(미개), 未達(미달), 未熟(미숙), 未曾有(미증유), 前代未聞(전대미문)

米(쌀 미): mǐ, 米-0, 6, 60

字解 상형. 갑골문에서의 米^(쌀 미)가 무엇을 그렸는지에 대해서는 의견이 분분하다. 아래위의 세 점이 나락인지 나락을 찧은 쌀인지 분명하지 않고, 중간의 가로획도 벼의 줄기인지 쌀을 골라내기 위한 '체'인지 불분명하기 때문이다. 작은 점들이 나락이라면 중간의 획은 이삭 줄기일 테고 나락을 찧은 쌀이라면 체일 테지만, 전자일 가능성이 커 보인다. 쌀은 전 세계 인구의 40퍼센트 정도가 주식으로 삼고 있으며, 특히 아시아인들에게는 가장 대표적인 식량이다. 벼가 남아시아에서 중국으로 들어간 이후 쌀이 가장 중요한 식량으로 자리 잡으면서 米는 쌀은 물론 기장이나 조 등 일반 곡식까지 두루 지칭하게 되었다. 또 쌀처럼 껍질을 벗긴 것을 지칭하기도 하며, 길이 단위인 미터(m)의 음역어로도 쓰인다.

字形 ☰甲骨文 ☰古陶文 ☰簡牘文 ☰說文小篆

●예● 白米(백미), 玄米(현미), 米穀(미곡), 米壽(미수)

271

美(아름다울 미): měi, 羊-3, 9, 60

회의. 羊^(양 양)과 大^(큰 대)로 구성되어, 양^(羊)의 가죽을 덮어쓴 사람^(大)의 모습에서 양^(羊)을 잡을 재주를 가진 '뛰어난' 사람^(人)을 그렸고 이로부터 훌륭하다, 좋다는 뜻이 나왔는데, 큰^(大) 양^(羊)이 유용하며 유용한 것이 '아름다움'이라 풀이하기도 한다. 이로부터 아름답다, 선하다, 훌륭하다, 찬미하다, 좋게 여기다 등의 뜻이 나왔다. 또 아메리카 대륙^(美洲·미주)를 지칭하며, 이로부터 미국을 지칭하게 되었다.

字形 ![甲骨文 金文 古陶文 簡牘文 古璽文 說文小篆]

•예• 美國(미국), 美人(미인), 美術(미술), 美德(미덕), 美貌(미모), 美容(미용)

민

272

民(백성 민): mín, 氏-1, 5, 80

字解 회의. 원래 포로나 노예의 반항 능력을 줄이고자 한쪽 눈을 예리한 침으로 자해한 모습으로부터 '노예'라는 뜻을 그렸고 이로부터 신하의 뜻이 나왔는데, 이후 '백성', 民衆^(민중), 대중 등의 의미로 확장되었다. 그리고 자형도 지금처럼 변했는데, 현대 옥편에서는 氏^(성씨 씨)부수에 편입되었다.

字形 ![金文 簡牘文 帛書 石刻古文 說文小篆 說文古文]

•예• 國民(국민), 住民(주민), 庶民(서민), 市民(시민), 民族(민족), 民

衆(민중), 民俗(민속), 民主(민주)

밀

273

密(빽빽할 밀): mì, 宀-8, 11, 42

字解 형성. 宀^(집 면)이 의미부이고 宓^(성 복)이 소리부로, 집^(宀)처럼 높게 늘어선 산^(山)을 말했는데, 높은 산이 **빽빽**하게 늘어섰다는 뜻에서 稠密^(조밀)하다, 細密^(세밀)하다, 親密^(친밀)하다는 의미가 나왔고, 또 그런 산속처럼 깊고 폐쇄된 곳이라는 뜻에서 깊다, 秘密^(비밀) 등의 의미가 나왔다.

字形 金文 簡牘文 說文小篆

●예● 細密(세밀), 親密(친밀), 秘密(비밀), 精密(정밀), 隱密(은밀), 密接(밀접), 密着(밀착), 密集(밀집)

이궤(利簋)(아래)와 명문(위). 1976년 섬서성 임동현에서 출토. 중국국가박물관 소장. 28*22센티미터, 7.95킬로그램. 주나라가 상나라를 멸망시키던 그날의 전투 상황을 생생하게 묘사하였다.

ㅂ

박

274

朴(후박나무 박): [樸, pò, pǔ, piáo, 木-2, 6, 60]

字解 형성. 木(나무목)이 의미부이고 卜(점 복)이 소리부로, 나무(木) 이름으로 후박나무를 말한다. 후박나무는 껍질이 잘 갈라져(卜) 벗겨지며, 껍질은 약재로 쓴다. 이로부터 나무의 껍질을 지칭하게 되었다. 또 성씨로 쓰이는데, 한국의 대표적인 성씨의 하나이다. 현대 중국에서는 樸(통나무 박)의 중국의 간화자로도 쓰인다.

字形 朴 說文小篆

●예● 素朴(소박)

반

275

半(반 반): bàn, 十-3, 5, 60

字解 회의. 牛(소 우)와 八(여덟 팔)로 구성되어, 소(牛)를 양쪽으로 나누어(八) 놓은 모습을 형상했으나 자형이 조금 변해 지금처럼 되었다. 양쪽으로 나누었다는 뜻에서 折半(절반), 반쪽의 의미가 나왔다. 이후 중도, 중간, 불완전하다, 적다 등의 뜻도 나왔다.

字形 半金文 半半古幣文 半簡牘文 半古璽文 半 說文小篆

●예● 折半(절반), 前半(전반), 後半(후반), 半島(반도), 半導體(반도체)

276

反(되돌릴 반): fǎn, 又-2, 4, 60

字解 회의. 厂(기슭 엄)과 又(또 우)로 구성되었는데, 이의 자원에 대한 해설은 분분하다. 혹자는 손(又)을 이용해 언덕(厂)을 기어오르는 모습이라거나, 달리 손(又)으로 벽을 밀어 넘어뜨리는 모습이라고도 한다. 또 『설문해자』에서는 손(又)을 '뒤집다'는 뜻이라고 했는데, 뒤집으면 원래의 위치와는 반대되기에 '反對(반대)'라는 뜻이 나왔다. 이로부터 뒷면, 일상적인 것과의 반대됨, 반대하다, 되돌아가다 등의 뜻이 나왔다.

字形 [그림] 甲骨文 [그림] 金文 [그림] 古陶文 [그림] 簡牘文 [그림] 說文小篆 [그림] 說文古文

●예● 反對(반대), 反省(반성), 違反(위반), 反應(반응), 贊反(찬반), 反復(반복), 反射(반사), 反論(반론), 反則(반칙), 反逆(반역)

277

飯(밥 반): 饭, fàn, 食-4, 13, 32

字解 형성. 食(밥 식)이 의미부이고 反(되돌릴 반)이 소리부로, 밥(食)을 먹을 때에는 반복해서(反) 씹어야 한다는 뜻을 담았으며, 이로부터 밥, 밥을 먹다, 밥을 먹이다, 음식 등의 뜻이 나왔다. 또 옛날 사람이 죽으면 입에다 쌀 등 곡식을 물렸는데 이를 飯含(반함)이라 했다.

字形 [그림] 金文 [그림] 簡牘文 [그림] 說文小篆

●예● 飯酒(반주), 白飯(백반), 飯店(반점), 茶飯事(다반사)

발

278

發(쏠 발): 发, fā, 癶-7, 12, 60

字解 형성. 弓^(활 궁)이 의미부이고 癹^(짓밟을 발)이 소리부로, 활^(弓)을 쏘아 멀리 나아 가게^(癹) 하다는 뜻이며, 이로부터 發射^(발사)나 出發^(출발)의 뜻이 나왔다. 여기에 手^(손 수)가 더해진 撥^(튀길 발)은 시위를 튀겨 화살을 나아가게 하는 동작을 더욱 강조했고, 潑^(뿌릴 발)은 물^(水)을 흩뿌림을, 廢^(폐할 폐)는 '쏠' 수 있는 활을 창고^(广·엄) 속에 넣어 두어 사장함을 말한다. 중국의 간화자에서는 초서체인 发로 쓴다.

字形 👟金文 👟👟👟簡牘文 👟說文小篆

●예● 出發(출발), 發射(발사), 發表(발표), 發展(발전), 開發(개발), 發生(발생), 發散(발산), 發想(발상), 發見(발견), 發達(발달), 百發百中(백발백중)

방

279

房(방 방): fáng, 戶-4, 8, 42

字解 형성. 戶^(지게 호)가 의미부이고 方^(모 방)이 소리부로, 곁^(方)에 위치한 방^(戶)을 말하는데, 종묘의 문이나 큰 대문은 門^(문 문)을 쓰고 곁으로 배치된 방들은 戶를 사용했다는 『주례』의 말은 이를 두고 한 것이다. 그래서 房은 집의 중앙에 놓인 正室^(정실) 곁으로 배치된 側室^(측실)을 말하며, 이후 이처럼 격자형으로 분할된 '방'을 뜻하게 되었다.

字形 👟👟👟簡牘文 👟說文小篆

●예● 暖房(난방), 冷房(냉방), 獨房(독방), 文房四友(문방사우)

280

放(놓을 방): fàng, 攴-4, 8, 60

〔字解〕 형성. 攴^(칠 복)이 의미부이고 方^(모 방)이 소리부로, 변방^(方)으로 강제로^(攴) '내침'을 말하며, 이로부터 몰아내다, 追放^(추방)하다, 버리다, 釋放^(석방)하다는 뜻이 나왔고, 밖으로 내몰려 제멋대로 한다는 뜻에서 '放縱^(방종)'의 의미가 나왔다.

〔字形〕 㪔 㪔 金文 㪔 簡牘文 㪔 說文小篆

●예● 放送(방송), 開放(개방), 放置(방치), 解放(해방), 釋放(서방), 放學(방학), 追放(추방), 放心(방심), 放縱(방종)

281

方(모 방): fāng, 方-0, 4, 70

〔字解〕 상형. 이의 자원은 확실치 않다. 『설문해자』는 배^(舟)를 둘 합쳐 놓은 것이라고 했지만, 갑골문을 보면 쟁기가 분명하다. 위는 손잡이를 중간은 발판을 아래는 갈라진 날을 그린 碎土^(쇄토)형 쟁기이다. 쟁기는 흙을 갈아엎는 유용한 농기구로, 중국의 쟁기는 세계의 다른 지역보다 수백 년이나 앞서 발명되고 응용되었을 정도로 선진적인 농업의 상징이기도 했다. 쟁기로 밭을 갈면 보습에 의해 각진 흙덩이가 올라오게 되는데, 이로부터 여러 뜻이 생겨났다. 흙은 땅의 상징이며, 농경을 주로 했던 중국에서 땅은 '나라' 그 자체였다. 게다가 하늘은 둥근 반면 땅은 네모졌다고 생각했기에 '네모'나 땅의 '가장자리'까지 뜻하게 되었다. 그래서 方에는 '나라'는 물론 地方^(지방)에서처럼 땅, 方向^(방향), 다시 方正^(방정)에서처럼 '각 짐'과 '정직함'이나 입방체, 네모꼴로 된 종이에 처방^(處方)을 내린다고 해서 '방법', 방식 등의 뜻까지 생겼다.

字形 罒 才 ≠ + 屮 ⊗ 徿 甲骨文　方 才 方 ⊗ 枋 金文　才 方 古陶文

坊 才 才 簡牘文　才 帛書　方 石刻古文　方 說文小篆　⊗ 說文或體

•예•　方法(방법), 地方(지방), 方向(방향), 處方(처방), 方案(방안), 方式(방식), 方面(방면), 方位(방위), 八方美人(팔방미인)

282

訪(찾을 방): 访, fǎng, 言-4, 11, 42

字解 형성. 言^(말씀 언)이 의미부이고 方^(모 방)이 소리부로, 좋은 의견을 구하려 주위^(方)의 다른 나라로 찾아가 묻고^(言) 의논함을 말하며, 이로부터 조사하다, 찾다, 訪問^(방문)하다, 모의하다 등의 뜻이 나왔다.

字形 訪 簡牘文　訪 說文小篆

•예•　訪問(방문), 巡訪(순방), 禮訪(예방), 探訪(탐방)

283

防(둑 방): fáng, 阜-4, 7, 42

字解 형성. 阜^(언덕 부)가 의미부이고 方^(모 방)이 소리부로, 강가나 성 주위^(方)로 흙으로^(阜) 쌓은 둑을 말한다. 높다란 둑이나 흙벽은 홍수를 막고 적을 '방어'하기 위한 중요한 시설물이었다. 이로부터 둑, 堤防^(제방)의 뜻이, 다시 막다, 防禦^(방어)하다, 지키다 등의 뜻이 나왔다.

字形 防 說文小篆

•예•　豫防(예방), 防止(방지), 國防(국방), 防音(방음), 防水(방수), 攻防(공방), 防衛(방위), 消防(소방), 堤防(제방), 防備(방비), 衆口難防(중구난방)

배

284

拜(절 배): bài, 手-5, 9, 42

字解 형성. 원래는 手^(손 수)가 의미부이고 羍^(빠를 훼)가 소리부인 구조로, 새로 수확한 곡식^(羍)을 조상신에게 두 손^(手)으로 절을 하며 바치는 모습이었고, 이로부터 절을 하다, 받들다, 바치다 등의 뜻이 나왔다. 소전체에서 두 손^(手)과 下^(아래 하)로 구성되어 두 손을 모아 자신을 낮추며 '공경'하는 의미를 그려내기도 했다.

字形 [金文] [簡牘文] [說文小篆] [說文古文]

●예● 歲拜(세배), 參拜(참배), 崇拜(숭배), 禮拜(예배)

285

杯(잔 배): [盃], bēi, 木-4, 8, 30

字解 형성. 木^(나무 목)이 의미부이고 不^(아닐 불)이 소리부로, 나무^(木)로 만든 작은 술잔을 말하며, 달리 桮^(술잔 배), 盃^(잔 배) 등으로 쓰기도 한다.

字形 [簡牘文] [說文小篆] [說文籀文]

●예● 祝杯(축배), 乾杯(건배), 苦杯(고배), 毒杯(독배)

백

白(흰 백): bái, 白-0, 5, 80

字解 상형. 자원에 대한 의견이 분분하여, 이것이 껍질을 벗긴 쌀, 태양^(日·일)이 뜰 때 비추는 햇빛, 엄지손가락을 그렸다는 등 여러 의견이 제시되었으나, 마지막 견해가 가장 통용되고 있다. 엄지손가락은 손가락 중에서 가장 큰 '첫 번째' 손가락이다. 그래서 白의 원래 의미는 '첫째'나 '맏이'로 추정되며, '맏이'의 상징에서 '가깝다'의 뜻이 나왔을 것이다. 이후 白은 告白^(고백)처럼 속에 있는 것을 숨김없이 '말하다'는 뜻으로 의미가 확장되었는데, 그것은 祝^(빌 축)에서처럼 '맏이^(兄·형)'가 천지신명께 드리는 제사를 주관했기 때문이다. 이와 동시에 白은 속의 것을 숨기지 않고 죄다 밝힌다는 뜻에서 '潔白^(결백)'과 '희다'의 뜻이 나왔고, 그러자 원래 뜻은 人^(사람 인)을 더한 伯^(맏 백)으로 분화했다.

字形 ⬦⬦⬦⬦⬦⬦甲骨文 ⬦金文 ⬦ ⬦古陶文 ⬦

⬦ ⬦ ⬦⬦ ⬦簡牘文 ⬦帛書 ⬦石篆文 ⬦說文小篆

• 예 • 告白(고백), 潔白(결백), 明白(명백), 獨白(독백), 空白(공백), 自白(자백), 白眉(백미)

百(일백 백): bǎi, 白-1, 6, 70

字解 지사. 白^(흰 백)에 지사 부호인 가로획^(一)이 더해졌는데, 1백이라는 숫자를 나타내며, 이로부터 많은 것의 개략 수나 매우 많음을 뜻했고, 일체나 완전하다는 뜻도 나왔다.

字形 甲骨文 金文 古陶文 簡

牘文 帛書 說文小篆

●예● 百姓(백성), 百科(백과), 百貨店(백화점), 一當百(일당백), 百年
河淸(백년하청), 一罰百戒(일벌백계)

번

288

番(순서 번): fān, 田-7, 12, 60

字解 형성. 田^(밭 전)이 의미부이고 釆^(분별할 변)이 소리부로, 원래 들^(田)에 생긴 짐승
이나 새의 발자국^(釆)을 그려, 그 발자국을 '자세히' 살펴 분별한다는 뜻을
표현했다. 이후 순서, 當番^(당번) 등의 뜻으로 가차되었다. 그러자 원래 뜻은
足을 더한 蹯^(짐승발자국 번)으로 분화했다.

字形 金文 簡牘文 古璽文 說文小

篆 說文或體 說文古文

●예● 當番(당번), 順番(순번), 番號(번호), 番地(번지), 每番(매번)

벌

289

伐(칠 벌): fá, 人-4, 6, 42

字解 회의. 人^(사람 인)과 戈^(창 과)로 구성되어, 무기^(戈)로 사람^(人)의 목을 베는 모습을
그렸고, 이로부터 '목을 베다'와 '征伐^(정벌) 하다', 자르다 등의 뜻이 나왔고,
전공을 자랑한다는 뜻에서 '뽐내다', '자랑하다'의 뜻도 나왔다.

字形 甲骨文 金文 盟書 簡牘文 帛書 石刻古文 說文小篆

•예• 伐木(벌목), 伐草(벌초), 討伐(토벌), 征伐(정벌), 殺伐(살벌), 北伐(북벌)

범

290

凡(무릇 범): [凢], fán, 几-1, 3, 32

字解 상형. 갑골문에서 베로 만든 네모꼴의 '돛'을 그렸다. 이후 凡이 '무릇', 일상적인, 평상의, 平凡(평범)하다 등의 의미로 가차되자, 원래의 뜻을 나타낼 때에는 巾(수건 건)을 더해 帆(돛 범)을 만들어 분화했다.

字形 甲骨文 金文 簡牘文 說文小篆

•예• 平凡(평범), 非凡(비범), 凡例(범례), 凡常(범상)

법

291

法(법 법): [灋], fǎ, 水-5, 8, 52

字解 회의. 水(물 수)와 去(갈 거)로 구성되어, '법'을 말하는데, 법이란 모름지기 물(水)의 흐름(去)처럼 해야 한다는 뜻을 담았다. 물은 언제나 높은 곳에서 낮은 곳으로 흐르지 낮은 곳에서 높은 곳으로 역류하지 않는 항상성을 가지기에 法은 항상 공평하고 또한 일정해야 한다. 금문 등에서는 法에 廌(해치 치)가 덧붙여져 灋으로 썼다. 獬廌(해차해태)는 올바르지 않은 것을 만나면 그 무서운 뿔로 받아 죽여 버린다고 전해지는 상상의 동물이다. 그렇다면, 그들이

생각했던 법은 바로 바르지 않는 사람을 떠받아 죽여 버리는 해치나 항상 낮은 곳으로 임하는 물처럼 언제나 정의롭고 누구에게나 공평하게 집행되어야 하는 것이었다. 법이라는 뜻으로부터 法道^(법도), 표준, 규범, 方法^(방법) 등의 뜻이 나왔다.

字形 [金文] [古陶文] [簡牘文] [古璽文] [說文小篆] [說文或體] [說文古文]

●예● 方法(방법), 憲法(헌법), 法律(법률), 解法(해법), 違法(위법), 法則(법칙)

변

292

變(변할 변): 变, biàn, 言-16, 23, 52

字解 형성. 攴^(攵·칠 복)이 의미부이고 絲^(어지러울 련)이 소리부로, 강제하여^(攴) '바꾸다'는 뜻인데, 말^(言)은 항상성을 지닌 것이 아니라 언제나 변하여 믿을 수 없는 것임을 반영했다. 이로부터 변경하다, 변화하다, 事變^(사변) 등의 뜻이 나왔다. 중국의 간화자에서는 소리부 絲을 亦^(또 역)으로 간단하게 줄이고 攵을 又^(또 우)로 줄여 变으로 쓴다.

字形 [金文] [簡牘文] [說文小篆]

●예● 變化(변화), 變更(변경), 變動(변동), 變貌(변모), 變形(변형), 異變(이변), 變遷(변천), 變身(변신)

별

293

別(나눌 별): bié, 刀-5, 7, 60

字解 회의. 원래 円^(뼈 과, 骨의 원래 글자)와 刀^(칼 도)로 이루어져, 칼^(刀)로 뼈^(円)를 발라내다는 모습을 그렸으며, 이로부터 '분리', '구분', '區別^(구별)'의 의미가, 다시 분류, 특별하다 등의 뜻이 나왔다. 현대 한어에서는 '…하지 말라'는 부정사로 쓰인다.

字形 𠬝甲骨文 𠛎 𠛊簡牘文 𠛆 說文小篆

- 예● 離別(이별), 區別(구별), 特別(특별), 差別(차별), 別世(별세), 個別(개별), 作別(작별)

병

294

丙(남녘 병): bǐng, 一-4, 5, 32

字解 상형. 자원에 대한 의견이 분분하여, 물고기의 꼬리 모양이라고도 하나, 물건을 위에 얹고 옮겨 갈 수 있게 만든 받침대 모양의 이동식 기물을 그린 것으로 보인다. 이후 위에 가로획이 더해 지금의 자형이 되었는데, 가로획은 기물 위에 얹은 물건을 상징한다. '옮기다'가 원래 뜻이고, 이후 간지자로 가차되었으며, 이의 상징인 '남쪽'을 지칭하였고, 세 번째 천간을 말하기도 한다.

字形 內內甲骨文 內內內內內金文 內內古陶文 內盟書

爾內內簡牘文 內內石刻古文 丙說文小篆

- 예● 丙科(병과), 甲乙丙丁(갑을병정)

295

兵(군사 병): bīng, 八-5, 7, 52

字解 회의. 원래는 斤^(도끼 근)과 廾^(두 손 마주잡을 공)으로 구성되어, 두 손으로^(廾) 무기의 일종인 도끼^(斤)를 든 '병사'의 모습을 그렸는데, 자형이 조금 변했다. 무기를 든 모습으로부터 兵士^(병사), 兵力^(병력), 兵器^(병기) 등의 뜻이 나왔으며, 군사나 전쟁에 관한 것을 지칭하기도 한다.

字形 甲骨文 金文 簡牘文 帛書 說文小篆 說文古文 說文籀文

●예● 兵士(병사), 兵力(병력), 兵器(병기), 派兵(파병), 兵卒(병졸), 兵役(병역), 伏兵(복병)

296

病(병 병): bìng, 疒-5, 10, 60

字解 형성. 疒^(병들어 기댈 녁)이 의미부이고 丙^(남녘 병)이 소리부로, 병들어 누운 사람^(疒)을 옮기는^(丙) 모습으로부터 중환자의 의미를 그려내, 증세가 심각한 병을 따로 표현했다. 이후 병^(疒)의 대표적 속성이 남에게 옮겨지는^(丙) 전염에 있었기에 '질병'을 나타내는 대표 글자로 자리 잡게 되었다. 병이라는 뜻으로부터 잘못, 폐단, 病弊^(병폐) 등의 뜻도 나왔다.

字形 簡牘文 說文小篆

●예● 病院(병원), 疾病(질병), 病弊(병폐), 病菌(병균), 看病(간병), 同病相憐(동병상련)

보

保(지킬 보): bǎo, 人-7, 9, 42

字解 회의. 금문에서 人^(사람 인)과 子^(아들 자)로 구성되어, 아이^(子)를 등에 업은 사람^(人)의 모습을 사실적으로 그렸는데 자형이 조금 변해 지금처럼 되었다. 아이를 업고 키우는 모습으로부터 기르다, 보호하다, 보육하다, 보증하다 등의 뜻이 나왔다.

字形 甲骨文 金文 古陶文 簡牘文 說文小篆 說文古文

●예● 保護(보호), 保育(보육), 保證(보증), 安保(안보), 保險(보험), 保守(보수), 保全(보전), 保存(보존), 保健(보건)

報(갚을 보): 报, bào, 土-9, 12, 42

字解 회의. 금문에서 손에 채우는 형벌 기구를 그린 羍^(놀랄 녑)과 꿇어앉은 사람^(卩·절)과 그 뒤로 손^(又·우)이 놓인 모습을 그렸는데, 羍이 幸^(다행 행)으로 변해 지금의 자형이 되었다. 포로나 죄인을 잡아다 꿇어 앉혀 놓고 조상신에게 죄상을 알리는 모습이며, 이로부터 고하다, 알리다, 報告^(보고)하다의 뜻이, 다시 보답하다, 報復^(보복)하다, 복수 등의 뜻이 나왔다. 중국의 간화자에서는 幸이 扌^(손 수)로 바뀐 报로 쓴다.

字形 金文 簡牘文 說文小篆

●예● 報道(보도), 情報(정보), 報告(보고), 報復(보복), 弘報(홍보), 通報(통보), 豫報(예보), 報答(보답), 警報(경보), 結草報恩(결초보은), 因果應報(인과응보)

299

步(걸을 보): bù, 止-3, 7, 42

字解 회의. 갑골문에서 두 개의 止^(발 지)로 구성되었는데, 오른발과 왼발^(止)을 그려 걷는 모습을 그렸고, 이로부터 걸음, 밟다, 찾다, 일의 진행 순서 등의 뜻도 나왔다. 또 걸음걸이나 두 발 간의 거리를 말하며, 길이 단위로도 쓰여 5尺^(척)을 말했다.

字形 [甲骨文] [金文] [帛書] [簡牘文] [說文小篆]

●예● 讓步(양보), 初步(초보), 進步(진보), 退步(퇴보), 步道(보도), 散步(산보), 步行(보행), 五十步百步(오십보백보)

복

300

伏(엎드릴 복): fú, 人-4, 6, 40

字解 회의. 人^(사람 인)과 犬^(개 견)으로 구성되었는데, 사람^(人)의 옆에서 엎드려 지키는 개^(犬)의 모습을 형상화했다. 개는 항상 '엎드린' 상태로 집을 지키다가 낯선 사람이 오면 반쯤 엎드린 상태로 노려보며 짖거나 문다. 여기에서 '엎드리다'는 뜻이 나왔고, 다시 埋伏^(매복)에서처럼 '살피다'의 뜻이 나왔다. 혹은 개^(犬)란 모름지기 사람^(人)에게 엎드려 복종해야 한다는 뜻에서 이러한 뜻이 나왔다고도 한다. 이후 伏伏^(부복)에서처럼 상대를 높이거나 자신을 낮추는 말

로 쓰기도 했다.

金文 簡牘文 說文小篆

●예● 降伏(항복), 屈伏(굴복), 伏線(복선), 埋伏(매복), 伏地不動(복지부동)

301

復(돌아올 복다시 부): 复, fù, 彳-9, 12, 42

字解 형성. 彳^(조금 걸을 척)이 의미부이고 复^(돌아올 복)이 소리부이다. 复은 갑골문에서 아래쪽은 발^(夂·치)의 모양이고, 위쪽은 긴 네모꼴에 양쪽으로 모퉁이가 더해졌다. 여기서 발^(夂)은 오가는 모습이고 나머지는 통로라고 해, 통로를 오가는 모습을 그린 것이라 풀이하기도 하지만 复은 청동을 제련할 때 쓰던 포대 모양의 대형 풀무를 발^(夂)로 밟아 작동시키는 모습을 그렸다는 것이 더 적절해 보인다. 풀무는 공간을 움직여 공기를 내뿜게 하는 장치이고, 밀었다 당기는 동작이 反復^(반복)하는 특성이 있다. 그래서 复에는 오가다나 反復의 의미가 생겼고, 갔다가 원상태로 돌아온다는 回復^(회복)의 의미도 생겼다. 그러자 彳을 더한 復을 만들어 '돌아오다'는 동작을 더욱 구체화했다. 이로부터 '다시'라는 뜻도 나왔다. 다만 '다시'를 뜻할 때에는 復活^(부활)에서처럼 '부'로 읽힌다. 중국의 간화자에서는 复^(돌아올 복)으로 쓴다.

字形 甲骨文 金文 盟書 簡牘文 石刻古文 說文小篆

●예● 回復(회복), 復歸(복귀), 反復(반복), 復元(복원), 復舊(복구), 光復(광복), 往復(왕복), 報復(보복), 復習(복습), 復活(부활), 復興(부흥)

302

服(옷 복): fú, 月-4, 8, 60

字解 형성. 月^(달 월)이 의미부이고 ^{艮(다스릴 복)}이 소리부인 구조이다. 원래는 舟^(배 주)가 의미부로 되어, 사람을 꿇어 앉혀^(艮) 배^(舟)에 태우는 모습으로부터 屈服^(굴복)시키다는 의미를 그렸고, 이로부터 '일을 시키다', 음식이나 약 등을 服用^(복용)하다의 의미가 나왔다. 이후 舟가 月^(달 월)로 잘못 변해 지금의 자형이 되었다. 또 옷이라는 뜻도 가지게 되었는데, 옷은 외양으로 사람의 행동거지를 제어하는 것이라는 의미를 담았다.

字形 [甲骨文] [金文] [簡牘文] [石刻古文] [說文古文] [說文小篆]

●예● 克服(극복), 衣服(의복), 服裝(복장), 校服(교복), 服從(복종), 征服(정복), 服務(복무), 服用(복용), 防寒服(방한복)

303

福(복 복): fú, 示-9, 14, 52

字解 형성. 示^(보일 시)가 의미부이고 畐^(가득할 복)이 소리부로, 술통^(畐)과 제단^(示)을 그려 제단 앞에서 신에게 술을 올려 '복'을 비는 모습을 형상화했다. 이로부터 복과 保佑^(보우)라는 뜻이, 다시 행복의 뜻이 나왔다. 또 福建省^(복건성)을 뜻하기도 한다.

字形 [甲骨文] [金文] [古璽文] [簡牘文] [說文小篆]

●예● 祝福(축복), 幸福(행복), 冥福(명복), 福券(복권), 轉禍爲福(전화위복)

본

304

本(밑 본): [夲, 楍], běn, 木-1, 5, 60

字解 지사. 木^(나무 목)과 나무의 뿌리 부분을 지칭하는 점을 더해, 나무의 '뿌리'를 나타냈다. 이로부터 기저나 根本^(근본)의 뜻이 나왔고, 다시 사물의 주체나 대종족, 본적, 국가 등의 뜻이 나왔다. 또 옛날에는 농업이 생산이 근본이었으므로 농업생산을 지칭하기도 했다. 달리 "夲"이나 "楍" 등으로 쓰기도 한다.

字形 木 金文　夲 古陶文　芯 半 木 簡牘文　木 說文小篆　楍 說文古文

●예● 根本(근본), 資本(자본), 基本(기본), 本質(본질), 拔本塞源(발본색원)

봉

305

奉(받들 봉): fèng, 大-5, 8, 52

字解 형성. 금문에서 廾^(두 손 마주잡을 공)이 의미부이고 丰^(예쁠 봉)이 소리부인 구조로, 모나 어린 묘목^(丰)을 두 손으로 받든^(廾) 모습을 그렸는데 자형이 조금 변했다. 아마도 농경을 중심으로 살았던 고대 중국에서 농작물을 신에게 바쳐 한 해의 풍작을 비는 모습을 형상화한 것이라 추측된다. 이로부터 '받들다'는 뜻이, 다시 奉獻^(봉헌)에서처럼 '바치다'는 뜻이 생겼다. 그러자 원래의 의미는 手^(손 수)를 더한 捧으로 분화했다.

字形 奉 金文　奉 盟書　奉 奉 簡牘文　奉 帛書　奉 說文小篆

●예● 奉仕(봉사), 奉獻(봉헌), 奉養(봉양)

306

逢(만날 봉): féng, 辵-7, 11, 32

字解 형성. 辵^(쉬엄쉬엄 갈 착)이 의미부이고 夆^(끌 봉)이 소리부로, 가서^(辵) 서로 함께 만나는 것을 말하며, 이로부터 相逢^(상봉)하다, 영접하다 등의 뜻이 나왔다.

字形 徬金文 夆盟書 縫縫簡牘文 逢說文小篆

●예● 相逢(상봉), 逢變(봉변)

부

307

否(아닐 부): fǒu, 口-4, 7, 40

字解 형성. 口^(입 구)가 의미부이고 不^(아닐 불)이 소리부로, 아니다^(不)고 말하여^(口) 否定^(부정)함을 말하며, 부정사로 쓰인다. 또 괘의 이름으로 하늘과 땅이 서로 교류하지 않아, 아래위가 단절됨을 뜻한다.

字形 否否不金文 否說文小篆

●예● 否定(부정), 拒否(거부), 與否(여부), 否認(부인), 可否(가부)

308

夫(지아비 부): fū, 大-1, 4, 70

字解 지사. 大^(큰 대)와 一^(한 일)로 구성되어, 사람의 정면 모습^(大)에 비녀를 상징하는 가로획^(一)을 더해, 비녀 꽂은 '성인' 남성을 그렸다. 고대 중국에서는 남자도 어른이 되면 머리에다 비녀를 꽂았고, 이로부터 '성인 남자', '지아비'라는 의미를 갖게 되었다. 또 고대 한어에서는 발어사나 어말 조사로 쓰이기도 했다.

字形 【甲骨文】【金文】【古陶文】【盟書】 【簡牘文】【石刻古文】【說文小篆】

●예● 夫婦(부부), 工夫(공부), 夫人(부인), 農夫(농부), 大夫(대부), 大丈夫(대장부), 望夫石(망부석), 匹夫匹婦(필부필부)

309

婦(며느리 부): 妇, [媍], fù, 女-8, 11, 42

字解 회의. 女(여자 여)와 帚(비 추)로 구성되어, 비를 든 여자의 모습을 그렸다. 집 청소 등의 가사 일이 전통적으로 여자의 몫이었기에 '결혼한 여자'를 지칭하게 되었다. 하지만, 갑골문에서 婦가 임금의 부인을 지칭하는 것으로 보아, 이는 단순한 집 청소가 아닌, 제사를 모시는 제단 청소를 말한 것으로 보인다. 여자의 출입이 엄격하게 금지되었던 제단이나 종묘를 청소하고 관리할 수 있었던 특권을 가진 직위가 바로 婦였으며, 이후 결혼한 여자에 대한 통칭으로 쓰이게 되었으며, 며느리라는 뜻도 나왔다. 중국의 간화자에서는 帚를 간단하게 줄여 쓴 妇로 쓴다.

字形 【甲骨文】【金文】【簡牘文】【說文小篆】

●예● 夫婦(부부), 姑婦(고부), 婦人(부인), 主婦(주부), 新婦(신부), 婦女子(부녀자), 愚夫愚婦(우부우부), 夫唱婦隨(부창부수)

310

富(부유할 부): fù, 宀-9, 12, 42

字解 형성. 宀(집 면)이 의미부이고 畐(가득할 복)이 소리부로, 집안(宀)에 술독(畐) 같은 물건이 가득하여 재물을 많이 '갖춘' 부자와 부유함의 의미를 그렸고, 이로부터 財富(재부), 풍족함 등의 뜻이 나왔다.

字形 金文 古陶文 簡牘文 説文小篆

●예● 豐富(풍부), 富裕(부유), 富貴(부귀), 富者(부자), 巨富(거부), 甲富(갑부), 富國强兵(부국강병)

311

扶(도울 부): fú, 手-4, 7, 32

字解 형성. 手(손 수)가 의미부이고 夫(지아비 부)가 소리부로, 손(手)으로 사람(夫)을 옆에서 부축하다는 뜻에서 '돕다', 기대다는 뜻이 나왔다. 금문에서는 手 대신 又(또 우)나 攴(칠 복)이 쓰였는데, 의미는 같다.

字形 金文 簡牘文 説文小篆 説文古文

●예● 扶養(부양), 扶助(부조), 相扶相助(상부상조)

312

浮(뜰 부): fú, 水-7, 10, 32

字解 형성. 水(물 수)가 의미부이고 孚(미쁠 부)가 소리부로, 물(水)에 뜨는(孚) 것을 말한다. 이로부터 물에 떠다니는 것, 고정되지 않고 유동적인 것 등의 뜻이 나왔다.

字形 金文 簡牘文 説文小篆

●예● 浮上(부상), 浮刻(부각), 浮揚(부양), 浮力(부력), 浮游(부유), 浮沈(부침), 浮動層(부동층)

313

父(아비 부): fù, 父-0, 4, 80

지사. 손^(又·우)으로 돌도끼^{| |}를 쥔 모습인데 자형이 변해 지금처럼 되었다. 돌도끼는 석기시대를 살았던 고대인들에게 가장 중요하고 기본적인 생산도구이자, 전쟁도구였으며, 권위의 상징이기도 했다. 그래서 父는 돌도끼를 들고 밖으로 나가 수렵에 종사하고 야수나 적의 침입을 막던 성인 '남성'에 대한 통칭이 되었고, '아버지'와 아버지뻘에 대한 총칭이 되었다. 그러자 '돌도끼'는 斤^(도끼 근)을 더한 斧^(도끼 부)로 분화했다. 고대 문헌에서는 父와 같은 독음을 가진 甫^(클 보)도 '남자'를 아름답게 부르는 말로 쓰였다.

字形 [甲骨文] [金文] [古陶文] [簡牘文] [石刻古文] [說文小篆]

•예• 父母(부모), 父子(부자), 祖父(조부), 父親(부친), 代父(대부)

314

部(거느릴 부): bù, 邑-8, 11, 60

字解 형성. 邑^(고을 읍)이 의미부이고 咅^(침 부)가 소리부로, 天水郡^(천수군)에 있던 狄部^(적부)라는 지명을 말했다. 원래는 邑과 㕻^(아닐 부)의 결합이었으나, 이후 㕻가 咅로 바뀌어 지금의 자형이 되었다. 일정 영역으로 나누어진^(咅, 蔀의 생략된 모습) 행정구역^(邑)을 말했으며, 이로부터 그곳을 관리하는 '관청'을, 다시 그에 소속된 영역을 '거느리고' 통괄함을 뜻하게 되었다.

字形 [簡牘文] [說文小篆]

•예• 一部(일부), 部分(부분), 內部(내부), 部門(부문), 部隊(부대), 幹部(간부), 部處(부처), 部品(부품), 全部(전부), 部首(부수), 部署(부서), 本部(본부)

북

北(북녘 북달아날 배): běi, 匕-3, 5, 80

字解 회의. 두 개의 人^(사람 인)으로 구성되어 두 사람^(人)이 서로 등진 모습을 그렸고, 이로부터 '등지다'는 의미나 나왔으며, 이후 자형이 조금 변해 지금처럼 되었다. 북반구에서 살았던 중국인들에게 북쪽이 등진 쪽이었으므로 '북쪽', 등지다 등의 뜻이 나왔다. 또 싸움에 져 도망할 때에는 등을 돌리고 달아났기에 '도망하다'는 뜻도 생겼는데, 이때에는 '배'로 읽힘에 유의해야 한나. 그러자 원래의 '등'은 肉^(고기 육)을 더한 背^(등 배)로 분화했다.

字形 [甲骨文] [金文] [古陶文] [簡牘文] [帛書] [說文小篆]

•예• 北極(북극), 南男北女(남남북녀), 泰山北斗(태산북두), 敗北(패배)

분

分(나눌 분): fēn, 刀-2, 4, 60

字解 회의. 刀^(칼 도)와 八^(여덟 팔)로 구성되어, 칼^(刀)로 무엇인가를 대칭되게^(八) '나누어' 놓은 모습이며, 이로부터 '갈라지다' 등의 뜻이 나왔다.

字形 [甲骨文] [金文] [古陶文] [古幣文] [簡牘文] [帛書] [說文小篆]

•예• 分析(분석), 充分(충분), 部分(부분), 分野(분야), 分明(분명), 分離(분리), 分裂(분열), 分配(분배), 區分(구분), 身分(신분), 分散

(분산), 大部分(대부분), 安分知足(안분지족)

불

317

不(아닐 불부): bù, 一3, 4, 70

字解 상형. 이의 자원에 대해서는 의견이 분분하여, 『설문해자』에서는 새가 하늘을 날아오르는 모습을 그렸고 하늘을 올라가 내려오지 '않음'에서 부정의 뜻이 나왔다고 했으며, 혹자는 식물의 뿌리를 본래 뜻이라고 했다. 하지만, 꽃대와 꽃받침이 갖추어졌으나 제대로 여물지 않은 씨방을 그린 것으로 보인다. 씨방이 여물지 않으면 씨가 만들어지지 않고, 씨가 만들어지지 않으면 곡식을 자라게 할 수 없다. 이로부터 부정의 의미가 만들어졌다. 그러자 胚胎^(배태)하다는 원래 뜻은 가로획을 더해 丕^(클 비)로 분화했는데, 丕가 '위대하다'는 뜻으로 쓰이게 되자 다시 肉^(고기 육)을 더한 胚^(아이 밸 배)로 분화했다. 참고로 완전히 여문 씨방의 모습은 帝^(임금 제蒂의 본래 글자)로 표현했다.

字形

●예● 不足(부족), 不惑(불혹), 不安(불안), 不法(불법), 不便(불편), 不幸(불행), 不實(부실), 不況(불황), 不條理(부조리), 不可避(불가피), 不可能(불가능), 不動産(부동산)

318

佛(부처 불): [仏, 仸, 彿], fú, 人-5, 7, 42

字解 형성. 人^(사람 인)이 의미부이고 弗^(아닐 불)이 소리부로, 원래는 진짜가 아닌^(弗)

비슷한 사람^(人)을 말했으며, 이로부터 '마치', 방불케 하다 등의 뜻이 나왔으며, 佛^(비슷할 불)이나 髴^(비슷할 불)과 같이 썼다. 그러나 불교 유입 이후 붓다^(Buddha)의 음역자로 쓰였는데, 이는 사람^(人)이되 사람이 아닌^(弗) 신의 경지에 오른 존재라는 뜻을 담았다. 유교를 숭상했던 조선시대에는 仸로 쓰기도 했는데, 요상한^(天·요) 사람^(人)이라는 뜻을 담아 불교에 대한 부정적 인식을 반영했다.

字形 說文小篆

●예● 佛敎(불교), 佛經(불경), 崇儒抑佛(숭유억불)

붕

319

朋(벗 붕): péng, 月-4, 8, 30

字解 회의. 두 개의 月^(달 월)로 구성되었지만, 갑골문에서 작은 조개를 두 줄로 꿰 놓은 모습을 그렸고 꿴 조개 꾸러미가 지금의 자형으로 변했다. 갑골문 당시에는 조개 화폐를 헤아리는 단위로 쓰였으며, 옥을 다섯 개씩 꿴 것을 표^(쌍옥 각)이라 했다. 이후 여럿을 한데 꿴 것처럼 떼를 지어 다니는 친구나 무리를 말했고, 朋黨^(붕당)이라는 뜻도 나왔다.

字形 甲骨文

●예● 朋友(붕우), 朋黨(붕당), 朋友有信(붕우유신)

비

320

備(갖출 비): 备, [俻, 偹, 俻], bèi, 人-10, 12, 42

字解 형성. 人^(사람 인)이 의미부이고 葡^(갖출 비)가 소리부로, 갖추다, 具備^(구비)하다는

뜻이다. 갑골문과 금문에서는 葡로 써 화살 통에 화살이 담긴 모습을 그렸
으며, 이후 人이 더해 지금의 자형이 되었다. 고대사회에서 화살 통 속의
활^(葡)은 사람^(人)이 언제라도 갖추고 준비해야 하는 것임을 반영했다. 중국의
간화자에서는 줄임 형태인 备로 쓴다.

字形 [갑골문] 甲骨文 [금문] 金文 [간독문] 簡牘文 [설문소전] 說
文小篆 [설문고문] 說文古文

●예● 準備(준비), 具備(구비), 對備(대비), 裝備(장비), 設備(설비), 整
備(정비), 警備(경비), 豫備(예비), 守備(수비), 有備無患(유비무
환)

321

悲(슬플 비): bēi, 心-8, 12, 42

字解 형성. 心^(마음 심)이 의미부이고 非^(아닐 비)가 소리부로, 비통하고 애통한 마음^(心)
을 말하는데, 슬픔이라는 것이 정상적이지 않은^(非) 특별한 마음^(心)의 상태임
을 반영했다.

字形 [설문소전] 說文小篆

●예● 悲劇(비극), 悲鳴(비명), 悲觀(비관), 悲哀(비애), 悲痛(비통), 悲
歌(비가), 喜悲(희비), 興盡悲來(흥진비래)

322

比(견줄 비): bǐ, 比-0, 4, 50

字解 회의. 두 개의 匕^(비수 비)로 구성되었는데, 갑골문에서는 두 사람^(匕)이 나란히
선 모습이다. 나란히 늘어선 사람으로부터 '나란하다'와 '견주다^(比較·비교)'의
뜻이 나왔으며, 친근하다, 순종하다, 긴밀하다, 돕다 등의 뜻도 나왔다.

字形 𝕟𝕟 甲骨文　𝔍𝔍𝔽𝔽 金文　𝔽𝔽 古陶文　𝕟𝕟 𝕟𝕟 𝕟𝕟 𝕟𝕟 簡牘文　𝕀𝕀𝕀 說文小

篆　𝔫𝔫 說文古文

●예● 比較(비교), 比率(비율), 比重(비중), 對比(대비), 比例(비례)

323

非(아닐 비): fēi, 非-0, 8, 42

字解 지사. 이의 자원에 대해서는 의견이 분분하지만, 『설문해자』에서는 "위배되다^(違·위)는 뜻이며, 飛^(날 비)자의 아랫부분 날개를 본떴다."라고 했다. 즉 날아가는 새의 모습을 그린 飛에서 머리와 몸통이 제외된 모습으로, 왼쪽은 왼쪽 날개를 오른쪽은 오른쪽 날개를 그렸으며, 양 날개가 서로 반대 방향으로 나란히 펼친 데서 '나란하다'와 '등지다'의 뜻이 나왔고, 다시 부정을 표시하는 단어로 쓰이게 되었다. 그래서 非로 구성된 글자들은 주로 '나란하다'와 '위배되다'의 두 가지 뜻을 가진다.

字形 𝕟𝕟 說文小篆

●예● 是非(시비), 非理(비리), 非常(비상), 似而非(사이비), 非一非再
(비일비재)

324

飛(날 비): 飞, fēi, 飛-0, 9, 42

字解 상형. 『설문해자』에서는 "새가 날갯짓하며 날아오르는 모습을 그렸다"라고 했다. 중심선은 몸체를, 아래는 양쪽으로 펼쳐진 새의 깃을, 윗부분은 머리와 새털을 형상화해, 하늘을 향해 세차게 날아오르는 새의 모습을 잘 그렸다. 이후 새는 물론 蟲飛^(충비), 飛雲^(비운), 飛煙^(비연) 등과 같이 곤충, 구름, 연기 등이 날아오르는 것까지도 통칭하게 되었으며, 나아가 飛閣^(비각·높은 전각)에서처럼 날아오를 듯 '높게' 지어진 건물을, 飛報^(비보·급한 통지)처럼 날아갈 듯

'빠른' 모습을 뜻하기도 했다. 또 飛廉^(비렴)은 고대 중국에서 바람을 관장하던 신을 말했는데, 이것을 우리말 '바람'의 어원으로 보기도 한다. 飛가 세차게 위로 날아오르는 것을 말한다면, 翔^(빙빙 돌아 날 상)은 날갯짓^(羽우)을 하며 이리저리 빙빙 도는 것을 말하는데, 소리부로 쓰인 羊^(양 양)을 한나라 때의 '석명'이라는 책에서는 사람이 이리저리 배회하다는 뜻의 佯^(헤맬 양)과 같은 것으로 풀이했다. 또 蜚^(바퀴 비)는 원래 곤충^(虫충)이 날아오르는^(非비, 飛의 아랫부분) 것을 말했지만, 종종 飛와 같이 쓰인다. 중국의 간화자에서는 날개 털 하나만 남긴 飞로 쓴다.

字形 🐦🐦🐦金文 🐦簡牘文 🐦 說文小篆

●예● 飛行(비행), 烏飛梨落(오비이락)

325

鼻(코 비): bí, 鼻-0, 14, 50

字解 형성. 코를 그린 自^(스스로 자)와 소리부인 畀^(줄 비)로 구성된 형성자로, 自가 원래 의미인 '코'를 나타내지 못하고 일인칭 대명사로 쓰이게 되자 소리부를 더하여 분화한 글자이다. 그렇게 본다면 鼻는 이미 두 개의 글자가 합쳐져 만들어진 합성자에 해당하기 때문에 더는 분리될 수 없는 최소의 단위라는 부수에 해당하기 어렵고, 그래서 부수로 세워져서는 아니 될 글자이다. 鼻는 鼻祖^(비조)에서처럼 '시초'나 '처음'이라는 뜻을 갖는데, 『正字通^(정자통)』에 의하면 태 안에서 일정 정도 자라서 나오는 "태생 동물은 코의 형태부터 먼저 형성되기 때문에 鼻祖라는 말이 생겼다."라고 했다. 鼻로 구성된 글자는 많지 않지만 모두 '코'와 관련된 의미를 갖는다.

字形 🦴🦴🦴簡牘文 🦴 說文小篆

●예● 鼻炎(비염), 鼻音(비음), 吾鼻三尺(오비삼척)

빈

326

貧(가난할 빈): 贫, pín, 貝-4, 11, 42

字解 형성. 貝^(조개 패)가 의미부이고 分^(나눌 분)이 소리부로, 재화^(貝)를 나누어^(分) 재물이 부족함을 말하며, 이로부터 貧困^(빈곤)하다, 가난하다, 부족하다의 뜻이 나왔다.

字形 𫠜 說文小篆

●예● 貧困(빈곤), 貧富(빈부), 貧賤(빈천), 貧血(빈혈), 貧弱(빈약), 貧民(빈민), 極貧(극빈), 外華內貧(외화내빈)

빙

327

氷(얼음 빙): bīng, 水-1, 5

字解 형성. 水^(물 수)가 의미부이고 冫^(얼음 빙)이 소리부로, 물^(水)로부터 만들어진 얼음^(冫)을 말했다. 갑골문에서는 두 개의 얼음 덩어리를 그렸고, 금문에서는 仌으로 적어 얼음이 될 때 체적이 불어나 위로 부풀어 오른 모습을 형상화했다. 이후 얼음이 물에서 만들어짐을 강조하기 위해 다시 水를 더해 冰^(얼음 빙)이 되었고, 다시 축약되어 지금의 氷이 되었다.

字形 𣲝 金文 𣲝 說文小篆

●예● 氷河(빙하), 解氷(해빙), 氷山(빙산), 結氷(결빙), 石氷庫(석빙고), 氷炭之間(빙탄지간)

사

328

事(일 사): shì, 亅-7, 8, 70

字解 회의. 원래 손^(又우)으로 장식이 달린 붓을 잡은 모습으로, 역사나 문서의 기록에 참여하는 행위를 형상화했다. 이로부터 관직, 직무, 직업, 사업, 업무 등의 뜻이 나왔고, '일'을 통칭하게 되었다. 원래는 史^(사관 사), 吏^(벼슬아치 리, 使의 본래 글자)와 같은 데서 분화한 글자이며, 고대 사회에서 붓을 잡고 국가의 문서를 기록할 수 있었던, 즉 문자를 점유하고 있었던 사람들이라면 당연히 벼슬아치^(吏)였거나 남을 부리고^(使) 다스리는 계층이었다는 것을 반영했다.

字形 ![甲骨文] 甲骨文 ![金文] 金文 ![古陶文] 古陶文 ![盟書] 盟書 ![簡牘文] 簡牘文 ![石刻古文] 石刻古文 ![說文小篆] 說文小篆 ![說文古文] 說文古文

●예● 事實(사실), 事件(사건), 事態(사태), 事例(사례), 事業(사업), 行事(행사), 事故(사고), 事情(사정), 事物(사물), 事必歸正(사필귀정), 多事多難(다사다난)

329

仕(벼슬할 사): shì, 人-3, 5, 52

字解 형성. 人^(사람 인)이 의미부이고 士^(선비 사)가 소리부로, 관리가 되다, 관직에 나아가다는 뜻인데, 남성^(士)이라는 사람^(人)이 할 일이라는 의미로, 고대의 남성

중심사회에서 그것은 벼슬살이 즉 정치를 배워 남을 위해 일함을 상징했다. 이후 직위나 일의 통칭으로 변했다.

字形 𠃫 金文　仕 古陶文　仕 說文小篆

●예● 奉仕(봉사)

330

使(부릴 사): shǐ, 人-6, 8, 60

字解 형성. 人^(사람 인)이 의미부이고 吏^(벼슬아치 리)가 소리부로, 붓을 든 사관^(史·사)으로 대표되는 관리^(吏)에게 일을 맡겨 시킴을 말하며, 이로부터 시키다, 파견하다, 명령하다, 使臣^(사신)으로 가다 등의 뜻이 나왔으며, 使役^(사역)을 나타내는 동사로도 쓰인다.

字形 甲骨文　金文　古陶文　簡牘文　石刻古文　說文小篆

●예● 使用(사용), 使臣(사신), 使役(사역), 大使館(대사관), 咸興差使(함흥차사)

331

史(사관 사): shǐ, 口-2, 5, 52

字解 회의. 원래는 장식된 붓을 손^(又)으로 쥔 모습을 그렸는데, 자형이 조금변해 지금처럼 되었다. 손에 붓을 쥔 모습으로부터 역사를 기록하는 史官^(사관)이라는 의미를 담았으며, 이후 문서 관리나 역사를 기록하는 관리의 일반적인 명칭이 되었다. 이로부터 歷史^(역사), 자연이나 사회의 발전과정을 지칭하게 되었으며, 또 『史記^(사기)』의 간칭으로도 쓰인다.

字形 甲骨文　金文　古陶文

簡牘文 說文小篆

●예● 歷史(역사), 國史(국사), 史觀(사관),史記(사기), 史料(사료)

332

四(넉 사): sì, 囗-2, 5, 80

字解 회의. 갑골문에서는 지사구조로 네 개의 가로획으로 숫자 '넷'을 나타내었는데, 이후 囗^(나라 국)과 八^(여덟 팔)로 구성되어 지금처럼 변했다. 사방으로 나누어^(八) 펼쳐진 영역^(囗)이라는 뜻을 담았는데, 옛날에는 땅이 네모졌다고 생각했기 때문이다.

字形 甲骨文 金文 古陶文 簡牘文 帛書 石刻古文 說文小篆 說文古文 說文籒文

●예● 四方(사방), 四書(사서), 四海(사해), 四季(사계), 四聲(사성), 四君子(사군자), 朝三暮四(조삼모사), 張三李四(장삼이사), 四顧無親(사고무친)

333

士(선비 사): shì, 士-0, 3, 52

字解 상형. 이의 자형을 두고 어떤 사람은 도끼처럼 생긴 도구를, 어떤 사람은 단정히 앉은 법관의 모습을 그렸다고도 한다. 하지만 牛^(소 우)와 士가 결합된 牡^(수컷 모)가 소와 생식기를 그린 것을 보면 士는 남성의 생식기임이 분명하며, 이로부터 남성을 지칭하게 되었고, 다시 남성에 대한 미칭으로 쓰여 지식인은 물론 경대부와 서민 사이의 계층을 지칭하였다. 현대에 들어서는 학위, 군대의 하급관리, 군인 등을 지칭하였다.

字形 甲骨文 金文 古陶文 古幣文 古璽文 簡牘文 漢印 汗簡 說文小篆 說文小篆

●예● 博士(박사), 兵士(병사), 技士(기사)

334

寺(절 사관청 시): sì, 寸-3, 6, 42

字解 형성. 又^(또 우)가 의미부이고 之^(갈 지)가 소리부로, 처리하다, '어떤 곳으로 가서 일을 처리하다'가 원래 뜻인데, 이후 又가 寸^(마디 촌)으로 변하고 之가 士^(선비 사)로 잘못 변해 지금의 자형이 되었다. 之는 어떤 정해진 곳으로 가는 것을, 손을 뜻하는 又는 인간의 일이 대부분 손에 의존했기 때문에 '일하다'는 뜻을 갖는다. 그래서 寺는 그러한 일을 처리함을 말했고, 임금을 곁에서 모시고 후궁의 일을 맡아 보던 그런 사람을 특별히 寺人^(시인)이라 했으며 그런 관원들이 머무는 곳을 寺라고 하여 관청이나 부서를 뜻하기도 했는데, 이때에는 '시'로 읽힘에 주의해야 한다. 또 한나라 때 불교의 유입 이후에는 불교 사원인 '절'도 지칭하게 되었다.

字形 金文 古陶文 簡牘文 帛書 說文小篆

●예● 寺院(사원), 山寺(산사), 佛國寺(불국사)

335

射(쏠 사): [躲], shè, 寸-7, 10, 40

字解 회의. 원래는 弓^(활 궁)과 寸^(마디 촌)으로 구성되어, 손^(寸)으로 활^(弓)을 쏘는 모습을 그려, 활을 쏘다가 원래 뜻이다. 한나라 때의 예서에 들면서 弓이 자형

이 비슷한 身^(몸 신)으로 잘못 변해 지금의 자형이 되었다. 그러나 활을 쏠^(寸) 때 몸^(身)을 꼿꼿하게 세워야 하며, 그것이 화살 쏠^(射) 때의 기본자세라는 뜻에서 身으로 구성된 射가 문자 사용자들의 환영을 받아 지금까지 계속 쓰이게 되었다. 이후 활쏘기나 활 쏘는 기술 등의 뜻이 나왔고, 投壺^(투호)를 뜻하기도 했다. 『설문해자』에서는 射를 身과 矢^(화살 시)로 구성된 躲로 쓰기도 한다.

字形 [甲骨文] [金文] [簡牘文] [說文小篆] [說文籒文]

•예• 發射(발사), 射擊(사격), 反射(반사)

336

巳(여섯째 지지 사): sì, 己-0, 3, 30

字解 상형. 손과 발이 아직 형성되지 않은 태아의 모습을 그렸는데, 이후 간지자로 가차되었다. 그러자 원래 뜻은 사람의 몸을 그린 勹^(쌀 포)를 더해 包^(쌀 포)를 만들어 분화했다. 그러나 包가 싸다는 뜻으로 주로 쓰이자 원래의 뜻은 다시 肉^(고기 육)을 더한 胞^(태포 포)로 분화했다.

字形 [甲骨文] [金文] [古陶文] [簡牘文] [石刻古文] [說文小篆]

337

師(스승 사): 师, shī, 巾-7, 10, 42

字解 형성. 帀^(두를 잡)이 의미부이고 自^(군사 사, 師의 본래 글자)가 소리부로, 군사, 군대, 지도자, 스승을 뜻한다. 갑골문에서는 自로만 써, 帀이 빠진 모습이다. 自의 자원에 대해서는 의견이 분분하지만, 이를 가로로 눕히면 丘陵^(구릉)이 되고,

그래서 '작은 언덕'을 그린 것으로 추정된다. 끝없이 펼쳐진 황토 평원에서 丘陵은 여러 특수한 기능을 해 왔는데, 홍수로부터 침수를 막아 주기도 하며, 주위에서 쳐들어오는 적을 조기에 발견하여 방어할 수 있도록 해주었다. 심지어는 하늘과도 통할 수 있는 곳으로 생각되기도 했다. 그래서 고대 중국인들은 城^(성)을 이러한 구릉에다 세웠으며, 王陵^(왕릉)도 이러한 곳에다 만들었다. 都城^(도성)이나 왕릉이 위치한 곳은 반드시 軍師^(군사)들이 지키게 마련이다. 그래서 師에 '軍師'라는 뜻이 생겼으며, 옛날에는 2천5백 명의 軍隊^(군대)를 師라고 했다. 금문에 들면서 이러한 의미를 더 강조하기 위해 '사방으로 둘러치다'는 뜻의 帀을 더해 지금처럼 師가 되었다. 이후 군대의 지도자를 뜻하였고, 이로부터 스승, 모범 등의 뜻이 나왔고, 다시 醫師^(의사)에서처럼 어떤 전문적인 기술을 가진 사람을 부르는 말로도 쓰였다. 중국의 간화자에서는 自를 간단히 줄인 师로 쓴다.

字形　ৡ 甲骨文　自斤 〒自〒 金文　師 自斤 古陶文　師 师 簡牘文　業 業 石刻古文　師 說文小篆　業 說文古文

●예●　教師(교사)，　醫師(의사)，　師弟(사제)，　師父(사부)，　君師父一體(군사부일체)

338

思(생각할 사): [恖], sī, 心-5, 9, 50

字解　회의. 田^(밭 전)과 心^(마음 심)으로 구성되어, 농작물^(田)의 생산성을 높이고자 깊은 생각^(心)을 다한다는 뜻을 담았으며, 이로부터 생각하다, 思索^(사색), 思惟^(사유), 思想^(사상), 그리워하다 등의 뜻이 나왔다. 원래는 사람의 머리통을 그린 囟^(정수리 신)과 心^(마음 심)으로 구성되어, '생각'이 머리와 심장 즉 가슴에서 나오는 것으로 생각했다. 이후 한나라 때의 예서체에 들면서 囟이 형체가 유사한 田^(밭 전)으로 변했는데, 농경을 중심으로 삼았던 중국인들이 논밭^(田)에서 나는 농작물의 생산력을 높이고자 온갖 마음과 갖은 생각^(心)을 다 쏟아 고

민하는 모습을 반영했다.

字形 古陶文 簡牘文 帛書 古璽文
說文小篆

●예● 意思(의사), 思考(사고), 思想(사상), 思慕(사모), 思惟(사유), 思潮(사조), 思索(사색), 易地思之(역지사지), 居安思危(거안사위), 見利思義(견리사의), 不可思議(불가사의), 深思熟考(심사숙고)

339

死(죽을 사): sǐ, 歹-2, 6, 60

字解 회의. 歹^(부서진 뼈 알)과 匕^(변할 화, 化의 원래 글자)로 구성되어, 죽다는 뜻인데, 주검^(歹)으로 변한다^(匕)는 의미를 담았다. 갑골문에서는 앙상한 뼈^(歹) 앞에 꿇어 앉아 애도하는 사람^(人)을 그렸는데, 이후 人이 匕로 변하고 匕가 다시 匕^(비수 비)로 변해 지금의 자형이 되었다. '죽다'의 의미로부터 생명을 상실하는 모든 행위를 지칭하였고, 이로부터 목숨을 바치다, 사물의 극단적 일부분을 지칭하였고, 死刑^(사형)이나 패망을 뜻하기도 한다.

字形 甲骨文 金文 盟書 簡牘文 說文小篆 說文古文

●예● 死亡(사망), 生死(생사), 死刑(사형), 死活(사활), 死守(사수), 死角(사각), 九死一生(구사일생), 起死回生(기사회생)

340

私(사사로울 사): sī, 禾-2, 7, 40

字解 형성. 禾^(벼 화)가 의미부이고 厶^(사사 사)가 소리부로, 곡물^(禾)을 자신^(厶)의 것으

로 만들다는 뜻으로부터 '私事$^{(사사)}$로움'을 그렸고, 이로부터 이기적인, 비공개적인, 비밀스런 등의 뜻이 나왔다. 또 자신을 낮추어 부르는 말로도 쓰였다. 원래는 厶로 써, 울타리를 지워 타자와 자신을 구분짓다는 뜻에서 '사사로움'의 의미를 그렸고, 이후 재산의 대표인 곡물$^{(禾)}$을 더해 私를 만들었다.

字形 🔆古陶文 〇⑰ 和 和 和 簡牘文 🔆 🔆 🔆 古璽文 🔆 說文小篆

●예● 私學(사학), 私設(사설), 私立(사립), 私財(사재), 私生活(사생활), 先公後私(선공후사)

341

絲(실 사): 丝, sī, 糸-6, 12, 40

字解 회의. 두 개의 糸$^{(가는실 멱)}$으로 결합되어, 糸은 비단 실타래를 그렸다. 그래서 絲는 비단 실을 뜻하는데, 영어의 'silk'나 우리말의 '실'은 모두 여기에서 근원한 것으로 알려졌다. 비단 실은 가늘고 세밀한 것이 특징이므로 '가늘다'는 뜻이 나왔고, 극히 미세한 부분을 뜻하게 되었다. 무게나 길이 단위로도 쓰였는데, 10絲가 1豪$^{(호)}$에 해당하였으니, 터럭보다 더 가늘고 가벼운 것으로 인식되었음을 볼 수 있다. 중국의 간화자에서는 아랫부분을 한 획으로 줄여 丝로 쓴다.

字形 🔆🔆 甲骨文 🔆🔆🔆🔆🔆 金文 🔆 🔆 簡牘文 🔆 說文小篆

●예● 絹絲(견사), 鐵絲(철사), 一絲不亂(일사불란)

342

舍(집 사): [捨], shè, 舌-2, 8, 42

字解 형성. 口$^{(입 구)}$가 의미부이고 余$^{(나 여)}$가 소리부인데, 자형이 조금 변해 지금처럼 되었다. 口는 건축물의 기단을 말하고, 余는 그 위에 기둥을 세우고 지

붕을 만든, 길을 가다가 머물도록 임시로 지은 집을 말했다. 옛날에는 30里^(리) 마다 1舍를 만들었다. 임시 막사에 머물 손님은 잠시 있다가 떠나게 되므로 '떠나다', '버리다' 등의 뜻이 나왔고, 이때에는 手^(손 수)를 더한 捨^(버릴 사)로 구분해 쓰기도 했다. 또 남에게 자신의 친척이나 나이 어린 사람을 지칭할 때 낮추어 부르는 말로도 쓰였다. 현행 옥편에서는 형체의 유사함 때문에 舌^(혀 설)부수에 귀속되었다.

字形 🀫🀫🀫🀫🀫 金文 🀫 古陶文 🀫🀫🀫🀫 簡牘文 🀫 說文小篆

●예● 廳舍(청사), 驛舍(역사), 畜舍(축사), 舍監(사감), 寄宿舍(기숙사)

343

謝(사례할 사): 谢, xiè, 言-10, 17, 42

字解 형성. 言^(말씀 언)이 의미부이고 射^(쏠 사)가 소리부로, 활쏘기^(射) 할 때 서로에게 사양하는 말^(言)을 건네는 예절로부터 사양하다, 물러나다, 謝絕^(사절)하다, 거절하다, 謝罪^(사죄)하다, 感謝^(감사)하다의 뜻이 나왔다.

字形 🀫 說文小篆

●예● 感謝(감사), 謝絕(사절), 謝罪(사죄), 謝過(사과), 謝禮(사례)

산

344

山(뫼 산): shān, 山-0, 3, 80

字解 상형. 갑골문에서부터 세 개의 산봉우리를 그려 연이어진 '산'의 모습을 그려냈다. 산 뒤로 다시 산이 연이어진 모습을 그린 것이 岳^(큰 산 악)이다. 岳은 달리 嶽^(큰 산 악)으로도 쓰는데, 감옥^(獄 옥)처럼 사방이 빙 둘러쳐진 높은 산이라는 뜻을 담았다. 山으로 구성된 글자는 嵩^(높을 숭)에서처럼 '산'을 직접 지

칭하기도 하고, 『설문해자』의 말처럼 '돌이 있으면서 높은 것'이 봄(바위 암)이기에 암석과 높고 큰 것의 상징이기도 하다. 또 산은 산등성이와 고개, 깎아지른 절벽과 골짜기 등으로 이루어지고, 그를 따라 물길이 흐르며 길도 만들어지기에, 고개, 골짜기, 길 등의 뜻도 가진다.

字形 ᨒ甲骨文 ᨒᨒᨒ山金文 ᨒᨒᨒᨒᨒ古陶文 ᨒᨒᨒᨒᨒ簡牘文 ᨒᨒᨒᨒ古璽文 山說文小篆

•예• 山川(산천), 江山(강산), 山水(산수), 山林(산림), 登山(등산), 山脈(산맥), 愚公移山(우공이산), 他山之石(타산지석)

345

散(흩을 산): [散], sǎn, 攴-8, 12, 40

字解 형성. 금문에서 月(肉·고기육)이 의미부이고 㪔(갈라서 떼어 놀 산)이 소리부인 구조였는데, 자형이 조금 변해 지금처럼 되었다. 㪔은 손에 막대를 쥐고(攴) 삼(麻)의 줄기를 때려 잎을 제거하는 모습을 그렸으며, 肉은 껍질이 벗겨진 속살을 말한다. 간혹 점을 여럿 그려 넣어 떨어져 나간 잎을 형상적으로 그리기도 했다. 그래서 散은 몽둥이로 삼대를 두들겨 잎을 분리시키는 모습을 그렸고, 이로부터 分離(분리)와 分散(분산)의 의미를 그려냈다.

字形 㪔㪔㪔㪔金文 㪔簡牘文 㪔說文小篆

•예• 擴散(확산), 霧散(무산), 分散(분산), 解散(해산), 散文(산문), 散步(산보), 離散(이산), 發散(발산), 集散(집산)

346

産(낳을 산): 产, chǎn, 生-6, 11, 52

字解 형성. 生(날 생)이 의미부이고 彦(선비 언)의 생략된 모습이 소리부로, 어떤 것을

'만들어 냄^(生)'에서 '낳다', '生産^(생산)하다', 제조하다는 뜻이 나왔으며, 생산품, 특산물, 산업 등의 뜻도 나왔다. 중국의 간화자에서는 生을 생략한 产으로 쓴다.

字形 産 說文小篆

•예• 財産(재산), 産業(산업), 生産(생산), 資産(자산), 遺産(유산), 破産(파산), 出産(출산), 不動産(부동산)

347

算(셀 산): [祘, 筭], suàn, 竹-8, 14, 70

字解 회의. 산가지를 뜻하는 竹^(대 죽)과 눈을 그린 目^(눈 목)과 두 손을 형상한 廾^(두 손 마주잡을 공)으로 구성되어, 눈(日)으로 산가지(竹)를 보며 두 손으로(廾) 헤아려 가며 숫자 셈을 하는 모습을 그렸다. 이로부터 '계산하다', 추정하다, …라고 여기다, 인정하다 등의 뜻이 나왔다.

字形 筭 說文小篆

•예• 豫算(예산), 計算(계산), 算數(산수), 決算(결산), 電算(전산), 合算(합산), 利害打算(이해타산)

살

348

殺(죽일 살·빠를 쇄): 杀, shā, 殳-7, 11, 42

字解 형성. 殳^(창 수)가 의미부이고 杀^(죽일 살)이 소리부로, 어떤 것을 때려^(殳) 죽임^(杀)을 말한다. 원래는 짐승의 몸체에다 죽임을 상징하는 삐침 획을 더해 '죽이다'는 뜻을 그렸는데, 이후 殳를 더해 몽둥이로 쳐서 죽이는 방법을 구체적으로 표현했다. 죽이다는 뜻으로부터 분위기를 깨다, 쇠퇴하다의 뜻이 나왔고, 이후 빠르다 등의 뜻으로도 쓰였는데, 이때에는 殺到^(쇄도)처럼 '쇄'로 구

분해 읽는다. 중국의 간화자에서는 殳를 생략한 杀로 쓴다.

字形 갑골문·金文·盟書·簡牘文·石刻古文·說文小篆·說文古文

●예● 殺人(살인), 被殺(피살), 自殺(자살), 殺害(살해), 殺菌(살균), 矯
角殺牛(교각살우), 殺身成仁(살신성인), 寸鐵殺人(촌철살인), 殺到
(쇄도)

삼

349

三(석 삼): [參, 叁, 弎], sān, 一2, 3, 80

字解 지사. 세 개의 가로획으로 숫자 '삼'을 나타냈는데, 三은 중국에서 天^(천)과 地
^(지)와 人^(인)을 상징하는 길한 숫자로 쓰인다. 이후 소리부인 弋^(주살 익)을 더
한 弎으로 쓰기도 했다.

字形 甲骨文·金文·簡牘文·汗簡·說文小篆·說文古文

●예● 朝三暮四(조삼모사), 張三李四(장삼이사), 君子三樂(군자삼락)

상

350

上(위 상): shàng, 一2, 3, 70

字解 지사. 원래는 二로 써, 기준점이 되는 획과 그 위로 가로획이 더해져 어떤
물체의 윗부분임을 그렸는데, 자형이 변해 지금처럼 되었다. 위쪽이 원래
뜻이며, 이로부터 물체의 윗부분, 윗자리, 上帝^(상제), 임금, 윗사람 등을 뜻하

였으며, 신간이나 순서상 앞을 지칭하기도 한다.

字形 甲骨文 上金文 簡牘文 說文古文

說文篆文

●예● 世上(세상), 上昇(상승), 引上(인상), 祖上(조상), 頂上(정상), 上下(상하), 以上(이상), 錦上添花(금상첨화), 雪上加霜(설상가상), 下石上臺(하석상대)

351

傷(상처 상): 伤, shāng, 人-11, 13, 40

字解 형성. 人^(사람 인)이 의미부이고 昜^(상처입을 상)이 소리부로, 사람^(人)에게 난 상처^(昜)를 말하며, 이로부터 상해, 손해, 슬픔, 비애, 죄를 짓다 등의 뜻이 나왔다. 昜은 다시 矢^(화살 시)의 생략된 모습이 의미부이고 昜^(볕 양)이 소리부로, 화살^(矢)에 입은 '상처'를 말하며, 이로부터 손상, 상처, 깎이다 등의 뜻이 나왔다. 중국의 간화자에서는 소리부 昜을 간단하게 줄여 伤으로 쓴다.

字形 簡牘文 說文小篆

●예● 損傷(손상), 傷處(상처), 負傷(부상), 傷害(상해), 重傷(중상), 殺傷(살상), 火傷(화상)

352

商(헤아릴 상): shāng, 口-8, 11, 52

字解 상형. 이의 자원에 대해서는 설이 분분하지만, 갑골문과 금문 자형을 종합에 보면, 두 개의 장식용 기둥^(柱)과 세 발^(足)과 둥그런 배^(腹)를 갖춘 술잔을 그린 것으로 보인다. 이 글자가 商이라는 민족과 나라를 지칭하게 된 연유는 잘 알려지지 않았지만 일찍부터 하남성 동북부에 있던 殷墟^(은허)를 商이라

불렀는데, 그곳은 당시 中原^(중원)의 핵심 지역으로 교통이 편리해 교역이 성행했다. 商에 거점을 두었던 商族들은 장사수완이 대단히 뛰어났던 것으로 알려져 있다. 그래서 그들을 '商에 사는 사람'이라는 뜻의 '商人^(상인)'으로 불렀는데, 이후 '장사꾼'이라는 뜻으로 쓰였다. 장사에는 언제나 가격 흥정이 있게 마련이다. 그래서 商에는 商議^(상의)나 商談^(상담)에서처럼 '의논하다'는 뜻도 들게 되었던 것으로 추정된다.

●字形● (甲骨文) (金文) (古陶文) (簡牘文) (石刻古文) (說文小篆) (說文古文) (說文籀文)

●예● 商人(상인), 協商(협상), 商品(상품), 商業(상업), 商店(상점), 商街(상가), 商標(상표), 商號(상호), 商船(상선)

353

喪(죽을 상): 丧, sàng, 口-9, 12, 32

●字解● 형성. 원래는 亡^(망할 망)이 의미부이고 桑^(뽕나무 상)이 소리부였으나, 소전체에 들면서 哭^(울 곡)이 의미부이고 亡이 소리부인 구조로 변했다. 죽은 사람^(亡)을 위해 곡^(哭)을 하는 모습으로, '죽다', '잃다', 상실하다 등의 뜻을 그렸다. 이후 吅^(부르짖을 훤)과 衣^(옷 의)로 구성된 지금의 자형으로 변했고, 중국의 간화자에서는 吅을 간단히 줄여 丧으로 쓴다.

●字形● (甲骨文) (金文) (簡牘文) (石刻古文) (說文小篆)

●예● 喪失(상실), 喪家(상가), 喪輿(상여), 喪服(상복), 問喪(문상), 喪家之狗(상가지구), 冠婚喪祭(관혼상제)

尙(오히려 상): shàng, 小-5, 8, 32

字解 형성. 八^(여덟 팔)이 의미부이고 向^(향할 향)이 소리부인데, 八은 '갈라짐'을 뜻하고 向은 집에 창을 그려 창이 난 '방향'을 말하여, 창을 통해 위로 퍼져 나가는 연기 등을 형상화했다. 그래서 向의 원래 뜻은 '위'이며 옛날에는 上^(윗 상)과 도 통용되었으며, '위'는 높은 지위를 뜻하기에 崇尙^(숭상)이나 尙賢^(상현·어진 사람 을 섬김) 등과 같이 '받들다'는 뜻도 나왔다. 현행 옥편에서는 小^(작을 소)와 의미 적 관련이 없는데도 小부수에 귀속시켰다.

字形 金文 尙 尙 古陶文 尙 尙 尙 古幣文 尙 盟書 尙 簡牘文 尙 帛書 尙 尙 古璽文 尙 說文小篆

●예● 高尙(고상), 崇尙(숭상), 尙武(상무), 口尙乳臭(구상유취)

常(항상 상): cháng, 巾-8, 11, 42

字解 형성. 巾^(수건 건)이 의미부이고 尙^(오히려 상)이 소리부로, 베^(巾)로 만든 '치마'가 원래 뜻이다. 고대사회에서 바지가 나오기 전 '치마'는 언제나 입는 일상품 이었기에 日常^(일상)의 뜻이 나왔고, 그러자 원래 뜻은 巾을 衣^(옷 의)로 대체하 여 裳^(치마 상)으로 표현했다. 일상으로 입는 옷이라는 뜻에서 일상의, 평상의, 일반적인 등의 뜻이 나왔고, 다시 오랫동안, 변함없는 등의 뜻이 나왔다.

字形 常 常 簡牘文 常 說文小篆 常 說文或體

●예● 恒常(항상), 常識(상식), 正常(정상), 非常(비상), 日常(일상), 異常(이 상), 常設(상설), 平常時(평상시), 人生無常(인생무상)

356

想(생각할 상): xiǎng, 心-9, 13, 42

字解 형성. 心(마음 심)이 의미부이고 相(서로 상)이 소리부로, 마음(心)으로 자세히 살피며(相) '생각함'을 말하며, 이로부터 사고하다, 사색하다, 그리워하다, 희망하다, 추측하다, 想像(상상)하다 등의 뜻이 나왔다.

字形 想 說文小篆

●예● 豫想(예상), 發想(발상), 想像(상상), 思想(사상), 構想(구상), 理想(이상), 空想(공상), 感想(감상), 妄想(망상), 冥想(명상), 回想(회상), 假想(가상)

357

相(서로 상): xiàng, xiāng, 目-4, 9, 52

字解 회의. 木(나무 목)과 目(눈 목)으로 구성되어, 나무(木) 주위로 눈(目)을 크게 그려, 눈(目)으로 나무(木)를 자세히 살피다는 뜻을 그렸다. 지금도 觀相(관상)이나 手相(수상)과 같은 단어에는 자세히 살피다는 원래의 뜻이 남아 있으며 이로부터 모습, 모양의 뜻이 나왔다. 옛날, 높은 건축물이 적었던 사회에서는 높게 자란 나무는 올라가 주위를 살피는데 좋은 곳이 되었을 것이다. 이처럼 높은 곳에서 살피다는 뜻으로부터 宰相(재상)에서처럼 최고 통치자라는 뜻도 갖게 되었다.

字形 甲骨文 金文 古陶文 簡牘文 ·帛書 古璽文 說文小篆

●예● 相對(상대), 相互(상호), 相關(상관), 相生(상생), 相逢(상봉), 相談(상담), 面相(면상), 心心相印(심심상인)

358

賞(상줄 상): 賞, shǎng, 貝-8, 15, 50

〔字解〕 형성. 貝^(조개 패)가 의미부이고 尙^(오히려 상)이 소리부로, 공로가 있는 사람을 높여^(尙) 재물^(貝)로 '상을 주는 것을 말하며, 이로부터 주다, 칭찬하다, 주다, 상으로 주는 물건 등을 뜻하게 되었다.

〔字形〕 金文 古陶文 簡牘文 說文小篆

●예● 鑑賞(감상), 受賞(수상), 賞罰(상벌), 賞金(상금), 賞品(상품), 副賞(부상), 論功行賞(논공행상), 信賞必罰(신상필벌)

359

霜(서리 상): shuāng, 雨-9, 17, 32

〔字解〕 형성. 雨^(비 우)가 의미부이고 相^(서로 상)이 소리부로, 기후 현상^(雨)의 하나인 서리를 말한다. 이로부터 머리칼 등이 흰색으로 변하다는 뜻이 나왔고, 다시 고상하고 순결함이나 흰색의 비유로도 쓰였다.

〔字形〕 說文小篆

●예● 風霜(풍상), 雪上加霜(설상가상)

색

360

色(빛 색): sè, 色-0, 6, 70

〔字解〕 회의. 소전체에서부터 등장하는데, 『설문해자』에서는 人^(사람 인)과 卩^(병부 절)로 구성되었고 '顔色^(안색)'을 말한다고 했다. 하지만, 무릎 꿇은 사람^(卩) 위로

선 사람^(人)이 더해진 모습에서 어떻게 '낯빛'의 뜻이 나오게 되었는지는 달리 설명이 없다. 그래서 이에 대한 다양한 해설이 생겨났다. 『설문해자』의 최고 해석가였던 청나라 때의 단옥재는 "마음^(心·심)이 氣^(기)로 전달되며, 氣는 眉間^(미간顔)에 전달되는데, 이 때문에 色이라 한다."라고 풀이했고, 어떤 이는 몸을 편 기쁨과 무릎을 꿇은 비애가 얼굴에 나타나므로 '顔色'의 뜻이 생겼다고도 풀이했다. 그러나 色이 '빛'이나 '안색'은 물론, '여자' 특히 好色^(호색)이나 色骨^(색골) 등과 같이 '성^(sex)'의 의미를 강하게 가짐을 볼 때, 이러한 해석은 쉬 긍정하기 어렵다. 그래서 色을 後背位^(후배위)의 성애 장면을 그린 것으로 보는 것이 자형에 근접한 해석일 것이다. 『설문해자』에서 제시했던 頁^(머리 혈)과 彡^(터럭 삼)과 疑^(의심할 의)로 구성된 色의 이체자도 머리^(頁)를 돌려 뒤돌아보는^(疑) 모습에 강렬하게 나타난 얼굴빛^(彡)을 강조한 글자다. 이렇게 볼 때 色의 원래 뜻은 성애 과정에서 나타나는 흥분된 '얼굴색'이며, 이로부터 색깔은 물론 '성욕'과 성애의 대상인 '여자', 여자의 용모, 나아가 기쁜 얼굴색^(喜色·희색), 정신의 혼미함 등의 뜻이 나오게 된 것으로 보인다.

字形 𡚨𡚨𡗉𡗉 簡牘文 <img_char/> 說文小篆 <img_char/> 說文古文

●예● 色彩(색채), 特色(특색), 染色(염색), 退色(퇴색), 色調(색조), 顔色(안색), 色盲(색맹), 難色(난색), 傾國之色(경국지색), 巧言令色(교언영색), 草綠同色(초록동색)

생

361

生(날 생): shēng, 生-0, 5, 80

字解 회의. 소전체에서는 屮^(떡 잎날 철)과 土^(흙 토)로 구성되어, 대지^(土)에서 돋아나는 싹^(屮)으로부터 '생겨나다'는 의미를 그렸는데, 자형이 조금 변해 지금처럼 되었다. 갑골문에서는 땅^(一) 위로 솟아나는 싹^(屮)의 모습을 그렸는데, 이후 땅

을 나타내는 가로획 대신 土를 넣어 그 의미가 더욱 구체화하였다. 그래서 生의 원래 뜻은 초목이 '자라나다'이며, 이로부터 出生^(출생)이나 生産^(생산) 등의 뜻이 생겼다. 여기서 다시 生物^(생물)처럼 '살아 있음'을, 生鮮^(생선)처럼 '신선함'을, 天生^(천생)처럼 '천부적임'을, 生疎^(생소)처럼 '낯설다'는 뜻을, 다시 書生^(서생·공부하는 사람)이나 小生^(소생·자신을 낮추어 부르는 말)처럼 '사람'을 뜻하기도 하였다.

字形

●예● 發生(발생), 生活(생활), 生命(생명), 生産(생산), 生物(생물), 人生(인생), 生存(생존), 見物生心(견물생심), 起死回生(기사회생)

서

362

序(차례 서): xù, 广-4, 7, 50

字解 형성. 广^(집 엄)이 의미부이고 予^(나줄 여)가 소리부로, 나란히 늘어서 있는^(予) 집^(广)을 말한다. 그래서 동서로 늘어서 있는 廂^(상집의 주체가 되는 간의 양쪽으로 늘어선 간살)을 지칭했는데, 그곳은 학생들을 가르치던 장소였다. 금문에서는 广과 射^(활 쏠 사)로 이루어졌는데, 옛날 활쏘기^(射)는 학교 교육에서 주요 내용의 하나였기 때문이다. 이후 射가 소리부인 予로 바뀌어 지금의 序가 되었는데, 교육을 통해 사람살이에 필요한 지식을 제공해 주던^(予) 곳임을 더욱 형상화했다. 차례로 늘어선 廂房^(상방)의 모습으로부터 順序^(순서)나 序列^(서열) 등의 뜻이 생겼다.

字形

●예● 順序(순서), 秩序(질서), 序列(서열), 序論(서론), 序詩(서시), 序

幕(서막), 長幼有序(장유유서)

363

暑(더울 서): shǔ, 日-9, 13, 30

(字解) 형성. 日(날 일)이 의미부이고 者(놈 자)가 소리부로, 해(日)가 내리쬐어 솥에 삶듯 (者, 煮의 원래 글자) '더운' 상태를 말하며, 더운 체질을 뜻하는 한의학의 용어로 도 쓰인다.

(字形) 暑簡牘文　　說文小篆

●예● 避暑(피서)

364

書(글 서): 书, shū, 日-7, 10, 60

(字解) 회의. 손에 붓을 쥔(聿·율) 모습과 그릇(口·구)을 그려, 그릇에 담긴 먹을 찍어 '글'을 쓰는 모습을 그렸는데, 口가 日(가로 왈)로 바뀌어 지금의 자형이 되었 다. 이로부터 書寫(서사)하다, 기록하다, 글, 書體(서체), 文書(문서), 書籍(서적) 등 의 뜻이 나왔다. 중국의 간화자에서는 초서체를 변형한 书로 쓴다.

(字形) 金文　　古陶文　　簡牘文　　古璽文　　說文小篆

●예● 讀書(독서), 書類(서류), 文書(문서), 圖書(도서), 書籍(서적), 證 書(증서), 著書(저서), 願書(원서)

365

西(서녘 서): xī, 襾-0, 6, 80

(字解) 상형. 원래 나뭇가지를 얽어 만든 새의 둥지를 그려 '서식하다'는 의미를 그

렸다. 이후 둥지는 해가 지는 저녁이 되면 새가 어김없이 날아드는 곳이고, 해는 서쪽으로 진다는 뜻에서 '서쪽'의 의미가 나왔고, 다시 西洋^(서양)이나 서양식을 뜻하게 되었다. 그러자 원래의 의미는 木^(나무 목)을 더한 栖^(새 깃들일 서)로 되었고, 사람이 살 경우 다시 소리부를 妻^(아내 처)로 바꾸어 棲^(살 서)로 분화했는데, 아내^(妻)와 함께하는 가정이 인간의 '서식처'임을 보여주고 있다. 현대의 자형에서 西는 襾^(덮을 아)와 닮아 보이지만, 전혀 다른 글자이다.

字形 甲骨文　　金文　　古陶文

簡牘文　　帛書　　石刻古文

說文小篆　說文或體　說文古文　說文籒文

●예● 西洋(서양), 西紀(서기), 東奔西走(동분서주)

석

366

夕(저녁 석): xī, 夕-0, 3, 70

字解 상형. 갑골문에서 반달의 모습을 그려 月^(달 월)과 같이 썼는데, 달이 뜬 시간 대, 즉 '밤'을 의미했다. 이후 '저녁'을 뜻하게 되었고, 그러자 '달'을 나타낼 때에는 역서 분화한 月로써 이를 구분했다. 또 일 년의 마지막 계절이나 한 달의 하순을 지칭하기도 했고, 저녁때 해가 지는 쪽이 서쪽이므로 해서 서쪽을 뜻하게 되었고, 서쪽으로 치우치다는 뜻도 나왔다.

字形 甲骨文　　金文　　簡牘文　　說文小篆

●예● 秋夕(추석), 夕陽(석양), 朝變夕改(조변석개)

367

席(자리 석): xí, 巾-7, 10, 60

字解 형성. 巾^(수건 건)이 의미부이고 庶^(여러 서)의 생략된 모습이 소리부로, 돌^(庶) 위에 까는 베^(巾)로 만든 깔개를 말했다. 금문에서는 돌^(厂)에다 자리를 깐 모습으로 그리기도 했다. 혹자는 이를 여러 사람^(庶)이 둘러앉을 수 있는 베^(巾)로 만든 자리라고 풀이하기도 한다. 이후 의미를 더 강조하기 위해 艸^(풀 초)를 더해 蓆^(자리 석)을 만들어 분화했다.

字形 席古陶文 席簡牘文 席說文小篆 囷說文古文

●예● 座席(좌석), 出席(출석), 缺席(결석), 參席(참석), 首席(수석), 客席(객석), 坐不安席(좌불안석)

368

惜(아낄 석): xī, 心-7, 11, 32

字解 형성. 心^(마음 심)이 의미부이고 昔^(옛 석)이 소리부로, 마음^(心) 속에 오래^(昔) 넣어 둔 채 아끼다는 뜻을 그렸으며, 이로부터 애석하다, 아끼다, 중시하다, 아쉬워하다 등의 뜻이 나왔다.

字形 惜說文小篆

●예● 惜別(석별), 哀惜(애석), 惜敗(석패)

369

昔(옛 석): xī, 日-4, 8, 30

字解 회의. 원래 《《^(災·재앙 재)와 日^(날 일)로 구성되어, '옛날'을 말하는데, 큰 '홍수가 났던^(《《) 그때^(日)라는 의미를 담았다. 이로부터 다시 이전, 어제, 오래된 옛날 등의 뜻이 나왔다. 과거의 여러 기억 중에서도 가장 어려웠던 기억이 가

장 오래 남는 법인데, 황하를 중심으로 살았던 고대 중국인들에게 홍수는 가장 큰 재앙이자 어려움이었다.

字形 🐛🐛🐛🐛🐛 甲骨文 🐛🐛 🐛🐛 金文 🐛 古陶文 🐛 🐛 簡牘

文 🐛 石刻古文 🐛 說文小篆 🐛 說文籀文

●예● 今昔之感(금석지감)

370

石(돌 석): shí, 石-0, 5, 60

字解 상형. 갑골문에서 오른쪽은 암벽을, 왼쪽은 암벽에서 떨어져 나온 돌덩이를 그렸다. 돌은 인류가 최초로 사용했던 도구였고, 이후 갖가지 중요한 도구로 응용되었다. 그래서 돌은 침, 비석, 숫돌, 악기, 용기, 용량 단위 등 다양한 용도로 쓰였다.

字形 🐛🐛🐛🐛 甲骨文 🐛 金文 🐛🐛🐛 古陶文 🐛🐛 簡牘文

🐛🐛 簡牘文 🐛 說文小篆

●예● 石油(석유), 石炭(석탄), 巖石(암석), 鑛石(광석), 碑石(비석), 他山之石(타산지석), 一石二鳥(일석이조)

선

371

仙(신선 선): [仚, 僊], xiān, 人-3, 5, 52

字解 형성. 人^(사람 인)이 의미부이고 山^(뫼 산)이 소리부로, 신선을 말하는데, 산^(山)에 사는 사람^(人)이 신선임을 말해 준다. 이로부터 신선이 되다, 신선처럼 가볍다, 신선이 사는 세계를 뜻하였고, 초월이나 죽음의 비유로도 쓰였다. 『설문해자』에서는 仚^(사람 산 위에 있을 현)으로 쓰기도 했고, 달리 山을 罨^(오를 선)으로

바꾼 僊으로 쓰기도 한다.

𠈌 說文小篆　𠊓 說文小篆

•예• 神仙(신선), 仙女(선녀), 仙人(선인), 仙境(선경), 仙界(선계), 玉骨仙風(옥골선풍)

372

先(먼저 선): xiān, 儿-4, 6, 80

字解 회의. 갑골문에서 발(止,지)과 사람을 그려 발(止)이 사람(人)의 앞(先)으로 나갔음으로부터 '앞'의 의미를 그렸고, 다시 '이전'의 의미가 생겼는데, 공간개념에서 시간개념으로 확장되는 과정을 잘 보여준다. 이후 앞서 나가다, 먼저 차지하다, 이끌다, 초월하다, 처음으로 시작하다, 소개하다 등의 뜻도 나왔다.

字形 ꜝ ꜝ ꜝ ꜝ 甲骨文　ꜝ ꜝ ꜝ ꜝ ꜝ ꜝ ꜝ 金文　ꜝ 盟書　ꜝ ꜝ ꜝ

簡牘文　ꜝ 石刻古文　ꜝ 說文小篆

•예• 先生(선생), 先祖(선조), 先親(선친), 先輩(선배), 先導(선도), 先例(선례), 先手(선수), 先頭(선두), 先後(선후), 先進國(선진국), 先公後私(선공후사)

373

善(착할 선): [譱], shàn, 口-9, 12, 50

字解 회의. 원래는 譱으로 써 誩(말다툼 할 경)과 羊(양 양)으로 구성되었다. 양(羊)의 신비한 능력으로 말다툼(誩,경)의 시시비비를 판정해 준다는 神判(신판)의 의미로부터 길상과 훌륭함의 의미를 그렸는데, 자형이 변해 지금처럼 되었다. 이후 착하다, 善行(선행), 좋은 일, 선하다, 훌륭하다, 좋아하다 등의 의미가 나왔고, 유가 철학의 핵심 개념의 하나로 자리 잡았다.

196 중학교용 900한자

金文 古陶文 簡牘文 說文小篆 說文篆文

●예● 改善(개선), 最善(최선), 善惡(선악), 善行(선행), 僞善(위선), 善良(선량), 多多益善(다다익선), 改過遷善(개과천선), 善男善女(선남선녀), 勸善懲惡(권선징악)

374

線(줄 선): 线, [綫], xiàn, 糸-9, 15, 60

字解 형성. 糸^(가는 실 멱)이 의미부이고 泉^(샘 천)이 소리부로, 누에고치로부터 샘물^(泉)이 흘러나오듯 길게 뽑아 만든 '실^(糸)'을 말하며, 이후 실의 통칭이 되었다. 또 실처럼 긴 것, 길게 뻗은 길, 사상이나 정치의 노선 등도 지칭하게 되었다. 달리 소리부 泉 대신 戔^(쌓일 전)을 쓴 綫^(실 선)으로 쓰기도 한다. 중국의 간화자에서는 綫을 다시 줄여 线으로 쓴다.

字形 說文小篆 說文古文

●예● 視線(시선), 路線(노선), 混線(혼선), 無線(무선), 光線(광선), 直線(직선), 曲線(곡선), 電線(전선), 脫線(탈선)

375

船(배 선): [舩], chuán, 舟-5, 11, 50

字解 형성. 舟^(배 주)가 의미부이고 鉛^(납 연)의 생략된 모습이 소리부로, 배^(舟)를 뜻하는데, 이후 飛行船^(비행선)에서처럼 운반하는 도구의 통칭으로 쓰였다. 『설문해자』에 의하면, '배'를 함곡관 서쪽 지역에서는 船, 함곡관 동쪽 지역에서는 舟나 航^(배 항)이라 불렀다고 한다.

字形 金文 古陶文 簡牘文 說文小篆

●예● 漁船(어선), 船員(선원), 船長(선장), 造船所(조선소), 宇宙船(우주선), 南船北馬(남선북마)

376

選(가릴 선): 选, xuǎn, 辵-12, 16, 50

字解 형성. 辵^(쉬엄쉬엄 갈 착)이 의미부이고 巽^(공손할손괘 손)이 소리부로, 제사에 쓸 것을 뽑아 보내다는 뜻이다. 巽은 갑골문에서 꿇어앉은 두 사람의 모습을 그렸고, 辵은 구성원들 각자가 제사를 위해 마을이나 부족의 중심부로 물건을 보내는 것을 의미한다. 따라서 選은 제사상에 바치는 祭物^(제물)처럼 구성원을 위해 희생할 사람을 뽑아^(巽) 중앙으로 보낸다^(辵)는 뜻이며, 이로부터 선발하다, 파견하다, 뽑다, 선거 등의 뜻이 나왔다. 중국의 간화자에서는 소리부 巽을 先^(먼저 선)으로 바꾼 选으로 쓴다.

字形 𨔶 說文小篆

●예● 選擧(선거), 選擇(선택), 選出(선출), 選拔(선발), 選定(선정), 當選(당선), 落選(낙선), 入選(입선), 競選(경선)

377

鮮(고울 선): 鲜, xiān, xiǎn, 魚-6, 17, 52

字解 회의. 원래 魚^(고기 어)가 세 개 중첩된 鱻으로 써 물고기의 新鮮^(신선)함을 그렸는데, 이후 魚와 羊^(양 양)의 결합으로 변했다. 魚는 해산물의 대표요 羊은 육고기의 대표로 이들 모두 '신선할' 때 고유의 맛을 낼 수 있었을 것이다. 신선한 고기는 때깔이 '곱고', 그런 고기는 '흔치 않은' 음식이었을 것이다. 다만 '드물다'는 뜻은 따로 尟^(尠·드물 선)으로 썼는데, 이는 대단히^(甚·심) 적다^(少·소), 정말^(是·시) 드문^(少) 존재라는 뜻을 담았다. 중국의 간화자에서는 鲜으로 쓴다.

字形 𦡀𩵋𩵋鮮 金文 𩵋𩵋𩵋𩵋鮮 𩵋簡牘文 𩵋古璽文 𩵋 說文小篆

설

378

舌(혀 설): shé, 舌-0, 6, 40

字解 상형. 아랫부분은 입(口·구)을, 윗부분은 길게 뻗어 두 갈래로 갈라진 어떤 것을 그렸다. 이는 "말을 하고 맛을 구분하는 기관"이라고 풀이한 『설문해자』의 해석을 참고하면 '혀'로 보인다. 하지만, 혀라면 끝이 둘로 갈라진 모습이 차라리 사람의 혀보다는 뱀의 혀를 닮았다고 해야 할 것이다. 그렇다면 말을 하는 기관과는 거리가 멀다. 게다가 뱀의 혀라면 가능하면 사람과 관계 지어 구체적 형태를 본뜨고 이미지를 그려내던 초기 한자의 보편적 형상 특징에도 위배된다. 한자에서 舌과 音^(소리 음)과 言^(말씀 언)은 형태나 의미에서 매우 밀접한 관계를 갖는다. 즉 갑골문에서 舌에 가로획을 더하면 音이 되고, 音에 다시 가로획을 더하면 言이 된다. 音은 舌에다 거기서 나오는 '소리'를 상징화하고자 가로획을 더했고, 그래서 音은 사람이 아닌 '악기의 소리'를 지칭한다. 또 音에다 다시 가로획을 더해 言을 만든 것은 악기의 소리와 사람의 '말'을 구분하고자 분화한 것이지만, 言의 옛날 용법에는 여전히 대나무로 만든 관악기라는 뜻이 담겨 있다. 따라서 舌은 위쪽이 대나무 줄기^(干·간, 杆의 본래 글자)를, 아래는 대로 만든 악기의 혀^(reed)를 그린 것으로 생각하는데, 소전체에서 舌이 干^(방패 간)과 口로 구성된 것은 이를 반영한다. 그래서 舌은 피리처럼 생긴 관악기의 소리를 내는 '혀'가 원래 뜻이며, 이후 사람의 혀로 의미가 확대되었고, 다시 音을 만들어 악기 소리와 인간의 말을 구분한 것으로 추정할 수 있다. 현행 옥편의 舌부수에 귀속된 글자는 대부분 '혀'의 동작이나 기능과 관련되어 있는데, 이는 인간의 '혀'로 파생된 이후의 의미를 담은 글자들이다.

字形 甲骨文 古陶文 簡牘文 說文小篆

•예• 舌戰(설전), 毒舌(독설), 口舌數(구설수)

379

設(베풀 설): 设, shè, 言-4, 11, 42

字解 형성. 言^(말씀 언)이 의미부이고 殳^(창 수)가 소리부로, '陳設^(진설)하다'가 원래 뜻이고, 이로부터 안치하다, 세우다 등의 뜻이 나왔다. 말^(言)로 사람을 부려^(殳, 役과 통함) 물건 등을 배치하고 진설하다는 뜻에서부터 갖추다, 연회를 벌이다 등의 뜻이 나왔고, 이로부터 '베풀다'의 뜻도 나왔다.

字形 設 說文小篆

•예• 施設(시설), 設置(설치), 建設(건설), 設備(설비), 設立(설립), 新設(신설), 設定(설정), 設計(설계), 創設(창설), 設問(설문), 附設(부설), 增設(증설)

380

說(말씀 설·달랠 세·기쁠 열): 说, shuō, shuì, yuè, 言-7, 14, 52

字解 형성. 言^(말씀 언)이 의미부이고 兌^(기쁠 태)가 소리부로, 말^(言)로 풀이하다가 원래 뜻이다. 어려운 내용을 말^(言)로 잘 풀어내면 상대에게 기쁨을 주기 마련이고, 상대가 이해하기 쉽게 풀어낸 말은 남을 설득시키기에 좋은 말이다. 이로부터 '기쁘다'와 설득하다, 遊說^(유세)하다의 뜻이 나왔다. 다만, 원래의 '말씀'을 뜻할 때에는 說明^(설명)에서처럼 '설'로, '기쁘다'는 뜻으로 쓰일 때는 悅^(기쁠 열)과 같아 '열'로, 遊說하다는 뜻으로 쓰일 때에는 '세'로 구분해 읽는다.

字形 說 古陶文 說說 簡牘文 說 說文小篆

•예• 說明(설명), 演說(연설), 說得(설득), 辱說(욕설), 傳說(전설), 小說(소설), 解說(해설), 說話(설화), 甘言利說(감언이설), 說往說來(설왕설래), 語不成說(어불성설)

설

雪(눈 설): xuě, 雨-3, 11, 60

字解 회의. 갑골문에서는 雨$^{(비 우)}$와 羽$^{(짓 우)}$로 구성되어, 깃털$^{(羽)}$처럼 사뿐사뿐 내려앉는$^{(雨)}$ '눈'을 그렸다. 소전체에서 雨와 彗$^{(비 혜)}$로 구성되어 내린 눈을 비$^{(彗)}$로 쓰는 모습으로 변했고, 해서에서는 손$^{(又·우)}$만 남아 지금의 雪이 되었는데, 이로부터 제거하다, 雪辱$^{(설욕)}$하다의 뜻이 나왔다.

字形 羽 羽 甲骨文 雪 說文小篆

●예● 白雪(백설), 暴雪(폭설), 雪景(설경), 雪辱(설욕), 雪上加霜(설상가상), 螢雪之功(형설지공)

성

城(재 성): chéng, 土-7, 10, 42

字解 형성. 土$^{(흙 토)}$가 의미부이고 成$^{(이룰 성)}$이 소리부로, 흙$^{(土)}$을 쌓아 만든$^{(成)}$ '성'을 말했다. 또 중국의 중원지역은 황토 대평원으로 돌이 귀하다. 그래서 집을 지을 때에도 황토를 다져 짓거나 구운 벽돌을 사용하였고, 토성이나 담을 쌓을 때는 황토 흙을 다져서 만들었다. 그래서 石城$^{(석성)}$이 아닌 토성$^{(土城)}$이 주로 지어졌고, 이 때문에 石이 아닌 土가 의미부로 채택되었다. 지극히 미세한 황하의 황토 특성 덕분에 다져진 황토는 대단히 단단하여 상나라 때의 성벽이 3천 년이 지난 지금도 아직도 거의 완전하게 남아 있을 정도이다. 고대 중국은 城을 중심으로 이루어진 나라였기 때문에 城이 '성'은 물론 '도시'나 '나라'나 '국가'의 뜻으로도 쓰였다.

字形 [금문 자형들] 金文 [고도문 자형들] 古陶文 [간독문 자형들] 簡牘文 [백서 자형]
帛書 [설문소전 자형] 說文小篆 [설문주문 자형] 說文籀文

●예● 山城(산성), 城門(성문), 土城(토성), 萬里長城(만리장성)

383

姓(성 성): xìng, 女-5, 8, 70

字解 형성. 女^(여자 여)가 의미부이고 生^(날 생)이 소리부로, '성'을 말하는데, 여자^(女)가 낳았다^(生)는 뜻으로, 자식의 혈통이 여성 중심으로 이어지던 모계사회의 모습을 반영했다. 이후 가족, 자손 등의 통칭으로도 쓰였다. 부계사회에 들면서 부계중심으로 이어지는 혈통을 氏^(각시 씨)라 구분해 불렀고, 이 때문에 이 둘이 결합한 姓氏라는 단어가 나왔다.

字形 [갑골문 자형들] 甲骨文 [금문 자형들] 金文 [간독문 자형] 簡牘文 [고새문 자형들] 古璽文 [설문소전 자형] 說文小篆

●예● 百姓(백성), 姓名(성명), 姓氏(성씨)

384

性(성품 성): xìng, 心-5, 8, 52

字解 형성. 心^(마음 심)이 의미부이고 生^(날 생)이 소리부로, 사람의 본성을 말하는데, 사람이 태어나면서부터 갖는 천성적인^(生) 마음^(心)이 바로 '性品^(성품)'임을 보여준다. 이후 天性^(천성)이나 사물의 本性^(본성), 생명, 性情^(성정) 등의 뜻이 나왔고, 명사 뒤에 놓여 사상 감정이나 생활 태도, 일정한 범주 등을 나타내는 접미사로 쓰인다.

字形 [금문 자형] 金文 [간독문 자형들] 簡牘文 [설문소전 자형] 說文小篆

●예● 性格(성격), 性質(성질), 特性(특성), 個性(개성), 性向(성향), 性

385

成(이룰 성): chéng, 戈-3, 7, 60

字解 형성. 戊^(다섯째 천간 무)가 의미부이고 丁^(넷째 천간 정)이 소리부로, 무기^(戊)로써 성을 단단하게^(丁) 지키다는 뜻을 그렸고, 성을 튼튼하게 지킬 때 비로소 목적이 이루어진다는 의미에서 '이루어지다', 成就^(성취) 등의 뜻을 갖게 되었다. 이로부터 完成^(완성)되다, 성숙되다, 成人^(성인) 등의 뜻이 나왔고, 능력이나 가능을 나타내는 조동사로도 쓰였다. 그러자 원래 뜻인 '성'은 다시 土^(흙 토)를 더한 城^(재 성)으로 분화했다.

[字形] ![甲骨文] 甲骨文 ![金文] 金文 ![古陶文] 古陶文 ![簡牘文] 簡牘文 ![石刻古文] 石刻古文 ![說文小篆] 說文小篆 ![說文古文] 說文古文

●예● 完成(완성), 成就(성취), 成功(성공), 成績(성적), 成長(성장), 作成(작성), 達成(달성), 殺身成仁(살신성인), 門前成市(문전성시), 大器晩成(대기만성), 積土成山(적토성산)

386

星(별 성): [曐, 皨], xīng, 日-5, 9, 42

字解 형성. 日^(날 일)이 의미부이고 生^(날 생)이 소리부로, 원래 반짝거리는 별^(晶, 정)을 그렸으나, 이후 소리부인 生^(날 생)이 더해졌고, 晶이 日로 줄어 지금의 자형이 되었다. 그래서 恒星^(항성), 行星^(행성), 衛星^(위성), 彗星^(혜성) 등의 '별'이 원래 뜻이며, 별처럼 개수가 많으면서 분산된 것의 비유로 쓰이기도 했고, 밤이나 해를 뜻하기도 했다.

字形 ![甲骨文] 甲骨文 ![金文] 金文 ![簡牘文] 簡牘文 ![帛書] 帛書 ![曐]

說文小篆 說文古文 說文或體

•예• 行星(행성), 衛星(위성), 防衛(방위), 流星(유성), 火星(화성), 木星(목성), 金星(금성), 土星(토성)

387

盛(담을 성): [晠], chéng, 皿-7, 12, 42

字解 형성. 皿(그릇 명)이 의미부이고 成(이룰 성)이 소리부로, 다 자란(成) 곡식을 수확하여 그릇(皿)에 가득 담아 제사를 지냄을 말했으며, 이로부터 '가득 담다', '성하다', 豊盛(풍성)하다 등의 뜻이 나왔다.

字形 甲骨文 金文 簡牘文 古璽文 說文小篆

•예• 茂盛(무성), 豊盛(풍성), 盛行(성행), 盛大(성대), 盛況(성황), 盛業(성업), 興亡盛衰(흥망성쇠)

388

省(살필 성덜 생): xǐng, shěng, 目-4, 9, 60

字解 회의. 少(적을 소)와 目(눈 목)으로 구성되어, 자세히 보지 않고(少) 대충대충 살핌(目)을 말하며, 이후 행정단위를 나타내기도 했다. 갑골문에서 눈(目)과 직선을 중심으로 좌우 방향이 더해진 시선을 그렸는데, 눈의 시선을 좌우로 돌려 두리번거리며 '살핌'을 말한다. 금문에서 시선을 그린 부분이 이후 生(날 생)으로 바뀌어 소리부가 되었고, 『설문해자』의 고문체에서는 生이 少로 변해 지금의 자형이 되었다. 살피다는 뜻이나 행정단위를 나타낼 때에는 反省(반성)이나 省察(성찰)에서처럼 '성'으로, 省略(생략)의 의미로 쓰일 때에는 '생'으로 구분해 읽는다.

字形 甲骨文 金文 簡牘文

古璽文 說文小篆 說文古文

●예● 反省(반성), 省察(성찰), 省墓(성묘), 昏定晨省(혼정신성), 省略
(생략)

389

聖(성스러울 성): 圣, shèng, 耳-7, 13, 42

字解 형성. 耳^(귀 이)와 口^(입 구)가 의미부이고 王^(좋을 정)이 소리부로, 남의 말을 귀담
아듣는 사람이라는 의미를 그렸다. 갑골문에서는 사람^(人)의 큰 귀^(耳)와 입^(口)
을 그렸고, 금문에서는 사람^(人)이 발돋움을 하고 선^(王) 모습을 그렸는데, 귀
^(耳)는 '뛰어난 청각을 가진 사람'을, 口는 말을 상징하여, 남의 말을 귀담아
들어야 하는 존재가 지도자임을 형상화했다. 이로부터 보통 사람을 넘는 총
명함과 혜지를 가진 존재나 성인을 말했으며, 학문이나 기술이 뛰어난 사람
을 지칭하게 되었고, 특히 유가에서는 공자를 부르는 말로 쓰였다. 한국 속
자에서는 文^(글월 문)과 王^(임금 왕)이 상하구조로 결합한 모습으로 쓰기도 하는
데, 文王을 최고의 성인으로 인식하고자 한 모습이 반영되었다. 중국의 간
화자에서는 圣으로 간단히 줄여 쓴다.

字形 甲骨文 金文 簡牘文
古璽文 說文小篆

●예● 聖人(성인), 聖賢(성현), 聖域(성역), 聖君(성군), 聖誕節(성탄절)

390

聲(소리 성): 声, shēng, 耳-11, 17, 42

字解 형성. 耳^(귀 이)가 의미부이고 殸^(소리 성)이 소리부로, 악기 연주^(殸)를 귀^(耳) 기울
여 듣는 모습을 그렸고, 이로부터 '소리'를 지칭하게 되었다. 이후 음악, 소
리, 명성, 소식 등의 뜻이 나왔고, 언어학 용어로 성모나 성조의 간칭으로

쓰이기도 한다. 중국의 간화자에서는 의미부뿐만 아니라 소리부까지 간단하게 줄인 声으로 쓴다.

字形 甲骨文 簡牘文 說文小篆

•예• 名聲(명성), 音聲(음성), 聲明(성명), 發聲(발성), 聲討(성토), 怨聲(원성), 異口同聲(이구동성), 虛張聲勢(허장성세)

391

誠(정성 성): 诚, chéng, 言-7, 14, 42

字解 형성. 言(말씀 언)이 의미부이고 成(이룰 성)이 소리부로, 정성이나 성실, 진실, 확실함 등을 뜻하는데, 말(言)을 실현하려면(成) 지극 정성(誠)을 다해야 하며 믿음이 담긴 것이어야 한다는 의미를 담았다.

字形 簡牘文 說文小篆

•예• 誠實(성실), 精誠(정성), 忠誠(충성), 孝誠(효성), 誠意(성의), 誠金(성금), 至誠感天(지성감천)

세

392

世(대 세): [丗], shì, 一-4, 5, 70

字解 상형. 갑골문에서 매듭을 지은 세 가닥의 줄을 이어 놓은 모습이다. 이 줄은 새끼매듭(結繩·결승)인데, 結繩은 문자가 탄생하기 전 인류가 보편적으로 사용하던 기억의 보조 수단의 하나로 새끼에 여러 가지의 매듭을 지어 갖가지 의미를 나타내던 방식이다. 여기서 한 가닥의 매듭은 10을 상징하며, 이가 셋 모인 世는 30을 뜻한다. 그래서 世는 30년을 뜻하고, 이는 부모에서 자식으로 이어지는 한 世代(세대)의 상징이었다. 이후 世는 世代라는 뜻으로부터 一生(일생)의 뜻이, 다시 末世(말세)와 같이 왕조나 세상을 뜻하기도 하였다.

이로부터 世는 사람이 사는 世上^(세상)이나 世界의 의미로 확장되었다.

字形 金文 簡牘文 世 說文小篆

•예• 世界(세계), 世上(세상), 世代(세대), 別世(별세), 出世(출세), 世紀(세기), 末世(말세), 隔世之感(격세지감)

393

勢(기세 세): 势, shì, 力-11, 13, 42

字解 형성. 力^(힘 력)이 의미부이고 埶^(심을 예)가 소리부인데, 埶는 사람이 꿇어앉아^(丮 극) 나무^(木·목)나 풀^(屮·철)을 흙^(土·토)에 심는 모습을 그렸다. 권력^(力)이나 권세, 위력을 말하며, 이후 사물의 형세나 정세, 상태, 모양의 뜻이 나왔으며, 남자의 생식기를 지칭하기도 하였다. 중국의 간화자에서는 埶를 执^(執의 중국의 간화자)으로 줄인 势로 쓴다.

字形 簡牘文 說文新附

•예• 形勢(형세), 勢力(세력), 姿勢(자세), 氣勢(기세), 權勢(권세), 優勢(우세), 大勢(대세), 破竹之勢(파죽지세), 虛張聲勢(허장성세), 騎虎之勢(기호지세)

394

歲(해 세): 岁, suì, 止-9, 13, 52

字解 회의. 步^(걸을 보)와 戌^(다섯째 천간 무)로 구성되어, 날이 크고 둥근 낫^(戌)으로 걸어가며^(步) 곡식을 수확하는 모습을 그렸고 이로부터 베다, 자르다의 뜻이 나왔다. 하지만, 고대사회에서는 수확에서 다음 수확 때까지의 주기를 '1년'으로 인식했고 그 때문에 '한 해'와 '나이'의 뜻이 나왔다. 그러자 원래 뜻은 刀^(칼 도)를 더하여 劌^(벨·상처 낼 귀)로 분화했다. 이후 歲星^(세성)에서와 같이 歲는 목성을 지칭하기도 했는데, 그것은 목성의 자전 주기가 약 12년이고 고대 중국

에서는 날짜를 나타내는 데 사용했던 12간지와 맞아떨어졌기에 달리 '목성'을 지칭하게 되었다. 중국의 간화자에서는 山^(뫼 산)과 夕^(저녁 석)의 상하구조로 된 岁로 쓴다.

字形 [甲骨文] [金文] 古陶文 [簡牘文] 古璽文 [說文小篆]

●예● 歲月(세월), 歲拜(세배), 萬歲(만세), 年歲(연세)

395

洗(씻을 세): xǐ, 水-6, 9, 52

字解 형성. 水^(물 수)가 의미부이고 先^(먼저 선)이 소리부로, 발을 내밀어^(先) 물^(水)로 '씻다'는 뜻이었는데, '씻다'는 일반적인 의미로 확장되었으며, 사진을 현상하다는 뜻도 생겼다. 또 성씨로도 쓰인다.

字形 [說文小篆]

●예● 洗手(세수), 洗面(세면), 洗車(세차)

396

稅(구실 세): shuì, 禾-7, 12, 42

字解 형성. 禾^(벼 화)가 의미부이고 兌^(기쁠 태)가 소리부로, 곡물^(禾)을 재배하고 내는 토지 경작세를 말했는데, 이후 稅金^(세금)의 통칭이 되었다. 세금이란 기쁜 마음으로^(兌) 낼 수 있어야 한다는 이념을 반영했으며, 갖가지 구실을 동원해 각종 세금을 징수했기에 '구실'이라는 뜻까지 생겼다.

字形 [說文小篆]

●예● 稅金(세금), 租稅(조세), 關稅(관세), 納稅(납세)

細(가늘 세): 细, xì, 糸-5, 11, 42

字解 형성. 원래는 糸^(가는 실 멱)이 의미부이고 囟^(정수리 신)이 소리부로, 비단 실^(糸)의 가닥이나 머리카락^(囟)처럼 '가늘다'는 뜻이었는데, 예서에서 囟이 형체가 비슷한 田^(밭 전)으로 변해 지금의 자형이 되었다. 가늘다는 뜻으로부터 纖細^(섬세)하다, 微細^(미세)하다, 정교하다, 중요하지 않다 등의 뜻까지 나왔다.

字形 🖼 簡牘文 🖼 說文小篆

●예● 細胞(세포), 細菌(세균), 微細(미세), 細心(세심), 細密(세밀), 細部(세부), 細分化(세분화)

소

小(작을 소): xiǎo, 小-0, 3, 80

字解 상형. 갑골문에서 작은 점을 셋 그렸다. 셋은 많음의 상징이고, 작은 점은 모래알로 보인다. 『설문해자』에서는 小를 두고 갈라짐을 뜻하는 八^(여덟 팔)과 이를 구분 지어주는 세로획^(丨, 곤)으로 구성되었다고 했으나, 이는 소전체에 근거한 해석이다. 갑골문에 의하면 작은 모래알을 여럿 그렸으며, 이후 小가 '작다'는 보편적 개념을 나타내게 되자, '모래알'은 水^(물 수)를 더한 沙^(모래 사)로 구분해 표현했다.

字形 🖼🖼🖼 甲骨文 🖼🖼 金文 🖼 古陶文 🖼🖼🖼 古幣文 🖼🖼 簡牘文 🖼 說文小篆

●예● 縮小(축소), 小說(소설), 最小(최소), 小貪大失(소탐대실), 大同小異(대동소이)

399

少(적을 소): shǎo, 小-1, 4, 70

字解 지사. 小^(작을 소)에서 분화한 글자로, 양의 '적음'을 나타내고자 지사부호^(丿)를 더해 특별히 만들었으며 춘추시대 이후에야 나타난다. 그전의 갑골문이나 서주 때의 금문에서는 小로 써 이 둘을 구분 없이 사용했다.

字形

●예● 減少(감소), 少年(소년), 稀少(희소), 男女老少(남녀노소)

400

所(바 소): suǒ, 戶-4, 8, 70

字解 회의. 戶^(지게 호)와 斤^(도끼 근)으로 구성되었는데, 戶는 서민의 집을 斤은 연장의 하나인 자귀를 나타낸다. 따라서 近은 고대 사회에서 가장 중요한 연장의 하나였던 도끼^(斤)가 놓인 그 곳^(戶)이 바로 사람이 '거처하는 處所^(처소)'임을 말했다. 이후 '………하는 곳(것, 사람, 바)'을 뜻하는 문법소로 쓰이게 되었다.

字形

●예● 所得(소득), 所屬(소속), 場所(장소), 所聞(소문), 所有(소유), 住所(주소), 所在(소재), 所謂(소위), 無所不爲(무소불위)

401

消(사라질 소): xiāo, 水-7, 10, 60

字解 형성. 水^(물 수)가 의미부이고 肖^(닮을 초)가 소리부로, 물^(水)이 수증기처럼 작은^(肖) 크기의 물방울로 변하여 '사라져' 없어짐을 말하며, 이로부터 사라지다, 消失^(소실)되다, 제거하다, 줄어들다, 消費^(소비)하다 등의 뜻이 나왔다.

字形 𣢃 說文小篆

●예● 消息(소식), 解消(해소), 消費(소비), 消失(소실), 取消(취소), 消防(소방), 消化(소화), 消火器(소화기)

402

笑(웃을 소): [咲, 㕞, 笑], xiào, 竹-4, 10, 42

字解 형성. 竹^(대 죽)이 의미부이고 夭^(어릴 요)가 소리부로, 관악기^(竹)로 연주되는 곡을 듣고 몸을 구부려^(夭) 기뻐하며 웃는 것을 말하는데, 여기에서 夭는 배를 잡고 몸을 구부린 사람의 모습으로 풀이된다. 하지만, 笑를 八^(여덟 팔)과 夭로 구성되어 배를 잡고^(夭) 웃는 바람에 웃음소리가 위로 퍼져나가는^(八) 모습을 그린 것이라 풀이하기도 한다. 당나라 때의 李陽冰^(이양빙)은 바람을 맞은 대나무^(竹)가 휘어지는 모습이 우스워 배를 잡고 몸을 구부려^(夭) 웃는 사람의 모습을 닮았다고 풀이하기도 했다. 달리 夭 대신 犬을 쓴 㷶로 쓰기도 하고, 웃음소리라는 의미를 강조하기 위해 口^(입 구)를 더한 咲^(웃을 소)로 쓰기도 한다.

字形 𥬇 𥬇 𥬇 𥬇 簡牘文 𥬇 說文小篆

●예● 微笑(미소), 冷笑(냉소), 爆笑(폭소), 拍掌大笑(박장대소)

403

素(흴 소): sù, 糸-4, 10, 42

字解 형성. 糸^(가는 실 멱)이 의미부이고 垂^(드리울 수)의 생략된 모습이 소리부로, 물을 들이지 않은 생 명주^(生絹·생견)를 말한다. 명주의 본래 색인 '흰색'을 뜻하며,

다시 본질이나 바탕, 素朴^(소박)함이나 벼슬을 하지 않은 사람을 뜻하게 되었다. 또 비단이 필사 재료로 사용되었던 데서 '종이'를 뜻하기도 한다.

字形 金文 簡牘文 說文小篆

●예● 素材(소재), 平素(평소), 儉素(검소)

404

俗(풍속 속): sú, 人-7, 9, 42

字解 형성. 人^(사람 인)이 의미부이고 谷^(골 곡)이 소리부로, 習俗^(습속)이나 風俗^(풍속)을 말하는데, 봄이 오면 계곡^(谷)에 사람^(人)들이 함께 모여 목욕하던 옛날의 습속에서 의미를 그렸다. 이로부터 풍속이나 습속 등의 뜻이 나왔고, 이후 일반인들이 즐기던 습속이라 하여 보통의, 대중의, 通俗^(통속)적인, 일반적인, 속되다 등의 뜻이 나왔다. 또 불교가 들어 온 후로는 世俗^(세속)의 뜻도 가지게 되었다.

字形 金文 簡牘文 說文小篆

●예● 民俗(민속), 俗談(속담), 風俗(풍속), 低俗(저속), 習俗(습속), 俗世(속세), 美風良俗(미풍양속)

405

續(이을 속), 续, xù, 糸-15, 21, 42

字解 형성. 糸^(가는 실 멱)이 의미부이고 賣^(팔 육)이 소리부인데, 賣이 賣^(팔 매)로 변해 지금의 자형이 되었으며 구조도 회의구조로 변했다. 실^(糸)로 잇다는 뜻이며, 이로부터 계승하다, 연속되다의 뜻이 나왔다. 중국의 간화자에서는 賣를 초서체인 卖로 줄여 续으로 쓴다.

字形 續 簡牘文　續 說文小篆　贖 說文古文

●예● 連續(연속), 繼續(계속), 持續(지속), 接續(접속), 續出(속출)

406

速(빠를 속): sù, 辵-7, 11, 60

字解 형성. 辵^(쉬엄쉬엄 갈 착)이 의미부이고 束^(묶을 속)이 소리부로, '빠르다'는 뜻인데, 헐렁한 옷 등을 묶으면^(束) 빨리 갈^(辵) 수 있다는 의미를 그렸다. 이후 速度^(속도)를 높이다, 성정이 급하다, 매우 급하다, 재촉하다, 불러오다 등의 뜻이 나왔다.

字形 速 金文　速速速 古陶文　速 說文小篆　速 說文籀文　速 說文古文

●예● 速度(속도), 速力(속력), 拙速(졸속), 高速(고속), 急速(급속), 加速(가속), 欲速不達(욕속부달)

407

孫(손자 손): 孙, sūn, 子-7, 10, 60

字解 회의. 원래 子^(아들 자)와 糸^(가는 실 멱)으로 구성되어, 실^(糸)처럼 끊임없이 이어지는 손자^(子)를 말하며, 이로부터 자손, 후손의 뜻이 나왔다. 소전체에서 糸을 系^(이을 계)로 바꾸어 의미를 더욱 명확히 했고, 중국의 간화자에서는 系를 小^(작을 소)로 바꾼 孙으로 써, 어린^(小) 자손^(子)이라는 뜻을 그렸다.

字形 孫孫孫孫 甲骨文　孫孫孫孫 金文　孫孫孫孫 古陶文　孫孫孫孫 盟書　孫孫 簡牘文　孫孫 古璽文　孫 說文小篆

●예● 子孫(자손), 孫子(손자), 後孫(후손), 子子孫孫(자자손손)

408

松(소나무 송): sōng, 木-4, 8, 40

字解 형성. 木^(나무 목)이 의미부이고 公^(공변될 공)이 소리부로, 소나무^(木)를 말하며, 사철 내내 지지 않는 잎 때문에 정절과 장수의 상징으로도 쓰였다. 중국의 간화자에서는 鬆^(더벅머리 송)의 중국의 간화자로도 쓰인다.

字形 [金文] [說文小篆] [說文或體]

●예● 老松(노송), 松林(송림), 落落長松(낙락장송)

409

送(보낼 송): sòng, 辵-6, 10, 42

字解 회의. 원래 廾^(두 손 마주잡을 공)과 火^(불 화)와 辵^(쉬엄쉬엄 갈 착)으로 구성되어, 두 손^(廾)으로 불^(火)을 들고서 밤에 횃불을 밝히며 사람을 보내는^(辵) 모습을 그렸고, 이로부터 보내다, 파견하다, 輸送^(수송)하다, 送別^(송별)하다 등의 뜻이 나왔다.

字形 [金文] [簡牘文] [說文小篆] [說文籀文]

●예● 放送(방송), 運送(운송), 輸送(수송), 送別(송별), 發送(발송), 送金(송금), 送信(송신), 送年(송년)

410

修(닦을 수): [脩], xiū, 人-8, 10, 42

字解 형성. 彡(터럭 삼)이 의미부이고 攸(바 유)가 소리부로, 목욕재계한(攸) 후 치장하여 화려하게(彡) 꾸민다는 뜻을 담았다. 修의 본래 글자는 攸로 추정되는데, 금문에 의하면 攸는 攴(칠 복)과 人(사람 인)과 水(물 수)로 구성되어 손에 나무막대(솔)를 쥐고(攴) 사람(人)의 등을 물(水)로 '씻는' 모습을 그려 '씻다'가 원래 뜻이다. 이후 목욕재계를 위한 행위라는 뜻에서 '닦다'는 뜻이 나왔고, 다시 의미를 강조하기 위해 彡을 더해 지금의 修가 되었다. 그래서 修祓(수발)이라 하면 목욕재계하여 악을 쫓아내는 의식을 말한다. 현대 중국에서는 脩의 중국의 간화자로도 쓰인다.

字形 ![古璽文] 古璽文 ![古陶文] 古陶文 ![簡牘文] 簡牘文 ![古璽文] 古璽文 ![修] 說文小篆

•예• 修能(수능), 修整(수정), 硏修(연수), 修身(수신), 修理(수리), 修行(수행), 修道(수도)

411

受(받을 수): shòu, 又-6, 8, 42

字解 회의. 원래는 손(爪·조)과 손(又·우) 사이에 배(舟·주)가 놓여, 배 위에서 물건을 서로 주고받음을 그렸으나 자형이 조금 변해 지금처럼 되었다. 따라서 受는 원래 '주다'와 '받다'는 뜻을 함께 가졌는데, 이후 '주다'는 의미는 다시 手(손 수)를 더한 授(줄 수)로 구분함으로써 '받다'는 의미로 썼다. 이로부터 다시 어떤 상황을 만나다, 어떤 경우를 당하다, 견디다 등의 뜻이 나왔다.

字形 ![甲骨文] 甲骨文 ![金文] 金文 ![古陶文] 古陶文 ![簡牘文] 簡牘文 ![石刻古文] 石刻古文 ![說文小篆] 說文小篆

•예• 受容(수용), 受諾(수락), 引受(인수), 接受(접수), 甘受(감수), 受業(수업)

壽(목숨 수): 寿, shòu, 士-11, 14, 32

字解 형성. 금문에서는 老^(늙을 로)가 의미부이고 畴^(목숨 수, 壽의 고자)가 소리부였으며, 가끔 口^(입 구)나 寸^(마디 촌) 등이 더해지기도 했는데, 소전에 들면서 老가 耂^(늙을 로)로 줄었고, 예서에 들면서 老가 士^(선비 사)로, 畴가 一^(한 일), 工^(장인 공), 口로 변하고 寸이 더해져 지금의 자형이 되었다. 전답^(田·전) 사이로 구불구불하게^(畴) 길게 놓인 수로를 말했으며, 이로부터 굽다, 길다, 오래 살아 허리가 굽은 노인의 뜻이, 다시 장수, 목숨 등의 뜻이 나왔고, 다시 나이, 해, 생일, 축복 등의 뜻도 나왔다. 그러자 원래 뜻은 田을 더한 疇^(밭두둑 주)로 분화했다. 중국의 간화자에서는 초서체로 줄인 寿로 쓴다.

字形 金文

古陶文 簡牘文

古璽文 說文小篆

●예● 長壽(장수), 壽命(수명), 天壽(천수), 壽衣(수의), 萬壽(만수)

守(지킬 수): shǒu, 宀-3, 6, 42

字解 회의. 宀^(집 면)과 寸^(마디 촌)으로 구성되었는데, 寸은 손이나 법칙 등을 뜻한다. 그래서 守는 규정된 규칙^(寸)에 근거해 집안^(宀)에서 일을 보거나 집무하는 것을 말하며, 이로부터 조정이나 창고의 문서 정리를 하다, 遵守^(준수)하다는 뜻이, 다시 守官^(수관)에서처럼 지방 장관 등의 뜻이 나왔다.

字形 金文 古陶文 盟書 簡牘文 說文小篆

●예● 守護(수호), 保守(보수), 遵守(준수), 守備(수비), 死守(사수)

414

愁(시름 수): chóu, 心-9, 13, 32

字解 형성. 心(마음 심)이 의미부이고 秋(가을 추)가 소리부로, 걱정이나 시름을 말하며, 이로부터 처량함이나 원망의 뜻이 나왔는데, 스산한 가을(秋) 바람처럼 처량한 마음(心)이라는 의미를 담았다.

字形 𢙇 說文小篆

●예● 鄕愁(향수), 愁心(수심), 哀愁(애수)

415

手(손 수): shǒu, 手-0, 4, 70

字解 상형. '손'을 그렸으며, 금문에서부터 등장하는데, 손의 모습이 특이하게 그려졌다. 어찌 보면 나뭇잎의 잎맥이나 나뭇가지처럼 보이기도 하는 이 글자는 사실 손의 뼈대를 형상화하여, 가운뎃손가락을 중심으로 네 손가락이 대칭으로 균등하게 펼쳐진 모습이다. 인류가 직립 보행을 하게 되면서 해방된 손은 도구를 사용함으로써 문명을 발달시켜 나가는 가장 중요한 부위로 자리 잡았다. 그래서 手는 도구 사용의 상징이 되었고, 高手(고수)나 鼓手(고수)처럼 도구를 능수능란하게 사용하는 '사람' 그 자체를 말하기도 했다. 또 손은 그 자체로도 도구였지만 打(칠 타)에서처럼 도구를 사용하는 대표적 신체기관이었으며, 그런가 하면 拜(절 배)에서처럼 '손'은 자신을 낮추고 상대에게 존중을 표하는 부위이기도 했다.

字形 ψ 手 金文 ψ 古陶文 㞦 手 簡牘文 ψ 說文小篆 ψ 說文古文

●예● 失手(실수), 手段(수단), 手術(수술), 歌手(가수), 選手(선수), 手不釋卷(수불석권), 束手無策(속수무책)

416

授(줄 수): shòu, 手-8, 11, 42

字解 형성. 手^(손 수)가 의미부이고 受^(받을 수)가 소리부로, 손^(手)으로 무엇인가를 건네주는^(受) 모습을 그렸으며, 이로부터 주다, 傳受^(전수)하다 등의 뜻이 나왔다. 원래는 受로 썼는데, 의미의 분화를 위해 手^(손 수)를 더해 분화한 글자이다.

字形 髎 說文小篆

●예● 授業(수업), 授受(수수), 敎授(교수), 授與(수여), 傳授(전수), 見危授命(견위수명)

417

收(거둘 수): shōu, 攴-2, 6, 42

字解 형성. 攴^(칠 복)이 의미부이고 丩^(얽힐 구)가 소리부로, 收監^(수감)에서와 같이 죄인 등을 잡아서^(攴) 포승줄로 묶다^(丩, 糾의 원래 글자)는 뜻을 그렸으며, 이로부터 잡아들이다, 거두어들이다, 收穫^(수확)하다, 마치다 등의 뜻이 나왔다.

字形 攽 收 簡牘文 攽 說文小篆

●예● 收入(수입), 收益(수익), 還收(환수), 徵收(징수), 收穫(수확), 收去(수거), 押收(압수), 吸收(흡수)

418

數(셀 수자주 삭빽빽할 촘): 数, shǔ, shù, shuò, 攴-11, 15, 70

字解 형성. 攴^(칠 복)이 의미부이고 婁^(별 이름 루)가 소리부로, '세다'는 뜻이다. 갑골문에서 왼쪽 부분은 매듭을 여러 개 지어 놓은 모습을 그렸고, 오른쪽은 손으로 매듭을 짓는 모습을 표현했으며, 이로써 계산하다와 셈이 쓰이는 '숫자'

를 뜻하게 되었다. 특히 왼쪽은 매듭과 함께 禾가 들어 있는 것으로 보아 매듭에 사용되었던 줄은 바로 다름 아닌 새끼였고 이는 숫자나 셈의 개념이 결승^(새끼 매듭)에서 왔다는 것을 보여 준다. 다만, 숫자나 세다는 의미는 '수'로, 자주라는 의미는 '삭'으로, 빽빽하다는 뜻은 '촘'으로 구분해 읽는다. 소전체에서 왼쪽이 소리부인 婁로 변하고 오른쪽이 의미부인 攴으로 변해 지금의 자형이 되었고, 중국의 간화자에서는 婁를 娄로 줄인 数로 쓴다.

字形 👉 簡牘文 👉 說文小篆

●예● 點數(점수), 多數(다수), 額數(액수), 數學(수학), 算數(산수), 數量(수량), 權謀術數(권모술수)

419

樹(나무 수): 树, shù, 木-12, 16, 60

字解 형성. 木^(나무 목)이 의미부이고 尌^(세울 주)가 소리부로, 나무^(木)를 말하는데, 나무^(木)를 심을 때에는 곧게 세워^(尌) 심어야 함을 반영했다. 이후 나무를 심다는 뜻으로부터 키우다, 세우다, 배양하다는 뜻이 나왔고, 나무처럼 곧바로 선 모습의 형용에도 쓰였다. 중국의 간화자에서는 중간부분의 壴^(악기 이름 주)를 간단한 부호인 又^(또 우)로 줄여 树로 쓴다.

字形 👉 簡牘文 👉 說文小篆 👉 說文籀文

●예● 樹立(수립), 植樹(식수), 樹木(수목), 街路樹(가로수), 針葉樹(침엽수), 風樹之歎(풍수지탄)

420

水(물 수): shuǐ, 水-0, 4

字解 상형. 굽이쳐 흐르는 물을 그렸다. 그래서 水^(물 수)는 '물'이나 물이 모여 만들어진 강이나 호수, 또 물과 관련된 동작을 비롯해 모든 액체로 그 의미가

확장되었다. 하지만 중국에서 '물'은 단순히 물리적 존재로서의 물의 의미를 넘어선다. "최고의 선은 물과 같다^(上善若水·상선약수)"라고 한 노자의 말이 아니더라도, 治^(다스릴 치)나 法^(법 법)에서처럼 물은 언제나 남이 꺼리는 낮은 곳으로 흐르며 모든 것을 포용하는, 사람이 살아가야 할 도리를 담은 지극히 철리적인 존재로 인식되었다.

字形 甲骨文 金文 古陶文 簡牘文 帛書 古璽文 說文小篆

●예● 水準(수준), 洪水(홍수), 水位(수위), 湖水(호수), 水泳(수영), 我田引水(아전인수)

421

秀(빼어날 수): xiù, 禾-2, 7, 40

字解 회의. 禾^(벼 화)와 乃^(이에 내)로 구성되었다. 乃의 자원에 대해서는 의견이 분분하지만, 낫 같은 모양의 수확 도구의 변형으로 보기도 한다. 낫은 칼과 비교하면 곡식을 수확하는 데 더없이 유익한 도구였다. 그래서 낫^(乃)은 곡식^(禾) 수확의 빼어난 도구라는 의미에서 '빼어나다', 훌륭하다, 아름답다, 優秀^(우수)하다 등의 뜻이 생겼다.

字形 簡牘文 說文小篆

●예● 優秀(우수), 秀才(수재), 俊秀(준수), 秀麗(수려)

422

誰(누구 수): 谁, shuí, 言-8, 15, 30

字解 형성. 言^(말씀 언)이 의미부이고 隹^(새 추)가 소리부로, '누구'라는 의문 대명사인데, 말^(言·언)로 묻는 대상을 말한다.

字形 𧤦金文 𧥉簡牘文 𧥌說文小篆

●예● 誰何(수하)

423

雖(비록 수): 虽, suī, 隹-9, 17, 30

字解 형성. 虫^(벌레 충)이 의미부이고 唯^(오직 유)가 소리부로, 벌레^(虫)의 이름으로 도마 뱀처럼 생겼으나 그보다는 크다. 이후 唯와 같이 쓰여 어기 조사로 쓰였고, '누구'라는 의문 대명사로 가차되었다. 중국의 간화자에서는 隹^(새 추)를 생략 한 虽로 쓴다.

字形 𧆨金文 𧇂簡牘文 𧇍說文小篆

424

須(모름지기 수): 须, xū, 頁-3, 12, 30

字解 회의. 頁^(머리 혈)과 彡^(터럭 삼)으로 구성되어, 얼굴^(頁)에 달린 수염^(彡)을 말했다. 이후 '모름지기'라는 뜻으로 가차되자 다시 彪^(머리털 드리워질 표)를 더해 鬚^(수염 수)로 분화했는데, 彪 역시 털이 길고^(長·長·장) 수북함^(彡)을 말한다.

字形 𩑣𩑤𩑥金文 𩓥𩓦簡牘文 𩓧說文小篆

●예● 必須(필수)

425

首(머리 수): shǒu, 首-0, 9, 52

字解 상형. 자형에 대해서는 의견이 분분하다. 『설문해자』에서는 소전체에 근거해 윗부분은 머리칼을 아랫부분은 얼굴로 사람의 '머리'를 그렸다고 했는데, 갑 골문을 보면 비슷하다. 하지만, 갑골문의 首는 사람의 머리라기보다는 오히

려 동물의 머리를 닮았고, 금문은 위가 머리칼이라기보다는 사슴뿔을 닮았다. 그래서 최근에는 『설문해자』와는 달리 '사슴의 머리'를 그렸다는 설이 제기되었다. 청동기 문양 등에도 자주 등장하는 사슴은 전통적으로 중국인들에게 중요한 동물이었음이 분명하다. '무늬가 든 사슴 가죽'을 그린 慶^(경사 경)의 자원에서처럼, 사슴의 가죽을 결혼 축하선물로 보낼 정도로 사슴은 생명과 관련된 제의적 상징이 많이 들어 있는 동물이다. 그래서 사슴은 '죽음을 삶으로 되살리고, 사람들의 생명력을 충만하게 하며, 심지어 불로장생도 가능하게 하는' 동물이라 믿었으며, 옛날 전쟁에서는 전쟁의 승리를 점쳐주는 존재로 여겨지기도 했다. 지금도 여전히 중요한 약재로 쓰이는 사슴의 뿔은 매년 봄이면 새로 자라나는 특징 때문에 생명의 주기적 '순환'의 상징이었다. 그래서 道^(길 도)는 이러한 사슴의 머리^(首)가 상징하는 순환과 생명의 운행^(走착)을 형상화한 글자로 볼 수 있나. 금문에서 道는 首와 行^(갈 행)과 止^(발 지)로 구성되었지만, 이후 行과 止가 합쳐져 辵이 되어 지금의 道가 되었다. 그래서 철학적 의미의 '道'는 그러한 자연의 순환적 운행을 따르는 것, 그것이 바로 사람이 갈 '길'이자 '道'였다. 그리하여 道에는 '길'이라는 뜻까지 생겼고, 여기에서 파생된 導^(이끌 도)는 道에 손을 뜻하는 寸^(마디 촌)이 더해진 글자로, 그러한 길^(道)을 가도록 사람들을 잡아^(寸) 이끄는 모습을 형상화했다. 여하튼 首는 '머리'라는 뜻으로부터, 우두머리, 첫째, 시작 등의 뜻을 갖게 되었다.

字形　甲骨文　金文　古陶文　帛書　簡牘文　說文小篆

●예●　首都(수도),　首席(수석),　首肯(수긍),　首相(수상),　船首(선수),　首丘初心(수구초심),　鶴首苦待(학수고대)

숙

426

叔(아재비 숙): shū, 又-6, 8, 40

字解 회의. 尗^(콩 숙)과 又^(또 우)로 구성되어, 콩 넝쿨^(尗)을 손^(又)으로 잡고 콩을 따는 모습을 그렸는데, 갑골문에서는 나무를 타고 올라가는 콩 넝쿨을 그렸다. '콩'이 원래 뜻이었으나, 叔父^(숙부)에서처럼 '아재비'와 항렬에서 '셋째'를 뜻하는 의미로 가차되었다. 그러자 원래 뜻은 다시 艸^(풀 초)를 더해 菽^(콩 숙)으로 분화했다.

字形 [甲骨文] [金文] [盟書] [簡牘文] [石刻古文] [說文小篆] [說文或體]

●예● 叔父(숙부), 叔母(숙모), 堂叔(당숙)

427

宿(묵을 숙별자리 수): sù, 宀-8, 11, 52

字解 회의. 원래는 사람^(人)이 집안^(宀)에서 자리 위에 누워 쉬거나 자는 모습을 그렸는데, 자형이 조금 변해 지금의 자형이 되었다. 자다, 쉬다가 원래 뜻이며, 옛날 관원들이 자고 갈 수 있게 한 宿泊^(숙박)시설도 지칭했다. 이후 밤새워 지키다, 안전하다 등의 뜻이 나왔고, 별자리를 지칭하기도 했다. 星宿^(성수)에서처럼 '별자리'를 뜻할 때에는 '수'로 읽힘에 유의해야 한다.

字形 [甲骨文] [金文] [古陶文] [簡牘文] [說文小篆]

●예● 宿題(숙제), 宿命(숙명), 宿所(숙소), 寄宿(기숙), 露宿(노숙)

428

淑(맑을 숙): shū, 水-8, 11, 32

字解 형성. 水^(물 수)가 의미부이고 叔^(아재비 숙)이 소리부로, 물^(水)이 맑음을 말했는데, 맑고 깨끗한 물처럼 '아름다움'이나 선량함을 말했고, 淑女^(숙녀)에서처럼 그런 여성을 지칭하기도 했다.

字形 金文 簡牘文 說文小篆

●예● 淑女(숙녀), 貞淑(정숙)

순

429

純(생사 순): 纯, chún, 糸-4, 10, 42

字解 형성. 糸^(가는 실 멱)이 의미부이고 屯^(진 칠 둔)이 소리부로, 비단실^(糸)을 말한다. 봄날 언덕에서 막 돋아나는 새싹^(屯)처럼 아무런 무늬나 색을 더하거나 가공하지 않은 '純粹^(순수)한 비단 실인 생사^(糸)를 말하며, 이로부터 순수하다, 純潔^(순결)하다의 뜻이 나왔다.

字形 甲骨文 金文 簡牘文 石刻古文 說文小篆

●예● 單純(단순), 純情(순정), 純潔(순결), 純眞(순진), 純金(순금), 純白(순백), 純化(순화)

430

順(순할 순): 顺, shùn, 頁-3, 12, 52

字解 형성. 頁^(머리 혈)이 의미부이고 川^(내 천)이 소리부로, 물의 흐름^(川)처럼 순조롭게 머리^(頁)를 조아림을 말해, 順應^(순응)하다는 뜻이 나왔다. 이로부터 다시 순조롭다, 도리, 유순하다 등의 뜻이 나왔고, '…을 따라서', '…하는 김에' 등의

뜻도 나왔다.

字形 金文 古陶文 簡牘文 順 說文小篆

●예● 順序(순서), 順位(순위), 順理(순리), 順從(순종), 順調(순조), 順應(순응), 順番(순번), 耳順(이순)

술

431

戌(개 술): xū, 戈-2, 6, 30

字解 상형. 갑골문에서 도끼 모양의 무기를 그렸는데, 자형이 조금 변해 지금처럼 되었다. 이후 간지자로 가차되어 12지지 중 11번째를 지칭하였고, 그의 상징 동물인 '개'를 뜻하게 되었다.

字形 甲骨文 金文 古陶文 簡牘文 帛書 古璽文 說文小篆

숭

432

崇(높을 숭): [崈], chóng, 山-8, 11, 40

字解 형성. 山^(뫼 산)이 의미부이고 宗^(마루 종)이 소리부로, 높다, 崇高^(숭고)하다, 추종하다, 높이다, 가득하다 등의 뜻인데, 신의 위패를 모셔 놓은 종묘^(宗)처럼 위대하고 산^(山)처럼 높다는 뜻을 담았다.

字形 簡牘文 石刻古文 說文小篆

●예● 崇尙(숭상), 崇拜(숭배), 崇高(숭고)

습

433

拾(주울 습): shí, 手-6, 9, 32

字解 형성. 手^(손 수)가 의미부이고 合^(합할 합)이 소리부로, 손^(手)을 이용해 '줍다'는 뜻이며, 이로부터 수습하다, 줍다, 정리하다, 수거하다의 뜻이 나왔다. 또 十^(열 십)의 갖은 자로도 쓰인다.

字形 拾 說文小篆

●예● 收拾(수습), 拾得(습득)

434

習(익힐 습): 习, xí, 羽-5, 11, 60

字解 회의. 원래 羽^(깃 우)와 日^(날 일)로 구성되어, '익히다'가 원래 뜻인데, 어린 새가 오랜 세월^(日) 동안 반복해 날갯짓^(羽)을 '익히는' 모습으로부터 반복 學習^(학습)과 중복의 의미를 그렸다. 이후 日이 白^(흰 백)으로 변해 지금처럼 되었는데, 白은 自^(스스로 자鼻의 원래 글자)의 잘못으로 보인다. 그렇다면 '스스로^(白) 배우는 날갯짓^(羽)으로부터 자발적인 학습의 중요성을 강조한 것으로 해석될 수도 있다. 중국의 간화자에서는 白을 생략하고 羽의 한쪽만 남겨 习으로 쓴다.

字形 甲骨文 簡牘文 古璽文 說文小篆

●예● 學習(학습), 練習(연습), 豫習(예습), 復習(복습), 慣習(관습), 風習(풍습), 常習(상습)

승

435

乘(탈 승): [乗, 椉], chéng, ノ-9, 10, 32

字解 회의. 갑골문에서는 大(큰 대)와 木(나무 목)으로 구성되어, 나무(木) 위에 발을 크게 벌리고 올라선 사람(大)의 모습을 그렸다. 소전체에서 人(사람 인)과 舛(어그러질 천)과 木의 구성으로 변해 椉로 썼는데, 자형이 변해 지금처럼 되었다. 두 발을 벌린 사람이 나무 위에 올라선 모습을 그렸고, 이로부터 '타다', '오르다', '…에 기대다', 便乘(편승)하다는 뜻이 나왔다. 고대사회에서 탈 것의 대표가 수레였으므로 萬乘(만승)이나 千乘(천승)에서처럼 수레를 헤아리는 단위로도 쓰였으며, 셈법에서 '곱하기'를 지칭하기도 한다.

字形 (갑골문, 금문, 고도문, 간독문, 설문소전 자형들)

●예● 乘客(승객), 乘車(승차), 乘馬(승마), 換乘(환승), 乘用車(승용차), 乘務員(승무원)

436

勝(이길 승): 胜, shèng, 力-10, 12, 60

字解 형성. 力(힘 력)이 의미부이고 朕(나 짐)이 소리부로, '내(朕)'가 스스로 맡은 바 일을 감당해 낼 수 있는 능력(力)을 말하며, 이로부터 견디다, 이기다, 격파하다, '…보다 낫다', 아름답다 등의 뜻이 나왔다. 중국의 간화자에서는 '비린내 나는 생고기'라는 뜻의 胜(비릴 성)에 통합되었다.

字形 (간독문, 설문소전 자형들)

●예● 勝利(승리), 勝敗(승패), 勝負(승부), 壓勝(압승), 決勝(결승), 優勝(우승), 必勝(필승), 名勝地(명승지)

437

承(받들 승): chéng, 手-4, 8, 42

字解 회의. 갑골문에서 앉은 사람^(已,절)을 두 손으로 받드는^(廾,공) 모습이었으나 소전 체에 들면서 手^(손 수)가 더해졌고, 이후 자형이 조금 변해 지금처럼 되었다. 앉은 사람을 두 손으로 '받들다'가 원래 뜻이며, 이로부터 받들다, 받아들이다의 뜻, 다시 繼承^(계승)에서처럼 이전의 경험을 존중하며^(承) 이어가다^(繼) 는 뜻이 나오게 되었다.

字形 甲骨文 金文 說文小篆

●예● 繼承(계승), 承認(승인), 承諾(승낙), 傳承(전승)

시

438

始(처음 시): shǐ, 女-5, 8, 60

字解 형성. 女^(여자 여)가 의미부이고 台^(기뻐할 이·별 태)가 소리부로, '아이를 가져 기뻐하는^(台) 어미^(女)'에서부터 만물의 '始作^(시작)'이라는 의미를 그렸는데, 이는 만물 의 시작이 여성 혹은 암컷에서 시작되며 생명의 탄생과 모성의 시작이 바로 여성이라는 인식이 동양의 사상의 연원이요, 시작임을 보여준다. 이로부터 시작, 막, 비로소 등의 의미가 나왔다.

字形 金文 簡牘文 說文小篆

●예● 始作(시작), 始祖(시조), 原始(원시), 開始(개시), 始終一貫(시종일관), 始終如一(시종여일), 今始初聞(금시초문)

市(저자 시): shì, 巾-2, 5, 70

字解 형성. 원래는 凡^(무릇 범, 帆의 원래 글자)나 舟^(배 주)가 의미부이고 止^(발 지)가 소리부인 구조였는데, 八^(여덟 팔)과 丂^(기교 교)가 의미부이고 止가 소리부인 구조로 변했다가, 자형이 변해 지금처럼 되었다. 止는 오가는 행위를 뜻하고, 돛^(凡)은 배를 상징하고 배^(舟)는 가장 초기 형태의 교역인 물물교환의 장소를 뜻한다. 배는 옛사람들에게 동네와 동네를 이어주는 통로 구실을 했을 것이다. 그러던 것이 금문에 들면서 八과 丂가 의미부이고 止가 소리부인 구조로 되었는데, 근대의 林義光^(임의광)은 "八은 나누다^(分·분)는 뜻이고, 丂는 끌어들이다^(引·인)는 뜻. 사고파는 이들이 물건을 나누어 벌려 놓고 사람을 끌어들인다."라고 풀이했는데, 서주 후기 때에는 이미 여러 물건을 벌여 놓고 사람들을 끌어들이는 진정한 의미의 시장이 출현했음을 알려준다. 그 후 다시 지금의 자형처럼 巾^(수건 건)이 들어간 구조로 변했는데, 巾은 깃발을 상징한다. 시라카와 시즈카^(白川靜)의 말처럼 巾은 "시장이 서는 장소를 표시하기 위해 세워놓은 標識^(표지)"로서, 오늘날 식으로 말하자면 공정거래가 이루어질 수 있도록 감독을 쉽게 하고, 많은 사람이 쉽게 찾을 수 있도록 한 것을 의미한다. 시장이라는 의미로부터 사다, 팔다의 뜻이, 다시 시장이 설치된 곳, 대도시를 지칭하였고, 또 도시에서 제정한 도량형 단위를 지칭하여 市尺^(시척)이나 市斤^(시근)이라는 말도 나왔다.

字形 金文 古陶文 簡牘文 說文小篆

•예• 市場(시장), 都市(도시), 市民(시민), 市內(시내), 市廳(시청), 門前成市(문전성시)

施(베풀 시): shī, 方-5, 9, 42

字解 형성. 㫃(깃발 나부끼는 모양 언)이 의미부이고 也(어조사 야)가 소리부로, 바람에 나부끼며 펄럭이는 모습의 깃발(㫃)을 중심으로 사람을 모아 놓고 정령을 공표하거나 정책을 알리는 모습을 그렸고, 이로부터 施行(시행)하다, 주다, 普施(보시) 등의 의미가 나왔다.

字形 施 施 施 施 簡牘文 施 說文小篆

•예• 施行(시행), 實施(실시), 施設(시설), 施術(시술), 施工(시공), 普施(보시), 施賞(시상)

441

是(옳을 시): [昰], shì, 日-5, 9, 42

字解 회의. 원래 日(날 일)과 正(바를 정)으로 구성되어 해(日)가 한가운데(正) 위치할 때를 말했는데, 자형이 변해 지금처럼 되었다. 바로 해가 한가운데 위치하는 '이때'를 말하며, 이로부터 '곧바르다'의 뜻이, 다시 '옳다', 바르다, 치우치지 않다, 정확하다 등의 뜻이 나왔다. 전국문자에서는 日과 止(발 지)로 구성되어 해(日)가 머무는(止) 때임을 말했다.

字形 是 是 是 是 是 金文 是 古陶文 是 是 盟書 是 是 是 是 是 簡牘文 是 是 帛書 是 說文小篆 是 說文籀文

•예• 亦是(역시), 是認(시인), 或是(혹시), 必是(필시), 本是(본시), 是是非非(시시비비)

442

時(때 시): 时, [旹], shí, 日-6, 10, 70

字解 형성. 지금은 日(날 일)이 의미부이고 寺(절 사)가 소리부인 구조이지만, 원래는 日과 之(갈 지)로 구성되어 '태양(日)의 운행(之)'이라는 의미로부터 '시간'이라는

개념을 그려냈다. 이로부터 계절, 때, 역법, 時間^(시간), 세월 등의 뜻이 나왔고, 시간을 헤아리는 단위로도 쓰였다. 중국의 간화자에서는 寺를 寸^(마디 촌)으로 줄인 时로 쓴다.

字形 ![簡牘文] 簡牘文　時 說文小篆　![說文古文] 說文古文

●예● 時間(시간),　時代(시대),　當時(당시),　同時(동시),　時期(시기),　時節(시절),　臨時(임시),　時刻(시각),　日時(일시),　晩時之歎(만시지탄)

443

示(보일 시): shì, 示-0, 5, 50

字解 상형. 갑골문에서 신에게 제사를 드리기 위한 제단을 그렸으며 이후 제물을 뜻하는 가로획이 위에 추가되었고, 다시 『설문해자』의 해석처럼 하늘이 내리는 화복을 상징하기 위해 글자의 아랫부분 양편으로 획이 더해져 지금처럼 되었다. 이를 따라 글자의 뜻도 제단에서 신이 길흉을 내려준다는 의미에서 '나타내다'와 '보여주다' 등으로 확장되었다. 그래서 示^(보일 시)로 구성된 한자는 신이나 제사, 제사를 드리는 사당, 신이 내리는 복이나 재앙 등과 관련된 의미를 갖는다.

字形 ![甲骨文] 甲骨文　![簡牘文] 簡牘文　![古幣文] 古幣文　![汗簡] 汗簡　![설문고문자]

說文小篆　![說文古文] 說文古文

●예● 提示(제시),　示威(시위),　指示(지시),　誇示(과시),　表示(표시),　暗示(암시),　展示(전시),　告示(고시),　例示(예시)

444

視(보일 시): 视, [眎, 眡], shì, 見-5, 12, 42

字解 형성. 見^(볼 견)이 의미부이고 示^(보일 시)가 소리부로, 눈을 크게 뜨고^(見) 보다는

뜻이며, 이로부터 관찰하다, 監視^(감시)하다 등의 뜻이 나왔다.

(字形) 甲骨文 金文 簡牘文 視

說文小篆 說文古文

●예● 無視(무시), 監視(감시), 視角(시각), 重視(중시), 視線(시선), 視野(시야), 輕視(경시), 視察(시찰), 近視(근시), 遠視(원시), 視力(시력)

445

試(시험할 시): 试, shì, 言-6, 13, 42

(字解) 형성. 言^(말씀 언)이 의미부이고 式^(법 식)이 소리부로, 시험하여 사용하다는 뜻인데, 어떤 잣대^(式)에 맞는지를 말^(言)로 테스트하여 시험함을 말하며, 이로부터 시험해보다, 측정하다, 試驗^(시험) 등의 뜻이 나왔다.

(字形) 簡牘文 說文小篆

●예● 試驗(시험), 試圖(시도), 入試(입시), 應試(응시), 考試(고시)

446

詩(시 시): 诗, shī, 言-6, 13, 42

(字解) 형성. 言^(말씀 언)이 의미부이고 寺^(절 사)가 소리부로, 詩^(시)를 말하는데, 원래는 言과 之^(갈 지)로 이루어져 말^(言)이 가는대로^(之) 표현하는 문학 장르라는 의미를 담았다. 이후 言과 寺의 구성으로 변하면서 말^(言)을 가공하고 손질하는^(寺) 것이라는 의미로 변화되었다.

(字形) 簡牘文 說文小篆 說文古文

●예● 詩人(시인), 詩文(시문), 漢詩(한시), 詩歌(시가), 詩句(시구), 詩

식

447

式(법 식): shì, 弋-3, 6, 60

〔字解〕 형성. 工^(장인 공)이 의미부이고 弋^(주살 익)이 소리부인데, 工은 공구의 대표를 상징하여, 모범을 뜻하고, 이로부터 '모범으로 삼다', 法式^(법식), 格式^(격식), 形式^(형식), 儀式^(의식), 公式^(공식) 등의 뜻이 나왔다.

〔字形〕 ![자형] 簡牘文 ![자형] 說文小篆

●예● 法式(법식), 格式(격식), 形式(형식), 儀式(의식), 公式(공식), 方式(방식), 樣式(양식), 禮式(예식)

448

植(심을 식): 植, zhí, 木-8, 12, 70

〔字解〕 형성. 木^(나무 목)이 의미부이고 直^(곧을 직)이 소리부로, '심다'는 뜻이고 植物^(식물)을 지칭하기도 한다. 뛰어다니며 움직이는 존재가 動物^(동물)이라면 나무^(木)처럼 곧게^(直) 선 존재가 植物이며, 나무^(木)를 심을 때는 곧바르게^(直) 심어야만 제대로 자랄 수 있다는 뜻을 담았다.

〔字形〕 ![자형] ![자형] 盟書 ![자형] 簡牘文 ![자형] 說文小篆 ![자형] 說文或體

●예● 植樹(식수), 植木(식목), 植物(식물), 移植(이식), 植民地(식민지)

449

識(알 식·표할 지): 识, zhì, shí, 言-12, 19, 52

字解 형성. 言^(말씀 언)이 의미부이고 戠^(찰진 흙 시)가 소리부로, 알다는 뜻인데, 말^(言)을 머릿속에 새겨^(戠) 자신의 지식이 되게 하다는 뜻을 담았으며, 이로부터 知識^(지식), 알다, 분별하다 등의 뜻이 나왔다. 기록하다는 뜻으로 쓰일 때에는 標識^(표지)에서처럼 '지'로 구분해 읽는다. 중국의 간화자에서는 소리부인 戠를 간단히 只^(다만 지)로 줄인 识으로 쓴다.

字形 金文 簡牘文 古璽文 說文小篆 识

•예• 知識(지식), 認識(인식), 意識(의식), 常識(상식), 良識(양식), 識見(식견), 學識(학식), 識別(식별), 目不識丁(목불식정), 識字憂患(식자우환), 一字無識(일자무식), 博學多識(박학다식), 標識(표지)

450

食(밥 식·먹일 사): shí, 食-0, 9

字解 상형. 그릇에 담긴 음식을 그렸다. 위는 그릇의 뚜껑이고, 아래는 두루마리 발^(卷足·권족)을 가진 그릇이며, 두 점은 피어오르는 김을 형상화했다. 소복하게 담긴 음식으로 보아 이는 '밥'으로 추정된다. 그래서 食의 원래 뜻은 '음식'이며, 이로부터 양식, 먹(이)다, 끼니 등을, 다시 양식을 받는다는 뜻에서 俸祿^(봉록)까지 뜻하게 되었다. 다만 '먹이다'는 뜻으로 쓰일 때에는 '사'로 읽는데, 이후 司^(맡을 사)를 더한 飼^(먹일 사)로 구분해 표현했다.

字形 甲骨文 金文 古陶文 簡牘文 說文小篆

•예• 飮食(음식), 食糧(식량), 食品(식품), 給食(급식), 穀食(곡식), 食事(식사), 衣食住(의식주), 三旬九食(삼순구식)

451

信(믿을 신): xìn, 人-7, 9, 60

字解 형성. 言^(말씀 언)이 의미부이고 人^(사람 인)이 소리부로, 사람^(人)의 말^(言)은 언제나 진실되고^(信) 신뢰가 있어야 한다는 의미를 담았는데, 전국 시대 때의 일부 글자에서는 言이 口^(입 구)로 바뀐 구조가 되기도 했다. 이로부터 믿음, 信仰^(신앙), 진실하다, 편지, 소식, 信號^(신호) 등의 뜻이 나왔다.

字形 [金文] [古陶文] [簡牘文] [古璽文] [石刻古文] [說文小篆] [說文古文]

●예● 通信(통신), 信用(신용), 自信(자신), 確信(확신), 信號(신호), 書信(서신), 信仰(신앙), 信徒(신도), 信念(신념)

452

新(새 신): xīn, 斤-9, 13, 60

字解 형성. 원래 斤^(도끼 근)이 의미부이고 辛^(매울 신)이 소리부로, 도끼^(斤)로 대나무^(辛) 등을 쪼개는 모습으로부터 '땔감'의 의미를 그렸는데, 이후 의미를 강화하고자 木^(나무 목)이 더해져 지금의 자형이 되었다. 이 때문에 대^(辛)나 나무^(木)를 정교하게 자르고 다듬어 '새로운 물건을 만든다는 의미가 나왔고, 새롭다는 의미가 주로 쓰였다. 그러자 '땔감'이라는 원래 의미는 艸^(풀 초)를 더한 薪^(땔감 신)으로 분화했다. 새롭다는 뜻으로부터 막, 아직 사용하지 않은 것, 新郎^(신랑), 新婦^(신부), 막 결혼한 사람 등을 지칭하게 되었다.

字形 [甲骨文] [金文] [古陶文] [簡牘文] [古璽文] [說文小篆]

•예• 新聞(신문), 革新(혁신), 新郎(신랑), 新婦(신부), 新鮮(신선), 新 設(신설), 更新(갱신), 新築(신축)

申(아홉째 지지 신): shēn, 田-0, 5, 42

字解 상형. 갑골문에서 번개가 번쩍번쩍 치는 모습을 형상했으며, '번개'가 원래 뜻이다. 이후 번개^(申)가 뻗어나가듯 몸을 쭉 '펴다'는 뜻도 나왔고 속에 있는 말을 꺼내어 진술하다는 뜻도 생겼는데, 이때는 人^(사람 인)을 더한 伸^(펼 신)으로 분화하기도 했다. 그러나 이후 간지 이름으로 쓰여 아홉째 지지를 나타내는데 주로 쓰이자, 원래 뜻은 雨^(비 우)를 더하여 電^(번개 전)으로 분화하였다.

字形 甲骨文 金文 占陶文 簡牘文 古璽文 石刻古文 說文小篆 說文古文 說文籒文

•예• 申請(신청), 申告(신고), 內申(내신)

神(귀신 신): shén, 示-5, 10, 60

字解 형성. 示^(보일 시)가 의미부이고 申^(아홉째 지지 신)이 소리부로, 원래는 번개^(申, 電의 원래 글자)신^(示)을 말했다. 하지만 계절에 맞지 않게 일어나는 예사롭지 않은 번개는 사악한 사람을 징계하며, 신의 조화가 생길 어떤 변화를 나타내 주는 계시로 생각되었고, 강력한 에너지를 내뿜는 번개로써 자연계에 존재하는 각종 '신'을 대표하게 되었다. 이후 鬼神^(귀신), 평범하지 않은 것, 神秘^(신비)하다, 神聖^(신성)함, 불가사의하다, 신경, 精神^(정신), 표정 등의 뜻까지 나왔다.

甲骨文 金文 帛書文 簡 牘文 石刻篆文 汗簡 說文小篆

●예● 鬼神(귀신), 神秘(신비), 神聖(신성), 精神(정신), 神話(신화), 神奇(신기), 神靈(신령), 神仙(신선)

455

臣(신하 신): chén, 臣-0, 6, 52

字解 상형. 가로로 된 자연스런 눈과 달리 세워진 모습인데, 머리를 숙인 채 위로 쳐다보는 눈으로써 '노예'를 특징적으로 그렸다. 갑골문에서 臣은 항복했거나 포로로 잡힌 남자 노예를 뜻하며, 왕실의 노예를 감독하는 노예의 우두머리를 지칭하기도 했다. 이로부터 臣에 신하의 뜻이 담겼고, 군주제 시절 임금에게 자신을 낮추어 부르던 호칭으로 쓰이기도 했다. 그래서 臣은 目^(눈 목)이나 見^(볼 견)과 같이 눈을 그렸지만, '보다'는 의미보다는 굴복과 감시의 이미지를 강하게 담고 있다.

字形 甲骨文 金文 古陶文 簡牘文 帛書 石刻古文 說文小篆

●예● 臣下(신하), 功臣(공신), 使臣(사신), 君臣(군신)

456

身(몸 신): shēn, 身-0, 7, 60

字解 상형. '몸'을 그렸다. 금문에서는 임신해 배가 불룩한 모습을 그렸는데, 배에 그려진 점은 '아이'의 상징으로, 아직 구체적 형태가 만들어지지 않은 상태를 말한다. 이후 머리가 형성되면 巳^(여섯째 지지 사)로, 두 팔까지 생기면 子^(아이 자)가 된다. 간혹 다른 자형에서는 뱃속에 든 것이 '아이'임을 더 구체화하기

위해 점 대신 머리와 두 팔이 자란 아이^(子)를 넣은 경우도 보인다. 이처럼 身은 '임신하다'가 원래 뜻이며, 나아가 머리 아래부터 발 위까지의 '신체'를 지칭하게 되었는데, '사람의 몸을 그렸다'고 한 『설문해자』의 해석은 이를 반영한다. 이후 사물의 주체나 자기 자신을 뜻했고, 自身^(자신)이 '몸소' 하는 것을 말하기도 했다. 그래서 身으로 구성된 한자들은 모두 '몸과 관련된 의미를 가진다.

字形 ![甲骨文] 甲骨文 ![金文] 金文 ![盟書] 盟書 ![簡牘文] 簡牘文 ![古璽文] 古璽文 ![說文小篆] 說文小篆

●예● 身體(신체), 自身(자신), 代身(대신), 出身(출신), 身分(신분), 獻身(헌신), 變身(변신), 殺身成仁(살신성인)

457

辛(매울 신): xīn, 辛-0, 7, 30

字解 상형. 갑골문에서 肉刑^(육형)을 시행할 때 쓰던 형벌 칼을 그렸는데, 위쪽은 넓적한 칼날 아래쪽은 손잡이다. 辛은 죄인에게 형벌을 집행하고, 노예들에게 노예 표지를 새겨 넣던 도구로 쓰였다. 그래서 辛은 고통과 아픔^(辛苦·신고)의 상징으로 쓰이며, 이 때문에 '맵다'는 뜻까지 지칭하였다.

字形 ![甲骨文] 甲骨文 ![金文] 金文 ![古陶文] 古陶文 ![簡牘文] 簡牘文 ![古璽文] 古璽文 ![說文小篆] 說文小篆

●예● 辛勝(신승), 千辛萬苦(천신만고)

실

458

失(잃을 실): shī, 大-2, 5, 60

字解 형성. 원래는 手(손 수)가 의미부이고 乙(새 을)이 소리부로, 『설문해자』의 해석처럼 손(手)에서 놓쳐 잃어버렸다는 뜻이었으나, 자형이 변해 지금처럼 되었다. 이로부터 잃어버리다, 놓치다, 失手(실수)하다, 위반하다 등의 뜻이 나왔다.

字形 簡牘文  說文小篆

•예• 失敗(실패), 損失(손실), 失業(실업), 失職(실직), 失手(실수), 失望(실망), 過失(과실), 得失(득실), 喪失(상실), 千慮一失(천려일실)

459

室(집 실): shì, 宀-6, 9, 80

字解 형성. 宀(집 면)이 의미부이고 至(이를 지)가 소리부로, 집이나 방을 말하는데, 사람들이 도착하여(至) 머무는 곳(宀)이라는 의미를 담았다. 옛날 가옥에서 큰 대청을 堂(당)이라 하고, 堂 뒤쪽의 중간 방을 室, 室의 동서 양쪽의 방을 房(방)이라 했다. 방이라는 뜻으로부터 室內(실내), 작업실 등의 뜻이 나왔다.

字形 甲骨文 金文 古陶文  簡牘文 古璽文  說文小篆

•예• 敎室(교실), 室內(실내), 居室(거실), 寢室(침실), 溫室(온실), 王室(왕실)

460

實(열매 실): 实, [宲], shí, 宀-11, 14, 52

字解 회의. 금문에서 宀(집 면)과 田(밭 전)과 貝(조개 패)로 구성되어 집 안(宀)에 곡식(田)과 화폐(貝)가 가득 들어 있는 모습을 그렸다. 이후 소전체에서 田과 貝가 합쳐져 돈을 꿰놓은 형상인 貫(꿸 관)으로 변해 지금의 자형이 되었다. 그래서

집안^(宀)에 곡물과 재물이 '가득 차다'가 원래 뜻이며 이로부터 充滿^(충만)과 充實^(충실)의 뜻이 생겼다. 이후 과일은 꽃이 수정되어 열매가 열리고 속이 가득 차 맛있는 먹을거리가 된다는 점에서 果實^(과실)이라는 뜻이, 다시 結實^(결실)에서처럼 열매를 맺다는 뜻까지 갖게 되었다. 속이 가득 찬 것은 속이 텅 빈 허구와 대칭을 이루면서 事實^(사실)이나 진실의 의미가 생겨났다. 현대 중국에서는 寔^(이 식)의 중국의 간화자로도 쓰이며, 중국의 간화자에서는 초서체를 응용한 实로 쓴다. 한국에서는 고자로 된 寀로 쓰기도 한다.

字形 金文 簡牘文 說文小篆

●예● 事實(사실), 現實(현실), 眞實(진실), 誠實(성실), 實力(실력), 實際(실제), 實施(실시), 實踐(실천), 充實(충실), 果實(과실), 結實(결실), 有名無實(유명무실), 名實相符(명실상부)

심

461

心(마음 심): xīn, 心-0, 4, 70

字解 상형. 갑골문에서 심장의 실제 모습을 그대로 그렸는데, 안쪽은 심장의 판막을 바깥쪽은 대동맥을 그렸다. 소전체까지는 심장의 모습을 잘 유지했으나 예서 이후로 잘 알아볼 수 없게 변해버렸다. 편방으로 쓰일 때에는 忄^(심)으로 써 글자의 균형을 고려했다. 『설문해자』에서는 심장^(心)을 음양오행 중 土^(토)에 해당하는 장기라고 했다. 『설문해자』를 지은 허신은 당시의 금문^(今文)학자들과는 달리 우리 몸의 五臟^(오장) 중 肝^(간)을 金^(금), 脾^(비)를 木^(목), 腎^(신)을 水^(수), 肺^(폐)를 火^(화), 心을 土에 속하는 것으로 간주했다. 고대 중국인들은 思^(생각할 사)나 想^(생각할 상)에서처럼 사람의 생각이 머리가 아닌 심장에서 나온다고 생각했다. 그래서 心으로 구성된 한자들은 대부분 사상감정이나 심리 활동과 관련되어 있으며, 그 때문에 사람의 성품도 마음에서 결정된다

고 생각했다.

甲骨文 金文 古陶文

簡牘文 古璽文 石刻古文

說文小篆

●예● 核心(핵심), 關心(관심), 疑心(의심), 中心(중심), 心理(심리), 慾心(욕심), 以心傳心(이심전심), 首丘初心(수구초심)

462

深(깊을 심): shēn, 水-8, 11, 42

字解 형성. 원래는 水^(물 수)가 소리부이고 罙^(깊을 삼)이 소리부로, 桂陽郡^(계양군) 南平^(남평)에서 흘러나와 서쪽으로 흘러 營道縣^(영도현)으로 흘러드는 강^(水) 이름이었으나, 이후 '깊다'는 뜻으로 쓰였으며, 이로부터 깊이, 시간상으로 오래되다, 정도가 심하다, 색깔 등이 진하다 등의 뜻도 나왔다.

字形 金文 簡牘文 說文小篆

●예● 深刻(심각), 深夜(심야), 水深(수심), 深海(심해), 深層(심층), 深思熟考(심사숙고)

463

甚(심할 심): shèn, 甘-4, 9, 32

字解 회의. 금문에서 원래 甘^(달 감)과 匕^(비수 비)로 구성되어, 숟가락^(匕)이나 국자로 맛있는 것^(甘)을 떠먹는 모습을 그렸는데, 이후 匕가 匹^(필 필)로 바뀌어 지금처럼 되었다. 甚에서 숟가락으로 떠먹던 맛있는 것이 무엇인지에 대해서는 의견이 분분하지만, 斟^(술 따를 짐)이 국자^(斗두)로 甚을 뜨는 모습이고, 甚^(오디 심)과 椹^(오디 심)이 직접 오디^(뽕나무 열매)를 지칭함을 고려해 볼 때, 이는 오디^(桑實상실)로 담근 술로 추정된다. 甚으로 구성된 한자는 오디 외에도, '담그다',

'깊다', '중후하다' 등의 뜻을 갖는데, 모두 오디로 담근 술에서 그 의미가 나왔다. 즉 오디를 담가 술을 만들고, 오디술은 짙은 검붉은 색과 깊은 맛을 가지기에 '깊다', '진하다', '중후하다'의 뜻이 나왔으며, 나아가 그러한 맛에 탐닉함까지 뜻하게 되었다.

字形 ᴸᴸ 金文 ᾗᾖ 簡牘文 ᴸᴸ 說文小篆 ᴱ 說文古文

●예● 極甚(극심), 莫甚(막심)

십

464

十(열 십): shí, 十-0, 2, 80

字解 지사. 원래 문자가 없던 시절 새끼 매듭을 묶어 '열 개'라는 숫자를 나타내던 약속 부호였는데, 문자로 정착된 글자이다. 갑골문에서는 단순히 세로획으로 나타났지만, 금문에서는 중간에 지어진 매듭이 잘 표현되었다. 이후 소전체에 들면서부터 매듭이 가로획으로 변해 지금처럼 되었다. 十^(열십)이 둘 모이면 卄^(스물 입), 셋 모이면 卅^(서른 삽), 넷 보이면 卌^(마흔 십) 등이 된다. 十은 『설문해자』에서 말한 것처럼 十은 "숫자가 다 갖추어짐"을 뜻한다. 그래서 十美十全^(십미십전)은 모든 것이 완벽하게 다 갖추어졌다는 뜻이다. 여기서부터 '많다'는 뜻도 가지게 되었다.

字形 ᴵᴵ 甲骨文 ᴵᴵᴵ 金文 十 古陶文 十 簡牘文 十 說文小篆

●예● 十二支(십이지), 十長生(십장생), 權不十年(권불십년)

씨

氏(성씨 씨·나라 이름 지): shì, zhī, 氏-0, 4, 40

字解 상형. 자원에 대해서는 이견이 많지만, 갑골문을 보면 허리를 숙인 채 물건을 든 모습이라는 해석이 비교적 타당해 보인다. 氏에 '씨', '뿌리', '낮다', '들다' 등의 의미가 들어 있는 것으로 보아 손에 든 것은 '씨앗'이 아닌가 추정된다. 먼저, 씨를 뿌리는 모습에서 '씨'와 '뿌리'의 개념이 나왔는데, 氏族^(씨족)이나 姓氏^(성씨)는 이런 뜻을 반영하였다. 이후 씨를 뿌리려 허리를 굽힌 데서 '낮^(추)다'의 뜻이 나왔는데, 금문의 자형은 이를 적극적으로 반영하였다. 이후 氏는 '씨'를 뿌리는 곳인 땅을 강조한 지사 부호^(ヽ)를 더해 氐^(근본 저)로 분화하여 '낮다'는 의미를 주로 표현했다. 하지만 氏와 氐는 지금도 자주 섞여 쓰인다. 또 한나라 때 서역에 있던 이민족인 月氏^(월지)를 지칭하며, 한나라 때 흉노족이 임금의 정실부인을 부르던 閼氏^(알지)를 말할 때 쓰이기도 하는데, 이때에는 '지'로 읽힘에 유의해야 한다.

字形 甲骨文 金文 古陶文 簡牘文 說文小篆

•예• 姓氏(성씨), 氏族(씨족), 創氏改名(창씨개명)

466

兒(아이 아): 儿, [児], ér, ní, 儿-6, 8, 52

字解 상형. 정수리가 아직 완전히 봉합되지 않은 아이의 모습을 그렸는데, 머리가 크게 그려져 머리가 몸체보다 큰 아이들의 비대칭 구조를 형상화했고 위쪽이 빈 것은 숨골을 상징한다. 어린 아이가 원래 뜻이고, 특별히 남자 아이를 지칭하기도 했으며, 자식들이 부모 앞에서 자신을 부르거나 부모가 자식을 부르던 말로도 쓰였다. 간화자에서는 아랫부분만 남긴 儿^(사람 인)으로 쓴다.

字形 甲骨文 金文 簡牘文 說文小篆

●예● 兒童(아동), 迷兒(미아), 育兒(육아), 孤兒(고아), 幼兒(유아)

467

我(나 아): wǒ, 戈-3, 7, 32

字解 상형. 원래 날이 여럿 달린 특수한 창을 그렸는데, 갑골문 당시 이미 '우리'라는 집체적 의미로만 쓰여, 원래의 의미를 추정하기가 쉽지 않다. 我^(나 아)가 '우리'라는 일인칭 대명사로 쓰이게 된 것을 보통 가차에 의한 것으로 보지만, 我에 羊^(양) 장식물이 더해진 의장용 칼인 義^(옳을 의)가 공동체 속에서 지켜야 할 '의리'를 그렸음을 고려해 볼 때, 我는 적을 치기 위한 대외용 무기가 아니라 내부의 적을 처단하고 내부(즉 우리)의 결속을 다지기 위한 대내용 무기로 보이며, 여기서부터 '우리'라는 뜻이 나왔을 것으로 보인다. 이

러한 추정은 羲^(숨 희)에서도 증명되는데, 羲는 갑골문에서 我와 머리가 잘린 돼지의 모습을 그려, 조상신에게 공동체의 안녕을 빌고 단결을 도모하고자 치렀던 제사 때 쓰던 희생물을 말한다. 이후 희생물이 兮^(어조사 혜)로 변하고 뜻도 '숨'으로 가차되자, 원래의 '희생'이라는 뜻은 牛^(소 우)를 더한 犧^(희생 희)로 분화하였다.

字形 ![甲骨文] ![金文] ![古陶文]
![簡牘文] ![石刻古文] ![說文小篆] ![說文古文]

●예● 自我(자아), 我軍(아군), 我田引水(아전인수), 無我之境(무아지경)

악

468

惡(악할 악·미워할 오): 恶, è, 心-8, 12, 52

字解 형성. 心^(마음 심)이 의미부이고 亞^(버금 아)가 소리부로, '미워하다'는 뜻인데, 亞는 시신을 안치하던 墓室^(묘실)을 그린 것으로 알려져 있는데, 시신에 대한 두려움이나 거리낌 등으로부터 '흉측하다'나 '싫어하다'는 뜻이 담긴 것으로 추정된다. 이 때문에 惡을 "싫어하는^(亞) 마음^(心)"으로 풀이할 수 있고, 여기서 다시 善惡^(선악)에서처럼 '나쁘다'는 뜻이 생긴 것으로 추정할 수 있다. 다만, 미워하다는 뜻으로 쓰일 때에는 憎惡^(증오)에서처럼 '오'로 구분해 읽는다. 간화자에서는 亞를 亚로 줄인 恶으로 쓴다.

字形 ![簡牘文] ![說文小篆]

●예● 善惡(선악), 惡化(악화), 劣惡(열악), 惡用(악용), 惡臭(악취), 醜惡(추악), 凶惡(흉악), 惡夢(악몽), 嫌惡(혐오), 憎惡(증오), 惡寒(오한)

안

469

安(편안할 안): ān, 宀-3, 6, 70

字解 회의. 宀^(집 면)과 女^(여자 여)로 구성되어, 여성^(女)이 집^(宀)에서 편안하게 머무는 모습으로부터 便安^(편안)함과 安全^(안전)함의 의미를 그렸다. 이후 편안하게 느끼다, 安定^(안정)되다, 안정시키다 등의 뜻도 나왔다.

字形 🔲🔲🔲🔲甲骨文　🔲🔲🔲🔲金文　🔲🔲🔲
🔲🔲🔲🔲🔲🔲🔲古陶文　🔲🔲盟書　🔲🔲🔲🔲簡牘文
🔲 說文小篆

●예● 便安(편안), 安全(안전), 安定(안정), 安靜(안정), 安心(안심), 安寧(안녕), 居安思危(거안사위), 安貧樂道(안빈낙도), 安分知足(안분지족)

470

案(책상 안): àn, 木-6, 10, 50

字解 형성. 木^(나무 목)이 의미부이고 安^(편안할 안)이 소리부로, 편안하게^(安) 앉아 책을 보고 사무를 처리할 수 있는 나무^(木)로 만든 책상을 말하며, 이로부터 공문서는 물론 공문서에 의해 처리되는 법률이나 정치적 사건 등을 지칭하게 되었다.

字形 🔲簡牘文　🔲古璽文　🔲說文小篆

●예● 案內(안내), 案件(안건), 方案(방안), 提案(제안), 法案(법안), 代案(대안), 考案(고안), 答案(답안)

471

眼(눈 안): yǎn, 目-6, 11, 42

(字解) 형성. 目^(눈 목)이 의미부이고 艮^(어긋날 간)이 소리부로, 부라리며 노려보는^(艮) '눈^(目)'으로부터 眼球^(안구)의 뜻이 나왔고, 다시 '눈'을 지칭하게 되었다. 이후 눈처럼 움푹 파인 구멍을, 다시 눈처럼 중요하다는 뜻에서 관건, 요점 등을 지칭하게 되었다.

(字形) 眼 說文小篆

●예● 眼目(안목), 眼球(안구), 眼鏡(안경), 眼科(안과), 眼下無人(안하무인)

472

顔(얼굴 안): 颜, [顔], yán, 頁-9, 18, 32

(字解) 형성. 頁^(머리 혈)이 의미부이고 彦^(선비 언)이 소리부로, 얼굴^(頁)의 두 눈썹 사이 부분^(彦)을 지칭했는데, 이후 '얼굴' 전체를 뜻하게 되었다. 이후 이로부터 다시 顔色^(안색), 색깔, 용모, 체면 등의 뜻이 나왔다. 『설문해자』의 주문에서는 頁 대신 首^(머리 수)가 들어간 顔로 쓰기도 했다.

(字形) 夌 夌 金文 顔 簡牘文 顔 說文小篆 顔 說文籀文

●예● 顔面(안면), 顔色(안색), 厚顔無恥(후안무치)

암

473

巖(바위 암): 岩, yán, 山-20, 23, 32

(字解) 형성. 山^(뫼 산)이 의미부이고 嚴^(엄할 엄)이 소리부인데, 嚴^(엄할 엄)은 바위 언덕^(厂, 엄)에서 광석을 캐내는^(敢·감) 모습을 그렸으며, 위의 두 개의 네모는 캐낸 광

석을 상징한다. 그래서 巖은 광석을 채취하기^(厰) 위해 부수고 조각낸 '바위^(石) 덩어리'를 말한다. 간화자에서는 岩^(바위 암)에 통합되었다.

字形 𡼀 說文小篆

●예● 巖石(암석), 巖壁(암벽), 奇巖怪石(기암괴석)

474

暗(어두울 암): [晻], àn, 日-9, 13, 42

字解 형성. 日^(날 일)이 의미부이고 音^(소리 음)이 소리부로, 날^(日)이 캄캄하여^(音) '어두움'을 말하며, 이로부터 밤, 숨기다, 숨긴 곳, 드러나지 않다, 느끼지 못하다 등의 뜻이 나왔다.

字形 暗 說文小篆

●예● 暗示(암시), 明暗(명암), 暗黑(암흑), 暗記(암기), 暗誦(암송), 暗殺(암살), 暗號(암호), 暗算(암산)

앙

475

仰(우러를 앙): yǎng, 人-4, 6, 32

字解 형성. 人^(사람 인)이 의미부이고 卬^(나 앙)이 소리부로, 사람^(人)을 올려다보는^(卬) 것을 말하고, 이로부터 '우러르다', 경모하다, 기대다, 信仰^(신앙) 등의 뜻이 나왔다. 원래는 卬^(나 앙)으로써, 앉은 사람^(卩·절)이 선 사람^(人)을 올려다보는 것을 형상화했는데, 卬이 일인칭 대명사로 쓰이자 人을 더해 분화한 글자이다.

字形 𣂏 說文小篆

●예● 信仰(신앙), 推仰(추앙)

애

476

哀(슬플 애): āi, 口-6, 9, 32

字解 형성. 口^(입 구)가 의미부이고 衣^(옷 의)가 소리부인데, 口는 슬퍼 哭^(곡)하는 모습을, 衣는 그때 입는 '상복'을 상징하여 哀悼^(애도)와 '슬픔'의 의미를 그려냈으며, 비통하다는 뜻도 나왔다.

字形 金文 簡牘文 說文小篆

● 예 ● 悲哀(비애), 哀愁(애수), 哀歡(애환), 哀乞(애걸)

477

愛(사랑 애): 爱, [炁], ài, 心-9, 13, 60

字解 회의. 원래는 旡^(목멜 기)와 心^(마음 심)과 夊^(뒤져서 올 치)로 구성되어, 머리를 돌려^(旡) 남을 생각하는 마음^(心)을 실천하는^(夊) 것이 바로 '사랑'임을 그려냈다. 금문에서는 旡와 心으로 구성되었으나, 이후 실천성을 강조하기 위해 夊가 더해져 지금의 자형이 되었다. 남에 대해 가지는 진실한 마음과 사랑이 원래 뜻이며, 이로부터 은혜를 베풀다, 좋아하다, 흠모하다, 아끼다의 뜻이, 또 사랑하는 사람, 남녀 간의 사랑 등을 지칭하게 되었다. 달리 炁로 쓰기도 하며, 간화자에서는 心과 夊를 友^(벗 우)로 줄여 爱로 쓴다.

字形 金文 簡牘文 說文小篆 說文古文

● 예 ● 友愛(우애), 愛情(애정), 愛國(애국), 博愛(박애), 戀愛(연애), 愛人(애인)

야

也(어조사 야): yě, 乙-2, 3, 30

字解 상형. 자원이 불분명하다. 『설문해자』에서는 "여성의 음부를 그렸다"라고 했지만, 학자에 따라서는 뱀^(它·사, 蛇의 원래 글자)을 그린 것으로, 혹은 여성들이 주로 사용하던 손 씻을 때 물을 따르던 그릇^(匜·이)을 그렸다고 한다. 아마도 匜라는 그릇을 위에서 본 모습으로 보이며, 匜가 여성 전용 그릇이라는 뜻에서 '여성'을 뜻하게 되었고, 이후 也가 서술이나 의문을 나타내는 조사나 어기사로 가차되어 쓰이게 되자 匚^(상자 방)을 더한 匜로 분화한 것으로 보인다.

字形 〔그림〕金文 〔그림〕簡牘文 〔그림〕秦刻石 〔그림〕說文小篆

•예• 及其也(급기야), 獨也靑靑(독야청청)

夜(밤 야): [亱], yè, 夕-5, 8, 60

字解 형성. 夕^(저녁 석)이 의미부이고 亦^(또 역, 腋의 원래 글자)이 소리부로, '밤^(夕)'을 뜻하며, 이로부터 깊은 밤, 황혼, 해뜨기 전의 시간, 캄캄함, 밤 나들이 등의 뜻도 나왔다.

字形 〔그림〕金文 〔그림〕古陶文 〔그림〕簡牘文 〔그림〕古璽文 〔그림〕說文小篆

•예• 晝夜(주야), 深夜(심야), 夜間(야간), 夜景(야경), 錦衣夜行(금의야행), 晝耕夜讀(주경야독)

480

野(들 야): [埜, 壄], yě, 里-4, 11, 60

字解 형성. 里^(마을 리)가 의미부이고 予^(나 여)가 소리부로, 마을^(里)이 들어선 들판을 뜻한다. 원래는 林^(수풀 림)과 土^(흙 토)로 구성된 埜로 써 숲^(林)이 우거진 땅^(土), 즉 아직 농경지로 개간되지 않은 교외의 들녘을 말했다. 이후 소리부인 予가 더해져 壄가 되었고, 다시 壄가 里로 바뀌어 野가 되었다. 그것은 그 당시 이미 그런 교외 지역^(野)은 더는 개간되지 않아 숲으로 무성한 땅^(埜)이 아니라 사람이 사는 마을^(里)로 변했음을 보여준다. 野는 邑^(고을 읍)과 대칭되어 성 밖의 주변지역을 말하는데, 이 때문에 野에는 거칠고 야생적이라는 뜻이 생겼고, 粗野^(조야거칠)나 野蠻^(야만), 野心^(야심) 등의 단어가 만들어졌다.

字形 ㅣㅣㅣ ㅣㅣ ㅣㅣ 甲骨文 ㅣㅣ ㅣㅣ 金文 ㅣㅣ ㅣㅣ 古陶文 ㅣㅣ ㅣㅣ ㅣ 簡牘文 ㅣㅣ 古璽文 ㅣㅣ 說文小篆 ㅣㅣ 說文古文

●예● 廣野(광야), 野球(야구), 野心(야심), 野黨(야당), 分野(분야), 視野(시야), 平野(평야), 野望(야망), 野生(야생), 野外(야외)

약

481

弱(약할 약): ruò, 弓-7, 10, 60

字解 회의. 두 개의 弓^(활 궁)과 두 개의 彡^(터럭 삼)으로 구성되어, 털^(彡)처럼 부드럽고 활^(弓)처럼 '약한' 것을 말하며, 이로부터 '어리다'의 뜻도 나왔다. 청나라 단옥재의 『설문해자주』에서는 "굽은 것은 대부분 약하기 마련이다"라고 주석을 달았다.

字形 ㅣㅣ 古陶文 ㅣㅣ ㅣㅣ ㅣㅣ 簡牘文 ㅣㅣ 說文小篆

●예● 衰弱(쇠약), 軟弱(연약), 强弱(강약), 弱點(약점), 虛弱(허약), 貧

弱(빈약), 弱勢(약세), 微弱(미약), 弱小(약소), 弱冠(약관)

482

約(묶을 약): 约, yuē, 糸-3, 9, 52

字解 형성. 糸^(가는 실 멱)이 의미부이고 勺^(구기 작)이 소리부로, 실^(糸)로 묶다는 뜻이다. 이로부터 묶다, 約束^(약속)하다, 속박하다, 規約^(규약) 등의 뜻이 나왔고, 다시 절제하다, 간소하다 등의 뜻이 나왔다.

字形 [簡牘文] 簡牘文 [說文小篆] 說文小篆

●예● 約束(약속), 規約(규약), 節約(절약), 條約(조약), 請約(청약), 公約(공약), 協約(협약), 期約(기약), 豫約(예약)

483

若(같을 약반야 야): ruò, 艸-5, 9, 32

字解 회의. 艸^(풀 초)와 右^(오른쪽 우)로 구성되었는데, 艸는 머리칼이 잘못 변한 것이고, 右는 손을 뜻한다. 갑골문과 금문에서 꿇어앉은 여인이 산발한 머리칼을 두 손으로 다듬는 모습을 그렸다. 머리칼이 잘 정리되다는 뜻으로부터 온화하고 양순하다^(和順화순)는 뜻이 나왔고, 다시 따르다, 순응하다, 응락하다 등의 뜻까지 나왔으며, 풀이름으로도 쓰였다. 이후 응낙하다는 뜻은 言^(말씀 언)을 더하여 諾^(대답할 락)으로 분화했다. 원래는 艸^(풀 초)와 관계없는 글자였는데 현행 옥편에서는 艸부수에 귀속되었다. 또 불교의 般若^(반야)와 같이 음역자로도 쓰이는데, 이때에는 '야로 읽힌다.

字形 [甲骨文] 甲骨文 [金文] 金文 [古陶文] 古陶文 [簡] 簡

牘文 樂　髎石刻古文　藥汗簡　藥說文小篆

•예• 傍若無人(방약무인), 明若觀火(명약관화)

484

藥(약 약): 药, yào, 艸-15, 19, 60

字解 형성. 艸^(풀 초)가 의미부이고 樂^(즐길 락)이 소리부로, '약'을 말하는데, 병을 치료해 즐거움^(樂)을 주는 식물^(艸)이라는 뜻을 담았다. 고통에서 벗어나게 해 주는 藥, 그 약을 지금처럼 화학물질이나 가공된 약이 아니라 생활 주변에서 쉽게 찾을 수 있는 풀에서 찾았음을 알 수 있다. 약이라는 의미로부터 약으로 치료하다, 약물을 이용해 죽이다 등의 뜻도 나왔다. 간화자에서는 樂을 約^(묶을 약)으로 바꾼 葯^(구리대 잎 약)에 통합되어 药으로 쓴다.

字形 金文 藥簡牘文 髎藥古璽文 樂說文小篆 葯玉篇

•예• 藥局(약국), 醫藥(의약), 藥品(약품), 補藥(보약), 藥效(약효), 藥物(약물)

양

485

揚(오를 양): 扬, [敭, 颺], yáng, 手-9, 12, 32

字解 형성. 手^(손 수)가 의미부이고 昜^(볕 양)이 소리부로, '드날리다'는 뜻인데, 태양을 받들 듯^(昜) 손^(手)으로 높이 들어 올림을 말한다. 이로부터 천거하다, 인재를 들어 쓰다, 드러내다, 칭찬하다 등의 뜻도 나왔다. 원래는 달리 제단 위로 높이 비치는 태양을 그린 昜으로 썼으나 이후 手를 더해 의미를 강화한 글자이다. 달리 手 대신 攴^(支·칠 복)이 들어간 敭^(오를 양)으로 쓰기도 한다. 간화자에서는 昜을 㐬으로 줄여 扬으로 쓴다.

說文古文

●예● 讚揚(찬양), 宣揚(선양), 止揚(지양), 立身揚名(입신양명), 意氣揚揚(의기양양)

486

洋(바다 양): yáng, 水-6, 9, 60

字解 형성. 水(물 수)가 의미부이고 羊(양 양)이 소리부로, 강(水) 이름을 말한다. 『설문해자』에서 齊(제)나라 臨朐(임구)의 高山(고산)에서 흘러나와 동북쪽으로 흘러 鉅定(거정)으로 흘러들어 간다고 했다. 이후 큰 강이라는 뜻에서 '바다'라는 뜻도 갖게 되었으며, 바다 건너의 나라라는 뜻에서 외국, 외국 것, 외국 돈, 현대화된 것 등을 지칭한다.

字形 甲骨文 古陶文 祥 說文小篆

●예● 海洋(해양), 東洋(동양), 西洋(서양), 洋服(양복)

487

羊(양 양): yáng, 羊-0, 6, 42

字解 상형. 윗부분은 양의 굽은 뿔과 몸통과 꼬리를 그렸다. 양은 가축화된 이후 온순한 성질, 뛰어난 고기 맛, 그리고 유용한 털 때문에, 고대 중국인들에게는 단순한 가축을 넘어서 祥(상)스러움과 善(선)과 美(미)와 正義(정의)의 표상이며 신께 바치는 대표적 희생이었다. 그래서 군집생활을 하는 양을 직접 지칭한다. 또 양고기는 뛰어난 맛으로 정평이 나있으며, 일찍부터 인간에게 많은 도움을 주는 유용한 가축화된 동물이었기에 아름다움과 정의의 상징이

었고, 이 때문에 양은 숭배의 대상이었으며, 신께 바치는 대표적 희생물의
하나였다.

字形 甲骨文 金文 古陶文

簡牘文 帛書 古璽文 說文小篆

•예• 羊毛(양모), 羊頭狗肉(양두구육), 亡羊之歎(망양지탄)

488

讓(사양할 양): 让, ràng, 言-17, 24, 32

字解 형성. 言(말씀 언)이 의미부이고 襄(도울 양)이 소리부로, 말(言)로 사양함(襄)을 말하
며, 이로부터 피하다, 양보하다의 뜻이 나왔으며, 다른 사람의 좋은 점을 말
해주다, 추천하다는 뜻도 나왔다. 간화자에서는 소리부 襄을 上(위 상)으로 줄
인 让으로 쓴다.

字形 古陶文 簡牘文 說文小篆

•예• 讓步(양보), 辭讓(사양)

489

陽(볕 양): 阳, yáng, 阜-9, 12, 60

字解 형성. 阜(언덕 부)가 의미부이고 昜(볕 양)이 소리부로, 제단 위로 햇빛이 화려하
게 비치는 모습(昜)에 언덕을 뜻하는 阜가 더해져 그러한 양지바른 곳을 말
하며, 이로부터 빛, 밝음, 태양의 뜻이 나왔으며, 산의 남쪽이나 강의 북쪽
을 지칭하기도 한다. 이후 드러난 곳이나 돌출 면을 말했고, 또 양성, 남성,
남성의 성기 등을 지칭했다. 간화자에서는 소리부인 昜을 日(날 일)로 바꾼
阳으로 써, 햇살(日)이 비치는 언덕(阜), 그것이 陽地(양지)임을 나타냈다.

字形 說文小篆

●예● 太陽(태양), 陰陽(음양), 陽地(양지), 夕陽(석양), 陽曆(양력)

490

養(기를 양): 养, yǎng, 食-6, 15, 52

字解 형성. 食^(밥 식)이 의미부이고 羊^(양 양)이 소리부로, 고대 중국인들의 토템이었던 양^(羊)을 먹여가며^(食) 정성껏 보살피듯 잘 받들어 모시는 '봉양하는' 모습을 그렸다. 이로부터 '기르다'의 뜻이 나왔으며, 양육, 보양, 휴양 등의 뜻도 나왔다. 금문에서는 羊과 攴^(칠 복)으로 구성되어 양을 치는 모습을 그렸으나 이후 攴이 食으로 변해 지금의 자형이 되었으며, 간화자에서는 간단하게 줄여 养으로 쓴다.

字形 𤟥𤠋金文 𤎩𤊻養簡牘文 養說文小篆 𤟱說文古文

●예● 養成(양성), 奉養(봉양), 敎養(교양), 培養(배양), 養鷄(양계), 入養(입양)

어

491

於(어조사 어): 于, [亐], wū, yú, 方-4, 8, 30

字解 상형. 『설문해자』에서 烏^(까마귀 오)의 생략된 모습이라고 하여 까마귀가 원래 뜻이라고 했는데, 그렇다면 형체의 일부를 생략한 省體^(생체) 상형에 해당한다. 까마귀를 그린 烏가 烏乎^(嗚呼오호)에서처럼 감탄사로 가차되어 쓰이자 이를 구체화하기 위해 형체를 변화시켰고, 이후 새를 그린 왼쪽 부분이 方^(모 방)으로 변해 지금의 자형이 되었다. 하지만 於도 이후 대부분 가차 의미인 어기를 나타내는 어조사나 감탄사로 쓰였다. 간화자에서는 于^(어조사 우)에 통합되었다.

字形 金文 簡牘文

帛書 說文小篆 說文古文 說文古文省形

●예● 甚至於(심지어), 於此彼(어차피), 於中間(어중간), 靑出於藍(청출어람)

492

漁(고기 잡을 어): 渔, [鱻], yú, 水-11, 14, 50

字解 형성. 水^(물 수)가 의미부이고 魚^(고기 어)가 소리부로, 물^(水)에서 고기^(魚)잡이를 하다는 뜻이며, 어부, 찾아 나서다, 차지하다 등의 뜻도 나왔다. 달리 魚가 둘 중복된 鱻로 쓰기도 한다. 간화자에서는 魚를 鱼로 줄여 渔로 쓴다.

字形 甲骨文 金文 簡牘文 說文小篆 說文篆文

●예● 漁夫(어부), 漁船(어선), 漁村(어촌), 漁父之利(어부지리)

493

語(말씀 어): 语, yǔ, 言-7, 14, 70

字解 형성. 言^(말씀 언)이 의미부이고 吾^(나 오)가 소리부로, 말^(言)로 논의하다는 뜻이다. 이로부터 말, 言語^(언어), 문자라는 뜻까지 나왔다.

字形 金文 簡牘文 古璽文 說文小篆

●예● 國語(국어), 言語(언어), 英語(영어), 用語(용어), 單語(단어), 語句(어구), 語法(어법)

魚(고기 어): 鱼, yú, 魚-0, 11, 50

字解 상형. 갑골문에서 물고기의 입, 몸통과 지느러미와 비늘, 꼬리 등이 구체적으로 표현되었다. 예서에 들면서 꼬리가 灬^(火·불 화)로 변했고, 중국의 간화자에서는 다시 가로획으로 변해 鱼가 되었다. 그래서 '물고기'가 원래 뜻이고, 물고기를 잡는 행위는 물론 어부까지 뜻하기도 했는데, 이후 水^(물 수)를 더한 漁^(고기 잡을 어)로써 구분해 표시했다. 그래서 魚는 물고기의 종류, 고기잡이 행위와 관련되어 있으며, 물고기는 귀하고 맛난 음식의 대표였다.

字形 甲骨文 金文 古陶文 盟書 簡牘文 古璽文 說文小篆

●예● 魚類(어류), 緣木求魚(연목구어), 水魚之交(수어지교)

억

億(억 억): 亿, yì, 人-13, 15, 50

字解 형성. 人^(사람 인)이 의미부이고 意^(뜻 의)가 소리부로, 사람^(人)의 마음^(意)에 들다는 뜻이며, 이로부터 만족하다, 가득하다의 뜻이 나왔으며, 사람이 마음으로 만족하는 최고의 숫자라는 의미를 담게 되었다. 『설문해자』 당시에는 최고의 숫자를 10만이라고 했으나, 청나라 단옥재의 『설문주』에서는 1억이라고 했다. 간화자에서는 소리부 意을 乙^(새 을)로 바꾸어 亿으로 쓴다.

字形 金文 說文小篆

●예● 數億(수억), 億萬(억만)

496

憶(생각할 억): 忆, yì, 心-13, 16, 32

字解 형성. 心^(마음 심)이 의미부이고 意^(뜻 의)가 소리부로, 뜻^(意)을 마음^(心)에 담아두다는 뜻으로부터 '생각하다'는 의미를 그렸으며, 이로부터 기억하다, 회억하다, 추측하다의 뜻도 나왔다. 또 抑^(누를 억)과 같이 쓰여, 抑制^(억제)하다는 뜻도 가진다. 간화자에서는 소리부 意을 乙^(새 을)로 바꾸어 忆으로 쓴다.

●예● 追憶(추억), 記憶(기억)

언

497

言(말씀 언): yán, 言-0, 7, 60

字解 상형. 입과 혀 그리고 거기서 나오는 '말'을 상징하는 가로획이 더해진 것이 言^(말씀 언)이라는 해석이 일반적이지만, 사실 言은 피리 모양의 악기의 입^(reed)과 댓가지^(竹·죽) 그리고 거기서 나오는 '소리'를 형상화한 것이라고 舌^(혀 설)의 자형에서 풀이한 바 있다. 言이 악기의 '소리'에서 사람의 '말'로, 다시 말과 관련된 여러 뜻을 갖게 되었지만, 言으로 구성된 글자에는 일반적인 언어행위 외에도 말에 대한 고대 중국인들의 인식이 잘 반영되어 있다. 먼저, 말은 믿을 수 없는 거짓, 속임의 수단이었으며, 말을 잘하는 것은 능력이 아닌 간사함이자 교활함에 불과하였다. 그 때문에 말의 귀착점은 언제나 다툼이었다. 이처럼 言에는 부정적 인식이 두드러진다.

字形 甲骨文　金文　盟書　簡牘文　說文小篆

●예● 言論(언론), 宣言(선언), 發言(발언), 言及(언급), 證言(증언), 言語(언어), 言行(언행), 助言(조언)

498

嚴(엄할 엄): 严, yán, 口-17, 20, 40

字解 형성. 敢^(감히 감)과 두 개의 口^(입 구)가 의미부이고 厂^(기슭 엄)이 소리부로, 바위 언덕^(厂)에서 광석 덩이^(口)를 캐내는^(敢) 모습을 그렸는데, 금문에서는 口가 세 개로 표현되기도 했다. 광석을 캐는 일은 대단히 위험하여 그 일에는 엄격한 규율이 요구되기에 '엄하다'는 뜻이 생겼다. 간화자에서는 전체 자형을 간단하게 줄인 严으로 쓴다.

字形 [金文] [簡牘文], [古璽文] [說文小篆] [說文古文]

●예● 嚴格(엄격), 嚴重(엄중), 嚴肅(엄숙), 威嚴(위엄), 尊嚴(존엄), 嚴罰(엄벌), 莊嚴(장엄)

499

業(업 업): 业, yè, 木-9, 13, 60

字解 상형. 『설문해자』에 의하면, 옛날 악기를 내걸기 위한 橫木^(횡목가로질러 놓은 나무)에 달아 놓은 장식용 널빤지를 말하는데, 보통 톱니처럼 만들고 흰색으로 칠을 해 드러나 보이게 했다고 한다. 국가에 큰일이 있을 때 이루어지는 編鐘^(편종) 등이 동원된 성대한 곡을 연주할 악기 틀의 장식물을 만드는 일은 전문적이고 특별한 재주가 필요했을 것이며, 이로부터 '전문적인 일'이나 '위대한 일'이라는 뜻이, 다시 직업, 사업, 생업, 산업 등의 뜻이 나왔다. 이후 '이미'라는 부사로도 쓰였다. 또 불교에서 업보를 뜻하는데, 산스크리트어의

카르마^(Karma)의 번역어이다. 몸^(身)과 입^(口)과 의지^(意)를 三業^(삼업)이라 한다. 간화자에서는 윗부분만 남기고 나머지는 줄인 형태인 业으로 쓴다.

字形 業 業 金文 業 簡牘文 業 說文小篆 業 說文古文

•예• 事業(사업), 商業(상업), 業務(업무), 就業(취업), 産業(산업), 職業(직업), 作業(작업), 卒業(졸업), 自業自得(자업자득)

여

500

余(나 여): yú, 人-5, 7, 30

字解 상형. 갑골문에서 임시로 만들어진 기둥과 지붕이 갖추어진 객사^(숍사)를 그렸는데, 아랫부분에 기단이 갖추어지면 舍가 된다. 이후 일인칭 대명사로 가차되어 '나'나 '우리'라는 뜻으로 쓰였다. 현대 중국에서는 餘^(남을 여)의 간화자로도 쓰인다.

字形 余 余 余 余 甲骨文 余 余 余 金文 余 余 古陶文 余 余 古幣文 余 盟書 余 余 余 簡牘文 余 古璽文 余 余 石刻古文 余 說文小篆 余 說文或體

501

如(같을 여): rú, 女-3, 6, 42

字解 형성. 口^(입 구)가 의미부이고 女^(여자 여)가 소리부로, 남편이나 아버지의 명령^(口)대로 따라야 하는 여성^(女)이라는 의미로부터 '따르다'의 뜻이 나왔고, 다시 '뜻대로 따라 하다'는 의미로 쓰이게 되었다.

字形 如 如 如 如 甲骨文 如 金文 如 如 古陶文 如 如 簡牘文 如

石刻古文　說文小篆

●예●　如前(여전),　如此(여차),　如反掌(여반장),　百聞不如一見(백문불여일견)

502

汝(너 여): rǔ, 水-3, 3, 30

字解　형성. 水^(물 수)가 의미부이고 女^(여자 여)가 소리부로, 弘農郡^(홍농군) 盧氏縣^(노씨현) 還歸山^(환귀산)에서 흘러나와 동쪽으로 흘러 淮水^(회수)로 흘러드는 강의 이름을 말했는데, 이후 이인칭 대명사로 가차되었다.

字形　甲骨文　簡牘文　石刻古文　說文小篆

503

與(더불 여): 与, yǔ, 臼-8, 14, 40

字解　형성. 与^(어조사 여)가 의미부이고 舁^(마주들 여)가 소리부로, 서로 함께 '더불어' 힘을 합해 무거운 물건을 마주 드는^(舁) 모습을 그렸으며, 이후 주다는 뜻도 생겼다. 간화자에서는 초서체로 줄인 与로 쓴다.

字形　金文　盟書　簡牘文　石刻古文　說文小篆　說文古文

●예●　參與(참여),　與否(여부),　寄與(기여),　與黨(여당),　附與(부여),　授與(수여)

504

餘(남을 여): 余, yú, 食-7, 16, 42

字解 형성. 食^(밥 식)이 의미부이고 余^(나 여)가 소리부로, 객사^(舍, 舍의 원래 글자)에서 손님을 위해 음식^(食)을 '남겨두다'는 뜻으로부터 '여유', 남다, 풍족함 등의 뜻을 그렸다. 간화자에서는 余에 통합되었다.

字形 余 餘 餘 簡牘文 餘 說文小篆

•예• 餘裕(여유), 餘波(여파), 餘暇(여가), 餘力(여력), 殘餘(잔여), 餘韻(여운), 餘分(여분), 窮餘之策(궁여지책)

역

505

亦(또 역): yì, 亠-4, 6, 32

字解 지사. 원래 팔을 벌린 사람^(大대)과 양 겨드랑이 부분에 두 점이 찍힌 모습인데, 두 점은 그곳이 '겨드랑이'임을 나타낸다. 이후 '역시'라는 뜻으로 가차되었으며, 그러자 원래 뜻을 나타낼 때에는 人^(사람 인)과 소리부인 夕을 더하여 夜^(밤 야)가 되었다. 하지만, 夜도 다시 '밤'이라는 뜻으로 가차되어 쓰이게 되자, 또 水^(물 수)를 더한 液^(잔·겨드랑이 액)을 만들어 분화했다. 게다가 겨드랑이에서 나는 땀이란 뜻으로부터 '진액'의 뜻까지 생겨났다.

字形 亦 亦 亦 甲骨文 亦 亦 亦 金文 亦 亦 亦 簡牘文 亦 石刻古文 亦 說文小篆

•예• 亦是(역시)

506

易(바꿀 역쉬울 이): yì, 日-4, 8, 40

字解 상형. 자원이 불분명하다. 『설문해자』에서는 도마뱀을 그렸다고 했고, 곽말약은 그릇과 담긴 물을 그려 다른 그릇으로 옮기는 모습에서 '바꿔다'는 뜻이 나왔다고 했다. 아마도 도마뱀이 환경에 따라 몸의 보호색을 쉽게 바꾸기

때문에 '변하다'는 뜻이 나온 것으로 추정된다. 변하다고 할 때에는 變易^(변역)에서처럼 '역'으로, 쉽다고 할 때에는 容易^(용이)에서처럼 '이'로 구분해 읽는다.

字形 𝄞𝄞𝄞𝄞 甲骨文　𝄞𝄞𝄞𝄞𝄞𝄞𝄞𝄞 金文
𝄞𝄞 古陶文　𝄞 𝄞 簡牘文　𝄞 石刻古文　𝄞 說文小篆

●예● 貿易(무역),　交易(교역),　易地思之(역지사지),　便易(편이),　容易
(용이), 平易(평이), 難易度(난이도)

507

逆(거스를 역): nì, 辵-6, 10, 42

字解 형성. 辵^(쉬엄쉬엄 갈 착)이 의미부이고 屰^(거스를 역)이 소리부로, 원래는 역으로 오는 사람^(屰)을 맞이하다는 뜻이었는데, 이후 역^(屰)으로 거슬러서 가다^(辵), 거꾸로 가다, 거역하다, 반역 등의 뜻으로 쓰이게 되었다.

字形 𝄞𝄞𝄞𝄞𝄞 甲骨文　𝄞𝄞𝄞𝄞 金文 𝄞 古陶文 𝄞 盟書
𝄞𝄞𝄞 簡牘文 𝄞 古璽文 𝄞 說文小篆

●예● 逆轉(역전),　逆行(역행),　逆風(역풍),　拒逆(거역),　反逆(반역),　逆
說(역설), 逆流(역류), 莫逆之友(막역지우)

연

508

然(그럴 연): rán, 火-8, 12, 70

字解 회의. 犬^(개 견)과 肉^(고기 육)과 火^(불 화)로 구성되어, 개^(犬) 고기^(肉)를 불^(火)에 '굽다'는 뜻이다. 이후 '그렇다'는 뜻으로 가차되어 쓰이게 되자 원래 뜻은 다시

火를 더한 燃^(사를 연)으로 분화했다.

字形 🔤金文 🔤 🔤簡牘文 🔤 說文小篆 🔤 說文或體

●예● 自然(자연), 天然(천연), 果然(과연), 突然(돌연), 忽然(홀연), 當然(당연), 偶然(우연), 茫然自失(망연자실), 浩然之氣(호연지기)

509

煙(연기 연): 烟, yān, 火-9, 13, 42

字解 형성. 火^(불 화)가 의미부이고 垔^(막을 인)이 소리부로, 불^(火)을 막아^(垔) 생겨나는 연기를 말한다. 이후 연기 모양의 물체를 뜻하게 되었고, 담배까지 지칭하게 되었다. 달리 垔 대신 因^(인할 인)이 들어간 烟^(연기 연)으로 쓰기도 하는데, 간화자에서도 烟에 통합되었다.

字形 🔤 說文小篆 🔤 說文古文 🔤 說文或體 🔤 說文籀文

●예● 禁煙(금연), 吸煙(흡연), 煙氣(연기)

510

研(갈 연): yán, yàn, 石-6, 11, 42

字解 형성. 石^(돌 석)이 의미부이고 幵^(평평할 견)이 소리부로, 돌^(石)이 평평해지도록^(幵) 갈다는 뜻이며, 이로부터 研磨^(연마)하다, 연구하다, 탐구하다 등의 뜻이 나왔다.

字形 🔤 說文小篆

●예● 研究(연구), 研磨(연마), 研修(연수)

열

悅(기쁠 열): yuè, 心-7, 10, 32

字解 형성. 心^(마음 심)이 의미부이고 兌^(기쁠 태)가 소리부로, 입을 벌리고 기뻐하듯^(兌) 즐거운 심리적^(心) 상태를 말하며, 이로부터 '즐겁다', '기꺼이' 등의 뜻이 나왔다.

●예● 喜悅(희열)

熱(더울 열): 热, rè, 火-11, 15, 50

字解 형성. 火^(불 화)가 의미부이고 埶^(심을 예)가 소리부인데, 갑골문에서는 손에 횃불을 들고 있는 모습으로, 횃불의 받침대와 타오르는 불꽃이 사실적으로 그려졌다. 금문에 들면서 횃불이 나무처럼 변함으로써 埶^(심을 예)와 혼용하게 되었고, 『설문해자』에서는 금문의 자형을 계승하고 다시 火^(불 화)를 더하여 지금처럼 熱로 변했다. 그래서 熱은 '불을 태우다'가 원래 뜻이며, 이후 加熱^(가열)이나 熱情^(열정), 붐^(boom) 등의 뜻이 생겼다. 간화자에서는 埶를 执^(執의 간화자)으로 줄인 热로 쓴다.

字形 𦬁 𤎪 簡牘文 𤋱 說文小篆

●예● 熱氣(열기), 熱情(열정), 加熱(가열), 熱風(열풍), 過熱(과열), 熱誠(열성), 熱意(열의), 熱量(열량), 熱帶夜(열대야), 以熱治熱(이열치열)

염

513

炎(불탈 염): [炏], yán, 火-4, 8, 32

字解 회의. 두 개의 火^(불화)로 구성되어 불길이 위로 치솟아 강하게 타오름을 그렸으며, 이로부터 불꽃, 불타다, 열 등의 뜻이, 다시 붉다, 성대하다의 뜻이 나왔으며, 사람을 괴롭히는 권세의 비유로도 쓰였다.

字形 炎 炎 甲骨文 炎 炎 金文 炎 簡牘文 炎 說文小篆

●예● 炎症(염증), 暴炎(폭염), 鼻炎(비염), 炎凉世態(염량세태)

엽

514

葉(잎 엽): 叶, yè, 艸-9, 13, 50

字解 형성. 艸^(풀 초)가 의미부이고 枼^(나뭇잎 엽)이 소리부로, 초목^(艸)에 달린 잎^(枼)을 말하며, 잎처럼 얇게 생긴 것, 책 등의 페이지^(쪽)를 지칭하기도 한다. 또 中葉^(중엽)에서처럼 한 세대나 시기를 뜻하기도 한다. 간화자에서는 叶^(화합할 협)에 통합되었다.

字形 枼 金文 葉 葉 簡牘文 枼 石刻古文 葉 漢印 枼 說文小篆

●예● 葉書(엽서), 落葉(낙엽), 針葉樹(침엽수), 葉綠素(엽록소), 金枝玉葉(금지옥엽)

영

515

榮(꽃 영): 荣, róng, 木-10, 14, 42

字解 형성. 木^(나무 목)이 의미부이고 熒^(등불 형)의 생략된 모습이 소리부인 구조인데, 금문에서는 활짝 핀 꽃을 가진 꽃나무 두 개를 교차시킨 모습이다. 소전체에 들면서 지금의 자형으로 변해, 등불^(熒)을 켠 듯 화사하게 핀 초목^(木)의 꽃을 말했으며, 이후 번영, 번성의 뜻을 갖게 되었다. 간화자에서는 윗부분을 간단하게 줄인 荣으로 쓴다.

字形 金文 古陶文 簡牘文 說文小篆

●예● 繁榮(번영), 榮光(영광), 榮譽(영예), 榮華(영화), 榮辱(영욕), 虛榮(허영)

516

永(길 영): yǒng, 水-1, 5, 60

字解 회의. 원래 사람^(人)이 강^(水수)에서 수영하는 모습을 그렸다. 길게 이어진 물줄기의 모습에서 長久^(장구)하다나 永遠^(영원)의 의미로 쓰이게 되었고, 그러자 원래 의미는 다시 水를 더해 泳^(헤엄칠 영)으로 분화했다. 금문에서는 의미부 永에 소리부 羊^(양 양)을 더한 구조인 羕^(강이 길 양)으로 쓰기도 했다.

字形 甲骨文 金文 盟書 石刻古文 說文小篆

●예● 永遠(영원), 永久(영구), 永眠(영면), 永生(영생), 永住權(영주권)

517

英(꽃부리 영): yīng, 艸-5, 9, 60

字解 형성. 艸^(풀 초)가 의미부이고 央^(가운데 앙)이 소리부로, 원래는 식물의 꽃을 의미
했다. 이후 꽃이란 식물^(艸)에서 가장 중요하고 핵심적인^(央) 부분이라는 인식
에서 뛰어난 사람^(英才·영재), 아름다운 문장의 비유로도 쓰였고, 정수, 광채 등
의 뜻도 나왔으며, 英國^(영국)을 지칭하기도 한다.

字形 **茵 茐** 簡牘文 **茵** 古璽文 **菜** 說文小篆

●예● 英雄(영웅), 英才(영재), 英特(영특), 英語(영어), 英國(영국)

518

迎(맞이할 영): yíng, 辵-4, 8, 40

字解 형성. 辵^(쉬엄쉬엄 갈 착)이 의미부이고 卬^(나 앙)이 소리부로, 나아가서^(辵) 상대를
올려다보듯^(卬) '맞이함'을 말한다. 이로부터 迎接^(영접)하다, 迎合^(영합)하다, 향
하다, 만나다, 천거하다 등의 뜻이 나왔다.

字形 **迎** 說文小篆

●예● 歡迎(환영), 迎入(영입), 迎接(영접), 送舊迎新(송구영신)

예

519

藝(심을 예): 艺, yì, 艸-15, 19, 42

字解 형성. 云^(이를 운)이 의미부이고 埶^(심을 예)가 소리부로, 심다는 뜻인데, 구름이
끼거나 흐린 날^(云, 雲의 원래 글자)에 나무를 심다^(埶)는 뜻을 담았다. 하지만, 갑
골문과 금문에서는 나무 심는 모습을 대단히 사실적으로 그렸다. 한 사람이
꿇어앉아 두 손으로 어린 묘목^(屮·철)을 감싸 쥔 모습이다. 간혹 屮이 木^{(나무}

^{목)}으로 바뀌기도 했지만, 의미에는 영향을 주지 않는다. 이후 土^(흙 토)가 더해져 埶^(심을 예)가 되었는데, 이는 땅(^土)에 나무를 심는다는 것을 강조하기 위함이었다. 이후 다시 草木^(초목)을 대표하는 艹^(풀 초)가 더해져 蓻가 되었고, 다시 구름을 상형한 云이 더해져 지금의 藝가 완성되었다. 나무를 심다는 뜻에서 나무 심는 기술의 뜻이 나왔고, 다시 기예, 공예, 예술 등의 뜻도 나왔다. 간화자에서는 소리부 蓻를 乙^(새 을)로 바꾼 艺로 쓴다.

字形 甲骨文 金文 簡牘文 說文小篆

•예• 藝術(예술), 演藝(연예), 藝能(예능), 文藝(문예), 書藝(서예), 工藝(공예)

五

520

五(다섯 오): wǔ, 二-2, 4, 80

字解 지사. 갑골문에서 두 획이 서로 교차된 X자 모양으로, '다섯'을 나타내는 약속 부호로 사용했다. 가로획을 다섯 개 나열하여 표시하기도 했지만, 너무 번잡해 X자형의 교차된 모양이나 X자형의 아래위로 가로획을 더하여 '다섯'을 나타냈다. 이후 五方^(오방)과 五帝^(오제), 五行^(오행) 등의 비유로도 쓰였다.

字形 甲骨文 金文 古陶文 盟書 簡牘文 帛書 古璽文 石刻古文 說文小篆 說文古文

•예• 五里霧中(오리무중), 三綱五倫(삼강오륜), 四分五裂(사분오열), 五十步百步(오십보백보)

521

午(일곱째 지지 오): wǔ, 十-2, 4, 70

字解 상형. 갑골문에서 절굿공이의 모습을 그렸는데, 이후 간지자로 가차되어 12
지지 중의 7번째를, 또 午가 상징하는 11시-13시 사이의 시간대, 남쪽, 말
(馬·마) 등을 지칭하게 되었다. 그러자 원래의 절굿공이를 뜻할 때에는 다시
木을 더하여 杵(공이 저)로 분화했다.

字形 甲骨文 金文 盟書
簡牘文 古璽文 石刻古文 說文
小篆

●예● 正午(정오), 午前(오전), 午後(오후), 午睡(오수)

522

吾(나 오): wú, 口-4, 7, 30

字解 형성. 口(입 구)가 의미부이고 五(다섯 오)가 소리부로, 입(口)으로 부르는 명칭으
로, 일인칭 대명사인 '나'와 '우리'를 말한다.

字形 金文 簡牘文 漢印 石刻古文 說文小篆

●예● 吾鼻三尺(오비삼척), 吾不關焉(오불관언)

523

悟(깨달을 오): wù, 心-7, 10, 32

字解 형성. 心(마음 심)이 의미부이고 吾(나 오)가 소리부로, 마음(心)으로 깨닫다는 뜻이
며, 이로부터 각성하다, 계발하다, 이해하다, 체득하다 등의 뜻이 나왔다.

字形 說文小篆

•예● 覺悟(각오)

524

烏(까마귀 오): 乌, wū, 火-6, 10, 32

字解 상형. 새를 그린 鳥^(새 조)에서 눈을 나타내는 점을 없애 만든 글자이다. 까마귀는 사실 눈이 없는 것이 아니라 온몸이 까매서 언뜻 보면 눈이 없는 것처럼 보이기 때문이다. 이후 烏乎^(오호)에서처럼 감탄사로 쓰였으며, 감탄을 나타낼 때에는 의미를 명확히 하고자 口^(입 구)를 더한 嗚^(탄식소리 오)로 분화했다. 간화자에서는 필획을 줄인 乌로 쓴다.

字形 [金文] [簡牘文] [帛書] [說文小篆] [說文古文]

•예● 烏飛梨落(오비이락), 烏合之卒(오합지졸)

525

誤(그릇할 오): 误, [誤], wù, 言-7, 14, 42

字解 형성. 言^(말씀 언)이 의미부이고 吳^(나라 이름 오)가 소리부로, 그릇되다, 잘못되다, 방해하다, 오해하다, 미혹시키다는 뜻을 갖는데, 그것들이 즐거운^(吳) 말^(言)이 가지는 속성임을 반영했다. 간화자에서는 吳를 吴로 바꾼 误로 쓴다.

字形 [簡牘文] [說文小篆]

•예● 過誤(과오), 錯誤(착오), 誤解(오해), 誤答(오답), 誤差(오차), 誤打(오타)

옥

526

屋(집 옥): wū, 尸-6, 9, 50

字解 회의. 尸^(주검 시)와 至^(이를 지)로 구성되어, 시신^(尸)으로 대표되는 조상의 영혼이 이르는^(至) 곳을 말했는데, 이후 '집'의 일반적인 명칭을 변했고, 또 '방'을 뜻하게 되었다. 그래서 屋은 사람이 사는 室과는 달리 주로 시신을 안치했던 곳을 말하며, 그곳은 주로 지붕 없이 선반처럼 만들어졌고 위를 장막으로 둘러쳤다. 이로부터 屋에 '덮개'라는 뜻도 생겼고, 이를 더욱 분명하게 하고자 巾^(수건 건)을 더해 幄^(휘장 악)을 만들었다.

字形 屋 屋 簡牘文 𡳐 說文小篆 㞇 說文籀文 𡱑 說文古文

•예• 家屋(가옥), 韓屋(한옥), 洋屋(양옥), 社屋(사옥)

527

玉(옥 옥): yù, 玉-0, 5, 42

字解 상형. 원래 여러 개의 옥을 실로 꿴 모습이나, 이후 王^(왕 왕)과 형체가 비슷해지자 오른쪽에 점을 남겨 구분했다. "옥의 아름다움은 다섯 가지 德^(덕)을 갖추었으니, 윤기가 흘러 온화한 것은 仁^(인)의 덕이요, 무늬가 밖으로 흘러나와 속을 알 수 있게 하는 것은 義^(의)의 덕이요, 소리가 낭랑하여 멀리서도 들을 수 있는 것은 智^(지)의 덕이요, 끊길지언정 굽혀지지 않는 것은 勇^(용)의 덕이요, 날카로우면서도 남을 해치지 않는 것은 潔^(결)의 덕이다."라고 한 『설문해자』의 말처럼, 옥은 중국에서 최고의 덕목을 갖춘 물체로 인식되었다. 그래서 옥은 珍^(보배 진)에서처럼 단순한 보석을 넘어서 더없이 보배로운 吉祥^(길상)의 상징이었는데, 그것은 現^(나타날 현)에서처럼 옥이 가진 맑은소리와 영롱하고 아름다운 무늬 때문일 것이다. 이 때문에 옥은 몸에 걸치는 장신구

는 물론 신분의 상징이자 권위를 대신하는 도장^(璽·새)의 재료로 쓰였으며, 때로는 노리개로, 심지어 시신의 구멍을 막는 마개로도 쓰였다. 더 나아가 옥은 중요사의 예물로도 사용되었다. '순자'의 말처럼, 사자를 파견할 때에는 홀^(珪·규)을, 나랏일을 자문하러 갈 때에는 둥근 옥^(璧·벽)을, 경대부를 청해올 때에는 도리옥^(瑗·원)을, 군신관계를 끊을 때에는 패옥^(玦·결)을, 유배당한 신하를 다시 부를 때에는 환옥^(環·환)을 사용함으로써, 각각의 상징을 나타냈다.

字形 ꡔꡔꡔ甲骨文 ꡕ金文 ꡖ古陶文 ꡗꡗ货币文 ꡘꡙ簡牘文
ꡚ說文小篆 ꡛ說文古文

●예● 玉石(옥석), 玉童子(옥동자), 金枝玉葉(금지옥엽)

온

528

溫(따뜻할 온): wēn, 水-10, 13, 60

字解 형성. 水^(물 수)가 의미부이고 昷^(어질 온)이 소리부인데, 원래는 강 이름으로 楗爲符^(건위부)에서 나와 남쪽으로 흘러 黔水^(검수)로 흘러들어 간다. 이후 따뜻한^(昷) 물^(水)이라는 의미로부터, 온천물은 물론 溫暖^(온난)에서처럼 따뜻함의 일반적인 개념까지 지칭하였으며 마음 상태의 溫柔^(온유)함도 뜻하게 되었다.

字形 ꡜꡝ石刻古文 ꡞ說文小篆

●예● 氣溫(기온), 溫暖(온난), 溫室(온실), 溫度(온도), 溫泉(온천), 體溫(체온), 溫和(온화), 溫故知新(온고지신)

와

529

瓦(기와 와): wǎ, 瓦-0, 5, 32

字解 상형. 『설문해자』에서는 '불에 구운 토기의 총칭이다'고 풀이했는데, 기와가 서로 연이어져 있는 모습을 그렸다. 『설문해자』의 말처럼 항아리, 병, 단지, 동이는 물론 벽돌 등 불에 구운 토기면 모두 瓦로 지칭했으나 이후 '기와'가 가장 대표적인 물품으로 남음으로써 '기와'를 지칭하게 되었다. 그래서 瓦로 구성된 글자들은 흙을 불에 구워 만든 각종 물품과 관련되어 있다.

字形 古陶文 簡牘文 說文小篆

●예● 靑瓦臺(청와대)

530

臥(엎드릴 와): 卧, wò, 臣-2, 8, 30

字解 회의. 人^(사람 인)과 臣^(신하 신)으로 구성되어, 책상에 엎드려 머리를 숙인 사람^(人)의 눈^(臣)을 그려 '눕다'와 '자다'는 의미를 그렸다. 그래서 옛날에는 침대에 누워 자는 것을 寢^(잠잘 침), 책상^(几궤)에 기대어 잠시 눈을 붙이는 것을 臥로 구분했다. 간화자에서는 人을 卜^(점 복)으로 바꾼 卧로 쓴다.

字形 簡牘文 說文小篆

●예● 臥病(와병)

완

531

完(완전할 완): wán, 宀-4, 7, 50

字解 형성. 宀^(집 면)이 의미부이고 元^(으뜸 원)이 소리부로, '완전하게' 차려입어 성장한 사람^(元)이 종묘^(宀) 앞에 선 모습을 그렸고, 이로부터 完全^(완전)하다, 完成^(완성)하다, 完了^(완료)하다 등의 뜻이 나왔다.

字形 宅 宅 古陶文 宅宅 宅 宅 簡牘文 宅 說文小篆

●예● 完全(완전), 完成(완성), 完了(완료), 完工(완공), 完備(완비), 補完(보완), 完遂(완수), 完結(완결), 完快(완쾌), 完全無缺(완전무결)

왈

532

曰(가로 왈): yuē, 曰-0, 4, 30

字解 지사. 입^(口·구)에 가로획을 더하여 입에서 '말이 나오는 모습을 상징화했는데, 曷^(어찌 갈)은 입을 쩍 벌린 모습에서 큰 소리로 '요구하다'의 뜻이 나왔다. 하지만, 현행 옥편에서 曰부수에 귀속된 나머지 글자들은 대부분 '말하다'는 뜻과는 관계없이, 예서로 들면서 書^(글 서)와 같이 '그릇', 最^(가장 최)와 같이 '모자' 등을 그린 것들이 잘못 변한 글자들이다.

字形 曰曰 甲骨文 曰曰 曰曰 金文 曰 曰 曰 古陶文 曰 曰 簡牘文 曰 帛書 曰 石刻古文 曰 說文小篆

●예● 曰可曰否(왈가왈부)

왕

533

往(갈 왕): wǎng, 彳-5, 8, 42

字解 회의. 彳^(조금 걸을 척)과 主^(주인 주)로 구성되어, 어떤 주체^(主)가 길을 가는 것^(彳)을 말하며, 이로부터 '가다'의 뜻이, 다시 과거, 과거에 일어난 일, 왕왕, …을 향해서 등의 뜻이 나왔다. 원래는 之^(갈 지)가 의미부이고 王^(임금 왕)이 소리부로, '가다^(之)'는 뜻을 나타내었는데, 이후 길을 뜻하는 彳^(조금 걸을 척)을 더해 의미를 강화했고, 형체가 줄어 지금의 자형이 되었다.

字形 𣥆 說文小篆

●예● 往來(왕래), 往復(왕복), 右往左往(우왕좌왕), 說往說來(설왕설래)

534

王(임금 왕): wáng, 玉-0, 4, 80

字解 상형. 『설문해자』에서는 三^(석 삼)과 ㅣ^(뚫을 곤)으로 구성되어 "하늘^(天)과 땅^(地)、사람^(人)을 의미하는 三을 하나로 꿰뚫은^(ㅣ) 존재가 王이다."라고 했다. 하지만, 갑골문에 의하면 王은 어떤 신분을 상징하는 모자를 형상한 것으로 보이며, 혹자는 도끼를 그린 것으로 해석하기도 한다. 모자나 도끼는 권위의 상징이었을 것이며, 그래서 '왕'이라는 뜻이 생겼고, 이로부터 '크다', '위대하다' 등의 뜻도 나왔다.

字形 大 大 大 王 王 甲骨文 王 金文 王 古陶文 王 簡牘文 王 货币文 王 說文小篆 示 說文古文

●예● 君王(군왕), 王朝(왕조), 國王(국왕), 王室(왕실)

외

535

外(밖 외): [夘], wài, 夕-2, 5, 80

字解 회의. 夕^(저녁 석)과 卜^(점 복)으로 구성되어, 밤^(夕)에 출타할 때 치렀던 점^(卜)에서

'밖'이라는 뜻이 나왔으며, 이로부터 바깥, 外部(외부), 外國(외국), 外家(외가) 등의 뜻이 나왔다. 인간의 활동이 밤까지 확대된 것은 얼마 되지 않은 최근의 일이며, 옛날에는 해가 뜨면 나가 일하고 해가 지면 들어가 잠을 잤다. 그래서 밤이 인간의 활동이 정지되던 시간대였던 옛날 긴급한 일로 부득이하게 '밖'으로 출타해야 할 때에는 그 시행 여부를 점으로 묻곤 했는데 그것을 반영한 것이 外이다. 현행 옥편에서는 夕(저녁 석)부수에 귀속시켜 놓았다.

字形  甲骨文 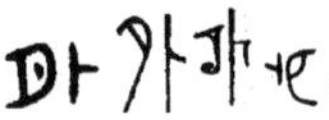 金文  古陶文  簡牘文 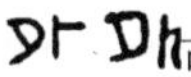 古璽文  說文小篆  說文古文

•예• 外國(외국), 外部(외부), 內外(내외), 除外(제외), 海外(해외), 外交(외교), 外面(외면), 外貌(외모), 例外(예외), 門外漢(문외한)

요

536

要(구할 요): yāo, yào, 襾-3, 9, 52

字解 형성. 소전체에서 女(여자 여)와 臼(절구 구)가 의미부이고 幺(작을 요)가 소리부로, 두 손(臼)을 여성(女)의 잘록한(幺) 허리에 댄 모습을 그려, 그곳이 '허리'임을 나타냈는데, 윗부분이 襾(덮을 아)로 변해 지금의 자형이 되었다. 이후 신체의 중요한 부분이라는 뜻에서 '중요하다'는 뜻이 나왔고, 이후 그런 것을 구하다, '요구하다'는 뜻까지 생겼으며, 그러자 원래 뜻은 肉(고기 육)을 더한 腰(허리 요)로 분화했다.

字形  金文  簡牘文  說文小篆  說文古文

•예• 重要(중요), 要求(요구), 必要(필요), 需要(수요), 要請(요청), 主要(주요), 要因(요인)

욕

537

欲(하고자 할 욕): yù, 欠-7, 11, 32

字解 형성. 欠^(하품 흠)이 의미부이고 谷^(골 곡)이 소리부로, 입을 크게 벌리고^(欠) 텅 빈 계곡^(谷)처럼 끝없이 바라는 것이 바로 '욕심'임을 그렸으며, 이로부터 '하고 자 하다', 욕심, 수요, 필요 등의 뜻이 나왔으며, 그런 의미를 나타내는 조동 사로도 쓰였다. 이후 慾望^(욕망)이나 慾心^(욕심)을 나타낼 때에는 그것이 마음 에서부터 나온다고 해서 心^(마음 심)을 더하여 慾^(욕심 욕)으로 분화했다. 현대 중 국에서는 慾^(욕심 욕)의 간화자로도 쓰인다.

字形 欲 㪍簡牘文 㒾古璽文 㲋說文小篆

●예● 欲求(욕구), 欲速不達(욕속부달)

538

浴(목욕할 욕): yù, 水-7, 10, 50

字解 형성. 水^(물 수)가 의미부이고 谷^(골 곡)이 소리부로, 목욕하다는 뜻이며, 계곡^(谷) 의 흐르는 물^(水)에 자신의 몸을 내맡기고 몸을 씻으며 정신을 가다듬는 모 습을 담았다. 또 중국 서부의 고대 민족인 土谷渾^(토욕혼)을 지칭하기도 한다.

字形 㳅㳒㳒㳒浴簡牘文 㳛帛書 㳶說文小篆

●예● 浴室(욕실), 海水浴(해수욕), 日光浴(일광욕), 山林浴(산림욕)

용

539

勇(날쌜 용): yǒng, 力-7, 9, 60

字解 형성. 力^(힘 력)이 의미부이고 甬^(길 용)이 소리부로, 勇敢^(용감)하다는 뜻인데, 무거운 청동 종^(甬)을 들 수 있는 힘^(力)은 용기^(勇·용)의 상징이었다. 이후 용감한 병사는 물론 사병, 과감하다, 결단력 있다는 뜻도 나왔다.

字形 甬 甬 㪍 金文 戰 簡牘文 㪍 說文小篆 㪍 說文或體 愚 說文古文

●예● 勇氣(용기), 勇猛(용맹), 勇敢(용감), 勇士(용사), 武勇談(무용담)

540

容(얼굴 용): róng, 宀-7, 10, 42

字解 형성. 宀^(집 면)이 의미부이고 谷^(골 곡)이 소리부로, 집^(宀)과 계곡^(谷)이 모든 것을 담고 받아들일 수 있는 큰 공간이라는 뜻에서 容納^(용납)하다, '받아들이다'는 뜻을 그렸다. 이로부터 寬容^(관용)을 베풀다, 許容^(허용)하다의 뜻이 나왔고, 관용은 얼굴색으로 나타나기에 얼굴의 뜻이, 다시 容貌^(용모) 등의 뜻이 나왔다.

字形 谷 甲骨文 古 金文 宿 容 古陶文 容 容 容 容 容 簡牘文 容 容 古璽文 容 說文小篆 容 說文古文

●예● 容貌(용모), 容恕(용서), 寬容(관용), 許容(허용), 容納(용납), 內容(내용), 受容(수용), 容易(용이), 包容(포용), 花容月態(화용월태), 氷炭不相容(빙탄불상용)

用(쓸 용): yòng, 用-0, 5, 60

字解 회의. 이의 자원은 분명하지 않다. 희생에 쓸 소를 가두어 두던 우리를 그렸고 그로부터 '쓰다'의 뜻이 나왔다거나, 중요한 일의 시행을 알리는 데 쓰는 '종'으로부터 '시행'의 뜻이 나왔다고 하는 등 의견이 분분하다. 하지만, 자세히 살피면 가운데가 卜^(점 복)이고 나머지가 冎^(冎, 뼈 발라 낼 과, 骨의 원래 글자)로 구성되어 점복에 쓰던 뼈를 그렸다는 설이 일리가 있어 보인다. 점^(卜)은 고대 사회에서 중대사를 결정할 때 반드시 거쳐야 하는 절차였고, 특히 상나라 때에는 공동체에서 시행되던 거의 모든 일이 점을 통해 이루어졌다. 이 때문에 점을 칠 때 쓰던 뼈로써 시행의 의미를 그렸고, 여기서 使用^(사용), 應用^(응용), 作用^(작용) 등의 뜻이 생겼다. 이후 중요한 일이 결정되어 모든 구성원에게 이의 시행을 알리는 행위로서 '종'이 주로 사용되었기에 다시 '종'의 의미가 나온 것으로 보인다. 用에서 파생된 甬^(길 용)은 윗부분이 종을 거는 부분으로 매달아 놓은 '종'의 모습인데, 고대문헌에서 用과 甬이 자주 통용되는 것도 이 때문이다. 그래서 用과 甬이 들어간 글자는 대부분 '종', 매달린 종처럼 '서다', 속이 빈 '종'처럼 '통하다', 큰 종소리처럼 '강력하다' 등의 의미를 갖는다.

字形 甲骨文 金文 簡牘文 帛書 石刻古文 說文小篆 說文古文

●예● 使用(사용), 應用(응용), 作用(작용), 利用(이용), 費用(비용), 活用(활용), 信用(신용), 用語(용어), 惡用(악용), 引用(인용), 登用(등용), 無用之物(무용지물)

우

542

于(어조사 우): [於], yú, 二-1, 3, 30

〔字解〕 상형. 일종의 취주 악기를 그렸는데, 초기의 간단한 피리^(竽·우)로 보인다. 『설문해자』에서는 "기가 펼쳐져 나오는 것을 그렸다"라고 했다. 악기에서 소리가 천천히 펼쳐져 나오는 모습에서 기운이나 소리가 퍼져 나오다는 뜻이 생겼다. 이후 문장에서 말의 속도를 조절하는 '어기사'로 쓰였고, 또 장소, 비교, 대상 등을 나타내는 다양한 의미의 조사로도 쓰였다. 그러자 원래 뜻은 竹^(대 죽)을 더한 竽^(피리 우)로 분화했다. 현대 중국에서는 於^(어조사 어)의 간화자로도 쓰인다.

〔字形〕 甲骨文 金文 古陶文 盟書 簡牘文 石刻古文 說文小篆

●예● 于先(우선)

543

又(또 우): yòu, 又-0, 2, 30

〔字解〕 상형. 갑골문에서 오른손을 그렸는데, 다섯 손가락이 셋으로 줄었을 뿐 팔목까지 그대로 표현되었다. 그래서 又^(또 우)는 取^(취할 취)나 受^(받을 수)와 같이 주로 손의 동작을 나타내는 데 쓰인다. 형체가 조금 변했지만 秉^(잡을 병)이나 筆^(붓 필)에도 又의 변형된 모습이 들어 있다. 하지만 又는 이후 '또'라는 의미로 가차되어 원래의 의미를 상실했는데, 지금은 단독으로 쓰이는 경우 주로 '또'라는 뜻으로 쓰인다.

〔字形〕 甲骨文 金文 古陶文 簡牘文 說文

小篆

●예● 日新又日新(일신우일신)

544

友(벗 우): yǒu, 又-2, 4, 52

字解 형성. 오른손^(又) 두 개가 같은 방향으로 나란히 놓인 모습이다. 오른손은 도움을 상징하여, 어려울 때 도움을 줄 수 있는 관계가 友라는 의미를 형상화했다. 『주례』에서 "같은 스승을 모시는 관계가 朋^(붕)이요, 뜻을 같이하는 관계가 友이다."라고 한 것을 보면, 도움엔 뜻을 같이하는 것^(同志·동지)보다 더 큰 것은 없어 보인다.

字形 [甲骨文] [金文] [古陶文] [盟書]

[簡牘文] [說文小篆] [說文古文]

●예● 友情(우정), 友愛(우애), 友好(우호), 友邦(우방), 莫逆之友(막역지우), 竹馬故友(죽마고우)

545

右(오른쪽 우): yòu, 口-2, 5, 70

字解 회의. 원래는 오른손을 그려 돕다는 뜻을 그렸는데, 이후 오른손, 오른쪽, 돕다, 중시하다, 귀하다의 뜻이 나왔고, 다시 서쪽 즉 남쪽으로 보고 앉았을 때의 오른쪽을 지칭하게 되었다. 이후 그것이 오른쪽 손임을 더욱 명확하게 하려고 손의 왼쪽에 두 점을 첨가하였다가, 다시 口로 바꾸어 지금의 자형이 되었는데, 口는 입이나 기물의 아가리를 그렸다. 혹자는 이를 두고 오른손으로 입^(口)에 밥을 떠 넣거나, 그릇^(口)에서 음식을 더는 모습을 그렸다고 풀이하기도 한다.

字形 [甲骨文] [金文] [古陶文] [簡牘文] [古璽文]

說文小篆

●예● 右翼(우익), 極右(극우)

546

宇(집 우): yǔ, 宀-3, 6, 32

字解 형성. 宀(집 면)이 의미부이고 于(어조사 우)가 소리부로, 집(宀)의 '처마'를 말한다. 이와 짝을 이루는 宙(집 주)는 '대들보'를 뜻하였는데, 고대 중국인들은 대들보와 처마 사이의 빈 곳으로써 확장 가능한 공간을 말했다. 철학자들은 여기서 더 나아가 宇를 무한히 늘어나는 공간으로, 宙를 극한을 향해 끝없이 뻗어가는 시간으로 인식하여, 宇宙라는 단어를 만들어 냈다.

字形 金文 簡牘文 說文小篆 說文籀文

●예● 宇宙(우주)

547

尤(더욱 우): yóu, 尢-1, 4, 30

字解 지사. 갑골문에서는 오른손(又)에다 가로획(一)을 더한 모습으로, 손(又)이 뻗어 나가지 못하고 가로막힘(一)으로부터 할 수 없음이나 재앙을 뜻했다. 이후 이를 극복하기 위한 '특이한' 노력이 필요하다는 뜻에서 '더욱'이나 '특히' 등의 뜻이 나왔다. 『설문해자』에서는 乙(새 을)이 의미부이고 又가 소리부인 구조로 변했으며, 자형이 조금 변해 지금처럼 되었다.

字形 甲骨文 金文 石刻古文 說文小篆

548

憂(근심할 우): 忧, [惪], yōu, 心-11, 15, 32

字解 회의. 윗부분은 頁^(머리 혈), 중간부분은 心^(마음 심), 아랫부분은 夊^(뒤져서 올 치)로 구성되어, 화장한 얼굴에 춤을 추는 제사장의 마음을 그렸는데, 자형이 조금 변해 지금처럼 되었다. 비가 내리기를 빌거나 재앙을 없애려 춤을 추는 제사장의 근심 어린 마음으로부터 '걱정하다'는 뜻이 나왔고, 이후 의미를 더 강화하기 위해 心을 다시 더한 懮^(느릿할 우)로 썼고, 간화자에서는 이를 줄여 忧로 쓴다.

字形 說文小篆

●예● 憂慮(우려), 憂國(우국), 憂患(우환), 內憂外患(내우외환)

549

牛(소 우): niú, 牛-0, 4, 50

字解 상형. 소의 전체 모습으로도 보지만 자세히 관찰하면 사실은 소의 머리로 보인다. 갑골문과 금문을 비교해 볼 때, 위쪽은 크게 굽은 뿔을, 그 아래의 획은 두 귀를, 세로획은 머리를 간단하게 상징화한 것으로 볼 수 있다. 소는 犁^(쟁기 려)에서처럼 정착 농경을 일찍 시작한 중국에서 농경의 주요 수단이었으며, 이 때문에 犧牲^(희생)에서처럼 농사와 조상신에게 바치는 제물로 자주 사용되었다.

字形 甲骨文 金文 古陶文 货币文 盟書 簡牘文 古璽文 說文小篆

●예● 牛乳(우유), 狂牛病(광우병), 九牛一毛(구우일모), 矯角殺牛(교각살우)

550

遇(만날 우): yù, 辵-9, 13, 40

字解 형성. 辵^(쉬엄쉬엄 갈 착)이 의미부이고 禺^(긴 꼬리 원숭이 우)가 소리부로, 길을 가면서

^(辵) 귀신처럼 생긴 이상한 존재^(禺)를 '만나다'는 뜻에서, 예기치 않고 우연하게 만남을 말하며, 이로부터 待遇^(대우), 기회 등의 뜻도 나왔다.

字形 ⟨금문⟩金文 ⟨맹서⟩盟書 ⟨간독문⟩簡牘文 ⟨설문소전⟩說文小篆

●예● 待遇(대우), 處遇(처우), 境遇(경우), 不遇(불우), 千載一遇(천재일우)

551

雨(비 우): yǔ, 雨-0, 8, 52

字解 상형. 갑골문에서 하늘에서 떨어지는 '비'를 그렸는데, 자형이 변해 지금처럼 되었다. 농경을 주로 했던 고대 중국에서 '비'는 생존과 직결되었기에 雨가 기상을 대표하는 글자가 되었다. 특히 가뭄은 농사에 치명적이었기에 기우제에 관한 의미와도 자주 연결된다.

字形 ⟨갑골문⟩甲骨文 ⟨금문⟩金文 ⟨고도문⟩古陶文 ⟨간독문⟩簡牘文 ⟨백서⟩帛書 ⟨석각고문⟩石刻古文 ⟨설문소전⟩說文小篆 ⟨설문고문⟩說文古文

●예● 暴雨(폭우), 雨期(우기), 降雨量(강우량), 祈雨祭(기우제)

552

云(이를 운): [雲], yún, 二-2, 4, 30

字解 상형. 피어오르는 구름의 모습을 그렸는데, 이후 '말하다'는 뜻으로 가차되어 쓰이자 원래의 뜻은 다시 雨^(비 우)를 더한 雲^(구름 운)으로 분화했다. 현대 중국에서는 雲의 간화자로도 쓰인다.

553

運(돌릴 운): 运, yùn, 辵-9, 13, 60

字解 형성. 辵^(쉬엄쉬엄 갈 착)이 의미부이고 軍^(군사 군)이 소리부로, 군대^(軍)를 움직이는 ^(辵) 것을 말한다. 이로부터 이동하다, 옮기다, 움직이다 등의 뜻이 나왔다. 간화자에서는 軍을 云^(이를 운)으로 바꾼 运으로 쓴다.

字形 🔲說文小篆

●예● 運營(운영), 運動(운동), 運命(운명), 幸運(행운), 運行(운행), 氣運(기운), 運轉(운전), 運送(운송), 運輸(운수)

554

雲(구름 운): 云, yún, 雨-4, 12, 52

字解 형성. 雨^(비 우)가 의미부이고 云^(이를 운)이 소리부로, 비^(雨)가 오기 전에 생기는 구름^(云)을 말한다. 원래는 피어오르는 구름을 그린 云으로 썼는데, 이후 雨를 더해 지금의 자형이 되었고, 간화자에서는 다시 원래의 云으로 되돌아갔다. 구름이 원래 뜻이며, 구름처럼 모이다^(雲集운집)의 뜻도 나왔다.

字形 🔲甲骨文 🔲🔲古陶文 🔲🔲雲簡牘文 🔲古璽文

雲說文小篆 🔲說文古文

●예● 風雲(풍운), 雲海(운해), 雲集(운집), 靑雲(청운), 望雲之情(망운지정)

웅

555

雄(수컷 웅): xióng, 隹-4, 12, 50

字解 형성. 隹^(새 추)가 의미부이고 厷^(팔뚝 굉)이 소리부로, 새^(隹)의 수컷을 말하는데, 수컷은 팔뚝^(厷)처럼 강함을 특징으로 한다. 이후 수컷과 남성의 통칭이 되었으며, 힘이 있다, 걸출하다, 뛰어나다 등의 뜻이 생겼다.

字形 𤕱 說文小篆

●예● 英雄(영웅), 雄飛(웅비), 雄辯(웅변), 雄壯(웅장)

원

556

元(으뜸 원): yuán, 儿-2, 4, 52

字解 지사. 갑골문에서 사람의 측면 모습에 머리를 크게 키워 그렸고, 머리가 사람의 가장 위쪽에 있음으로써 '으뜸'이나 '처음'의 뜻이 생겼다. 이후 왕조이름으로 쓰여 원나라^(1278~1368년 존속)를 지칭하였다.

字形 𠜶𠀠𠀡𠀢𠀣甲骨文 𠀤金文 𠀥古幣文 𠅇帛書 𠀦簡牘文 𠀧石刻古文 𠅇說文小篆

●예● 復元(복원), 還元(환원), 元旦(원단), 元老(원로)

557

原(근원 원): yuán, 厂-8, 10, 50

字解 회의. 깎아지른 언덕^(厂)에서 물이 흘러나오는 모습^(泉·천)을 그려 샘물의 '근원'

을 말했고, 이로부터 원래의, 최초의, 가공을 거치지 않은 등의 뜻이 나왔다. 『설문해자』에서는 샘이 여럿이라는 뜻에서 세 개의 泉으로 구성되었는데, 이후 다시 줄어 지금처럼 되었다. 原이 평원이라는 뜻으로 쓰이자 다시 水^(물 수)를 더하여 源^(근원 원)으로 분화했다.

字形 原_{金文} 原 原_{古陶文} 原_{簡牘文} 原_{說文小篆} 原_{說文篆文}

●예● 原因(원인), 原則(원칙), 原理(원리), 原料(원료), 原價(원가), 原油(원유), 高原(고원), 平原(평원), 草原(초원)

558

園(동산 원): 园, yuán, 囗-10, 13, 60

字解 형성. 囗^(나라 국에워쌀 위)이 의미부이고 袁^(옷 길 원)이 소리부로, 둥글게^(袁) 담^(囗)으로 에워싼 과실수를 심는 '동산'을 말하며, 이후 공원을 지칭하게 되었다. 간화자에서는 袁을 元^(으뜸 원)으로 간단히 줄인 园으로 쓴다.

字形 園 園 園_{古陶文} 園 園 園_{簡牘文} 園_{說文小篆}

●예● 公園(공원), 庭園(정원), 樂園(낙원), 田園(전원), 花園(화원), 果樹園(과수원)

559

圓(둥글 원): 圆, yuán, 囗-10, 13, 42

字解 형성. 囗^(나라 국에워쌀 위)이 의미부이고 員^(수효 원)이 소리부로, 정^(鼎)의 아가리^(囗)처럼 둥글다는 뜻의 員에다 테두리를 뜻하는 囗을 더해 '둥글다'는 의미를 더욱 강조했으며, 이로부터 圓滿^(원만)하다는 뜻이 나왔다. 간화자에서는 圆으로 쓴다.

字形 圓_{簡牘文} 圓_{說文小篆}

●예● 圓形(원형), 半圓(반원), 圓滿(원만)

560

怨(원망할 원): [寃], yuàn, 心-5, 9, 40

字解 형성. 心^(마음 심)이 의미부이고 夗^(누워 뒹굴 원)이 소리부로, 원망하는 마음^(心)을 말하며, 이로부터 원한을 가지다, 슬퍼하다, 哀怨^(애완슬프게 원망하다)하다, 비웃다 등의 뜻이 나왔다.

字形 [圖] 簡牘文 [圖] 石刻古文 [圖] 說文小篆 [圖] 說文古文

●예● 怨恨(원한), 怨望(원망), 怨聲(원성)

561

遠(멀 원): 远, yuǎn, 辵-10, 14, 60

字解 형성. 辵^(쉬엄쉬엄 갈 착)이 의미부이고 袁^(옷 길 원)이 소리부로, 긴^(袁) 거리를 가다^(辵)는 뜻으로부터 멀다, 遠大^(원대)하다, 深遠^(심원)하다, 차이가 많이 나다, 사이가 멀다 등의 뜻이 나왔다. 간화자에서는 소리부 袁을 元^(으뜸 원)으로 간단히 줄인 远으로 쓴다.

字形 [圖] [圖] [圖] 金文 [圖] [圖] [圖] [圖] 簡牘文 [圖] 石刻古文 [圖] 說文小篆 [圖] 說文古文

●예● 遠近(원근), 永遠(영원), 遠征(원정), 遠隔(원격), 疏遠(소원), 遠大(원대), 遠心力(원심력)

562

願(원할 원): 愿, yuàn, 頁-10, 19, 50

字解 형성. 頁^(머리 혈)이 의미부이고 原^(근원 원)이 소리부로, 원래는 머리^(頁)가 큰^(原) 것을 말했는데, 이후 願望^(원망)에서처럼 '바라다'는 뜻으로 쓰였다. 간화자에

서는 상하구조로 된 愿^(삼갈 원)에 통합되었다.

字形 願 說文小篆

•예• 願書(원서), 所願(소원), 祈願(기원), 志願(지원), 自願(자원), 民願(민원)

월

563

月(달 월): yuè, 月-0, 4, 80

字解 상형. 달을 그렸는데, 태양^(日·일)과 쉽게 구분할 수 있도록 둥근 모습의 보름 달이 아닌 반달을 그렸다. 月도 日처럼 중간에 들어간 점이 특징적이다. 이를 달 표면의 음영이라고도 하나 중국 신화에서 달에 산다고 하는 蟾蜍^(섬어 두꺼비)의 상징으로 보기도 한다. 달이 원래 뜻이며, 달이 이지러지고 차는 주기라는 뜻에서 '한 달'을 지칭하였고, 달처럼 생긴 둥근 것을 말하기도 하였다.

字形 月月月月 甲骨文　月月月月 金文
月月月月月月月 古陶文　月月 簡牘文　月月 石刻古文
月 說文小篆

•예• 歲月(세월), 日就月將(일취월장), 日進月步(일진월보)

위

564

位(자리 위): wèi, 人-5, 7, 50

字解 회의. 人^(사람 인)과 立^(설 립)으로 구성되어, 사람^(人)이 서 있는^(立) 그곳이 '자리'

이자 '위치'임을 그렸다. 이후 職位^(직위)나 地位^(지위), 자리 등의 뜻이 나왔고, 옛날 임금 자리의 비유로도 쓰였다. 원래는 立으로 썼으나 人을 더하여 '사람의 위치'임을 강조해 분화한 글자이다.

字形 甲骨文 金文 簡牘文 說文小篆

●예● 職位(직위), 地位(지위), 位置(위치), 方位(방위), 順位(순위), 等位(등위), 上位(상위), 下位(하위), 單位(단위)

565

偉(훌륭할 위): 伟, wěi, 人-9, 11, 52

字解 형성. 人^(사람 인)이 의미부이고 韋^(에워쌀다룸가죽 위)가 소리부로, 훌륭하고 뛰어나다는 뜻인데, 옛날 고대사회에서 성을 지켜내어^(韋) 자신들을 안전하게 해 주는 사람^(人)이 훌륭하게 느껴졌을 것이고, 그런 사람은 키도 크고 몸도 좋은 사람이었을 것이기에 위인, 키가 크다, 건장하다 등의 뜻이 나왔다. 간화자에서는 韋를 韦로 줄인 伟로 쓴다.

字形 說文小篆

●예● 偉人(위인), 偉大(위대), 偉業(위업)

566

危(위태할 위): wēi, 卩-4, 6, 40

字解 형성. 소전체에서 卩^(병부절)이 의미부이고 厃^(우러러볼 첨)이 소리부로, 바위^(厂) 위에 선 사람^(人·인)을 그린 厃에다 앉은 사람을 그린 卩이 더해져 '위태함'을 그렸다. 이로부터 위태함과 위험의 뜻이 나왔고, 위급, 위해 등의 뜻이 나왔다. 또 위태하게 보일 정도로 허리를 꼿꼿하게 세워 앉는다는 뜻에서 危坐^(위좌)의 뜻도 나왔다. 또 별의 이름으로 쓰여 28수의 하나를 지칭하기도 한다.

字形 古陶文 危危簡牘文 說文小篆

●예● 危機(위기), 危險(위험), 危急(위급), 危篤(위독), 居安思危(거안 사위), 累卵之危(누란지위)

567

威(위엄 위): wēi, 女-6, 9, 40

字解 회의. 女^(여자 여)와 戌^(개 술)로 구성되어, 여성^(女)이 무기^(戌)를 든 모습으로, '시어머니'가 원래 뜻이며, 이로부터 威嚴^(위엄)의 뜻이 나왔다. 이는 옛날 고대 사회에서 마을의 우두머리가 여성이었고 그들이 권위를 가졌음을 보여준다.

字形 金文 簡牘文 說文小篆

●예● 威脅(위협), 示威(시위), 權威(권위), 威力(위력), 威勢(위세), 威壓(위압), 威嚴(위엄), 威風堂堂(위풍당당)

568

爲(할 위): 为, [為], wéi, wèi, 爪-8, 12, 42

字解 회의. 爪^(손톱 조)와 象^(코끼리 상)으로 구성되어, 손^(爪)으로 코끼리^(象)를 부려 일을 시키는 모습을 그렸는데, 아랫부분의 형체가 변해 지금처럼 되었다. '일을 하다'가 원래 뜻이며, 이후 '…위하여', '…때문에'라는 문법소로 쓰였다. 속자에서는 為로 줄여 쓰며, 간화자에서는 초서체로 줄인 为로 쓴다.

字形 甲骨文 金文

古陶文 簡牘文 說文小篆

說文古文

●예● 行爲(행위), 人爲(인위), 當爲(당위), 轉禍爲福(전화위복), 指鹿爲

유

569

唯(오직 유): wéi, wěi, 口-8, 11, 30

字解 형성. 口^(입 구)가 의미부이고 隹^(새 추)가 소리부로, 원래는 새^(隹)의 울음소리^(口)를 뜻했으나, 이후 의미 없는 발어사로 쓰였고, 아무 의견 없이 소리만 낸다는 뜻에서 승낙하다의 뜻이 나왔다. 이후 維^(바 유)나 惟^(생각할 유) 등과 함께 통용되어 발어사로 쓰였으며, 또 '오직'이라는 부사로도 쓰였다.

●예● 唯一(유일), 唯一無二(유일무이), 唯我獨尊(유아독존)

570

幼(어릴 유): yòu, 幺-2, 5, 32

字解 회의. 幺^(작을 요)와 力^(힘 력)으로 구성되어, 쟁기를 끌 수 있는 성인 남성^(男남)에 비해 힘^(力)이 아직 작은^(幺) 미성장의 '어린 아이'를 말하며, 이로부터 힘이 적다, 어리다, 幼稚^(유치)하다, 경험이 적다, 천박하다 등의 뜻이 나왔다.

字形 ![甲骨文] 甲骨文 ![金文] 金文 ![簡牘文] 簡牘文 ![說文小篆] 說文小篆

●예● 幼兒(유아), 幼年(유년), 長幼有序(장유유서)

571

有(있을 유): yǒu, 月-2, 6, 70

字解 형성. 肉^(고기 육)이 의미부이고 又^(또 우)가 소리부로, 손^(又)으로 고기^(肉)를 잡은 모습을 그렸고, 이로부터 '所有^(소유)'의 의미를 그렸다. 이후 갖다, 얻다, 취하다, 있다 등의 뜻이 나왔다. 갑골문에서는 소^(牛우)의 머리를 그려 재산을

가졌음을 그리기도 했다. 현대 옥편에서는 月^(肉)과 유사한 月^(달 월) 부수에 귀속시켰다.

字形 甲骨文 金文 古陶文
簡牘文 石刻古文 說文小篆

●예● 有利(유리), 所有(소유), 有效(유효), 共有(공유), 有益(유익), 有口無言
(유구무언), 有備無患(유비무환)

572

柔(부드러울 유): róu, 木-5, 9, 32

字解 회의. 木^(나무 목)과 矛^(창 모)로 구성되어, 나무가 부드러워 휘어짐을 말했는데, 창^(矛)의 자루로 쓰는 나무^(木)는 유연성이 있어야 쓸모가 있음을 웅변해 준다. 훌륭한 창은 창의 재질도 강해야겠지만 그 못지않게 중요한 것이 나무 자루의 柔軟^(유연)한 탄력성이기 때문이다. 그래서 柔는 '나무의 성질이 柔軟함이 원래 뜻이고, 이로부터 부드럽다, 온화하다 등의 뜻까지 생겼다.

字形 簡牘文 說文小篆

●예● 柔軟(유연), 柔道(유도), 外柔內剛(외유내강), 優柔不斷(우유부단)

573

油(기름 유): yóu, 水-5, 8, 60

字解 형성. 水^(물 수)가 의미부이고 由^(말미암을 유)가 소리부로, 강^(水)의 이름으로, 武陵^(무릉)군 孱陵^(잔릉)현 서쪽에서 나와 동남쪽으로 흘러 장강으로 흘러드는 강을 말했다. 이후 피마자의 즙을 말했고, 이로부터 '기름'을 통칭하게 되었다.

字形 說文小篆

●예● 石油(석유), 油價(유가), 原油(원유), 油田(유전), 食用油(식용유)

574

猶(같을·오히려 유): 犹, yóu, 犬-9, 12, 32

字解 형성. 犬^(개 견)이 의미부이고 酋^(두목 추)가 소리부로, 원숭이 류에 속하는 짐승^(犬)의 일종으로 다리가 짧고 절벽이나 나무를 잘 탔다고 한다. 이후 비슷하다, 같다는 뜻이 나왔고, 또 '오히려'라는 부사로도 쓰였다. 간화자에서는 소리부 酋를 尤^(더욱 우)로 줄인 犹로 쓴다.

字形 [甲骨文] [金文] [盟書] [簡牘文]

石刻古文 [說文小篆]

•예• 猶豫(유예), 過猶不及(과유불급)

575

由(말미암을 유): yóu, 田-0, 5, 60

字解 미상. 자원이 분명하지 않다. 『설문해자』에는 보이지 않고, 『이아』에서 이미 '…로부터'라는 문법소로 쓰였으며, 『방언』에서는 법식^(式), 『광운』에서는 '경우하다', 『집운』에서는 '말미암다^(因)'는 뜻이라고 했는데, 이후 '…을 따라서', '…에 근거해' 등의 뜻도 나왔다. 일본의 『漢字源^(한자원)』에서는 卣^(술통 유)와 같은 데서 생겨난 글자로, 술그릇의 주둥이에서 술이 나오는 모습을 그려 상형자로 풀이하기도 했다.

•예• 自由(자유), 理由(이유), 事由(사유), 由來(유래), 自由自在(자유자재)

576

遊(놀 유): 游, yóu, 辵-9, 13, 40

字解 형성. 辵^(쉬엄쉬엄 갈 착)이 의미부이고 斿^(깃발 유)가 소리부로, 유람함을 말한다.

원래는 斿로 써, 깃발^(仈·언) 아래에 자손^(子·자)들이 모여 다니는 모습을 형상
했는데, 이후 물길을 따라 다니다는 뜻에서 水^(물 수)를 더해 游로, 가다는 뜻
을 강조하기 위해 辵을 더해 遊^(놀 유)를 만들었다. 간화자에서는 游^(헤엄칠 유)
에 통합되었다.

字形 澀 說文小篆 遊 說文古文

●예● 遊覽(유람), 遊戱(유희), 遊興(유흥), 遊泳(유영)

577

遺(끼칠 유): 遗, yí, 辵-12, 16, 40

字解 형성. 辵^(쉬엄쉬엄 갈 착)이 의미부이고 貴^(귀할 귀)가 소리부로, 두 손에 삼태기를
들고 흙 속에서 뭔가를 건져내^(貴) 다른 곳으로 옮기는^(辵) 모습을 그렸다. 있
던 것이 다른 곳으로 옮겨간다는 뜻에서 '없어지다', '잃어버리다'는 뜻이 생
겼고, 그렇게 되지 않도록 해야 하는 것이 遺産^(유산)이자 遺物^(유물)이라는 뜻
도 나왔다.

字形 惪 惪 惪 鑿 金文 饢饢遉 簡牘文 讚 說文小篆

●예● 遺産(유산), 遺傳(유전), 遺物(유물), 遺跡(유적), 遺骨(유골), 遺
言(유언), 遺書(유서), 後遺症(후유증), 遺傳子(유전자)

578

酉(열째 지지 유): yǒu, 酉-0, 7, 30

字解 상형. 원래 배가 볼록하고 목이 잘록하며 끝이 뾰족한 술독을 그렸는데, 자
형이 변해 지금처럼 되었다. 뾰족한 끝은 황하 유역을 살았던 고대 중국인
들이 모래 진흙으로 된 바닥에 꽂아두기 좋게 하였기 때문이다. 그래서 '술
독'이 원래 의미이나, 이후 간지자로 가차되었고, 열 두 띠의 하나인 '닭'을
뜻하게 되었다.

字形 `甲骨文` `金文` `古陶文`

`簡牘文` `古璽文` `說文小篆` `說文古文`

579

肉(月·고기 육): [宍], ròu, 肉-0, 6, 42

字解 상형. 살결이 갖추어진 고깃덩어리를 그렸으며, 고기나 과실의 과육 등을 말하는데, 따로 쓰거나 상하 구조에는 肉, 좌우구조에는 月으로 구분해 썼다. 肉이 둘 중복되면 多^(많을 다), 손^(又·우)에 고기^(肉)를 쥔 모습이 有^(있을 유)가 되는 것처럼 肉은 소유의 상징이었으며, 뼈와 살로 구성된 몸의 특징 때문에 각종 신체 부위를 지칭하기도 한다. 일부 방언에서는 행동이나 성질이 느린 것을 지칭하기도 한다. 현대 한자에서는 月과 자형이 비슷한 月^(달 월)과 종종 혼용되기도 한다.

字形 `甲骨文` `簡牘文` `說文小篆`

●예● 肉體(육체), 肉身(육신), 羊頭狗肉(양두구육), 骨肉相爭(골육상쟁), 苦肉之策(고육지책)

580

育(기를 육): [毓], yù, 肉-4, 8, 70

字解 형성. 厶^(해산할 때 아이 돌아 나올 돌)이 의미부이고 肉^(고기 육)이 소리부로, 어미가 아이를 낳는 모습을 형상화한 毓^(기를 육)의 줄임 형인데, 厶은 큰 머리와 팔이 다 갖추어진 아이의 머리가 거꾸로 된 모습이고, 肉은 아이를 낳은 어미를 상징한다. 이로부터 아이를 낳아 기르다, 키우다, 양육하다 등의 뜻이 나왔다. 현대 중국에서는 毓^(기를 육)의 간화자로도 쓰인다.

字形 甲骨文 金文 古陶文 說文小篆 說文或體

•예• 育成(육성), 敎育(교육), 養育(양육), 體育(체육), 育兒(육아), 保育(보육)

은

581

恩(은혜 은): ēn, 心-6, 10, 42

字解 형성. 心(마음 심)이 의미부이고 因(인할 인)이 소리부로, 은혜가 원래 뜻인데, 마음(心)으로 의지할(因·인) 수 있는 존재라는 뜻에서 '은혜로움'의 의미를 그렸다. 이로부터 恩惠(은혜)는 물론 총애, 사랑하는 사람 등의 뜻이 나왔다.

字形 説文小篆

•예• 恩惠(은혜), 恩師(은사), 恩德(은덕), 恩人(은인), 恩功(은공), 聖恩(성은), 結草報恩(결초보은), 背恩忘德(배은망덕)

582

銀(은 은): 银, yín, 金-6, 14, 60

字解 형성. 金(쇠 금)이 의미부이고 艮(어긋날 간)이 소리부로, 쇠(金)의 일반적인 속성인 단단함과 반대되는(艮) 속성을 가진 '은'을 말하는데, 銀은 금속(金) 중에서 물러 가장 잘 구부러지는 금속의 하나이기 때문이다. 이후 은으로 만든 화폐, 은색 등을 지칭하게 되었다.

字形 說文小篆

•예• 銀行(은행), 金銀(금은), 銀河水(은하수)

을

乙(새 을): yǐ, 乙-0, 1, 32

字解 상형. 자원에 대한 의견이 분분하다. 다소곳하게 고부라진 모습이 새를 닮았다고 하기도 하고, 『설문해자』에서처럼 식물이 땅을 비집고 올라오는 모양을 그렸다고도 한다. 그런가 하면 적당하게 곡선을 이룬 흉골을 그려, 肔^(흉골 억)의 원래 글자라고 하기도 하는가 하면, 또 丙^(남녘 병)이 물고기의 꼬리를 그렸다면 乙^(새 을)은 물고기의 내장을 그렸다고 하기도 한다. 하지만 어느 주장이 옳은지 확정하기 어렵다. 지금은 이미 원래의 의미로 쓰이지 않고, 간지자 혹은 순서를 나타내는 데 주로 사용되어 두 번째를 뜻한다.

字形 甲骨文 金文 古陶文 盟書 簡牘文 石刻古文 說文小篆 說文或體

●예● 甲男乙女(갑남을녀)

음

吟(읊을 음): [唫, 訡], yín, 口-4, 7, 30

字解 형성. 口^(입 구)가 의미부이고 今^(이제 금)이 소리부로, 입^(口)으로 읊조리다는 뜻이며, 달리 口 대신 音^(소리 음)이나 言^(말씀 언)이 들어간 唫^(읊을 음)이나 訡^(읊을 음)으로 쓰기도 한다.

字形 說文小篆

●예● 吟味(음미), 吟風弄月(음풍농월)

585

陰(응달 음): 阴, [霒, 霠], yīn, 阜-8, 11, 42

字解 형성. 阜^(언덕 부)가 의미부이고 솔^(응달 음)이 소리부인데, 구름에 가려 볕이 들지 않는^(솔) 언덕^(阜)이라는 뜻에서 '응달'을 말하며, 산의 북쪽과 강의 남쪽을 말하기도 한다. 이후 날이 흐리다, 음전극, 그림자, 음험하다, 음모 등의 뜻이 나왔다. 간화자에서는 솔을 月^(달 월)로 바꾼 阴으로 써, 회의구조로 변했다.

字形 𨹀 說文小篆

●예● 陰曆(음력), 陰陽(음양), 光陰(광음), 寸陰(촌음), 綠陰(녹음), 陰地(음지)

586

音(소리 음): yīn, 音-0, 9, 60

字解 지사. 言^(말씀 언)과 가로획^(一)으로 구성되어, 피리^(言)에서 나오는 소리^(一)를 형상화했으며, 이로부터 소리, 음악, 소식 등의 뜻이 나왔다. 원래는 言과 자원이 같았지만, 금문에 들면서 추상부호인 가로획이 더해져 言과 구분되었다. 言은 대로 만든 피리를 그린 것으로 보인다. 音은 사람의 소리나 개인 차원의 의사소통 필요성보다는 공동체의 위기를 알리거나 마을의 중요한 회의를 소집하기 위한 도구였던 것으로 보인다. 이처럼 音은 악기를 이용하여 인간이 멀리 전달할 수 있는 '소리'가 원래 뜻이며, 이후 音樂^(음악)은 물론 모든 '소리'를 지칭하게 되었다. 그래서 音으로 구성된 글자들은 음악이나 '소리'와 관련을 갖는다. 나아가 음악은 제사나 연회에서 주로 사용되었기에 연회와 관련된 음악을 지칭한다.

字形 𠴒 𠴒 𠴒 金文 𠴒 古陶文 𠴒 𠴒 盟書 𠴒 𠴒 𠴒 𠴒 𠴒 簡牘文 𠴒 說文小篆

587

飮(마실 음): 饮, [歓], yǐn, 食-4, 13, 60

字解 형성. 食^(밥 식)이 의미부이고 欠^(하품 흠)이 소리부로, 입을 크게 벌려^(欠) 먹을 것^(食)을 마시다는 뜻을 그렸다. 원래는 술독^(酉·유)과 대로 만든 빨대^(今·금)와 벌린 입^(欠)으로 구성된 歓^(마실 음)으로 써, 혀를 내밀어 '술을 마시는 모습'을 그렸다. 그래서 '술을 마시다'가 원래 뜻이다. 이후 지금의 食과 欠으로 된 구조로 바뀌었고, 뜻도 술을 마시는 것에서 일반적인 의미로 확장되었고, 술뿐 아니라 음료수 전체를 지칭하게 되었으며, 분을 삼키다 등의 뜻도 나왔다.

字形 〔甲骨文〕 〔金文〕 〔古陶文〕 〔簡牘文〕 〔古璽〕 〔說文小篆〕 〔說文古文〕

•예• 飮食(음식), 飮酒(음주), 過飮(과음), 飮料水(음료수)

588

泣(울 읍): qì, 水-5, 8, 30

字解 형성. 水^(물 수)가 의미부이고 立^(설 립)이 소리부로, 소리 없이 혹은 낮은 소리로 눈물^(水)을 흘리며 우는 것을 말하며, 이로부터 슬프다는 뜻도 나왔다.

字形 〔說文小篆〕

•예• 泣訴(읍소)

589

邑(고을 읍): [阝], yì, 邑-0, 7, 70

字解 회의. 갑골문에서 위쪽이 囗^(나라 국에위쌀 위)으로 성을, 아래쪽은 卩^(卩'병부 절)로 꿇어앉은 사람을 그려, 이곳이 사람이 사는 지역이자 상주하는 인구를 가진 疆域^(강역)임을 상징적으로 그렸는데, 卩이 巴^(땅이름 파)로 변해 지금의 자형이 되었다. 그래서 邑은 성읍, 수도, 거주지, 행정 구역 등을 뜻하였고, 춘추 시대 때에는 30家^(가)를 1邑이라 했으며, 주로 지명을 나타내는 데 쓰였다. 다만 다른 글자들과 결합할 때에는 주로 오른쪽에 놓이며 글자의 균형을 고려해 阝으로 쓴다.

字形 ⬚⬚⬚甲骨文 ⬚⬚⬚金文 ⬚⬚⬚ ⬚⬚⬚古陶文 ⬚ 簡牘文 ⬚古璽文 ⬚說文小篆

●예● 都邑(도읍)

590

應(응할 응): 応, yìng, 心-13, 17, 42

字解 형성. 心^(마음 심)이 의미부이고 雁^(매 응, 鷹의 옛날 글자)이 소리부로, 마땅하다, '응당'이라는 뜻이다. 응당 어떻게 해야 한다는 것은 마음^(心)에서의 동의가 이루어져야 하는 심리활동이기에 心이 의미부로 채택되었다. 이후 상대에 대한 심리적 反應^(반응), 나아가 對應^(대응) 등의 뜻이 생겼다. 금문에서는 應으로, 소전에서는 疒^(병들어 기댈 녁)으로 구성된 癃으로 썼으며, 간화자에서는 雁을 간단하게 줄인 応으로 쓴다.

字形 ⬚金文 ⬚癃簡牘文 ⬚石刻古文 ⬚說文小篆

•예● 反應(반응), 對應(대응), 適應(적응), 應答(응답), 應援(응원), 應試(응시), 應用(응용), 順應(순응), 應募(응모), 因果應報(인과응보)

의

591

依(의지할 의): yī, 人-6, 8, 40

字解 형성. 人^(사람 인)이 의미부이고 衣^(옷 의)가 소리부로, 사람^(人)이 옷^(衣)을 입다가 원래 뜻이며, 사람^(人)에게서의 옷^(衣)과 같이 없이는 살 수 없는 언제나 의지하며 기대야 하는 곳임을 그렸다. 이후 의지하다, 근거하다, 순종하다 등의 뜻도 나왔다.

字形 甲骨文 金文 簡牘文 說文小篆

•예● 依支(의지), 依存(의존), 歸依(귀의), 依據(의거)

592

意(뜻 의): yì, 心-9, 13, 60

字解 회의. 心^(마음 심)과 音^(소리 음)으로 구성되어, 마음^(心)의 소리^(音)가 '뜻'이자 '의지'임을 그려냈으며, 이로부터 생각하다, 마음속에 담아두다, 내심, 감정, 意味^(의미) 등의 뜻이 나왔다.

字形 簡牘文 說文小篆

•예● 意味(의미), 意識(의식), 意見(의견), 意志(의지), 意思(의사), 同意(동의), 注意(주의), 意義(의의), 意慾(의욕)

593

矣(어조사 의): yǐ, 矢-2, 7, 30

字解 형성. 원래 矢^(화살 시)가 의미부이고 以^(써 이)가 소리부로, 화살^(矢)이 날아가 버린 것처럼 말이 이미 종결되었음을 나타내는 어기사로 쓰였는데, 자형이 변해 지금처럼 되었다.

字形 〔金文〕 〔簡牘文〕 〔說文小篆〕

594

義(옳을 의): 义, yì, 羊-7, 13, 42

字解 회의. 羊^(양 양)과 我^(나 아)로 구성되어, 날이 여럿 달린 창^(我)에 양^(羊) 장식이 더해진 '의장용 창'으로부터, 종족 내부의 결속을 도모하는 배반을 응징하는 '정의로움'의 뜻을 그렸다. 이후 정의와 도덕에 부응하는 규범으로 자리 잡았으며, 명분, 이치, 선량함 등의 뜻까지 나왔다. 간화자에서는 초서체로 간단하게 줄인 义로 쓴다.

字形 〔甲骨文〕 〔金文〕 〔古陶文〕 〔簡牘文〕 〔古璽文〕 〔說文小篆〕 〔說文或體〕

•예• 義務(의무), 主義(주의), 正義(정의), 義理(의리), 信義(신의), 道義(도의), 見利思義(견리사의)

595

衣(옷 의): yī, 衣-0, 6, 60

字解 상형. 웃옷을 그렸다. 윗부분은 목둘레를 따라 만들어진 옷깃^(領 령)을 그렸고, 아랫부분에서 양쪽은 소매^(袂 몌)를, 나머지 중간 부분은 옷섶^(衽 임)인데, 안섶이 왼쪽으로 겉섶이 오른쪽으로 가도록 여며진 모습이다. 그래서 衣는 치마^(裳 상)에 대칭되는 '웃옷'이 원래 뜻이며, 여기서 옷감이나 의복을, 다시 사물의 외피를 뜻하게 되었고, 싸다, 덮다, 입다 등의 뜻까지 생겼다.

字形 **⟨甲骨文⟩** **⟨金文⟩** **⟨古陶文⟩** **⟨簡牘文⟩**
文 **⟨⟩** 說文小篆

•예• 衣服(의복), 衣裳(의상), 脫衣(탈의), 錦衣還鄉(금의환향), 錦衣夜
行(금의야행), 好衣好食(호의호식)

596

議(의논할 의): 议, yì, 言-13, 20, 42

字解 형성. 言^(말씀 언)이 의미부이고 義^(옳을 의)가 소리부로, 정의로운^(義) 말^(言)로 '議論
^(의논)함'을 말하며, 이로부터 상의하다, 論議^(논의)하다, 선택하다, 논평하다, 비
방하다, 의견 등의 뜻이 나왔다. 간화자에서는 義를 义로 줄인 议로 쓴다.

字形 **⟨簡牘文⟩** **⟨⟩** 說文小篆

•예• 議論(의논), 會議(회의), 議員(의원), 協議(협의), 審議(심의), 討
議(토의), 不可思議(불가사의)

597

醫(의원 의): 医, yī, 酉-11, 18, 60

字解 형성. 酉^(닭 유)가 의미부이고 殹^(앓는 소리 예)가 소리부로, 상자에 든 화살촉^(医·의)
과 손에 든 수술도구^(殳·수)에 마취제나 소독제로 쓸 술^(酉)이 더해진 모습으로
부터 상처를 치료하는 의사를 그렸으며, 이후 치료하다, 의학 등의 뜻이 나
왔다. 간화자에서는 다시 医^(동개 예)로 줄여 쓴다.

字形 **⟨簡牘文⟩** **⟨⟩** 說文小篆

•예• 醫師(의사), 醫院(의원), 醫學(의학), 名醫(명의), 醫術(의술), 醫
藥品(의약품)

이

598

二(두 이): èr, 二-0, 2, 80

字解 지사. 갑골문에서 一을 둘 포갠 것으로 '두 개'를 나타냈다. 1615년 만들어진 『字彙(자휘)』에서부터 시작해 현대 옥편에서는 二를 따로 부수로 세웠지만, 一이 이미 부수로 설정된 상태에서 二를 독립된 부수로 세워야 하는지에 대해서는 의문이 남는다. 『설문해자』에서는 짝수를 말하며 '땅의 숫자' 즉 陰(음)의 숫자를 상징한다고 했다.

字形 甲骨文 金文 古陶文 盟書 簡牘文 帛書 說文小篆 說文古文

●예● 一石二鳥(일석이조), 二律背反(이율배반), 身土不二(신토불이), 不事二君(불사이군)

599

以(써 이): [㠯, 弓], yǐ, 人-3, 5, 52

字解 상형. 자원에 대해서는 의견이 분분하지만, 갑골문에서 쟁기(耟사) 같이 땅 파는 농기구를 그린 것으로 보는 것이 일반적이다. 갑골문 당시 이미 방법이나 이유를 나타내는 문법소로 쓰였기 때문에 본래 뜻을 확정하기 어렵다. 혹자는 人(사람 인)이 의미부이고 弓(써 이)가 소리부인 형성구조로 보기도 한다.

字形 甲骨文 金文 盟書 帛書 簡牘文 石刻古文 說文小篆

●예● 以後(이후), 以前(이전), 以上(이상), 以下(이하), 以外(이외), 以內(이내), 以心傳心(이심전심), 以熱治熱(이열치열), 一以貫之(일

600

已(이미 이): yǐ, 己-0, 3, 32

^{字解} 상형. 자원이 불분명하나, 갑골문에서는 쟁기를 그린 것으로 추정된다. 하지만 당시에 이미 원래의 뜻을 상실하고 완료나 도구를 나타내는 문법소와 '이미'라는 부사로 쓰였다. 예서 이후로는 已와 以^(써 이)의 두 글자로 분화되었다. 식사를 끝내고 머리를 돌린 모습을 그린 旣^(이미 기)와 독음과 의미가 같은 동원자^(同源字)였을 것으로 추정된다.

^{字形} ▨▨甲骨文 ▨▨▨▨金文 ▨▨▨盟書 ▨▨▨簡牘文 ▨▨▨石刻古文 ▨說文小篆

●예● 已往(이왕), 不得已(부득이)

601

異(다를 이): 异, yì, 田-6, 11, 40

^{字解} 회의. 얼굴에 커다란 가면을 걸치고 손을 위로 들어 춤을 추고 있는 모습을 그렸는데, 윗부분이 田^(발 전)으로 아랫부분이 共^(함께 공)으로 변해 지금의 자형이 되었다. 커다란 가면을 걸치고 춤을 추는 모습이 보통의 형상과는 달랐으므로 해서 異常^(이상)하다, 特異^(특이)하다, 奇異^(기이)하다, 다르다는 뜻이 생겼다. 간화자에서는 윗부분의 田을 巳^(여섯째지지 사)로 아랫부분의 共을 廾^(두 손으로 받들 공)으로 바꾸어 异로 쓴다.

^{字形} ▨▨▨▨甲骨文 ▨▨▨▨金文 ▨▨簡牘文 ▨說文小篆

●예● 差異(차이), 異見(이견), 異常(이상), 異變(이변), 特異(특이), 異端(이단), 異性(이성), 驚異(경이), 同床異夢(동상이몽), 大同小異

602

移(옮길 이): [迻], yí, 禾-6, 11, 42

字解 형성. 禾(벼 화)가 의미부이고 多(많을 다)가 소리부로, 『설문해자』에서는 모를 옮겨 심다는 뜻이라고 했는데, 모판에다 밀집되게(多) 키운 벼(禾)의 모를 논에다 '옮겨 심다'는 뜻을 담았으며, 이로부터 옮기다, 고치다 등의 뜻이 나왔다. 달리 옮기는 동작을 강조하여 辵(쉬엄쉬엄 갈 착)을 더한 迻(옮길 이)로 쓰기도 한다.

字形 移簡牘文 移說文小篆

●예● 移動(이동), 移轉(이전), 移住(이주), 推移(추이), 移民(이민), 愚公移山(우공이산)

603

而(말 이을 이): ér, 而-0, 6, 30

字解 상형. 위쪽 가로획(一)은 코를, 그 아래 세로획은 人中(인중)을 상징하며, 나머지 늘어진 획의 바깥은 콧수염을, 안쪽은 턱수염을 형상화한 것으로 보인다. 전통적으로 수염은 남자다움과 힘과 권력의 상징이다. 그래서 서구에서도 아스타르테(astarte, 즉 아슈토레스 (ashtoreth)) 여신처럼 턱수염을 가진 여신은 이중의 性(성)을 가진 것을 상징하며, 한자에서도 여자(女·여)의 수염(而)이라는 뜻을 그린 耍(희롱할 사)로써 '놀림'과 '희롱'의 뜻을 담아냈다. 이처럼 而의 원래 뜻은 '수염'이다. 하지만 而가 가차되어 접속사로 쓰이게 되면서 원래 뜻을 나타낼 때에는 彡(터럭 삼)을 더하여 耏(구레나룻 이)로 분화했다. 또 耏에서의 而가 이미 '수염'의 뜻을 상실했기에 의미를 더 분명하게 하고자 頁(머리 혈)로 대신한 須(모름지기 수)로써 얼굴(頁)에 난 털(彡)이라는 의미를 그렸다. 하지만 須도

남성이 반드시 갖추어야 할 것이라는 의미에서 必須^(필수)의 뜻을 갖게 되자 다시 彡^(머리털 드리워 질 표)를 더하여 鬚^(수염 수)로 분화했다.

字形 金文 古陶文 簡牘文 石刻古文 說文小篆

●예● 似而非(사이비)

604

耳(귀 이): ěr, 耳-0, 6, 50

字解 상형. 귓바퀴와 귓불이 갖추어진 '귀'를 그렸으며, 이후 木耳^(목이) 버섯처럼 귀 모양의 물체나 솥의 귀^(鼎耳·정이)처럼 물체의 양쪽에 붙은 것을 지칭하기도 했다. 또 소용돌이 모양의 귀는 여성의 성기와 닮아 생명과 연계 지어지기도 했으며, 신의 말씀을 들을 수 있는 총명함을 상징하기도 한다. 둘째, 귀는 총명함의 상징이다. 원시 시절, 적이나 야수의 접근을 남보다 먼저 감지할 수 남다른 청각을 가진 자는 집단의 우두머리가 되기에 충분했을 것이다. 또 신체의 중요 부위로서의 귀, 특히 축 늘어진 귀는 제왕의 권위나 위대함, 吉祥^(길상)을 상징하였다.

字形 甲骨文 金文 古陶文 簡牘文 古璽文 石刻古文 說文小篆

●예● 耳目(이목), 耳順(이순), 馬耳東風(마이동풍), 牛耳讀經(우이독경)

익

605

益(더할 익): yì, 皿-5, 10, 42

字解 회의. 水^(물 수)와 皿^(그릇 명)으로 구성되어, 물^(水)이 그릇^(皿)에서 '넘치는' 모습을 그렸고, 여기에서 '더하다'는 뜻이 나오자 원래 뜻은 다시 水를 더한 溢^(넘칠 일)로 분화했다. 물이란 가득 찬 후 넘치게 되므로, 점차 증가하다의 뜻이 나왔고, 다시 부유하다, 利益^(이익) 등을 뜻하게 되었다.

字形 甲骨文 金文 簡牘文 古璽文 石刻古文 說文小篆

•예• 利益(이익), 損益(손익), 收益(수익), 多多益善(다다익선)

인

606

人(사람 인): rén, 人-0, 2, 80

字解 상형. 『설문해자』에서는 "천지의 성정 중에 가장 귀한 존재"가 바로 사람이라고 하여 만물의 영장이 사람임을 선언했다. 갑골문에서는 서 있는 사람의 측면 모습을 그렸다. 人^(사람 인)이 둘 모이면 从^(따를 종, 從의 원래 글자), 셋 모이면 众^(무리 중衆의 원래 글자)이 된다. 人은 먼저 사람 그 자체를 지칭하기도 하고, 이 때문에 인칭 대명사를 나타낼 때도 쓰여 일인칭의 余^(나 여), 이인칭의 你^(너 이, 爾의 파생자), 삼인칭의 他^(그 타)와 伊^(저 이)를 구성하기도 한다. 둘째, 企^(꾀할 기)처럼 인간의 행위를 나타내며, 셋째 信^(믿을 신)처럼 인간 행위의 규범성을 나타내기도 한다.

字形 甲骨文 金文 古陶文 盟書 簡牘文 說文篆文

•예• 個人(개인), 人物(인물), 人事(인사), 人權(인권), 人間(인간), 人口(인구), 故人(고인), 人生(인생), 主人(주인), 人格(인격)

仁(어질 인): rén, 人-2, 4, 40

字解 형성. 二^(두 이)가 의미부이고 人^(사람 인)이 소리부인데, 二는 두 사람^(人) 사이의 관계를 상징한다. 仁의 자형에 관해 지금까지 확인된 가장 이른 자료는 전국시대 때의 중산국^(中山國)에서 발견된 네모꼴 병에 새겨진 명문인데, 거기서는 사람이 앉아 있는 모습과 어떤 부호로 보이는 =로 구성되었으며, =는 人人의 생략된 형태로, 仁이란 바로 '사람^(人)과 사람^(人) 사이의 마음', 즉 사람이 사람을 대할 때의 마음을 바로 仁이라 해석할 수 있다. 그러나 여기서의 '사람의 마음'이란 바로 다른 사람을 걱정하고 위하는 마음이다. 그래서 맹자도 仁이란 남을 어여삐 여기는 측은지심^(惻隱之心)이 바로 그 시작점이라 했던 것이다. 그렇게 볼 때 仁은 사람과 사람 사이에 지켜야 할 관계를 말한다. 『汗簡^(한간)』 등 다른 고문자 자료에 의하면 윗부분은 身^(몸 신)의 간략화된 모습, 아랫부분은 心^(마음 심)으로 되어 있다. 身은 사람의 몸체를 그렸으며, '사람'을 뜻하고, 여기서는 소리부의 기능도 겸한다. 이후 身이 『설문해자』의 고문체에서 千^(일천 천)으로 변해 소리부의 기능을 더 강화했다.

字形 〔甲骨文〕 〔金文〕 〔簡牘文〕 〔古璽文〕 〔說文小篆〕 〔說文古文〕

●예● 殺身成仁(살신성인), 仁者樂山(인자요산), 仁者無敵(인자무적)

印(도장 인): yìn, 卩-4, 6, 42

字解 회의. 爪^(손톱 조)와 卩^(병부절)로 구성되어, 손^(爪)으로 사람을 꿇어 앉혀^(卩) 굴복시키는 모습을 그렸다. 도장은 손으로 눌러 찍기도 하고 그 자체가 사람을 복종시키는 권력의 상징이기도 하다. 그래서 印에 도장의 뜻이, 초기의 印

刷^(인쇄)가 도장처럼 눌러 이루어졌기에 '찍다'는 뜻도 생겼다. 그러자 원래 뜻은 手^(손 수)를 더하여 抑^(누를 억)으로 분화했다.

字形 甲骨文 金文 古陶文 簡牘文 說文小篆

●예● 印章(인장), 印朱(인주), 印刷(인쇄), 刻印(각인), 心心相印(심심상인)

609

因(인할 인): yīn, 囗-3, 6, 50

字解 회의. 囗^(나라 국에워쌀 위)과 大^(큰 대)로 이루어져, 네모 틀^(囗) 속에 사람^(大)이 그려진 모습으로, 네모 틀은 자리나 깔개를 뜻한다. 자리를 깔고 앉거나 눕는다는 뜻에서 '기대다'는 뜻이, 다시 起因^(기인)하다, 原因^(원인) 등의 뜻이 나왔다. 그러자 원래 뜻은 艸^(풀 초)를 더한 茵^(자리 인)으로 분화했다.

字形 甲骨文 金文 簡牘文 說文小篆

●예● 原因(원인), 要因(요인), 因緣(인연), 起因(기인)

610

寅(셋째 지지 인): yín, 宀-8, 11, 30

字解 상형. 자형에 대해서는 의견이 분분하다. 갑골문에서는 화살^(矢시)을 그리거나 矢에 특정 표시를 위해 사용되는 표시인 네모^(口)를 덧붙인 모습을 하기도 하였고, 금문에서처럼 두 손을 그린 臼^(절구 구)를 더해 화살^(矢)을 잡은 모습을 그렸다. 원래 뜻은 '화살'로 추정되나, 갑골문 당시에 이미 간지자로 쓰여, 의미의 변화 과정을 살피기가 어렵다.

字形 甲骨文 金文 古陶文

簡牘文 帛書 古璽文 說文小篆 說文古文

611

引(끌 인): yǐn, 弓-1, 4, 42

字解 회의. 弓^(활 궁)과 │^(뚫을 곤)으로 구성되었는데, 『설문해자』에서 "활^(弓)의 시위가 직선^(│)으로 팽팽하게 당겨진 상태를 말한다"라고 했다. 팽팽하게 조율된 활시위는 곧 당겨지게 될 터, 이로부터 '당기다'나 '끌다'의 뜻이 나왔다.

字形 簡牘文 說文小篆

●예● 引上(인상), 引下(인하), 割引(할인), 誘引(유인), 引導(인도), 引出(인출), 索引(색인), 引力(인력), 牽引(견인), 引用(인용), 我田引水(아전인수)

612

忍(참을 인): rěn, 心-3, 7, 32

字解 형성. 心^(마음 심)이 의미부이고 刃^(날 인)이 소리부로, 참다, 인내하다, 견디다는 뜻인데, 칼날^(刃)의 아픔을 견뎌내는 마음^(心)이라는 뜻을 담았다.

字形 簡牘文 說文小篆

●예● 殘忍(잔인), 忍苦(인고), 隱忍自重(은인자중), 目不忍見(목불인견)

613

認(알 인): 认, rèn, 言-7, 14, 42

字解 형성. 言^(말씀 언)이 의미부이고 忍^(참을 인)이 소리부로, 말^(言)이 칼날^(刃)처럼 마음

속^(心)에 각인되어 인지되는 것을 말하며, 이로부터 인식하다, 알다의 뜻이 나왔다. 간화자에서는 소리부 忍을 人^(사람 인)으로 바꾼 认으로 쓴다.

字形 說文小篆

●예● 認識(인식), 確認(확인), 認定(인정), 承認(승인), 否認(부인), 是認(시인), 共認(공인), 默認(묵인), 認可(인가), 誤認(오인), 認知(인지)

일

614

一(한 일): yī, 一-0, 1, 80

字解 지사. 갑골문에서부터 가로획을 하나 그려 '하나'의 개념을 나타냈다. 一이 둘 모이면 二^(두 이)요, 셋 모이면 三^(석 삼)이 된다. 一은 숫자의 시작이다. 하지만 한자에서의 一은 단순한 숫자의 개념을 넘어선 오묘한 철학적 개념을 가진다. 一은 인간의 인식체계로 분화시킬 수 없는 카오스^(chaos)이자 분리될 수 없는 전체이다. 그래서 一은 하나이자 모두를 뜻하고, 만물을 낳는 道^(도)이자, 우주 만물 전체를 의미하며, 劃一^(획일)에서처럼 통일됨도 의미하는 숭고한 개념을 가진다.

字形 甲骨文 金文 古陶文 盟書 簡牘文 古幣文 古璽文 石刻古文 說文小篆 說文古文

●예● 一部(일부), 一般(일반), 一定(일정), 群鷄一鶴(군계일학), 九牛一毛(구우일모), 一場春夢(일장춘몽), 千載一遇(천재일우), 一石二鳥(일석이조), 一擧兩得(일거양득)

615

日(날 일): rì, 日-0, 4, 80

字解 상형. '태양을 그렸는데, 중간의 점이 특징적이다. 이를 태양의 흑점으로도 보지만 중국 신화에서 태양에 산다고 하는 다리가 셋 달린 까마귀^{(三足烏·삼족} ^{오)}의 상징으로도 풀이한다. 태양은 인류가 볼 수 있는 가장 강한 빛과 만물을 생장케 하는 무한한 에너지를 가졌다. 태양의 위치로 시간대를 확정하고, 뜨고 지는 주기로 '하루'를 나타냈으며, 이 때문에 시간의 총칭이자 달력^{(曆} ^{력)}의 의미까지 갖게 되었다.

字形 ▢▢●甲骨文 ○○金文 ⊖古陶文 ▢▮▯簡牘文 ⊖帛書

◉石刻古文 ⊟說文小篆 ⊙說文古文

●예● 日記(일기), 每日(매일), 日常(일상), 日時(일시), 休日(휴일), 生 日(생일), 日就月將(일취월장), 作心三日(작심삼일)

임

616

壬(아홉째 천간 임): rén, 士-1, 4, 32

字解 상형. 갑골문에서 이미 간지자로만 쓰여 그것이 무엇을 그렸는지 정확하게 알 수는 없으나, 날실^(세로 방향으로 놓인 실)이 장착된 베틀의 모습으로 추정된다. 특히 금문에서는 중간에 점을 더해 베를 짤 때 날실 사이로 들락거리는 북 ^(杼·저)을 형상화함으로써, 이것이 베틀임을 강하게 시사하고 있다. 그래서 壬은 베틀을 그렸으며, 베 짜기는 대단히 정교한 기술이 요구되기에 한 사람이 책임을 지고 도맡아서 해야만 가능한 일이었다. 그래서 壬에 '맡다'는 뜻이 생겼고, 壬이 간지자로 가차되어 쓰이자 다시 人을 더해 任^(맡길 임)으로 원래의 뜻을 나타낸 것으로 추정된다.

字形 〖甲骨文〗 〖金文〗 〖古陶文〗 〖簡牘文〗 〖古璽文〗 〖說文小篆〗

입

617

入(들 입): rù, 入-0, 2, 70

字解 상형. 자원에 대해서는 의견이 분분하다. 땅속에 박아 놓은 막대나 뾰족한 물건을 그렸다고들 하지만 금문을 보면 동굴 집으로 들어가는 굴의 입구라는 것이 자형과 실제 상황에 가장 근접해 보인다. 동굴 집은 황하 유역에서 초기 중국인들의 대표적인 거주 형태였기에 入에 出入^(출입)에서처럼 동굴 집으로 '들어가다'의 뜻이, 다시 참가하다, 적합하다, 맞다 등의 뜻이 나왔다. 또 옛날 사성의 하나로 입성을 말하기도 한다.

字形 〖甲骨文〗 〖金文〗 〖盟書〗 〖簡牘文〗 〖說文小篆〗

•예• 入口(입구), 輸入(수입), 收入(수입), 介入(개입), 加入(가입), 導入(도입), 入試(입시), 進入(진입), 漸入佳境(점입가경)

618

姊(손윗누이 자): [姉], zǐ, 女-5, 8

字解 형성. 女^(여자 여)가 의미부이고 朿^(그칠 제)가 소리부로, 姉^(손윗누이 자)와 같은 글자이다.

字形 ^㜭 說文小篆

●예● 姊妹(자매), 姊兄(자형)

619

子(아들 자): zǐ, 子-0, 3, 70

字解 상형. 갑골문에서 머리칼이 달린 큰 머리와 몸체를 그려 갓 태어난 '아이'를 형상화했다. 금문에 들면서 머리와 두 팔을 벌린 모습으로 변했지만, 머리를 몸체보다 크게 그려 어린 아이의 신체적 특징을 잘 나타냈다. 이로부터 子는 '아이', '자식'이라는 뜻을, 나아가 種子^(종자)에서처럼 동식물의 '씨'라는 의미까지 갖게 되었다. 그리고 부계사회가 확립되면서 '남자' 아이라는 의미가 되었고, 다시 '孔씨 집안의 대단한 자손'이라는 뜻의 孔子^(공자)에서처럼 남성에 대한 극존칭이 되었다. 이는 개인보다는 집안과 공동체가 훨씬 중시되었던 시절 그 가문에서 태어나 그 가문을 대표하는 사람의 지위를 보여주기도 한다. 그래서 子는 乳^(젖 유)에서처럼 '성인'이 아닌 '아이'가 원래 뜻이다. 아이의 탄생은 存^(있을 존)에서처럼 인간의 존재를 확인시켜주는 실존적 체험이자 아이는 다음 세대로 이어지는 상징이기에 충분했다. 이렇게 태어

난 아이는 學^(배울 학)에서처럼 교육을 거쳐 사회의 정식 구성원이 되고 주체로서 성장하게 된다. 이후 후계자는 물론 스승이나 남성을 높여 부르던 말, 작위 명칭, 이인칭 대명사 등으로도 쓰였고, 12지지의 첫 번째로 쓰여 쥐와 북방을 상징하며 23시-1시의 시간대를 지칭하기도 했다.

字形 甲骨文 金文 古陶文 簡牘文 盟書 古璽文 石刻古文 說文小篆 說文古文 說文籒文

●예● 子息(자식), 孫子(손자), 弟子(제자)

620

字(글자 자): zì, 子-3, 6, 70

字解 형성. 宀^(집 면)이 의미부이고 子^(아들 자)가 소리부로, 집^(宀)에서 아이^(子)를 낳아 자손을 키워가듯 점점 '불려 나가다'는 뜻이며, 이로부터 키우다의 뜻이 나왔다. 예컨대 文^(글월 문)이 다시는 분리되지 않는 기초자를 말하는 데 비해 字는 이들이 둘 이상 결합하여 만들어진 글자를 지칭하였고, 지금은 이를 합쳐 文字라는 단어로 쓰인다. 이후 글자, 글씨, 서예 작품, 계약서, 본이름 외에 부르는 이름 등의 뜻도 나왔다.

字形 金文 簡牘文 古璽文 說文小篆

●예● 文字(문자), 漢字(한자), 赤字(적자), 黑字(흑자), 不立文字(불립문자), 識字憂患(식자우환), 一字無識(일자무식)

621

慈(사랑할 자): cí, 心-9, 13, 32

字解 형성. 心^(마음 심)이 의미부이고 玆^(이 자)가 소리부로, 마음^(心)을 한없이 불려^(玆)

남에게 베푸는 자애로운 '사랑^(愛)'을 말하며, 이로부터 위에서 아래로 베푸는 사랑을 지칭하였고, 어머니의 비유로 쓰였다.

字形 𦥯 金文 𣫦 說文小篆

●예● 慈愛(자애), 慈悲(자비), 仁慈(인자)

622

者(놈 자): zhě, 老-5, 9, 60

字解 회의. 금문에서 솥에다 콩^(叔·숙)을 삶는 모습을 그렸는데, 이후 윗부분의 콩이 耂^(老늙을 노)로, 아랫부분의 솥이 曰^(가로 왈)로 변해 지금의 자형으로 되었으며, '삶다'가 원래 뜻이다. 하지만, 이후 '…하는 사람'이나 '…하는 것'의 의미로 가차되어 쓰였고, 그러자 원래 뜻은 火^(불 화)를 더한 煮^(삶을 자)를 만들어 분화했다.

字形 𦥯 𦥯 𦥯 𦥯 𦥯 金文 𦥯 𦥯 古陶文 𦥯 𦥯 𦥯 𦥯 𦥯 𦥯 者 簡牘文 𦥯 帛書 𣫦 說文小篆

●예● 記者(기자), 患者(환자), 消費者(소비자), 勤勞者(근로자), 被害者(피해자), 會者定離(회자정리), 結者解之(결자해지), 近墨者黑(근묵자흑)

623

自(스스로 자): zì, 自-0, 6, 70

字解 상형. 코를 그렸는데, 앞에서 본 모습을 그렸다. 서양인들이 코를 그릴 때 주로 측면의 모습을 그리는 데 반해, 동양인들은 정면의 모습을 그리는 것이 전통이었다. 그것은 서양인들의 코가 높지만, 동양인들은 납작하기 때문이었을 것이다. 코는 후각 기관이자 숨을 내쉬는 기관이기에 自는 '냄새'나 '호흡'과 관련되어 있다. 코는 얼굴에서 개인적 차이가 가장 심한 부위이기에

개인을 대표하는 것으로 인식되었고, 여기에서 自己^(자기), 自身^(자신)이라는 뜻이, 自由^(자유)는 물론 自然^(자연스스로 그러함)의 뜻까지 생겼다. 그러자 원래의 '코'는 소리부인 畀^(줄 비)를 더해 鼻^(코 비)로 분화했다. 중국인들이 자신을 가리킬 때 우리와는 달리 코를 손가락으로 가리키는 습관도 이와 관련된 듯 보인다.

字形 甲骨文 金文 古陶文 盟書 簡牘文 石刻古文 說文小篆 說文古文

•예• 自己(자기), 自由(자유), 自然(자연), 自身(자신), 自體(자체), 自習(자습), 自動(자동), 自强不息(자강불식), 自畵自讚(자화자찬)

작

624

作(지을 작): zuò, 人-5, 7, 60

字解 형성. 人^(사람 인)이 의미부이고 乍^(잠깐 사)가 소리부이지만, 원래는 乍로 썼다. 乍는 옷을 만들고자 베를 깁는 모습에서 '만들다'는 뜻을 그린 글자다. 이후 乍가 '잠깐'이라는 뜻으로 가차되어 쓰이자 옷을 만드는 주체인 사람^(人)을 더해 作으로 분화했다. 만들다, 하다, 시작하다는 뜻으로부터 作品^(작품), (시나 곡을) 짓다, 거행하다 등의 뜻이 나왔다.

字形 甲骨文 金文 簡牘文 說文小篆

•예• 作家(작가), 作品(작품), 始作(시작), 作業(작업), 製作(제작), 作用(작용), 作成(작성), 動作(동작), 作心三日(작심삼일)

625

昨(어제 작): zuó, 日-5, 9, 60

〈字解〉 형성. 日^(날 일)이 의미부이고 乍^(잠깐 사)가 소리부로, '어제'라는 뜻이며, 과거를 지칭하기도 하는데, 고대사회에서 해^(日)는 시간을 나타내는데 가장 중요한 잣대가 되었음을 보여준다.

〈字形〉 ⿰ 簡牘文 昨 說文小篆

●예● 昨年(작년), 昨今(작금)

장

626

場(마당 장): 场, [塲], cháng, 土-9, 12

〈字解〉 형성. 土^(흙 토)가 의미부이고 昜^(볕 양)이 소리부로, 신에게 제사 지내는 흙^(土)을 쌓아 만든 평평한 땅을 말하는데, 아마도 태양신^(昜, 陽의 원래 글자)에게 제사를 지냈던 데서 유래한 것으로 보인다. 이로부터 극장이나 시장처럼 사람이 많이 모이는 場所^(장소)를 지칭하게 되었다. 이후 사물의 경과를 나타내는 단위 사로도 쓰였다. 달리 塲으로 쓰기도 하며, 간화자에서는 昜을 汤으로 줄여 场으로 쓴다.

〈字形〉 簡牘文 場 說文小篆

●예● 場所(장소), 登場(등장), 退場(퇴장), 市場(시장), 入場(입장), 工場(공장), 現場(현장), 廣場(광장), 一場春夢(일장춘몽)

627

壯(씩씩할 장): 壮, zhuàng, 士-4, 7

〈字解〉 형성. 士^(선비 사)가 의미부이고 爿^(나무 조각 장)이 소리부로, 나무토막^(爿)처럼 강인

한 '남성(士)'을 말하며, 이로부터 强壯(강장군세고 씩씩함)하다, 성대하다, 튼튼하다, 용맹하다, 볼만하다 등의 뜻이 나왔다. 달리 세 개의 士로 구성된 壵로 쓰기도 한다. 간화자에서는 爿을 간단하게 줄여 壮으로 쓴다.

字形 金文 古陶文 簡牘文 古璽文 汗簡 說文小篆

●예● 雄壯(웅장), 壯觀(장관), 壯年(장년), 壯烈(장렬), 老益壯(노익장)

628

將(장차 장): 将, jiàng, 寸-8, 11

字解 형성. 肉(⺼·고기 육)과 寸(마디 촌)이 의미부이고 爿(나무 조각 장)이 소리부로, 제사에 쓸 솥에 삶아 낸 고기(⺼=肉)를 손(寸)으로 잡고 탁자(爿) 앞으로 올리는 모습이며, 이로부터 '바치다'의 뜻이 나왔다. 바치려면 갖고 나아가야 하므로 將帥(장수)에서처럼 '이끌다'의 뜻이, 다시 將次(장차)에서와 같이 미래 시제를 나타내게 되었다. 간화자에서는 爿을 간단하게 줄이고 ⺼을 夕(저녁 석)으로 줄여 将으로 쓴다.

字形 金文 古陶文 簡牘文 說文小篆

●예● 將來(장래), 將軍(장군), 將次(장차), 日就月將(일취월장), 獨不將軍(독불장군)

629

章(글 장): zhāng, 立-6, 11

字解 회의. 『설문해자』에서 音(소리 음)과 十(열 십)으로 구성되었다고 했으나, 원래는 辛(매울 신)과 田(밭 전)으로 구성되어 문신 칼(辛)로 문양을 새겨 넣은(田) 모습을 해 이로써 문양이나 글자를 새겨넣다는 의미를 그렸다. 이후 音과 숫자의 끝을 상징하는 十이 결합한 구조로 바뀌어 음악(音)이 끝나는(十) 단위 즉 樂

章^(악장)이라는 뜻이 생겼고, 이후 어떤 사물의 단락이나 章節^(장절), 법규, 조리, 문채 등을 말하게 되었다. 그러자 원래 뜻은 彡^(터럭 삼)을 더한 彰^(밝을 창)으로 분화했다.

자형 車 夢 車 車 車 金文 車 車 車 車 古陶文 車 車 簡牘文 車 帛書 章 說文小篆

●예● 文章(문장), 印章(인장)

630

長(길 장): 长, [镸], cháng, zhǎng, 長-0, 8

자해 상형. 머리칼을 길게 늘어뜨린 노인이 지팡이를 짚은 모습을 그렸는데, 때로 지팡이는 생략되기도 한다. 긴 머리칼은 나이가 들어 자신의 머리를 정리하지 못하고 산발한 것으로, 성인이 되면 남녀 모두 머리칼을 정리해 비녀를 꽂았던 夫^(지아비 부)나 妻^(아내 처)와 대비되는 모습이다. 이로부터 長에는 長久^(장구)에서처럼 '길다'는 뜻과 長幼^(장유)에서처럼 '연장자'라는 뜻이 생겼다. 정착 농경을 일찍부터 함으로써 경험이 무엇보다 중시되었던 중국에서, 그 누구보다 오랜 세월 동안 겪었던 나이 많은 사람의 다양한 경험은 매우 귀중한 지식이었기에, 이러한 경험의 소유자가 그 사회의 '우두머리'가 됐던 것은 당연했다. 달리 镸으로 쓰기도 하며, 간화자에서는 초서체로 간단하게 줄인 长으로 쓴다.

자형 甲骨文 金文 古陶 簡牘文 帛書 說文小篆 說文古文

●예● 成長(성장), 延長(연장), 長短(장단), 社長(사장), 長點(장점), 助長(조장), 敎學相長(교학상장)

재

631

再(다시 재): zài, 冂-4, 6

字解 상형. 갑골문에서부터 등장하지만 이의 자원은 아직 분명하지 않다. 물고기 ^(魚·어)의 생략된 모습이라 하고, 뒤집어 놓은 그릇, 풀을 쌓아 놓은 모습^(冓·구)이라고 하기도 하며, 중간은 물고기를 아래위의 두 가로획은 둘을 상징하여 '둘'을 뜻한다고 풀이하는 등 의견이 분분하다. '둘'이 원래 뜻이고, 이로부터 다시, 再次^(재차), 더 이상 등의 뜻이 나왔다.

字形 🈁甲骨文 🈁🈁🈁金文 🈁再𠕂簡牘文 再說文小篆

●예● 再開(재개), 再建(재건), 再演(재연), 再考(재고), 再次(재차), 再發(재발), 再現(재현), 非一非再(비일비재)

632

哉(어조사 재): zāi, 口-6, 9

字解 형성. 口^(입 구)가 의미부이고 𢦏^(다칠 재)가 소리부로, 말하는^(口) 것을 잘라^(𢦏) 중간에 쉬도록 하는 것을 말했는데, 이후 감탄이나 의문을 나타내는 어기사로 쓰였다.

字形 𢦏𢦏金文 𢦏𢦏𢦏簡牘文 哉說文小篆

●예● 快哉(쾌재), 嗚呼痛哉(오호통재)

633

在(있을 재): zài, 土-3, 6

字解 형성. 土^(흙 토)가 의미부이고 才^(재주 재)가 소리부로, '있다'는 뜻인데, 才에서 분

화한 글자이다. 풀이 자라나는 모습을 그린 才에 土가 더해져, 새싹이 움트고$^{(才)}$ 있는 곳$^{(土)}$이 바로 대지이며, 그 대지 위로 생명이 탄생하고 존재함을 나타냈다. 이로부터 存在$^{(존재)}$, 實在$^{(실재)}$, 실존 등의 뜻이 생겼다. 또 시간, 장소, 정황, 범위 등을 나타내는 문법소로도 쓰였으며, 현대 중국어에서는 동사 앞에 놓여 현재 진행을 나타내는 문법소로도 쓰인다.

字形 ㅂ ㅂ ㅂ 甲骨文　ㅂ ㅂ ㅂ ㅂ 金文　ㅂ 古陶文　ㅂ ㅂ ㅂ 左 左 簡牘文　ㅂ ㅂ 古璽文　ㅂ 石刻古文　ㅂ 說文小篆

●예● 現在(현재), 存在(존재), 實在(실재), 所在(소재), 散在(산재), 在職(재직), 在學(재학), 自由自在(자유자재)

634

才(재주 재): [纔], cái, 手-0, 3

字解 지사. 屮$^{(싹날 철)}$과 가로획$^{(一)}$으로 구성되어, 싹$^{(屮)}$이 땅$^{(一)}$을 비집고 올라오는 모습으로부터 그 위대한 '재주'를 형상화했다. 단단한 땅을 비집고 올라오는 새싹의 힘겨운 모습에서 '겨우'라는 뜻도 나왔다. 이후 능력을 갖춘 유능한 사람을 뜻하게 되었다. '겨우'라는 부사어는 纔$^{(겨우 재)}$를 만들어 따로 표시하기도 했다. 현대 옥편에서는 手$^{(손 수)}$가 편방으로 쓰일 때의 扌$^{(손 수)}$와 유사한 형태이고, 재주 하면 손재주가 대표적이기에 手부수에 귀속시켰다. 현대 중국에서는 纔의 간화자로도 쓰인다.

字形 ㅋ ㅋ ㅋ ㅋ 甲骨文　ㅋ ㅋ ㅋ ㅋ 金文　ㅋ ㅋ ㅋ ㅋ 古陶文　ㅋ 簡牘文　ㅋ ㅋ ㅋ 石刻古文　ㅋ 說文小篆

●예● 才能(재능), 英才(영재), 秀才(수재), 天才(천재), 多才多能(다재다능)

635

材(재목 재): cái, 木-3, 7

字解 형성. 木^(나무 목)이 의미부이고 才^(재주 재)가 소리부로, '材木^(재목)'이나 材料^(재료)를 말하는데, 기물의 재료로 유용한^(才) 나무^(木)라는 뜻을 담았으며, 이후 자질, 능력 등의 뜻도 나왔다.

字形 朴 村 朴 村 簡牘文　村 說文小篆

●예● 素材(소재), 材料(재료), 取材(취재), 人材(인재), 教材(교재), 材木(재목)

636

栽(심을 재): zāi, 木-6, 10

字解 형성. 木^(나무 목)이 의미부이고 𢧵^(다칠 재)가 소리부로, 나무^(木)를 칼로 잘라^(戈) 재주껏^(才) 심는다는 뜻인데, 이후 盆栽^(분재)에서처럼 나무^(木)를 잘라^(戈) 담을 쌓을 때 양쪽에 대어 쓸 수 있는 긴 널판자를 말했다.

字形 𢧵 金文　𢧵 𢧵 簡牘文　𢧵 說文小篆

●예● 栽培(재배)

637

財(재물 재): cái, 貝-3, 10

字解 형성. 貝^(조개 패)가 의미부이고 才^(재주 재)가 소리부로, '재물'이나 물자를 말하는데, 돈^(貝)이 되는 유용한^(才) 물품이라는 뜻이다. 유용한 나무는 材^(재목 재), 유능한 사람을 才^(재주 재)라고 한다.

字形 財 說文小篆

●예● 財産(재산), 財物(재물), 財團(재단), 文化財(문화재)

쟁

638

爭(다툴 쟁): 争, zhēng, zhèng, 爪-4, 8

字解 회의. 손(爪·조)과 손(又·우)으로 중간의 물건을 서로 빼앗으려 '다투는' 모습이었는데, 자형이 변해 지금처럼 되었으며, 이로부터 빼앗다, 다투다, 鬪爭(투쟁), 戰爭(전쟁) 등의 뜻이 나왔다. 간화자에서는 윗부분의 爪를 간단히 줄여 争으로 쓴다.

字形  甲骨文 簡牘文 說文小篆

●예● 鬪爭(투쟁), 戰爭(전쟁), 競爭(경쟁), 爭奪(쟁탈), 論爭(논쟁), 爭點(쟁점), 言爭(언쟁), 百家爭鳴(백가쟁명)

저

639

低(밑 저): dī, 人-5, 7

字解 형성. 人(사람 인)이 의미부이고 氐(근본 저)가 소리부로, 사람(人)의 아래(氐)라는 뜻으로부터 '아래'라는 개념을 그렸고, 키가 작다, 질이 낮다, 머리를 숙이다 등의 뜻도 나왔다.

字形 說文新附字

●예● 最低(최저), 低價(저가), 低溫(저온), 低俗(저속), 高低(고저)

640

著(분명할 저): 着, zhuó, zhù, 艸-9, 13

字解 형성. 艸^(풀 초)가 의미부이고 者^(놈 자)가 소리부로, 드러나다, 옷을 입다, 附着^(부착)하다 등의 뜻인데, 箸^(젓가락 저)에서 분화한 글자이다. 간화자에서는 着^(붙을 착)에 통합되었다.

●예● 著者(저자), 著述(저술), 著書(저서), 著作權(저작권)

641

貯(쌓을 저): 贮, zhù, 貝-5, 12

字解 형성. 貝^(조개 패)가 의미부이고 宁^(쌓을 저)가 소리부로, 조개 화폐^(貝)를 쌓아^(宁) 저축함을 말하며, 이로부터 비축하다, 성하다, 비축한 재물, 副本^(부본) 등의 뜻이 나왔다. 간화자에서는 宁를 宀로 줄인 贮로 쓴다.

字形 [甲骨文] [金文] [古陶文] [盟書] [簡牘文] [說文小篆]

●예● 貯蓄(저축), 貯金(저금), 貯藏(저장), 貯水池(저수지)

적

642

敵(원수 적): 敌, dí, 攴-11, 15, 42

字解 형성. 攴^(칠 복)이 의미부이고 啇^(밑동 적)이 소리부로, 원수를 말하는데, 매를 쳐^(攴) 몰아내고 꺾어^(啇) 제거해야 할 대상인 '원수'를 말하며, 이로부터 상대하다, 대등하다 등의 뜻도 나왔다. 간화자에서는 啇을 舌^(혀 설)로 간단하게 줄인 敌으로 쓴다.

字形 [金文] [說文小篆]

●예● 對敵(대적), 無敵(무적), 敵軍(적군), 天敵(천적), 强敵(강적), 仁者無敵(인자무적), 衆寡不敵(중과부적)

643

的(과녁 적): dì, de, 白-3, 8, 52

字解 형성. 白^(흰 백)이 의미부이고 勺^(구기 작)이 소리부로, 『광아』에서는 하얀색을 말한다고 했으며, 『옥편』에서는 화살 과녁 중심점을 말한다고 했다. 과녁의 중심을 흰색^(白)으로 칠한 것에서부터 '과녁'의 뜻이, 다시 的中^(적중)하다, 的確^(적확)하다 등의 뜻이 나온 것으로 보인다. 이후 소속이나 소유를 나타내는 구조 조사나 명사화 접미사로도 쓰였다.

●예● 的中(적중), 目的(목적), 標的(표적), 法的(법적)

644

赤(붉을 적): chì, 赤-0, 7, 50

字解 회의. 갑골문에서 大^(큰 대)와 火^(불 화)로 구성되어, 사람^(大)을 불^(火)에 태우는 모습인데, 예서 이후로 지금의 자형으로 변했다. 赤은 갑골문에서 이미 붉은색을 지칭했지만, 비를 바라며 사람을 희생으로 삼아 지내는 제사 이름으로도 쓰였는데, 다리를 꼬아 묶은 사람^(交.교)을 불에 태우는 모습이 焌^(태울 교)와 닮았다. 사람을 태울 정도라면 시뻘건 불꽃이 훨훨 타오르는 대단한 모습이었을 것이다. 이로부터 '벌겋다'는 뜻이 나왔고, 이 때문에 赤을 커다란^(大) 불^(火)로 해석하기도 한다. 한편, 붉은색은 피의 색깔이고 심장의 상징이기도 하다. 그래서 핏덩이로 태어난 아기를 赤子^(적자)라 하며, 갓난아기처럼 아무 것도 걸치지 않은 자연 그대로의 모습을 '赤裸裸^(적나라)'라고 한다. 赤子는 옛날 임금에 대칭하여 백성을 지칭하는 말로 쓰기도 했고, 赤心^(적심)이라는 말은 '조금도 거짓이 없는 참된 마음'이라는 뜻으로 마음속에서 우러나오는 충성심을 말한다.

字形 甲骨文 金文 古陶文 簡牘文 帛書

天 天 𡗗 古璽文　夾 說文小篆　𡗗 說文古文

●예● 赤字(적자), 赤道(적도), 赤潮(적조), 赤十字(적십자), 赤信號(적신호), 赤手空拳(적수공권)

645

適(갈 적): 适, shì, 辵-11, 15, 40

字解 형성. 辵^(쉬엄쉬엄 갈 착)이 의미부이고 啇^(밑동 적)이 소리부로, 어떤 곳으로 가다^(辵)는 뜻이다. 이후 여자가 적당한 곳을 골라 시집가다는 뜻이 나왔고, 다시 적합하다, 적당하다 등의 뜻이 나왔다. 간화자에서는 适^(빠를 괄)에 통합되었다.

字形 啇 金文 適 適 適 簡牘文 𢾭 石刻古文 適 說文小篆

●예● 適用(적용), 適切(적절), 適應(적응), 適當(적당), 適合(적합), 適性(적성), 適法(적법), 快適(쾌적), 適格(적격), 悠悠自適(유유자적)

전

646

傳(전할 전): 传, chuán, zhuàn, 人-11, 13, 52

字解 형성. 人^(사람 인)이 의미부이고 專^(오로지 전)이 소리부로, 베 짜기와 같은 전문적인 기술^(專)을 다른 사람^(人)에게 전해 줌을 말하고, 이로부터 傳受^(전수)하다, 전하다, 전달하다, 전설, 전기 등의 뜻이 생겼다. 간화자에서는 專을 专으로 줄인 传으로 쓴다.

字形 傳 傳 傳 甲骨文 傳 傳 傳 傳 傳 金文 傳 傳 簡牘文 傳 說文小篆

●예● 傳說(전설), 傳受(전수), 傳達(전달), 遺傳(유전), 傳統(전통), 傳

染(전염), 傳記(전기), 宣傳(선전), 以心傳心(이심전심)

647

全(완전할 전): quán, 入-4, 6, 70

字解 회의. 소전체에서 入(들입)과 玉(옥 옥)으로 구성되어, '온전하다'는 뜻인데, 집안으로 들여 놓은(入) 玉(옥)이라는 의미를 그렸다. 고대사회에서 집 '안'은 특히 사람을 외부의 침입으로부터 보호해 주고 중요한 물건을 보관할 수 있는 장소이기도 했다. 고대 중국인들이 더없이 귀중하게 여겼던 옥, 그 옥은 집안으로 들여 놓았을 때 온전하게 보존될 수 있었기에 完全(완전)하다, 保全(보전)하다, 대단히 훌륭하다 등의 의미가 생겼다. 『설문해자』에서는 玉 대신 工(장인 공)이 들어간 소으로도 썼다.

字形 **闲全 全全**簡牘文 **仝** 說文小篆 **全** 說文篆文 **㞷** 說文古文

●예● 完全(완전), 保全(보전), 全體(전체), 全國(전국), 全部(전부), 全域(전역), 安全(안전), 全心全力(전심전력)

648

典(법 전): [薁], diǎn, 八-6, 8, 52

字解 회의. 冊(책 책)과 廾(두 손 마주잡을 공)이나 丌(대 기)로 구성되어 대로 엮은 책(冊)을 두 손으로 받쳐 들거나(廾) 탁자(丌) 위에다 올려놓은 모습을 그렸다. 받쳐 든 책은 중요한 책이라는 뜻에서 典範(전범)이 되는 중요한 책의 뜻이, 다시 '經典(경전)'이라는 의미가 생겨났다. 이후 상도, 준칙, 제도, 법규 등의 뜻이 나왔고, 다시 전아하다는 뜻도 나왔다. 『설문해자』에서는 五帝(오제) 때의 책을 말한다고 했으며, 혹체에서는 竹(대 죽)을 더한 薁로 쓰기도 했다.

字形 **㸚㸚㸚㸚㸚㸚**甲骨文 **㸚㸚㸚㸚㸚㸚㸚**金文 **㸚**

美 婁 婁 婁 簡牘文 **婁** 石刻古文 **冉** 說文小篆 **美** 說文古文

●예● 經典(경전), 古典(고전), 法典(법전), 辭典(사전), 字典(자전), 典範(전범), 典型(전형), 祝典(축전)

649

前(앞 전): qián, 刀-7, 9, 70

字解 회의. 원래는 舟^(배 주)와 止^(발 지)로 이루어져, 배^(舟)를 타고 발^(止)이 앞으로 나가는 모습에서 '前進^(전진)하다'는 뜻이 만들어졌으나 자형이 변해 지금처럼 되었다. 혹자는 舟를 배 모양의 나막신으로 보아 신을 신고 가는 모습을 그린 것으로 풀이하기도 한다. 앞으로 나아가다가 원래 뜻이며, 이로부터 공간적인 의미의 앞이, 다시 시간상의 이전과 추상적 의미의 '앞까지 뜻하게 되었다.

字形 **肖 艩** 甲古文 **肖** 金文 **肰** 古陶文 **岁 岢 肯** 簡牘文 **岢** 石刻古文 **肖** 說文小篆

●예● 如前(여전), 以前(이전), 前進(전진), 風前燈火(풍전등화), 門前成市(문전성시), 前代未聞(전대미문)

650

展(펼 전): [展], zhǎn, 尸-7, 10, 52

字解 형성. 소전체에서 展으로 써 尸^(주검 시)와 衣^(옷 의)가 의미부이고 丑^(펼 전)이 소리부인 구조였는데, 자형이 조금 변해 지금처럼 되었다. 시신^(尸)을 '돌려가며' 수의^(衣)를 입히고 입과 귀와 코 등을 옥으로 채워^(丑) 막는 데서부터 '돌리다'의 뜻이 나왔으며, (시신을) 진설하다, 전시하다, 두루 내보이다 등의 뜻도 나왔다. 丑은 『옥편』에서 展의 원래 글자라 했고, 시라카와 시즈카^{(白川}

^{靜)}는 이를 시신의 구멍을 옥으로 막을 때 쓰던 주술 도구라고 풀이하기도
했다.

字形 屐 說文小篆

●예● 展望(전망), 發展(발전), 展開(전개), 進展(진전), 展示(전시), 展
覽會(전람회)

651

戰(싸울 전): 战, zhàn, 戈-12, 16, 60

字解 형성. 戈^(창 과)가 의미부이고 單^(홑 단)이 소리부로, 무기^(戈)를 동원한 '전쟁'을
말하는데, 單이 사냥 도구의 일종임을 고려하면 싸움이라는 것이 戰爭^(전쟁)
과 사냥에서 출발하였음을 보여준다. 이후 다투다, 싸우다의 뜻이, 다시 戰
慄^(전율)에서처럼 두려워하다의 뜻도 나왔다. 간화자에서는 單을 占^(차지할 점)으
로 간단하게 줄인 战으로 쓴다.

字形 𢧐 𢧑 金文 𢧒 𢧓 簡牘文 𢧔 石刻古文 𢧕 說文小篆

●예● 戰爭(전쟁), 戰鬪(전투), 戰略(전략), 挑戰(도전), 作戰(작전), 戰
術(전술), 臨戰無退(임전무퇴), 惡戰苦鬪(악전고투)

652

田(밭 전): tián, 田-0, 5, 42

字解 상형. 가로 세로로 경지 정리가 잘 된 농지의 모습을 그렸다. 이로부터 농경
지, 들판, 경작하다, 개간하다 등의 뜻이 나왔으며, 농사와 관련된 일이나
땅바닥에서 하는 운동, 필드 경기 등을 지칭하게 되었다. 또 옛날에는 들판
의 일정한 구역을 정해 놓고 거기서 전쟁 연습 겸 사냥을 즐겼으므로 사냥
이라는 뜻도 가졌는데, 이후 '사냥하다'는 뜻은 攵^(칠 복)을 더해 畋^{(밭 갈사냥할}
^{전)}으로 분화했다.

字形 田田田田田 甲骨文 田 金文 田 古陶文

田 簡牘文 田 石刻古文 田 說文小篆

•예• 油田(유전), 田園(전원), 鹽田(염전), 火田民(화전민), 我田引水
(아전인수)

653

錢(돈 전): 钱, qián, 金-8, 16, 40

字解 형성. 金^(쇠 금)이 의미부이고 戔^(쌓일 전)이 소리부로, 쇠^(金)로 만든 흙을 파헤치
거나 떠서 던지는 삽처럼 생긴 기구인 가래^(銚·요)를 말한다. 옛날 가래 모양
으로 돈을 만들었기에^(布錢포전) '돈'을 뜻하게 되었고, 이후 동전을 뜻하게 되
었다. 간화자에서는 戔을 戋으로 줄인 钱으로 쓴다.

字形 錢 說文小篆

•예• 銅錢(동전), 金錢(금전), 換錢(환전), 本錢(본전), 葉錢(엽전)

654

電(번개 전): 电, diàn, 雨-5, 13, 70

字解 형성. 雨^(비 우)가 의미부이고 申^(아홉째 지지 신)이 소리부로, 비^(雨)가 올 때 하늘을
가르면서 번쩍이는 번개^(申)를 말한다. 번개로부터 電氣^(전기)를 뜻하게 되었
고, 이후 電子^(전자), 電報^(전보), 感電^(감전)되다 등의 뜻이 나왔다. 원래는 申으
로만 썼는데, 申이 간지자로 쓰이자, 雨를 더해 電으로 분화했다. 간화자에
서는 원래의 电으로 쓴다.

字形 電 金文 電 帛書 電 說文小篆 電 說文古文

•예• 電話(전화), 電氣(전기), 電子(전자), 電力(전력), 發電(발전), 電
鐵(전철), 充電(충전), 電燈(전등), 電光石火(전광석화)

節(마디 절): 节, jié, 竹-9, 15, 52

字解 형성. 竹^(대 죽)이 의미부이고 卽^(곧 즉)이 소리부로, 대나무^(竹)의 마디가 원래 뜻
이며, 이로부터 關節^(관절), 骨節^(골절) 등의 뜻이 나왔다. 마디와 마디 사이의
부분이라는 뜻에서 章節^(장절)에서처럼 단락의 뜻이, 마디마디 지어진 단계,
절도, 節制^(절제) 등의 뜻이 나왔고, 대를 쪼개 만든 부절을 뜻하기도 했다.
간화자에서는 竹을 艹^(풀 초)로, 卽을 卪^(병부 절)로 간단히 줄여 节로 쓴다.

字形 𥳑 𥷚 𥯤 金文 節 古陶文 𥮲 節 節 簡牘文 節 說文小篆

●예● 節次(절차), 節氣(절기), 節約(절약), 節制(절제), 調節(조절), 季
節(계절), 名節(명절), 禮節(예절)

絶(끊을 절): 绝, [絕], jué, 糸-6, 12, 42

字解 형성. 원래는 𢇍으로 써 4개의 糸^(가는 실 멱)과 刀^(칼 도)로 구성되어, 칼^(刀)로 실
^(糸)을 자르는 모습을 그려, '끊다'는 의미를 나타냈다. 소전체에서 들면서 소
리부 卪^(卩·병부 절)이 추가되어, 사람이 앉아^(卪) 칼^(刀)로 실^(糸)을 자르는 모습을
강조했고, 이후 刀와 卪이 합쳐져 色^(빛 색)으로 변해 지금의 자형이 되었다.
그래서 실^(糸)을 칼^(刀)로 끊다가 원래 뜻이며, 이로부터 斷絶^(단절)되다, 끊기
다 등의 뜻이 나왔고, 막다른 곳이라는 뜻도 나왔다. 이후 다시 絶對^(절대)와
絶色^(절색)의 뜻이 나왔고, 8구로 된 律詩^(율시)의 절반을 끊어 만든 시라는 뜻
에서 絶句^(절구)를 뜻하기도 하였다.

字形 ㄓ 金文 ㄘ 簡牘文 ㄒ 說文小篆 ㄒ 說文古文

●예● 斷絕(단절), 根絕(근절), 絕望(절망), 絕對(절대), 拒絕(거절), 絕句(절구), 伯牙絕絃(백아절현)

점

657

店(가게 점): diàn, 广-5, 8, 52

字解 형성. 广^(집 엄)이 의미부이고 占^(차지할 점)이 소리부로, '가게'를 말하는데, 어떤 고정된 위치를 차지한^(占) 곳에서 물건을 사고파는 건물^(广)이라는 뜻을 담았다.

●예● 商店(상점), 書店(서점), 賣店(매점), 百貨店(백화점), 飲食店(음식점), 露店商(노점상)

접

658

接(사귈 접): jiē, 手-8, 11, 42

字解 형성. 手^(손 수)가 의미부이고 妾^(첩 첩)이 소리부로, '끌어들이다'는 뜻인데, 손^(手)으로 첩^(妾)을 당겨 가까이 오게 하다는 뜻을 담았다. 이로부터 接近^(접근)하다의 뜻이, 다시 접을 붙이다, 사귀다 등의 뜻도 나왔다.

字形 說文小篆

●예● 接線(접선), 待接(대접), 直接(직접), 接近(접근), 接續(접속), 間接(간접), 面接(면접), 密接(밀접), 皮骨相接(피골상접)

정

659

丁(넷째 천간 정): dīng, 一-1, 2, 40

字解 상형. 원래 ●으로 그려 못의 머리를 그린 독립된 상형자였으나, 못의 옆
모습을 그린 지금의 자형으로 변했다. 현행 옥편에서는 유사성에 의하여 一
^(한 일)부수에 귀속시켜 놓았다. 이후 丁이 간지자로 가차되어 쓰이자 원래의
'못'을 나타낼 때에는 다시 金^(쇠 금)을 더한 釘^(못 정)으로 구분했다. 못은 물체
를 단단하게 고정하는 역할을 한다. 그 때문에 丁에는 '단단하다'나 '건장하
다'는 뜻이 생겼고, 이후 壯丁^(장정)처럼 건장한 성년 남자를 뜻하기도 했다.

字形 甲骨文 金文 古陶文
簡牘文 古璽文
石刻古文 說文小篆

●예● 兵丁(병정), 壯丁(장정), 目不識丁(목불식정)

660

井(우물 정): jǐng, 二-2, 4, 32

字解 상형. 원래 네모지게 겹쳐 놓은 우물의 난간을 그렸으며, 이로부터 '우물'을
지칭하였고, 다시 우물처럼 생긴 것, 네모꼴로 잘 정리된 질서정연함을 뜻
하게 되었다. 혹자는 우물의 난간을 그린 것이 아니라 우물 속을 파고들어
갈 때 옆의 흙이 무너지지 않도록 설치한 우물 바닥의 나무틀을 그린 것이
라고도 하는데, 참고할 만하다.

字形 甲骨文 金文 古陶文 盟書 簡

籀文 井 說文小篆

●예● 坐井觀天(좌정관천)

661

停(머무를 정): tíng, 人-9, 11, 50

字解 형성. 人^(사람 인)이 의미부이고 亭^(정자 정)이 소리부로, 정자^(亭)가 있는 길을 가다 사람들^(人)이 머무른다는 뜻이며, 이로부터 停止^(정지)하다, 체류하다, 쉬다 등의 뜻이 나왔다.

字形 停 說文小篆

●예● 停止(정지), 停年(정년), 停滯(정체), 停電(정전), 停車(정차), 停留場(정류장)

662

定(정할 정): dìng, 宀-5, 8, 60

字解 회의. 宀^(집 면)과 疋^(발 소)로 구성되어, 집안^(宀)에서 발^(疋)을 멈추고 안정을 취하며 쉰다는 의미를 그렸으며, 이로부터 이후 安定^(안정)되다, 平定^(평정)되다, 확정하다, 규정하다, 정하다 등의 뜻이 나왔다. 원래는 宀^(집 면)과 正^(바를 정)으로 구성되었는데, 『설문해자』에서는 宀과 正을 모두 의미부로 보아 회의구조로 해석했으나, 단옥재는 宀이 의미부이고 正이 소리부인 형성구조로 보았으며, 집안^(宀)으로 나아가^(正) 자리를 잡고 편안하게 쉰다는 뜻을 그렸다고 했다. 예서 이후 正이 발을 뜻하는 疋로 바뀌어 지금의 자형이 되었다.

字形 𡧭 𡧞 甲骨文 𡨥 𡧩 𡨈 𡧫 𡧠 𡨘 金文 𡨎 𡧬 𡧧 古陶文 𡨒 𡨉 𡨗 𡧨 𡨋 簡牘文 𡧟 說文小篆

●예● 安定(안정), 認定(인정), 決定(결정), 確定(확정), 豫定(예정), 規

340 중학교용 900한자

定(규정), 一定(일정), 特定(특정), 定着(정착), 選定(선정), 會者
定離(회자정리), 昏定晨省(혼정신성)

663

庭(뜰 정): tíng, 广-7, 10, 60

字解 형성. 广(집 엄)이 의미부이고 廷(조정 정)이 소리부로, 뜰이나 정원 등을 말하는
데, 사람들이 길게 늘어설 수 있는(廷) 건축물(广)이라는 뜻을 담았다. 원래는
안채의 한가운데 있는 방(堂屋·당옥)을 말했으며, 이후 집 앞의 뜰, 법정, 심판
하는 기구나 장소 등의 뜻이 나왔다.

字形 **目**金文 **出**簡牘文 **庭** 說文小篆

●예● 家庭(가정), 庭園(정원), 校庭(교정)

664

情(뜻 정): qíng, 心-8, 11, 52

字解 형성. 心(마음 심)이 의미부이고 靑(푸를 청)이 소리부로, 깨끗하고 순수한(靑) 마음
(心)에서 우러나오는 '정'을 말하며, 이로부터 愛情(애정), 情況(정황), 狀況(상황)
등의 뜻이 나왔다.

字形 **尚**簡牘文 **情** 說文小篆

●예● 愛情(애정), 友情(우정), 情況(정황), 情報(정보), 感情(감정), 事
情(사정), 人情(인정), 心情(심정), 情勢(정세), 表情(표정), 實情
(실정), 熱情(열정)

665

政(정사 정): zhèng, 攴-5, 9, 42

字解 형성. 攴(칠 복)이 의미부이고 正(바를 정)이 소리부로, 회초리로 쳐(攴) 가며 바르

게$^{(正)}$ 되게 하는 것이 정치이자 정사임을 말하며, 이로부터 다스리다, 바로 잡다, 政治$^{(정치)}$, 정사, 정당, 정무 등의 뜻이 나왔다.

字形 甲骨文 金文 盟書

簡牘文 說文小篆

●예● 政治(정치), 政黨(정당), 政府(정부), 政權(정권), 行政(행정)

666

正(바를 정): [正, 𤴢], zhēng, 止-1, 5, 70

字解 회의. 원래는 口$^{(나라 국에위쌀 위)}$과 止$^{(발 지)}$로 구성되어, 성$^{(口)}$을 정벌하러 가는 $^{(止)}$ 모습을 그렸는데, 이후 口이 가로획으로 변했다. 정벌은 언제나 정당하고 정의로울 때만 가능했기에 '정의'의 뜻이 생겼고, 그러자 원래 뜻은 彳$^{(조금 걸을 척)}$을 더한 征$^{(칠 정)}$으로 분화했다. 이후 치우치지 않다, 바르다, 곧다, 정직하다, 正義$^{(정의)}$롭다, 정확하다, 한가운데, 표준 등의 뜻이 나왔고, 표준이라는 뜻에서 첫 번째 달인 正月$^{(정월)}$도 지칭하게 되었다.

字形 甲骨文 金文 古陶文

盟書 簡牘文

古璽文 石刻古文 說文小篆 說文古文

●예● 正義(정의), 正確(정확), 正直(정직), 公正(공정), 正面(정면), 正答(정답), 正式(정식), 事必歸正(사필귀정)

667

淨(깨끗할 정): 净, jìng, 水-8, 11, 32

字解 형성. 水$^{(물 수)}$가 의미부이고 爭$^{(다툴 쟁)}$이 소리부로, 물이 다투어$^{(爭)}$ 쟁취해야

할 속성이 맑고 깨끗함임을 표현했다. 간화자에서는 爭을 争으로 간단히 줄인 净으로 쓴다.

字形 𣲷 說文小篆

●예● 淨化(정화), 淸淨(청정), 淨水(정수)

668

精(찧은 쌀 정): jīng, 米-8, 14, 42

字解 형성. 米^(쌀 미)가 의미부이고 靑^(푸를 청)이 소리부로, 나락의 껍질을 깨끗하게^(靑) 벗겨내 찧은^(搗精도정) 쌀^(米)을 말하며, 이로부터 精米^(정미), 搗精^(도정)하다, 精華^(정화), 정통하다, 精子^(정자), 精靈^(정령) 등의 뜻이 나왔다.

字形 𣲷精 精簡牘文 精 說文小篆

●예● 精密(정밀), 精神(정신), 精誠(정성), 精力(정력), 精氣(정기), 精子(정자), 精靈(정령)

669

貞(곧을 정): 贞, zhēn, 貝-2, 9, 32

字解 형성. 원래는 卜^(점 복)이 의미부이고 鼎^(솥 정)이 소리부로, 청동 제기^(鼎)를 차려 제사를 지내고 점을 쳐^(卜) '신에게 물어보던' 것을 말했는데, 이후 곧다, 곧은 절개, 貞節^(정절), 충절 등의 뜻이 나왔다. 鼎은 불을 때 음식을 익히던 대표적인 조리 기구로, 거북점 등에서 흔적^(卜)이 갈라지도록 지지는 '불'을 뜻한다. 거북 점^(卜) 등을 칠 때 불로 지지면 곧바르게 갈라지는데, 그 모습에서 '곧다'는 뜻이 나왔고, 이후 전국시대에 들면서 鼎은 자형이 비슷한 貝^(조개 패)로 잘못 변해 지금의 자형이 되었다. 이 때문에 현행 옥편에서 貝^(조개 패) 부수에 귀속시켜 놓았다. 貞은 眞^(참 진)과 같은 데서 근원한 글자로 보인다.

간화자에서는 贞으로 쓴다.

字形 甲骨文 金文 古陶文 簡牘文 貞 說文小篆

●예● 貞淑(정숙)

670

靜(고요할 정): 静, jìng, 青-8, 16, 40

字解 형성. 青(푸를 청)이 의미부이고 爭(다툴 쟁)이 소리부인데, 원래는 화장의 농염을 표현할 때 쓰던 단어로, 그런 순색(青)을 다투어(爭) 취함을 말하여 자연색에 가까운 화장 색깔을 말했다. 화려한 화장은 사람의 마음을 흔들리게 하고 욕정을 움직이게 하지만, 그런 자연색에 가까운 화장은 안정되고 '靜肅(정숙) 됨'을 보여준다. 이 때문에 靜에 맑고 고요하다, 정지하다, 안정되다 등의 뜻이 나왔다. 간화자에서는 静으로 줄여 쓴다.

字形 說文小篆

●예● 靜肅(정숙), 安靜(안정), 靜物畵(정물화), 靜中動(정중동)

671

頂(정수리 정): 顶, dǐng, 頁-2, 11, 32

字解 형성. 頁(머리 혈)이 의미부이고 丁(넷째 천간 정)이 소리부로, 못(丁, 釘의 원래 글자)의 핵심인 머리 부분처럼 머리(頁)의 가장 윗부분인 '정수리'를 말하며, 최고, 극점, 頂點(정점), 대단히 등의 뜻이 나왔다. 이후 물건을 지탱하다, 담당하다, 부딪히다, 맞닥뜨리다 등의 뜻이 나왔다.

字形 金文 說文小篆 說文或體 說文籀文

●예● 頂上(정상), 頂點(정점), 絶頂(절정), 山頂(산정), 登頂(등정)

제

672

帝(임금 제): dì, 巾-6, 9, 40

字解 상형. 帝가 무엇을 형상한 것인지에 대해서는 아직 정론은 없지만, 크게 부푼 씨방을 가진 꽃의 모습을 형상한 것으로 보는 것이 일반적이다. 즉 蒂^(곡지 제)의 본래 글자로, 역삼각형 모양으로 부풀어 있는 윗부분이 씨방이고, 중간 부분은 꽃받침, 아랫부분은 꽃대를 형상했다. 꽃 꼭지는 식물 번식의 상징이다. 수렵과 채집 생활을 끝내고 농작물에 의해 생계를 꾸려 가는 정착 농경 사회로 들어서자 곡물이 인간의 생계를 이어주는 더없이 중요한 존재가 되었고, 그 과정에서 그들은 자연스레 식물을 숭배하게 되었다. 또한, 번식은 동식물의 생명을 이어주는 가장 근본이 되는 것으로 애초부터 중요한 숭배 대상이었으니, 식물 중에서도 번식을 상징하는 꽃 꼭지를 최고의 신으로 숭배하게 된 것으로 보인다. 이로부터 天帝^(천제), 上帝^(상제), 帝王^(제왕), 皇帝^(황제) 등을 뜻하게 됨으로써 帝는 고대 중국에서 최고의 신을 지칭하게 되었다.

字形 **𣎴𣎴𣎴𣎴𣎴𣎴**甲骨文 **𣎴𣎴**金文 **𣎴**帛書 **𣎴**簡牘文 **𣎴**漢印 **𣎴**石刻古文 **𣎴**說文小篆 **𣎴**說文古文

●예● 皇帝(황제), 帝王(제왕), 天帝(천제), 上帝(상제), 帝國(제국)

673

弟(아우 제): dì, 弓-4, 7, 80

字解 회의. 갑골문과 금문에서 七^(주살 익)과 근^(몸 기)로 구성되어, 주살^(七)을 끈^(己)으로 묶은 모습인데, 자형이 변해 지금처럼 되었다. 주살의 끈을 묶을 때에는 일정한 순서가 필요하므로 '차례'와 '순서'를 뜻하게 되었고, 여기서 다시 兄

弟^(형제)에서처럼 '동생'이라는 뜻이 나왔고, 다시 자기보다 나이가 적은 남성을 지칭하게 되었다. 그러자 원래의 '순서'라는 뜻은 竹^(대 죽)을 더한 第^(차례 제)로 분화했다.

字形 〔갑골문·금문·맹서·간독문·고새문·석각고문·설문소전·설문고문 자형들〕 甲骨文 金文 盟書 簡牘文 古璽文 石刻古文 說文小篆 說文古文

●예● 兄弟(형제), 弟子(제자), 師弟(사제), 難兄難弟(난형난제)

674

祭(제사 제): jì, 示-6, 11, 42

字解 회의. 月^(肉고기 육)과 又^(또 우)와 示^(보일 시)로 구성되어, 고기^(肉)를 손^(又)에 들고 제단^(示)에 올리는 모습을 그렸다. 원래는 고기를 올려 지내는 제사를 말했으나, 이후 제사를 통칭하게 되었다.

字形 〔자형들〕 甲骨文 金文 古陶文 簡牘文 帛書文 說文小篆

●예● 祭祀(제사), 祝祭(축제), 祭器(제기), 祭壇(제단), 映畫祭(영화제), 冠婚喪祭(관혼상제)

675

第(차례 제): [苐], dì, 竹-5, 11, 60

字解 형성. 竹^(대 죽)이 의미부이고 弟^(아우 제)가 소리부인데, 자형이 줄어 지금처럼 되었다. 弟^(아우 제)에서 분화한 글자로, 순서나 차례^(弟)가 원래 뜻이며, 이후 과거에 及第^(급제)하다는 뜻이 나왔으며, 귀족이나 관료의 저택을 지칭하기도 한다.

甲骨文　金文　說文小篆　說文古文

簡牘文　古璽文　石刻古文　說文小篆　說文古文

●예● 及第(급제), 落第(낙제), 第一(제일)

676

製(지을 제): 制, zhì, 衣-8, 14, 42

字解 형성. 衣^(옷 의)가 의미부이고 制^(마를 제)가 소리부로, 옷감^(衣)을 마름질^(制)하는 모습을 그렸고, 이로부터 '만들다'는 일반적 의미를 뜻하게 되었다. 간화자에서는 制^(마를 제)에 통합되었다.

字形 說文小篆

●예● 製品(제품), 製作(제작), 製造(제조), 手製(수제), 創製(창제), 製鐵(제철), 製藥(제약)

677

諸(모든 제): 诸, zhū, 言-9, 16, 32

字解 형성. 言^(말씀 언)이 의미부이고 者^(놈 자)가 소리부로, 『설문해자』에서는 변론하다^(辯)는 뜻이라고 했고, 『설문해자주』에서는 분별하다^(辨)는 뜻이라고 했는데, '모든' 말^(言)들을 함께 모아 솥에 삶듯^(者, 煮의 원래 글자) 뒤섞여 변론하다는 뜻을 반영했다. 이로부터 여러, 모두 등의 뜻이 나왔고, '之于^(지우)나 '之於^(지어)'의 줄임말로 쓰여 '…을 …에 …하다'라는 문법소로 쓰였으며, 이때에는 '저'로 읽는다.

字形 金文　古陶文　簡牘文　石刻古文　說文小篆

●예● 諸侯(제후), 諸島(제도), 諸君(제군), 諸子百家(제자백가)

678

除(섬돌·덜 제): chú, 阜-7, 10, 42

⟪字解⟫ 형성. 阜^(언덕 부)가 의미부이고 余^(나 여)가 소리부로, 흙 언덕^(阜)을 오르내릴 수 있도록 놓은 돌층계나 궁전의 계단을 말한다. 또 섬돌이나 돌계단을 놓으려면 흙을 파내야 하므로 '덜다'는 뜻도 갖게 되었다.

⟪字形⟫ 除 說文小篆

●예● 除外(제외), 除去(제거), 削除(삭제), 解除(해제), 免除(면제), 除籍(제적), 除名(제명)

679

題(표제 제): 题, tí, 頁-9, 18, 60

⟪字解⟫ 형성. 頁^(머리 혈)이 의미부이고 是^(옳을 시)가 소리부로, 얼굴^(頁)의 바로 정면^(是)인 이마를 말했는데, 題目^(제목)에서처럼 '드러나다', 問題^(문제), 서명 등의 뜻까지 갖게 되었다.

⟪字形⟫ 題 說文小篆

●예● 題目(제목), 問題(문제), 主題(주제), 宿題(숙제), 課題(과제), 出題(출제), 無題(무제), 例題(예제)

조

680

兆(조짐 조): zhào, 儿-4, 6, 32

⟪字解⟫ 상형. 거북점을 칠 때 갈라지는 '금'을 그렸는데, 자형이 변해 지금처럼 되었다. 소전체에서는 의미를 강조하기 위해 卜^(점 복)을 더하기도 했다. 거북 딱지나 동물 뼈를 불로 지져 점을 칠 때^(卜) 갈라지는 금의 모양은 길흉을 예

견해 주는 '조짐'이었다. 이 때문에 조짐, 미리 드러내다의 뜻이 나왔다. 이후 억억을 말하는 '조'라는 숫자를 나타내는 단위로 가차되었으며 대단히 많은 숫자를 뜻하였다.

(字形) 🖼️ 簡牘文　🖼️ 說文小篆　🖼️ 說文古文

●예● 徵兆(징조), 吉兆(길조), 凶兆(흉조), 亡兆(망조)

681

助(도울 조): zhù, 力-5, 7, 42

(字解) 형성. 力^(힘 력)이 의미부이고 且^(할아비 조또 차)가 소리부로, 조상^(且)의 힘^(力)을 빌려 도움을 받는 것을 말하며, 이로부터 '돕다'의 뜻이 나왔다.

(字形) 🖼️ 簡牘文　🖼️ 說文小篆

●예● 協助(협조), 補助(보조), 救助(구조), 援助(원조), 助言(조언), 助長(조장), 相扶相助(상부상조)

682

早(아침 조): zǎo, 日-2, 6, 42

(字解) 회의. 소전체에서 日^(날 일)과 甲^(첫째 천간 갑)으로 구성되었는데, 해^(日)가 처음^(甲) 뜰 때의 시간대로부터 새벽을 뜻했고, 이로부터 '아침'과 '일찍'의 뜻까지 나왔다. 이후 甲은 다시 甲의 옛 형태인 十^(열 십)으로 바뀌어 지금의 자형이 되었다.

(字形) 🖼️ 金文　🖼️ 簡牘文　🖼️ 說文小篆

●예● 早期(조기), 早老(조로), 早熟(조숙)

683

朝(아침 조): [鼂], zhāo, cháo, 月-8, 12, 60

字解 회의. 日(날 일)과 艸(풀 초)와 月(달 월)로 구성되어, 해(日)가 수풀(艸) 사이로 떠올랐으나 아직 달(月)이 지지 않은 아침 시간대를 말하며, 이로부터 날이 밝다, 날이 밝는 방향인 동쪽의 뜻이 나왔으며, 날, 시작, 처음 등의 뜻도 나왔다. 또 아침 시간대에 여는 회의라는 뜻에서 朝會(조회)가, 조회가 열리는 곳이라는 뜻에서 '朝廷(조정)'이, 다시 朝代(조대), 王朝(왕조) 등의 뜻도 나왔다. 그리고 방향을 나타내는 문법소로도 쓰인다. 『설문해자』에서는 倝(해 처음 빛날 간)이 의미부이고 舟(배 주)가 소리부인 朝로 쓰기도 했다.

字形 𣄼𣄼𣄼𣄼𣄼𣄼𣄼𣄼金文 𣄼石鼓文 𣄼古璽文 𣄼古陶文 𣄼簡牘文 𣄼說文小篆

●예● 朝鮮(조선), 朝會(조회), 朝廷(조정), 王朝(왕조), 朝三暮四(조삼모사), 朝令暮改(조령모개)

684

祖(조상 조): zǔ, 示-5, 10, 70

字解 형성. 示(보일 시)가 의미부이고 且(할아비 조또 차)가 소리부인데, 且는 남근을 형상한 것으로 자손을 이어지게 해주는 상징물이다. 처음에는 且로만 표기하였으나, 且가 '또'나 '장차'라는 추상적 의미로 가차되어 쓰이게 되자, 이후 제사를 통한 숭배 의식이 강화되면서 示가 더해져 오늘날의 글자로 만들어졌다. 제사의 대상이 되는 할아비(且)라는 뜻으로부터 祖上(조상), 先祖(선조), 始祖(시조), 祖國(조국), 鼻祖(비조) 등의 뜻이 나왔다.

字形 𥃩𥃩𥃩𥃩甲骨文 𥃩𥃩𥃩金文 𥃩陶文 𥃩簡牘文 𥃩說文小篆

●예● 祖上(조상), 先祖(선조), 始祖(시조), 祖國(조국), 鼻祖(비조)

調(고를 조): 调, tiáo, diào, 言-8, 15, 52

字解 형성. 言^(말씀 언)이 의미부이고 周^(두루 주)가 소리부로, 순조롭고 고르다는 뜻인데, 말^(言)을 여러 사람에게 두루^(周) 통하게 하려고 '조화롭게' 한다는 뜻을 담았다. 이로부터 調和^(조화)롭다, 적합하다, 調劑^(조제)하다, 調整^(조정)하다 등의 뜻이 나왔다.

字形 調 說文小篆

●예● 調律(조율), 調查(조사), 强調(강조), 調節(조절), 順調(순조), 時調(시조), 調和(조화), 調整(조정)

造(지을 조): zào, 辵-7, 11, 42

字解 형성. 辵^(쉬엄쉬엄 갈 착)이 의미부이고 告^(알릴 고)가 소리부로, 어떤 곳으로 나아가^(辵) 알린다^(告)는 뜻을 그렸다. 금문 단계에서만 해도 지금의 자형^(造)에 舟^(배 주)나 宀^(집 면), 혹은 金^(쇠 금)이나 貝^(조개 패) 등이 더해지기도 했는데, 소전체로 오면서 지금의 자형으로 통일되었다. 辵^(쉬엄쉬엄 갈 착)이 가다는 행위를 나타내고, 告가 소^(牛·우) 같은 희생물을 제단에 올려 어떤 상황을 신에게 알리는^(口·구) 모습을 그린 것임을 고려하며, 造는 작업장^(宀)에서 배^(舟)나 청동 기물^(金)이나 화폐^(貝) 등을 만들었을 때 조상신에게 그의 완성을 알리는 모습을 그린 것으로 추정할 수 있다. 그래서 어떤 물건의 製造^(제조)나 완성이 造의 원래 뜻이며, 이로부터 만들다, 제작하다, 성취, 깊이 알다 등의 뜻이 나왔다.

字形 寶 寶 寶 腊 腊 腊 腊 腊 誚 金文 腊 腊 古陶文 造 造 簡牘文 造 說文小篆 拼 說文古文

●예● 製造(제조), 創造(창조), 構造(구조), 造成(조성), 僞造(위조), 人

687

鳥(새 조): 鸟, niǎo, 鳥-0, 11, 42

字解 상형. 갑골문에서 부리, 눈, 꽁지, 발을 갖춘 새를 그렸다. 『설문해자』에서는 꽁지가 긴 새의 총칭이 鳥^(새 조)라고 했다. 하지만, 꽁지가 짧은 두루미^(鶴·학)에 鳥가 들었고 꽁지가 긴 꿩^(雉·치)에 隹^(새 추)가 든 것을 보면 꼭 꽁지가 긴 새만을 지칭한 것도 아니다. 소전체에 들면서 눈이 가로획으로 변해 더욱 두드러졌고, 예서체에서는 꼬리가 네 점^(灬·火·불 화)으로 변했다. 鳥에서 눈을 없애 버리면 烏^(까마귀 오)가 된다. 烏는 눈이 없어서가 아니라 몸이 검은색이어서 눈이 잘 구분되지 않기 때문이다. 까마귀는 다 자라면 자신을 키워준 어미에게 먹이를 갖다 먹이는^(反哺·반포) 효성스런 새^(孝鳥·효조)로 알려졌다. 새는 하늘과 땅 사이를 마음대로 오가는 영물로, 하늘의 해를 움직이게 하는 존재로, 바람을 일으키는 신으로 간주하기도 했다. 그래서 다리가 셋 달린 三足烏^(삼족오)가 태양에 등장하고, 장대 위에 나무로 만든 새를 앉힌 솟대를 만들기도 했다. 간화자에서는 필획을 간단하게 줄인 鸟로 쓴다.

字形  甲骨文 金文 簡牘文 說文小篆

•예• 不死鳥(불사조), 一石二鳥(일석이조), 鳥足之血(조족지혈)

688

族(겨레 족): zú, 方-7, 11, 60

字解 회의. 㫃^(깃발 나부끼는 모양 언)과 矢^(화살 시)로 구성되었는데, 갑골문에서는 나부끼는 깃대^(㫃) 아래에 사람^(大·대)이나 화살^(矢)이 놓인 모습이고, 때로는 두 개씩 그

려 그것이 여럿임을 강조하기도 했다. 화살은 가장 대표적 무기이기에 전쟁을 상징한다. 그래서 族은 '화살'이라는 의미로부터 함께 모여 전쟁을 치를 수 있도록 같은 깃발 아래에 함께 모일 수 있는 '공동체'를 뜻하게 되었으며, 가족, 씨족, 부족, 민족 등 혈연관계의 통칭이 되었다. 그러자 원래의 화살이라는 의미는 金^(쇠 금)을 더한 鏃^(살촉 족)으로 '화살촉'의 의미를, 竹^(대 죽)을 더한 簇^(조릿대 족)으로 '화살 대'를 구분해 표현했다. 현행 옥편에서 方^(모 방)부수에 귀속되었지만 나부끼는 깃발을 그린 放이 의미부로 方과는 의미적 관련이 없는 글자이다.

字形 ![甲骨文] 甲骨文 ![金文] 金文 ![古陶文] 古陶文 ![簡牘文] 簡牘文 ![說文小篆] 說文小篆

●예● 家族(가족), 民族(민족), 遺族(유족), 族譜(족보), 親族(친족), 貴族(귀족), 種族(종족), 氏族(씨족)

689

足(발 족): zú, 足-0, 7, 70

字解 상형. 지금은 '발'의 뜻으로 쓰이지만, 갑골문에서는 '다리'를 형상화했다. 윗부분은 금문에서처럼 둥근 꼴이 변한 것으로 膝蓋骨^(슬개골·무릎 앞 한가운데 있는 작은 접시 같은 뼈)을, 아랫부분은 발^(止·지, 趾의 원래 글자)을 상징해, 『설문해자』의 해석처럼 사람 몸의 아래에 있는 무릎 아래의 다리를 말했다. 하지만 足은 이후 '발'까지 뜻하게 되었으며, 畫蛇添足^(화사첨족·원래 없는 뱀의 발까지 쓸데없이 그려 넣음)이나 鼎足^(정족·솥발)처럼 다른 동물이나 기물의 발을, 때로는 山足^(산족·산기슭)처럼 山麓^(산록)도 뜻하게 되었다. 그리고 다리는 몸을 지탱해주는 기초였기에 充足^(충족)이나 滿足^(만족)처럼 '충실하다'는 뜻이, 다시 '충분하다'는 의미가 나왔다. 그러자 '다리'는 무릎 아래 다리 전체를 그렸던 또 다른 글자인 疋^(발 소·필 발)에 의해 주로 표현되었다. 그래서 足으로 구성된 한자는 다리나 발, 이의 동작과 관련된 뜻을 갖는데, 발은 다른 공간으로 이동할 수 있는 움직임의

상징이었고 발에 의해 남은 발자국은 시간의 경과와 인간이 걸어온 길을 나타낸다.

字形 甲骨文 金文 古陶文 簡牘文

說文小篆

●예● 滿足(만족), 不足(부족), 充足(충족), 豐足(풍족), 力不足(역부족), 安分知足(안분지족)

존

690

存(있을 존): cún, 子-3, 6, 40

字解 회의. 才^(재주 재)와 子^(아들 자)로 구성되었는데, '존재하다'가 원래 뜻이다. 才가 새싹이 딱딱한 대지를 뚫고 올라오는 모습을 그렸음을 고려하면, 아이^(子)가 처음 태어난다는 것^(才)으로써 存在^(존재)의 의미를 그린 것으로 보이며, 이로부터 保存^(보존)하다, 세우다, 놓다 등의 뜻이 나왔다. 존재를 확인한다는 뜻에서 '문후를 드리다'의 뜻이 나왔으며, 다시 위무하다, 생각하다, 유념하다, 관심을 두다 등의 뜻이 나왔다.

字形 存古陶文 存簡牘文 牌說文小篆

●예● 存在(존재), 保存(보존), 生存(생존), 旣存(기존), 依存(의존), 實存(실존), 現存(현존)

691

尊(높을 존): zūn, 寸-9, 12, 42

字解 형성. 酋^(두목 추)가 의미부이고 寸^(마디 촌)이 소리부로, 술독^(酋)을 두 손^(寸)으로 높이 받쳐 든 모습으로부터 '尊貴^(존귀)하다'는 의미를 그렸으며, 술을 저장해

두는 기물 이름도 지칭하게 되었다. 이로부터 尊重^(존중)하다, 지위가 높다는 뜻도 나왔고, 상대를 높이는 경어로 쓰였다. 원래는 으로 썼는데, 酋^(닭 유)가 酋로, 廾^(두 손 마주잡을 공)이 寸^(마디 촌)으로 바뀌어 지금의 자형이 되었다.

字形 🖼🖼🖼🖼🖼 甲骨文 🖼🖼🖼🖼🖼🖼🖼 金文 🖼 古陶文 🖼🖼🖼 🖼 簡牘文 🖼 古璽文 🖼 石刻古文 🖼 說文小篆 🖼 說文或體

●예● 尊敬(존경), 尊重(존중), 尊貴(존귀), 尊稱(존칭), 尊待(존대), 自尊心(자존심)

졸

692

卒(군사 졸): [卆], zú, 十-6, 8, 52

字解 상형. 원래 ×나 ╱같은 표시가 더해진 웃옷^(衣·의)을 그렸는데, 자형이 변해 지금처럼 되었다. 『설문해자』에서는 "노역에 종사하는 노예들이 입는 옷을 卒이라 하였는데, 옛날에는 옷에 색깔을 넣어 이들이 兵卒^(병졸)임을 나타냈다." 라고 했다. 이처럼 卒의 원래 뜻은 兵卒, 士卒^(사졸)에서 그 뿌리를 찾아야 하며, 이 때문에 卒은 군대 편제의 단위가 되어, 1백 명을 1卒이라 부르기도 했다. 말단의 兵卒들이 전쟁에서 가장 죽기 쉬웠던 존재였던지 卒에 '죽다'는 뜻이 생겼고, 그로부터 '끝내', '마침내', 마치다 등의 뜻도 나왔다. 달리 卆^(군사 졸)로 쓰기도 한다.

字形 🖼🖼🖼🖼🖼 甲骨文 🖼 金文 🖼 古陶文 🖼🖼 🖼 簡牘文 🖼 石刻古文 🖼 說文小篆

●예● 兵卒(병졸), 卒業(졸업), 大卒(대졸), 高卒(고졸), 烏合之卒(오합

종

693

宗(마루 종): zōng, 宀-5, 8, 42

字解 회의. 宀^(집 면)과 示^(보일 시)로 구성되어, 조상의 위패를 모신 제단^(示)이 설치된 집^(宀) 즉 종묘를 말하며, 이로부터 동일 종족이나 가족, 종파, 종갓집 등을 말하게 되었고, 다시 으뜸, 정통 등의 뜻이 나왔다.

字形 甲骨文 金文 古陶文 盟書 簡牘文 說文小篆

●예● 宗敎(종교), 宗親(종친)

694

從(따를 종): 从, cóng, 彳-8, 11, 40

字解 형성. 彳^(조금 걸을 척)과 止^(발 지)가 의미부이고 从^(따를 종)이 소리부인데, 원래는 从으로 써, 두 사람^(人)이 나란히 따르는 모습으로부터 따르다, 따라가다는 의미를 그렸는데, 이후 길을 뜻하는 彳과 발을 뜻하는 止가 더해져 從이 되었다. 따라가다는 뜻에서 부차적이라는 뜻이 나왔고, 혈연관계에서 사촌을 지칭하기도 했으며, 남의 말을 따르다는 뜻에서 온순하다, 종용하다는 뜻도 나왔다. 간화자에서는 원래의 从으로 되돌아갔다.

字形 甲骨文 金文 古陶文 盟書 簡牘文 說文小篆

●예● 從事(종사), 服從(복종), 順從(순종), 追從(추종), 從業員(종업원), 類類相從(유유상종), 面從腹背(면종복배), 女必從夫(여필종부)

695

種(씨 종): 种, zhǒng, 禾-9, 14, 52

字解 형성. 禾^(벼 화)가 의미부이고 重^(무거울 중)이 소리부로, 곡물^(禾)의 파종을 위해 남겨둔 중요한^(重) '씨'를 말한다. 이로부터 播種^(파종)하다, 자라다, 品種^(품종), 人種^(인종)의 뜻이 나왔다. 간화자에서는 소리부 重을 中^(가운데 중)으로 바꾼 种으로 쓴다.

字形 種 種 種 種 種簡牘文 種說文小篆

●예● 品種(품종), 人種(인종), 播種(파종), 各種(각종), 種類(종류), 種目(종목), 種子(종자), 種豆得豆(종두득두)

696

終(끝날 종): 终, zhōng, 糸-5, 11, 50

字解 형성. 糸^(가는 실 멱)이 의미부이고 冬^(겨울 동)이 소리부로, 실^(糸) 끝에 달린 실패^(冬)를 그려, 베 짜기^(糸)를 하는 겨울^(冬)이 계절의 '마지막'임을 그렸다. 이로부터 끝, 죽다, 궁극, 다하다는 뜻이 나왔고, 또 12년을 헤아리는 시간 단위로도 쓰였다.

字形 終 終 終甲骨文 終 終 終金文 終古陶文 終 終簡牘文 終說文小篆 終說文古文

●예● 最終(최종), 終了(종료), 終末(종말), 終結(종결), 終身(종신), 始終一貫(시종일관), 始終如一(시종여일)

697

鐘(종 종): 钟, [鍾], zhōng, 金-12, 20

字解 형성. 金^(쇠 금)이 의미부이고 童^(아이 동)이 소리부로, 쇠^(金)로 만든 악기의 하나인 종을 말하는데, 걸잇대에 걸어 놓고 채로 쳐서 소리를 낸다. 이후 불교가 들어오면서 절에서 쓰는 종을 뜻하게 되었으며, 시간을 알릴 때 쓴다고 해서 이후 '시계'를 지칭하기도 했다. 달리 소리부인 童이 重^(무거울 중)으로 바뀐 鍾^(종 종)으로 쓰기도 하며, 간화자에서는 소리부 童을 中^(가운데 중)으로 바꾼 钟으로 쓴다.

字形 鐘 說文小篆

●예● 警鐘(경종), 打鐘(타종), 自鳴鐘(자명종)

좌

698

坐(앉을 좌): zuò, 土-4, 7, 32

字解 회의. 土^(흙 토)와 두 개의 人^(사람 인)으로 구성되어, 쌓은 흙^(土)을 중심으로 양쪽으로 사람^(人)이 앉아 제사를 드리는 모습을 그렸으며, 이로부터 그런 자리를 지칭하게 되었다. 이후 사람이 앉을 수 있는 좌석, 탈것을 타다, 제자리에 놓다 등의 뜻도 나왔는데, 구조물을 뜻할 때에는 广^(집 엄)을 더해 座^(자리 좌)로 분화했다.

字形 坐 簡牘文 坐 說文小篆 坐 說文古文

●예● 坐席(좌석), 坐視(좌시), 坐井觀天(좌정관천), 坐不安席(좌불안석)

699

左(왼 좌): zuǒ, 工-2, 5, 70

字解 회의. 屮^(왼손 좌)와 工^(장인 공)으로 구성되어, 왼손^(屮)으로 공구^(工)를 든 모습을 그렸다. 원래는 왼손^(屮)만을 그렸는데, 이후 그것이 왼손임을 더욱 명확하게

하고자 손의 오른쪽에 두 점을 더했으며, 두 점이 다시 工으로 바뀌어 지금의 자형이 되었다. 왼손이 원래 뜻이고, 이로부터 왼쪽, 곁의 뜻이 나왔다. 또 오른쪽과 반대된다는 뜻에서 반대하다, 옳지 않다, 편파적이다 등의 부정적인 뜻도 나왔다.

字形 𠂇 甲骨文 𠂇 𠂇 金文 𠂇 𠂇 古陶文 𠂇 簡牘文 𠂇 說文小篆

•예• 左右(좌우), 左派(좌파), 左翼(좌익), 左遷(좌천)

죄

700

罪(허물 죄): [辠], zuì, 网-8, 13

字解 회의. 罒(网그물 망)과 非(아닐 비)로 구성되어, 옳은 것에 위배되는(非) 것들을 모조리 그물(网)로 잡아들임을 말하며, 이로부터 죄, 죄를 짓다, 과실, 고통 등의 뜻이 나왔다. 원래는 코(自·자, 鼻의 원래 글자)를 형벌 칼(辛·신)로 자르던 형벌을 뜻하는 辠(허물 죄)로 썼는데, 진시황 때에 罪로 바뀌었다고 한다.

字形 辠 辠 簡牘文 𦋅 說文小篆

•예• 犯罪(범죄), 謝罪(사죄), 無罪(무죄), 罪惡(죄악), 罪人(죄인), 罪囚(죄수)

주

701

主(주인 주): zhǔ, 丶-4, 5, 70

字解 상형. 등잔대와 등잔 받침과 불꽃 심지를 그렸는데, 그것이 등잔불의 핵심이라는 뜻에서 핵심, 주인, 주류 등의 뜻이 나왔으며, 이로부터 가장 중요한

것, 주장, 주의 등의 뜻도 나왔다. 이후 主가 '주인'이라는 뜻으로 자주 쓰이자, 원래 뜻은 다시 火^(불 화)를 더한 炷^(심지 주)로 구분해 표현했다.

字形 古陶文 簡牘文 說文小篆

●예● 主人(주인), 主張(주장), 主導(주도), 主要(주요), 民主(민주), 主義(주의), 主觀(주관), 主題(주제), 主權(주권), 主役(주역), 客反爲主(객반위주)

702

住(살 주): zhù, 人-5, 7, 70

字解 형성. 人^(사람 인)이 의미부이고 主^(주인 주)가 소리부로, 불을 밝혀^(主) 거주하는 사람^(人)의 모습을 그렸다. 갑골문에서는 집안^(宀)에 사람^(人)이 누워 서로 포옹한 모습을 그려 잠자리에 들 시간대임을 그렸는데, 이후 지금의 자형이 되었다. 주거하다는 뜻으로부터 머물다, 쉬다, 멈추다 등의 뜻이 나왔다.

字形 說文小篆

●예● 住民(주민), 住所(주소), 住居(주거), 移住(이주), 安住(안주), 入住(입주), 永住權(영주권)

703

宙(집 주): zhòu, 宀-5, 8, 32

字解 형성. 宀^(집 면)이 의미부이고 由^(말미암을 유)가 소리부로, 집^(宀)이 집으로 기능을 할 수 있도록^(由) 해 주는 대들보^(棟梁 동량)를 뜻했는데, 이후 이러한 공간으로부터 '宇宙^(우주)'라는 의미를 그려냈다.

字形 甲骨文 說文小篆

●예● 宇宙(우주)

704

晝(낮 주): 昼, zhòu, 日-7, 11, 60

字解 회의. 갑골문에서 聿^(붓 률)과 日^(날 일)로 구성되어, 붓^(聿)으로 글을 쓸 수 있는 햇빛^(日)이 있는 시간대인 '낮'을 말했는데, 자형이 변해 지금처럼 되었다. 이후 정오 시간대를 뜻하였으며, 다시 낮의 뜻이 나왔다. 간화자에서는 聿을 尺^(자 척)으로 간단하게 줄여 昼로 쓴다.

字形 畫 金文 畫 畫 古陶文 畫 畫 簡牘文 畫 帛書 畫 說文小篆 畫 說文籀文

●예● 晝夜(주야), 晝耕夜讀(주경야독)

705

朱(붉을 주): [硃], zhū, 木-2, 6, 40

字解 지사. 木^(나무 목)에 지사부호(丶)가 더해져 나무의 줄기 부분임을 지칭했는데, 『설문해자』에 의하면 소나무의 일종으로 속이 붉은 나무^(赤心木)를 말한다고 했으며, 이로부터 '붉다'는 뜻이 나왔다. 이후 붉은색을 내는 광물인 '단사'를 뜻하기도 했는데, 이때에는 石^(돌 석)을 더한 硃^(주사 주)로 구분해 쓰기도 한다.

字形 朱 朱 朱 甲骨文 朱 朱 朱 朱 朱 朱 金文 朱 盟書 朱 朱 簡牘文 朱 說文小篆

●예● 印朱(인주), 朱黃(주황), 朱紅(주홍)

706

注(물댈 주): zhù, 水-5, 8, 60

字解 형성. 水^(물 수)가 의미부이고 主^(주인 주)가 소리부로, 물^(水)을 대다는 뜻인데, 물을 부어 막힌 곳을 통하게 하다는 뜻에서 '주석'을 뜻하기도 하며 그때에는

註^(주낼 주)와 같이 쓴다.

字形 〓〓簡牘文 〓〓說文小篆

●예● 注意(주의), 注目(주목), 注文(주문), 注入(주입), 注油(주유)

707

走(달릴 주): zǒu, 走-0, 7, 42

字解 회의. 갑골문에서 윗부분이 팔을 흔드는 사람의 모습이고 아랫부분은 발^(止·지)을 그려 '빠른 걸음으로 달려가는 모습'을 형상화했다. 소전체에 들면서 윗부분이 머리가 꺾인 사람을 그린 夭^(어릴 요)로 변했고, 예서에 들면서 土^(흙 토)로 잘못 변해 지금처럼 되었다. 빠른 걸음으로 달려가다가 원래 뜻이며, 이로부터 달려가다, 걷다, 왕래하다, 어떤 길을 가다, 떠나다, 원래의 맛을 잃어버리다 등의 뜻이 나왔다.

字形 〓〓〓〓〓〓金文 〓〓簡牘文 〓說文小篆

●예● 走行(주행), 逃走(도주), 疾走(질주), 競走(경주), 力走(역주), 獨走(독주), 東奔西走(동분서주), 走馬看山(주마간산)

708

酒(술 주): jiǔ, 酉-3, 10, 40

字解 형성. 水^(물 수)가 의미부이고 酉^(닭 유)가 소리부로, 술독^(酉)에 담긴 액체^(水)라는 이미지를 통해 '술'을 그렸고, 이로부터 술, 술을 마시다, 술자리 등의 뜻이 나왔다.

字形 〓〓〓甲骨文 〓〓〓金文 〓〓古陶文 〓〓〓〓 〓〓簡牘文 〓石刻古文 〓說文小篆

●예● 麥酒(맥주), 洋酒(양주), 飮酒(음주), 酒店(주점)

죽

709

竹(대 죽): zhú, 竹-0, 6, 42

 상형. 곧게 뻗은 대와 양옆으로 난 잔가지를 그렸다. 갑골문이 쓰였던 기원 전 13세기쯤의 황하 유역은 야생 코끼리가 살 정도로 기후가 따뜻해 대나무도 많았다. 대는 지금도 생활의 유용한 재료이듯, 당시에도 생필품은 물론 다양한 악기, 나아가 서사의 재료가 되기도 했다. 그리고 곧게 자라는 대는 貞節^(정절)의 상징이기도 했고, 대로 만든 말을 타며 함께 놀던 옛 친구^(竹馬故友·죽마고우)를 연상케 하는 篤^(도타울 독)처럼 깊고 '도타운' 정을 뜻하기도 한다. 그래서 대는 생활용품의 대표적 재료였으며, 가늘게 쪼갠 대는 점치는 도구로 쓰이기도 했으며, 絲竹^(사죽)이라는 말로 음악을 상징할 정도로 악기의 주요 재료가 되었다. 그런가 하면 대는 종이가 나오기 전 대표적인 필사 재료로 쓰였다. 대를 쪼게 푸른 겉면을 불에 구우면 대의 진액이 빠지고 훌륭한 서사 재료가 되는데 이를 竹簡^(죽간)이라 했다.

字形 𦬇金文 𝌆𝌆古陶文 𝌰𝌱 𝌲𝌳 竹 𝌶𝌶簡牘文 𝌸𝌸 說文小篆

●예● 破竹之勢(파죽지세), 竹馬故友(죽마고우)

중

710

中(가운데 중): zhōng, zhòng, |-3, 4, 80

 상형. 갑골문에서 볼 수 있듯이 바람에 나부끼는 깃발을 그렸다. 자신의 씨족임을 표시하기 위해 깃발에다 상징 부호^(토템)를 그려 넣었다는 『주례司常^(사상)』의 기록을 볼 때 이는 아마도 씨족 표지 깃발이었던 것으로 보인다.

옛날 집단 사이에 중대사가 있으면 넓은 터에 먼저 깃발^(中)을 세우고 이를 중심으로 민중들을 집합시켰다. 민중들은 사방 각지로부터 몰려들었을 터이고 그들 사이로 깃발이 꽂힌 곳이 '中央^(중앙)'이자 '中心^(중심)'이었다. 이로부터 中에는 '중앙'이라는 뜻이 생겨났고 다시 모든 것의 중앙이라는 뜻으로 확대되었다. 여기서 다시 '마침맞은'이라는 뜻을 갖게 되었는데, 마침맞다는 것은 어느 한 쪽으로도 치우치지 않고 가장 적절하다는 뜻이다. 이로부터 的中^(적중)하다, 정확하다의 뜻도 나왔다.

字形

●예● 中央(중앙), 中心(중심), 的中(적중), 中斷(중단), 集中(집중), 空中(공중), 中途(중도), 中間(중간), 五里霧中(오리무중)

711

衆(무리 중): 众, [眾], zhòng, 血-6, 12, 42

字解 회의. 血^(피 혈)이 의미부이고 伩^(무리 중, 衆의 본래 글자)이 소리부로, 피땀^(血) 흘려 힘든 노동을 하는 사람들^(伩)을 그렸다. 갑골문에서는 日^(날 일)과 사람^(人·인)이 셋 모인 모습인 伩으로 구성되어, 뙤약볕^(日) 아래서 무리지어^(伩) 힘든 일을 하는 '노예'들을 지칭했다. 이후 금문에 들면서 日이 目^(눈 목)으로 바뀌어, 그런 노예들에 대한 감시^(日)의 의미가 강조되었으며, 目이 다시 血로 바뀌어 지금처럼 되었다. 이후 일반 大衆^(대중)의 의미로 확대되었고, '많다'는 뜻까지 가지게 되었다. 간화자에서는 人이 셋 모인 众으로 표기한다.

字形

衆盟書 衆 衆 衆簡牘文 衆帛書 衆 衆 衆古璽文 衆說文小篆

●예● 大衆(대중), 群衆(군중), 公衆(공중), 民衆(민중), 聽衆(청중), 觀衆(관중), 出衆(출중), 衆口難防(중구난방), 衆寡不敵(중과부적)

712

重(무거울 중): zhòng, 里-2, 9, 70

字解 형성. 금문에서 人(사람 인)이 의미부이고 東(동녘 동)이 소리부인 구조였으나, 소전체에서는 壬(좋을 정)이 의미부이고 東이 소리부인 구조로 바뀌었으며, 자형이 줄어 지금처럼 되었다. 원래 童(아이 동)에서 분화된 글자로, 그러한 노예(童)들이 짊어져야 하는 힘들고 과중한 노동력을 그렸으며, 이로부터 무겁다, 過重(과중)하다, 힘들다, 심하다, 重視(중시)하다, 重要(중요)하다 등의 뜻이 나왔다.

字形 重重重金文 重古陶文 重重盟書 重重重簡牘文 重古璽文 重石刻古文 重說文小篆

●예● 重視(중시), 重要(중요), 尊重(존중), 貴重(귀중), 所重(소중), 愛之重之(애지중지)

즉

713

即(곧 즉): 即, jí, 卩-7, 9, 32

字解 회의. 皀(어긋날 간)과 卩(병부 절)로 구성되어, 밥이 소복하게 담긴 그릇(皀) 앞에 앉은 사람(卩)이 밥을 막 먹으려는 모습을 그렸고, 여기서 '곧'의 의미가 나왔으며, 자리에 앉다, 즉위하다, 나아가다 등의 뜻도 나왔다. 여기에 식사를 '끝내고' 머리를 뒤로 홱 돌린 모습이 旣(이미 기)이며, 식기를 중앙에 두고 마

주 앉은 모습이 卿^(벼슬 경)이다. 겸상은 손님이 왔을 때 차리기에 卿에는 '손님'이라는 뜻이 생겼고, 다시 상대를 높여 부르는 글자로, 급기야 卿大夫^(경대부)에서처럼 '벼슬'의 뜻까지 갖게 되었다. 사실 卿과 鄕^(시골 향)은 같은 데서 분화한 글자다. 겸상을 차려 손님을 '대접하는' 것이 鄕이었는데, 이후 '시골'이라는 뜻으로 가차되자 다시 食^(밥 식)을 더해 饗^(잔치 향)으로 분화했다. 간화자에서는 即으로 쓴다.

字形 甲骨文 金文 古陶文 簡牘文 石刻古文 說文小篆

●예● 卽刻(즉각), 卽時(즉시), 卽席(즉석), 卽興的(즉흥적)

증

714

增(불을 증): zēng, 土-12, 15, 42

字解 형성. 土^(흙 토)가 의미부이고 曾^(일찍 증)이 소리부로, 흙^(土)이 겹겹이 쌓여 늘어남^(曾)을 말하며, 이로부터 增加^(증가)하다, 더하다, 다시라는 뜻이 나왔다.

字形 石篆 說文小篆

●예● 增加(증가), 急增(급증), 增産(증산), 增大(증대), 增設(증설), 增減(증감)

715

曾(일찍 증): zēng, céng, 曰-8, 12, 32

字解 상형. 甑^(시루 증)의 원래 글자로, 김이 솟아나는 시루를 그렸으며, 시루는 그릇을 포개 놓은 것이 특징으로 삼아 '중첩되다', 더하다 등의 뜻이 나왔다. 이후 '일찍'이라는 뜻으로 가차되었고, 그러자 원래 뜻은 질그릇이란 의미를

강조해 瓦^(기와 와)를 더한 甑^(시루 증)으로 분화했다. 현대 옥편에서는 曾의 의미와 관계없이 曰^(가로 왈) 부수에 귀속되었다.

字形 〽〽甲骨文 〽曾金文 〽〽古陶文 曾說文小篆

● 예 ● 曾孫子(증손자), 未曾有(미증유)

716

證(증거 증): 证, zhèng, 言-12, 19, 40

字解 형성. 言^(말씀 언)이 의미부이고 登^(오를 등)이 소리부로, 알리다는 뜻인데, 말^(言)을 신전에 올리다^(登)는 뜻으로부터 '보고하다'의 뜻이 나왔고, 그것은 확실한 증거가 있을 때 가능했기에 '證據^(증거)'의 뜻도 함께 나왔다. 간화자에서는 소리부인 登 대신 正^(바를 정)을 쓴 证으로 쓰는데, 증거란 오로지 정확한^(正) 말^(言)이어야 함을 말했다.

字形 證簡牘文 證說文小篆

● 예 ● 證據(증거), 證明(증명), 檢證(검증), 證言(증언), 證券(증권), 證人(증인), 保證(보증), 證書(증서)

지

717

之(갈 지): zhī, 丿-3, 4, 32

字解 상형. 갑골문에서 발^(止: 발 지, 趾의 원래 글자)이 땅^(一)에 닿은 모습을 그려, 어떤 지점으로 나아가 도착함을 말했으며, '가다'의 뜻이 나왔다. 이후 대명사로 가차되었고, 관형격이나 주격을 나타내는 문법소로도 쓰였다.

字形 〽〽〽甲骨文 〽〽〽金文 〽〽〽〽〽〽〽古陶文 〽〽〽盟書 〽簡牘文

ℓ ℓ ℓ 簡牘文 **ℓ ℓ** 古璽文 **Ψ** 說文小篆

●예● 塞翁之馬(새옹지마), 漁父之利(어부지리), 莫逆之友(막역지우), 金蘭之交(금란지교)

718

只(다만 지): zhǐ, 口-2, 5, 30

字解 회의. 口(입 구)와 八(여덟 팔)로 구성되어, 말(口)의 기운이 갈라져(八) 입 아래로 내려가는 모습을 그렸다. 이로부터 말이 끝났음을 나타내는 어기사로 쓰였고, 다시 '단지'라는 부사의 의미도 나왔다. 현대 중국에서는 隻(새 한 마리 척), 祇(가사 기), 祗(마침 지) 등의 간화자로도 쓰인다.

字形 說文小篆

●예● 只今(지금), 但只(단지)

719

地(땅 지): [坔, 墬, 埊], dì, 土-3, 6, 70

字解 형성. 土(흙 토)가 의미부이고 也(어조사 야)가 소리부로 '땅'을 말하는데, 만물을 생산하는(也) 대지(土)라는 의미를 담았으며, 이로부터 대지, 지구, 육지, 영토, 토지, 지방, 지위, 바탕 등의 뜻이 나왔다. 달리 '대지'는 물(水·수)과 흙(土)으로 구성되었다는 뜻에서 坔, 산(山)과 물(水)과 흙(土)으로 구성되었다는 뜻에서 墬, 혹은 흙(土)으로 둘러싸였다(防·방)는 뜻에서 埊 등으로 쓰기도 했다.

字形 金文 盟書 簡牘文 說文小篆 說文籀文

●예● 地方(지방), 地域(지역), 地區(지구), 地球(지구), 處地(처지), 土地(토지), 地圖(지도), 易地思之(역지사지)

720

志(뜻 지): [誌], zhì, 心-3, 7, 42

字解 형성. 원래는 心^(마음 심)이 의미부이고 之^(갈 지)가 소리부인 구조로, 마음^(心)이 가는^(之) 그것이 '뜻'임을 그렸다. 이후 心이 의미부이고 土^(선비 사)가 소리부로 바뀌어, 선비^(土) 같은 마음^(心)이라는 의미를 강조했다. 이후 의지, 표지, 잊지 않다 등의 뜻이 나왔으며, 현대 중국에서는 誌^(기록할 지)의 간화자로도 쓰인다.

字形 金文 古陶文 盟書 簡牘文 古璽文 說文小篆

●예● 意志(의지), 志願(지원), 同志(동지), 寸志(촌지), 鬪志(투지), 靑雲之志(청운지지)

721

持(가질 지): chí, 手-6, 9, 40

字解 형성. 手^(손 수)가 의미부이고 寺^(절 사)가 소리부로, 손^(手)으로 어떤 일을 하다^(寺)는 뜻에서 손에 쥐다는 뜻이 나왔고, 다시 '쥐다'는 일반적인 의미로 확장되었으며, 持續^(지속)하다, 다스리다, 관리하다 등의 뜻도 나왔다.

字形 說文小篆

●예● 持續(지속), 支持(지지), 所持品(소지품), 持久力(지구력)

722

指(손가락 지): zhǐ, 手-6, 9, 42

字解 형성. 手^(손 수)가 의미부이고 旨^(맛있을 지)가 소리부로, 손가락^(手指)을 말하는데,

맛있는 음식물을 찍어서 맛보는^(旨) 손^(手)의 부위라는 의미를 담았다.

字形 𣬉 金文 𣬉耒 簡牘文 𢪏 說文小篆

●예● 指名(지명), 指目(지목), 指揮(지휘), 指示(지시), 指導(지도), 指向(지향), 指稱(지칭), 指定(지정), 指鹿爲馬(지록위마), 指呼之間(지호지간)

723

支(지탱할 지): zhī, 支-0, 4, 42

字解 회의. 又^(또 우)와 十^(열 십)으로 구성되었는데, 十은 원래 댓가지를 그린 것이 변한 것으로 추정되며, 『설문해자』에서는 '댓가지를 제거하다'라고 풀이했다. 그렇다면 支는 손으로 대의 몸체로부터 꺾어 낸 '가지'를 말한다. 그래서 支는 '나뭇가지'가 원래 뜻이고, 가지는 나무의 몸체에서 갈라져 나온 것이라는 의미에서 '갈라지다'의 뜻이, 몸체에 붙어 있다는 뜻에서 '곁'과 '지탱하다'의 의미가 나왔다. 支가 순수한 의미부로 기능을 하여 구성된 글자들은 그다지 많지 않아 중국의 『신화자전』에서는 따로 부수로 세우지 않고, 十부수에 통합시켰다. 원래 뜻인 '나뭇가지'의 의미를 더욱 구체화하기 위해 木^(나무 목)을 더한 枝^(가지 지)로 분화했다.

字形 支支 簡牘文 𣎏 說文小篆 𣏾 說文古文

●예● 支援(지원), 支持(지지), 支配(지배), 支出(지출), 支給(지급)

724

枝(가지 지): zhī, 木-4, 8, 32

字解 형성. 木^(나무 목)이 의미부이고 支^(지탱할 지)가 소리부로, 나무^(木)의 갈라진^(支) 가지를 말하며, 이로부터 갈라져 나온 지부, 적장자 이외의 나머지 자손을 지칭하게 되었다.

簡牘文 說文小篆

•예• 金枝玉葉(금지옥엽)

725

止(발 지): zhǐ, 止-0, 4, 50

상형. 사람의 '발'을 그렸는데, 이후 발가락을 셋으로 상징화해 지금처럼 되었다. 발은 신체의 일부기도 하지만 가야 할 때와 멈출 때를 결정하고, 나아가 역사를 일구어 나가는 것 또한 인간의 발에서 시작된다. 그래서 止는 '가다'와 '그치다'는 물론 인간의 과거 흔적으로부터 다가올 미래까지를 포함하는 개념으로 발전했다.

甲骨文 金文 古陶文
簡牘文 說文小篆

•예• 禁止(금지), 中止(중지), 廢止(폐지), 停止(정지), 防止(방지), 明鏡止水(명경지수)

726

知(알 지): [智], zhī, 矢-3, 8, 52

형성. 口(입 구)가 의미부이고 矢(화살 시)가 소리부로, '알다'는 뜻인데, 화살(矢)이 과녁을 꿰뚫듯 상황을 날카롭게 판단하고 의중을 정확하게 꿰뚫어 말(口)할 수 있는 능력이 '지식'에서 나옴을 그렸다. 여기서 파생된 智(슬기 지)는 그러한 지식(知)이 세월(日·일)을 지나야만 진정한 '지혜'로 변함을 잘 보여준다.

說文小篆

•예• 知識(지식), 知能(지능), 認知(인지), 知音(지음), 溫故知新(온고지신), 格物致知(격물치지)

727

紙(종이 지): 纸, zhǐ, 糸-4, 10, 70

字解 형성. 糸^(가는 실 멱)이 의미부이고 氏^(각시 씨, 氏와 같은 글자)가 소리부로, '종이'를 말하며, 공문을 헤아리는 단위사로도 쓰였다. 지금은 종이를 나무로 만들지만, 紙에는 실^(糸)과 같은 섬유질을 잘게 분쇄하여 물속에 가라앉혔다가^(氏) 발로 떠서 말려 만들던 초기 단계의 종이 제작 방법이 반영되었다.

字形 **紙**簡牘文 **紙**說文小篆

●예● 紙幣(지폐), 休紙(휴지), 便紙(편지), 白紙(백지), 製紙(제지), 紙面(지면), 日刊紙(일간지)

728

至(이를 지): zhì, 至-0, 6, 42

字解 지사. 『설문해자』에서는 "새가 땅에 내려앉는 모습이며, 아래쪽의 가로획^(一)은 땅이다."라고 풀이했지만 믿기 어렵다. 사실은 矢^(화살 시)와 가로 획^(一)으로 구성되어, 화살^(矢)이 날아와 땅^(一)에 꽂힌 모습을 그렸는데, 한나라 때의 예서에 이르러 화살의 촉과 꼬리 부분이 가로획으로 변해 지금처럼 되었다. '이르다'가 원래 뜻이며, 어떤 목표에 도달하다는 의미에서 '끝'이나 '지극'의 뜻이 생겼고, '최고'의 뜻까지 생겼다. 그러자 원래의 의미는 발음을 나타내는 刀^(칼 도)를 더해 到^(이를 도)로 분화했다. 또 손에 막대를 든 모습으로 '강제하다'는 의미가 있는 攵^(칠 복)을 더하여 어떤 곳에 이르게 하다는 사역의 의미인 致^(보낼 치)를 만들어 냈다. 그래서 至로 구성된 글자들은 대부분 '이르다'는 원래의 뜻을 담고 있다.

字形 甲骨文 金文 帛書 簡牘文

室石刻古文 　 說文小篆 　 說文古文

●예● 夏至(하지), 冬至(동지), 至極(지극), 至誠感天(지성감천)

직

729

直(곧을 직): 直, zhí, 目-3, 8, 70

字解 회의. 갑골문에서 눈^(目) 위로 세로획이 곧게 그려진 모습인데, 세로획은 똑바른 시선을 상징한다. 이후 세로획이 十^(열 십)으로 바뀌었고, 길을 뜻하는 彳^(조금 걸을 척)의 변형인 ㄴ이 더해져 지금의 자형이 되었다. '똑바로 보다'가 원래 뜻이고 이로부터 '곧다', 正直^(정직)하다, 합리적이다, 직접, 있는 그대로 등의 뜻이 나왔다. 간화자에서는 直으로 쓴다.

字形 甲骨文 　 金文 　 古陶文 　 盟書 　 簡牘文 　 說文小篆 　 說文古文

●예● 正直(정직), 直線(직선), 直角(직각), 直接(직접), 不問曲直(불문곡직), 單刀直入(단도직입)

진

730

盡(다할 진): 尽, jìn, 皿-9, 14, 40

字解 회의. 聿^(붓 률, 筆의 원래 글자)과 皿^(그릇 명)으로 구성되어, 붓^(聿)으로 그릇^(皿) 속의 찌꺼기까지 깨끗하게 청소하는 모습이며, 이로부터 '끝까지', 모든, 완벽하다, 극단에 이르다 등의 뜻이 나왔다. 청동 그릇 속에는 일반적으로 그 청동기를 제작하게 된 경위를 기록해 두었는데, 이를 청동기^(金)에 주조한 글^(文·문)

이라는 뜻에서 金文이라 부른다. 금문은 보통 음각으로 되어 음식을 삼거나 사용 후에는 그곳에 찌꺼기가 끼기 마련이었고, 이 부분은 솔로 깨끗하게 청소해야 했다. 간화자에서는 尽으로 간단하게 줄여 쓴다.

字形 甲骨文 金文 古陶文 盟書 簡牘文 說文小篆

•예• 賣盡(매진), 無盡藏(무진장), 氣盡脈盡(기진맥진), 苦盡甘來(고진 감래), 興盡悲來(흥진비래), 無窮無盡(무궁무진)

731

眞(참 진): 真, zhēn, 目-5, 10, 42

字解 형성. 匕^(될 화, 化의 생략된 모습)가 의미부이고 鼎^(솥 정)의 생략된 모습이 소리부인 것으로 추정된다. 『설문해자』에서는 "眞은 신선이 모습을 변화시켜 승천하는 것을 말한다. 匕와 目^(눈 목)과 ㄴ과 八^(여덟 팔)로 구성되었는데, 八은 신선의 탈 것을 말한다."라고 했지만, 금문의 자형과 어떤 연계도 지을 수 없다. 眞이 금문에 들어 등장하는 것으로 보아 이의 개념은 전국시대 말부터 유행한 신선사상과 관련 있는 것으로 보이지만 그 근원은 상나라 때의 貞人^(정안 점복관)에서부터 찾을 수 있을 것이다. 貞은 갑골문에서 의미부인 卜^(점 복)과 소리부인 鼎으로 구성되었지만 이후 鼎이 貝^(조개 패)로 잘못 변했다. 卜은 거북점을 칠 때 불로 지져 열에 의해 갈라지는 거북 딱지의 형상이고, 그 갈라진 각도나 모양으로 점괘를 판단한 데서 '점'이라는 뜻이 나왔다. 그래서 貞은 원래 신에게 '물어보다'는 뜻으로 사용되었다. 이후 불에 지져진 거북 딱지가 직선을 그리며 갈라진 데서 '곧다'는 뜻이 나왔고, 지금은 '곧다'는 의미가 주로 쓰인다. 그래서 貞人은 상나라 당시 최고의 점인 거북점을 주관하고 점괘를 판단하던 점복관을 말한다. 때로는 상나라 왕이 직접 貞人의 구실을 한 것으로 보아 그 지위가 대단히 높았음을 알 수 있다. 신과 교통하고 신의 말을 인간세계에 전달해 주던 상나라의 貞人처럼, 주나라에 들면

서 천지간의 道^(도)를 체득한 仙人^(선인)을 부를 다른 명칭이 필요해졌다. 그것은 신탁의 시대로부터 인문의 시대로 역사가 진전했음의 상징이기도 했다. 그래서 貞으로부터 분화된 글자가 眞이고, 이후 眞人^(진인)은 이러한 사람의 최고 호칭이 되었다. 그래서 眞은 신의 소리를 듣고자 점복을 행할 때의 몸과 마음가짐처럼 '眞實^(진실)됨'과 '참됨', 그리고 眞理^(진리)라는 뜻으로까지 확장되었던 것으로 보인다. 간화자에서는 真으로 쓴다.

字形 𩖕𩕄𩕄 金文 𩕄 𩕄 古陶文 𩕄𩕄 𩕄 𩕄 簡牘文 𩕄 說文小篆 𩕄 說文古文

●예● 眞實(진실), 眞理(진리), 寫眞(사진)

732

辰(지지 잔·때 신): chén, 辰-0, 7, 32

字解 형성. 흡수관을 내민 채 땅 위를 기어가는 '조개'를 그렸다. 하지만 이후 간지자의 이름으로 가차되어 사용되자 원래의 뜻은 虫^(벌레 충)을 더한 蜃^(대합조개 신)으로 구분해 표현했다. 농기구가 발달하기 전, 조개껍데기는 땅을 일구는 데 유용한 도구로 사용되었다.

字形 𧈧 說文小篆

●예● 誕辰(탄신), 日月星辰(일월성신)

733

進(나아갈 진): 进, jìn, 辵-8, 12, 42

字解 회의. 隹^(새 추)와 辵^(쉬엄쉬엄 갈 착)으로 구성되어, 나아가다는 뜻인데, 뒤로 가지 못하고 앞으로만 가는^(辵) 새^(隹)의 걸음을 말한다. 이로부터 출사하다, 승진하다, 추천하다, 발전하다 등의 뜻이 나왔다. 간화자에서는 隹를 井^(우물 정)으로 간단하게 줄인 进으로 쓴다.

𤴐 甲骨文 𢓐𢓊 金文 𤛿𤛿 古陶文 𨕯 簡牘文 𤜌 帛書 𨕈 說文小篆

●예● 前進(전진), 進行(진행), 推進(추진), 進入(진입), 進出(진출), 先進國(선진국), 進退兩難(진퇴양난), 遲遲不進(지지부진), 日進月步(일진월보)

질

734

質(바탕 질): 质, zhì, 貝-8, 15, 52

字解 회의. 所(모탕 은)과 貝(조개 패)로 구성되었는데, 貝는 조개 화폐로 돈이나 재물 등을 뜻하고 所은 도끼를 그린 斤(도끼 근)이 둘 모여서 나무를 패거나 자를 때 받쳐 놓는 나무토막을 말한다. 그래서 質은 '돈(貝)으로 바꿀 수 있는 것의 밑받침(所)이나 바탕이 될 수 있는 것'이라는 뜻에서 처음에는 '抵當(저당·담보로 잡힘)'의 뜻으로 쓰였다. 따라서 '質이 좋다'나 '質이 나쁘다'의 쓰임에서처럼 質에는 질 좋은 원자재가 나중에 실제로 쓰일 수 있는 물건으로 가공되었을 때 화폐 가치가 높은 잠재성을 가진다는 뜻을 내포되어 있다. 이렇듯 質은 화폐나 돈 자체를 말하는 것이 아니라 많은 돈을 벌게 해 줄 수 있는 밑바탕을 의미한다. 실재하는 현상물의 실체가 바로 밑바탕이라는 의미에서 質에는 '실체'라는 의미가 생겼고, 바탕은 언제나 가공되기 전의 소박함을 특징으로 하기에 다시 質朴(질박)이라는 의미까지 생겼다. 한편 質의 원래 의미가 돈을 빌리고자 저당 잡히는 재물이나 물건 등을 뜻했던 것처럼, 人質(인질)은 사람(人)을 볼모로 잡아(質) 어떤 대가를 요구한다는 뜻이다. 간화자에서는 所을 간단하게 줄인 质로 쓴다.

字形 𧷁 𧷤 𧷧 盟書 𧷠 𧸇 簡牘文 𧷌 說文小篆

●예● 本質(본질), 品質(품질), 性質(성질), 物質(물질), 質問(질문), 資

質(자질), 體質(체질), 質量(질량), 材質(재질), 人質(인질)

집

735

執(잡을 집): 执, zhí, 土-8, 11, 32

字解 회의. 갑골문에서 꿇어앉은 사람의 두 손에 쇠고랑이 채워진 모습으로, 죄인을 '체포하다'는 뜻을 그렸다. 예서 이후 辛^(매울 신)과 丸^(알 환)의 구성으로 변했는데, 辛은 쇠고랑을 찬 모습을, 丸은 꿇어앉은 사람^(卪극)이 변한 모습이다. 붙잡혀 두 손에 쇠고랑이 채워졌으니 꼼짝달싹할 수도 없을 것이고, 이 때문에 체포하다, '움직이지 않고 자리를 지킨다'라는 뜻이 들어 있으며, 執行^(집행)하다, 집필하다, 固執^(고집) 등의 뜻이 생겼다. 간화자에서는 辛을 扌^(손 수)로 간단하게 줄여 执으로 쓴다.

字形 [甲骨文] [金文] [簡牘文] 說文小篆

●예● 執行(집행), 固執(고집), 執行(집행), 執着(집착), 執筆(집필)

736

集(모일 집): [雧], jí, 隹-4, 12, 60

字解 회의. 木^(나무 목)과 隹^(새 추)로 구성되어, 나무^(木) 위에 새^(隹)가 모여 앉은 모습을 그렸는데, 옛날 글자에서는 隹가 셋 모인 雧으로 쓰기도 했다. 이는 떼지어 살길 좋아하는 새의 특성을 그렸고 이로부터 '모이다', 쉬다, 시장, 집회, 연회 등의 뜻을 나타냈다.

字形 說文小篆 說文或體

●예● 集團(집단), 集中(집중), 募集(모집), 集會(집회), 集計(집계), 雲集(운

진시황(秦始皇) 2세 조서(詔書). 진시황 2세가 기원전 221년 부친이 시행한 도량형 통일의 정당성을 알리는 내용이다. 당시의 표준 전서 체를 썼으며, 무게의 표준화를 위해 제작된 저울추이다.

차

737

且(또 차): qiě, 一-4, 5, 30

字解 상형. 갑골문자의 자형을 두고 남성의 생식기를 그렸다, 신위를 그렸다, 고기를 담은 도마를 그렸다는 등 자원에 대한 의견이 분분하지만, 남근을 그렸다는 것이 통설이다. 남성의 생식기는 자손을 이어지게 해주는 상징물이어서 고기를 바치며 제사를 모시던 대상이 되었고, 이로부터 '조상'이라는 뜻이 나왔다. 하지만, 이후 '또'나 '장차'라는 추상적 의미로 가차되어 쓰이게 되자, 제사를 통한 숭배 의식의 의미를 강화하면서 제단을 뜻하는 示^(보일 시)를 더해 祖^(조상 조)로 분화했다.

字形 甲骨文 金文

簡牘文 **且** 說文小篆

●예● 苟且(구차), 重且大(중차대)

738

借(빌릴 차): jiè, 人-8, 10, 32

字解 형성. 人^(사람 인)이 의미부이고 昔^(옛 석)이 소리부로, 오래된^(昔) 사람^(人)이어야만 그로부터 무엇인가를 '빌릴' 수 있음을 그렸으며, 이로부터 빌리다, 빌려주다, 가져오다, 얻다, 이용하다, 사용하다 등의 뜻이 나왔다. 현대 중국에서는

藉^(깔개 자)의 간화자로도 쓰인다.

（字形） 借 說文小篆

●예● 借名(차명), 借用(차용), 賃借(임차), 假借(가차)

739

次(버금 차): cì, 欠-2, 6, 42

（字解） 회의. 欠^(하품 흠)과 冫^(얼음 빙)으로 구성되었는데, 欠은 입을 크게 벌린 사람의 모습을, 冫은 두 점을 상징하여, 침을 튀기며 이야기하거나 재채기를 하여 침이 튕기는 모습을 그렸다. 이야기를 할 때 침을 튀기거나 다른 사람 앞에서 재채기하는 것은 예의에 어긋난 放恣^(방자)한 행동이 아닐 수 없다. 그래서 次는 放恣한 행동과 같이 '제멋대로 하다'가 원래 뜻이다. 하지만 소전체에 들면서 冫이 二^(두 이)로 변했으며, 의미도 순서상 첫 번째의 다음^(二)이라는 뜻이 나왔으며, 이로부터 버금가다, 질이 떨어지다 등의 뜻이 나왔다. 그러자 원래 의미는 心^(마음 심)을 더한 恣^(방자할 자)로 분화했다.

（字形） 次 甲骨文 次 金文 次 簡牘文 次 說文小篆 次 說文古文

●예● 次例(차례), 節次(절차), 順次(순차), 再次(재차), 目次(목차), 次男(차남), 次元(차원), 將次(장차)

740

此(이 차): cǐ, 止-2, 6, 32

（字解） 회의. 止^(발 지)와 匕^(변할 화, 化의 원래 글자)로 구성되어, 사람^(匕)이 발^(止)로 밟고 멈추어 서 있는 모습을 그렸으며, 바고 그곳이 '이곳'임을 말하며, 인간이 서 있는 이 자리는 바로 '현재'에 해당한다. 이로부터 이곳, 이때, 이렇게, 곧 등의 뜻이 나왔다.

（字形） 此 甲骨文 此 金文 此 古陶文 此 盟書 此 此

簡牘文 說文小篆

•예• 如此(여차), 於此彼(어차피), 此日彼日(차일피일)

착

741

着(붙을 착): [著], zhuó, zhāo, zháo, zhe, 羊-5, 11, 52

字解 형성. 원래는 著(분명할 저)로 써 艸(풀 초)가 의미부이고 者(놈 자)가 소리부였는데, 윗부분이 羊(양 양)으로 아랫부분이 目(눈 목)으로 변해 지금의 자형이 되었다. 이 때문에 일부 자전에서는 着을 目부수에 귀속시키기도 한다. 풀(艸)이 뿌리를 내리듯(着根·착근) 어떤 물체에 들어붙다, 附着(부착)하다, 접근하다, 시작하다, 바둑알 등을 놓다는 뜻이며, 현대 중국어에서는 진행을 나타내는 시태 조사로도 쓰인다. 현대 중국에서는 著(분명할 저)의 간화자로도 쓰인다.

•예• 附着(부착), 到着(도착), 執着(집착), 定着(정착), 着工(착공), 着陸(착륙), 着用(착용)

찰

742

察(살필 찰): [詧], chá, 宀-11, 14, 42

字解 회의. 宀(집 면)과 祭(제사 제)로 구성되어, 집안(宀)에서 제사(祭)를 지낼 때 갖추어야 할 물품이 제대로 갖추어졌는지를 '자세히 살피다'는 뜻이며, 이로부터 고찰하다, 잘 알다, 점검하다 등의 뜻이 나왔다.

字形 古陶文 簡牘文 說文小篆

•예• 警察(경찰), 觀察(관찰), 視察(시찰), 巡察(순찰), 省察(성찰), 査察(사찰)

참

參(간여할 참석 삼삼성 참): 参, cān, cēn, shēn, 厶-9, 11

字解 형성. 晶^(밝을 정)과 人^(사람 인)이 의미부이고 彡^(터럭 삼)이 소리부로, 별^(晶, 星의 원래 글자)이 사람^(人)의 머리 위를 환하게 비추는^(彡) 모습을 그렸고, 이로부터 서쪽 하늘에 나타나는 參星^(참성)을 말했다. 이후 晶이 厽^(담쌓을 루)로 변해 지금의 자형이 되었다. 三^(석 삼)의 다른 표기법으로도 쓰이는데, '삼'이라는 숫자를 강조하기 위해 彡을 三으로 바꾸어 叄으로 쓰기도 하는데, 厽가 厶^(사사 사)로, 人이 大^(큰 대)로 변했다. 별빛이 사람의 머리 위로 쏟아지는 모습에서부터 침투하다의 뜻이 생겼고, 다시 參與^(참여)의 뜻이 나왔다. 그러자 스며들다는 뜻은 물^(水수)을 더해 滲^(스밀 삼)을 만들었는데, 틈을 비집고 스며드는 것에 물^(水)만 한 것이 없기 때문이다. 간화자에서는 参으로 쓴다.

字形

●예 參與(참여), 參席(참석), 參加(참가), 參考(참고), 同參(동참), 不參(불참), 參觀(참관)

창

唱(노래 창): chàng, 口-8, 11, 50

字解 형성. 口^(입 구)가 의미부이고 昌^(창성할 창)이 소리부로, 입^(口)으로 노래를 부르다^(昌)는 뜻이며, 이로부터 노래, 소리 높여 부르다, 이끌어 내다는 뜻도 나왔

다.

唱 說文小篆

●예● 合唱(합창), 獨唱(독창), 先唱(선창), 名唱(명창), 夫唱婦隨(부창
부수)

745

昌(창성할 창): chāng, 日-4, 8, 32

字解 회의. 日^(날 일)과 曰^(가로 왈)로 구성되어, 『설문해자』에서는 태양^(日)처럼 빛나는
좋은 말^(曰)을 뜻한다고 했으나, 근대의 林義光^(임의광)은 두 개의 日로 구성되
어 태양처럼 '밝음'과 찬란한 햇빛처럼 '창성함'을 말한다고 했다. '창성하다'
는 뜻으로 쓰이게 되자 원래의 뜻은 口를 더한 唱^(노래 창)으로 분화했다.

字形 昌 金文 昌 昌 古陶文 昌 昌 簡牘文 昌 昌 昌 昌 昌
昌 昌 昌 古璽文 昌 說文小篆 昌 說文籀文

●예● 繁昌(번창), 昌盛(창성)

746

窓(창 창): 窗, [囪, 窻, 牕, 牎, 牕], chuāng, 穴-6, 11, 60

字解 형성. 穴^(구멍 혈)과 心^(마음 심)이 의미부이고 囪^(천장 창)이 소리부로, 동굴 집^(穴)에
통풍을 위해 만든 핵심^(心) 장치인 창문^(囪)을 말하는데, 囪이 厶^(사사 사)로 변
해 지금의 자형이 되었으며, 원래는 窗의 속자이다. 원래는 囪으로 썼는데,
동굴 집에서부터 설치되었다는 뜻에서 穴을 더해 窗이 되었고, 그것이 집의
핵심장치라는 뜻에서 다시 心이 더해져 窻이 되었고, 자형이 줄어 지금의
窓이 되었다. 간화자에서는 心이 빠진 窗을 쓴다.

●예● 窓門(창문), 窓戶(창호), 同窓(동창), 窓口(창구), 窓戶紙(창호지)

채

747

採(딸 채): 采, cǎi, 手-8, 11, 40

字解 형성. 手^(손 수)가 의미부이고 采^(딸 채)가 소리부로, 손^(手)으로 나무의 열매나 잎을 따는^(采) 모습을 그렸는데, 원래는 采에서 手를 더해 분화한 글자이다. 중국의 간화자에서는 다시 采^(딸 채)에 통합되었다.

●예● 採擇(채택), 採用(채용), 採取(채취), 採點(채점), 採集(채집), 採鑛(채광)

748

菜(나물 채): cài, 艸-8, 12, 32

字解 형성. 艸^(풀 초)가 의미부이고 采^(딸 채)가 소리부로, 채취^(采)의 대상인 식용 '채소^(艸)'를 말하며, 이후 菜蔬^(채소)의 총칭이 되었고 요리나 반찬을 뜻하게 되었다. 또 유채를 지칭하기도 한다.

字形 說文小篆

●예● 野菜(야채), 菜食(채식), 菜蔬(채소)

책

749

册(책 책): cè, 冂-3, 5, 40

字解 상형. 갑골문에서 竹簡^(죽간)을 실로 매어 놓은 모습을 그렸으며, 이로부터 책, 서적의 뜻이 나왔다. 종이가 나오기 전 대나무가 서사의 재료로 보편적으로 쓰였고, 이를 묶은 것이 옛날 '책'의 모습임을 말해준다. 지금은 종이가 보

편화 되었고, 심지어는 종이가 없는 전자 '책'까지 등장했지만, 여전히 冊이라는 이름으로 이를 지칭하고 있다.

字形 〔image〕甲骨文 〔image〕〔image〕〔image〕〔image〕金文 〔image〕簡牘文 〔image〕 說文小篆 〔image〕 說文古文

•예• 冊床(책상), 書冊(서책), 空冊(공책)

750

責(꾸짖을 책): 责, zé, 貝-4, 11, 52

字解 형성. 貝^(조개 패)가 의미부이고 朿^(가시 자)가 소리부인데, 자형이 변해 지금처럼 되었다. 貝는 조개 화폐를 말하고, 朿는 원래 화살처럼 하늘로 솟은 나무^(木·목) 모양에 양쪽으로 가시가 그려진 모습이고 이로써 '가시나무'를 형상화했는데, 가시는 아픔과 어려움과 叱責^(질책)의 상징이다. 이로부터 責務^(책무), 叱責^(질책), 責任^(책임), 질문 등의 뜻이 나왔다. 이렇게 볼 때, 責은 인간의 가장 어렵고 힘든^(朿) 것이 경제^(貝)와 관련된 문제이며, 분란이라는 것도 언제나 財貨^(재화)와 관련된 이익에서 출현함을 보여준다.

字形 〔image〕甲骨文 〔image〕〔image〕金文 〔image〕盟書 〔image〕〔image〕〔image〕〔image〕〔image〕簡牘文 〔image〕 說文小篆

•예• 責任(책임), 責務(책무), 職責(직책), 自責(자책)

처

751

妻(아내 처): qī, 女-5, 8, 32

字解 회의. 女^(여자 여)와 又^(또 우)와 가로획^(一)으로 구성되어, 꿇어앉은 여자^(女)의 뒤

쪽에서 머리를 다듬어 주면서 비녀^(一)를 꽂아 주는^(又) 모습을 형상하여, 여성의 성인식을 반영한 글자인데, 자형이 변해 지금처럼 되었다. 『예기』에 의하면 여자가 15살이 되면 친지 친구들이 모인 가운데 가장인 아버지가 여식의 머리를 빗고서 비녀를 꽂아 준다고 했다. 이 나이를 지나면 여자는 성인의 대접을 받을 수 있었음과 동시에 다른 사람의 아내가 될 수 있었다. 이 때문에 妻에 '아내'나 아내로 삼다 등의 뜻이 담기게 되었다.

字形 金文 簡牘文 說文小篆 說文古文

●예● 妻家(처가), 妻男(처남), 妻弟(처제), 愛妻家(애처가), 恐妻家(공처가)

752

處(살 처): 处, chǔ, 虍-5, 11, 42

字解 회의. 갑골문 등에서 호랑이^(虎)가 뒷발^(又)을 꿇은 채 웅크리고 앉은 모습을 그렸는데, 이후 호랑이^(虎)의 뒷발^(又)이 받침대^(几궤)로 변해 지금처럼 되었다. 거대한 덩치에도 비호처럼 달리던 호랑이가 웅크리고 앉은 모습에서 '멈추다'의 뜻이, 다시 멈추어 기거하는 곳이라는 뜻에서 居處^(거처)와 處所^(처소) 등의 의미가 나왔다. 간화자에서는 虍^(호피무늬 호)를 생략하고 나머지를 변형시킨 处로 쓴다.

字形 金文 古陶文 簡牘文 古璽文 說文小篆 說文或體

●예● 處理(처리), 處地(처지), 傷處(상처), 處罰(처벌), 居處(거처), 處所(처소), 近處(근처), 處女(처녀)

척

753

尺(자 척): chǐ, 尸-1, 4, 32

字解 상형. 손가락을 벌렸을 때의 엄지와 검지 사이의 거리 즉 한 뼘을 말하는데, 옛날에는 한 뼘을 한 자의 단위로 사용했다. 그래서 현존하는 상나라 때의 상아로 만든 자^(尺)의 길이는 약 15.8센티로 알려졌다. 하지만, 이후 한 자의 단위는 시대에 따라 변했는데, 한나라에 들어서는 엄지와 중지 사이의 거리를 말하였기 때문인지 1척이 약 22센티 정도 되었다.

字形 ㄱ金文 尺簡牘文 尺說文小篆

●예● 尺度(척도), 吾鼻三尺(오비삼척), 三尺童子(삼척동자)

천

754

千(일천 천): [韆], qiān, 十-1, 3, 70

字解 형성. 갑골문에서 상징부호인 가로획^(一)에 소리부인 人^(사람 인)을 더해 1천이라는 숫자를 나타냈고, 이로부터 '많다'는 뜻이 나왔다. 혹자는 벼^(禾)를 그렸으며, 벼에 달린 낱알이 매우 많음으로부터 1천이란 숫자를 나타냈다고 풀이하기도 한다. 현대 중국에서는 韆^(그네 천)의 간화자로도 쓰인다.

字形 𠂇𠂇 甲骨文 千金文 千古陶文 簡牘文 千古璽文 千 說文小篆

●예● 千載一遇(천재일우), 千慮一失(천려일실), 千辛萬苦(천신만고), 千篇一律(천편일률), 千差萬別(천차만별), 千萬多幸(천만다행)

天(하늘 천): tiān, 大-1, 4, 70

字解 상형. 원래 사람^(大대)의 머리를 크게 그렸는데, 머리가 가로획^(一)로 변해 지금 의 자형이 되었다. 머리끝에 맞닿은 것이 '하늘'임을 나타냈고, 이로부터 위 에 있는 것, 꼭대기, 최고 등의 뜻이 나왔으며, 이후 하늘, 자연적인 것, 기 후, 하느님 등의 뜻도 나왔다. '하늘'을 존재하는 자연물 그대로 그리지 않 고 사람의 신체에 머리를 크게 그려놓고 거기와 맞닿은 곳이 '하늘'임을 그 려낸 중국인들의 사유 방식이 의미 있어 보인다.

字形 〔갑골문〕甲骨文 〔금문〕金文 〔간독문〕簡牘文 〔고폐문〕古幣文 〔고새문〕古璽文 〔설문소전〕說文小篆

●예● 天壽(천수), 天地(천지), 天命(천명), 天然(천연), 天下(천하), 天才(천 재), 坐井觀天(좌정관천), 天壤之差(천양지차), 天高馬肥(천고마비)

川(내 천): [巛], chuān, 巛-0, 3, 70

字解 상형. 갑골문에서 양쪽의 강 언덕 사이로 흐르는 물^(水수)을 그려 '강'을 형상 화했다. 川은 원래의 '강'이라는 기본 개념 이외에도, 강 주위로 넓게 펼쳐 진 '평야'를 뜻한다. 강은 문화권을 경계 짓는 지리적 요소이기도 하지만 다 른 문화와의 교류와 교통이 '강'을 따라 이루어졌다는 점에서 '소통'의 의미 까지 가진다. 또 四川省^(사천성)을 뜻하여 이를 줄여 부르는 말로도 쓰인다.

字形 〔갑골문〕甲骨文 〔금문〕金文 〔백서〕帛書 〔간독문〕簡牘文 〔설문소전〕說文小篆

●예● 河川(하천), 山川(산천)

泉(샘 천): quán, 水-5, 9, 40

字解 상형. 갑골문에서 바위틈으로 솟아나는 물의 모습을 그렸는데, 자형이 조금 변하여 지금처럼 되었다. 그래서 '샘물'이 원래 뜻이며, 지하수를 지칭하기도 했다. 또 고대 중국인들은 황토 지대를 살아서 그랬는지 땅속에는 누런 강물이 흐르고 있으며 사람이 죽으면 그곳으로 간다고 생각했는데, 그곳을 黃泉^(황천)이라 불렀다.

字形 甲骨文 古陶文 簡牘文 石篆文 說文小篆

●예● 溫泉(온천), 源泉(원천), 九泉(구천)

758

淺(얕을 천): 浅, qiǎn, 水-8, 11, 32

字解 형성. 水^(물 수)가 의미부이고 戔^(쌓일 전)이 소리부로, 물^(水)이 많지 않아^(戔) '깊지 않음'을 말하며, 상하 혹은 내외간의 거리가 짧음도 뜻하게 되었다. 간화자에서는 戔을 戋으로 간단하게 줄인 浅으로 쓴다.

字形 金文 說文小篆

●예● 淺薄(천박)

철

759

鐵(쇠 철): 铁, [銕, 鐵, 鐵], tiě, 金-13, 21, 50

字解 형성. 金^(쇠 금)이 의미부이고 戜^(날카로울 질)이 소리부로, 쇠를 말한다. 원래는 戜로 써, 모루 위에 놓인 쇳덩이와 이것으로 만든 무기^(戈과)로써 '철'을 상징했는데, 다시 金을 더해 의미를 구체화했다. 구리에다 납, 주석, 아연 등을 넣으면 용해점이 내려가고 강도는 훨씬 높아져 '청동'이 만들어진다. 철^(Fe)이 원래 뜻이며, 철로 만든 기구, 철의 색깔을 지칭하였으며, 철의 속성으로부

터 강함과 무거워 움직이지 않음의 비유로도 쓰였다. 달리 戜이나 銕이나 鐵로도 쓰며, 간화자에서는 鐵을 간화한 铁로 쓴다.

字形 簡牘文 說文小篆 說文或體 說文金文

•예• 鐵道(철도), 鐵鋼(철강), 電鐵(전철), 地下鐵(지하철), 寸鐵殺人 (촌철살인)

청

760

晴(갤 청): [姓], qíng, 日-8, 12, 30

字解 형성. 日^(날 일)이 의미부이고 靑^(푸를 청)이 소리부이지만, 해^(日)가 맑게^(靑) 비추다는 의미를 그렸다. 원래는 夕^(저녁 석)이 의미부이고 生^(날 생)이 소리부인 姓으로 써, 밤^(夕)에 날이 맑게 개어 별이 생겨남^(生)을 말했다.

字形 說文小篆

•예• 快晴(쾌청), 晴天(청천)

761

淸(맑을 청): qīng, 水-8, 11, 60

字解 형성. 水^(물 수)가 의미부이고 靑^(푸를 청)이 소리부로, 물^(水)이 깨끗하여^(靑) 맑고 명징함을 말한다. 이로부터 다른 불순물이 들지 않은 순수하고 정결함을 뜻하게 되었고, 분명하다, 조용하다, 깨끗하다, 청렴하다의 뜻도 나왔다. 또 왕조 이름으로 1644~1911년까지 존속했으며 북경에 수도를 두었다.

字形 簡牘文 說文小篆

•예• 淸掃(청소), 淸潔(청결), 淸貧(청빈), 淸淨(청정), 百年河淸(백년하청), 淸風明月(청풍명월)

762

聽(들을 청): 听, tīng, 耳-16, 22, 40

字解 형성. 耳^(귀 이)와 悳^(덕 덕)이 의미부이고 壬^(좋을 정)이 소리부로, 귀^(耳)로 듣다는 뜻이다. 금문에서는 耳와 口^(입 구)로 이루어져 말^(口)을 귀^(耳)로 듣다는 뜻을 그렸는데, 口가 두 개로 변하기도 했다. 소전에 들어 소리부인 壬이 더해졌으며, 곧은 마음^(悳)으로 발돋움 한 채^(壬) 귀^(耳) 기울여 듣고 청을 들어준다는 뜻을 반영했다. 듣다는 뜻이 외에도 받아들이다, 판결하다, 판단하다 등의 뜻이 나왔다. 간화자에서는 听으로 쓰는데, 口가 의미부이고 斤^(도끼 근)이 소리부인 구조로 변했다.

字形 〔金文〕 〔簡牘文〕 〔古璽文〕 〔說文小篆〕

•예• 視聽(시청), 盜聽(도청), 聽覺(청각), 聽取(청취), 敬聽(경청), 聽衆(청중), 公聽會(공청회), 聽聞會(청문회)

763

請(청할 청): 请, qǐng, 言-8, 15, 42

字解 형성. 言^(말씀 언)이 의미부이고 靑^(푸를 청)이 소리부로, 찾아뵙다, 청하다, 모셔오다 등의 뜻인데, 순수한^(靑) 상태에서의 말^(言)이 무엇보다 간곡한 '청'임을 웅변해 준다. 『설문해자』에서는 찾아뵙다^(謁알)는 뜻이라고 했다.

字形 〔金文〕 〔簡牘文〕 〔說文小篆〕

•예• 要請(요청), 申請(신청), 招請(초청), 請求(청구), 請約(청약), 不請客(불청객)

764

靑(푸를 청): 青, qīng, 靑-0, 8, 80

형성. 금문에서 丹^(붉을 단)이 의미부이고 生^(날 생)이 소리부였는데, 자형이 변해 지금처럼 되었다. 生은 싹^(屮·철)이 흙^(土·토)을 비집고 올라오는 모습이고, 丹은 광정^(井·정)에서 캐낸 염료^(丶·주)를 상징한다. 『설문해자』의 해석처럼 靑은 음 양오행에서 東方^(동방)의 색을 말하는데, 동방은 초목이 생장하기 시작할 때 의 상징이다. 그래서 靑은 바다나 하늘처럼 파랑이 아닌 봄날 피어나는 초 목의 어린 싹에서 볼 수 있는 그런 '초록색'을 말한다. 막 피어나는 새싹의 색깔보다 더 순수하고 아름다운 색이 있을까? 그래서 靑은 푸른색 즉 자연 의 순색을 말하며 이 때문에 '순수'와 '純正^(순정)'의 뜻이 담겼으며, 그런 순 수함은 '깨끗함'과 '빛남'의 상징이며, 이로부터 젊음, 청춘, 청년을 지칭하게 되었다. 간화자에서는 靑으로 쓴다.

字形 ... 金文 ... 簡牘文 ... 帛書 ... 說 文小篆 ... 說文古文

●예● 靑春(청춘), 靑少年(청소년), 靑一點(청일점), 靑山流水(청산유수), 靑雲之志(청운지지), 獨也靑靑(독야청청)

체

765

體(몸 체): 体, [軆], tǐ, 骨-13, 23, 60

字解 회의. 骨^(뼈 골)과 豊^(豐·풍년 풍)으로 구성되어, 튼튼하고 풍만한^(豐) 뼈^(骨)를 갖춘 '몸'을 형상화했는데, 豊이 豐으로 변해 지금의 자형이 되었다. 달리 身^(몸 신) 이 들어간 軆로도 쓰는데, 이는 살이 붙어 풍만한^(豐·豐·풍) 몸체^(身)를 상징화 했다. 이후 이를 줄여 体^(몸 체·體의 약자)로 쓰기도 했는데 몸이 사람^(人·인)의 근 본^(本·본)이라는 뜻을 담았으며, 간화자에서도 体로 쓴다.

字形 ... 金文 ... 簡牘文 ... 說文小篆

766

初(처음 초): chū, 刀-5, 7, 50

字解 형성. 衣^(옷 의)가 의미부이고 刀^(칼 도)가 소리부로, 칼^(刀)로 옷감^(衣)을 마름질하는 모습을 그렸고, 마름질이 옷을 짓는 '처음'임을 말했다. 게다가 衣食住^(의식주)라는 말에서 보듯, 인간 생활에서 옷의 제작은 무엇보다 중요한 일이었으며, 이로부터 '처음'이라는 의미가 나왔다. 이후 시작하다, 첫 번째, 당초, 애초 등의 뜻이 나왔다.

字形 甲骨文 金文 古陶文 簡牘文 說文小篆

•예• 最初(최초), 初步(초보), 初期(초기), 始初(시초), 今始初聞(금시초문), 初志一貫(초지일관), 自初至終(자초지종), 首丘初心(수구초심)

767

招(부를 초): zhāo, 手-5, 8, 40

字解 형성. 手^(손 수)가 의미부이고 김^(부를 소)가 소리부로, 손짓^(手)으로 부르는^(김) 것을 말하며, 이로부터 招待^(초대)의 뜻이 생겼다. 손으로 부르는 것을 招, 말로 부르는 것을 김^(부를 소)라 구분해 쓰기도 했다.

字形 金文 說文小篆

•예• 招請(초청), 招待(초대), 招來(초래), 自招(자초), 招聘(초빙)

草(풀 초): [艸], cǎo, 艸-6, 10, 70

字解 형성. 艸^(풀 초)가 의미부이고 早^(새벽 조)가 소리부로, 식물을 뜻하며, 부드러운 식물의 뜻으로부터 여성을 지칭하게 되었다. 또 이리저리 눕는 풀의 속성으로부터 대강대강 하다, 거칠다, 草稿^(초고), 起草^(기초)하다 등의 뜻이 나왔다. 원래는 艸로 썼으나 소리부인 早를 더해 형성구조로 변화했는데, 빨리^(早) 자라는 식물^(艸)이라는 의미를 담았다.

字形 草 簡牘文　草 石刻古文　草 說文小篆

•예• 草原(초원), 草木(초목), 草綠(초록), 花草(화초), 雜草(잡초), 草綠同色(초록동색), 結草報恩(결초보은)

촌

寸(마디 촌): cùn, 寸-0, 3, 80

字解 지사. 오른손을 그린 又^(또 우)에 짧은 가로획을 더해, 그것이 손의 마디임을 형상화했다. 손의 마디를 뜻하는 寸은 길이의 단위로 쓰이게 되었는데, 한 자^(尺·척)의 10분의 1을 나타내기도 했고, 一寸光陰^(일촌광음짧은 시간)이라는 말에서처럼 매우 짧음도 뜻한다. 그래서 寸으로 구성된 한자는 손이나 손동작, 그리고 짧음과 의미적 관련을 갖는다.

字形 寸 古陶文　寸 簡牘文　寸 汗簡　寸 說文小篆

•예• 寸志(촌지), 寸劇(촌극), 寸數(촌수), 寸鐵殺人(촌철살인), 一寸光陰(일촌광음)

770

村(마을 촌): [邨, cūn, 木-3, 7, 70]

字解 형성. 木^(나무 목)이 의미부이고 寸^(마디 촌)이 소리부로, '마을'을 말하는데, 옛날 마을과 마을 사이로 나무^(木)를 심어 경계로 삼은 작은^(寸) 마을을 말하며, 말단의 작은 마을을 나타내는 행정단위로도 쓰인다. 『설문해자』에서는 邑^(고을 읍)이 의미부이고 屯^(진 칠 둔)이 소리부인 邨^(마을 촌)으로 썼다.

字形 說文小篆

•예• 農村(농촌), 漁村(어촌), 村落(촌락), 江村(강촌), 地球村(지구촌)

최

771

最(가장 최): [冣, 㝡], zuì, 曰-8, 12, 50

字解 형성. 冃^(쓰개 모)가 의미부이고 取^(취할 취)가 소리부로, 머리의 상징인 모자^(冃)를 빼앗음^(取)에서 '최고'의 軍功^(군공)을 세우다는 뜻이 나왔으며, 이로부터 最高^(최고), 가장 중요하다 등의 뜻이 나왔다.

字形 冣冣簡牘文 冣 說文小篆

•예• 最高(최고), 最古(최고), 最新(최신), 最近(최근), 最初(최초), 最大(최대), 最終(최종), 最善(최선), 最惡(최악), 最後(최후), 最强(최강), 最上(최상)

추

772

推(밀 추): tuī, 手-7, 11, 40

字解 형성. 手(손 수)가 의미부이고 隹(새 추)가 소리부로, 밀다는 뜻인데, 새(隹)의 속성처럼 앞으로 나아가도록(隹) 손(手)으로 밀다는 뜻을 담았다. 이후 類推(유추)하다, 미루다, 사양하다 등의 뜻도 나왔다.

字形 𣪡 說文小篆

•예• 類推(유추), 推進(추진), 推薦(추천), 推定(추정), 推算(추산), 推測(추측), 推論(추론), 推己及人(추기급인)

773

秋(가을 추): [秌, 穐], qiū, 禾-4, 9, 70

字解 회의. 禾(벼 화)와 火(불 화)로 구성되어, 곡식(禾)을 불(火)로 태우는 모습을 그렸다. 갑골문에서는 메뚜기를 불(火)로 태우는 모습을 그려, 가을 수확 때 습격한 메뚜기 떼의 퇴치를 형상화했다. 이후 금문에서 禾가 더해졌고 예서에서 지금의 자형이 되었다. 秋收(추수), 수확이 원래 뜻이며, 수확하는 계절이라는 뜻에서 가을의 의미가, 다시 수확에서 수확까지의 한 사이클이라는 뜻에서 한 해를 뜻하기도 하였다.

字形 𤆂 甲骨文 𤇾 古陶文 𥤒 𥤓 𥤔 古璽文 𥤕 𥤖 𥤗 秋 秋 秌 簡牘文 𤇵 說文小篆 𥤘 說文籒文

•예• 秋夕(추석), 秋收(추수), 春秋(춘추), 秋風落葉(추풍낙엽)

774

追(쫓을 추): zhuī, 辵-6, 10, 32

字解 형성. 辵(쉬엄쉬엄 갈 착)이 의미부이고 𠂤(사, 師의 본래 글자)가 소리부로, 군사(𠂤)를 따라가(辵) 추격함을 말하며, 이로부터 뒤따라 잡다, 소급해 제거하다, 탐구하다 등의 뜻이 나왔다. 옛날에는 군대를 쫓는 것을 追, 짐승을 쫓는 것을 逐(쫓을

^{축)}이라 구분해 불렀다.

字形 ![甲骨文 金文 簡牘文 說文 小篆] 甲骨文 金文 簡牘文 說文 小篆

●예● 追擊(추격), 追加(추가), 追求(추구), 追慕(추모), 追跡(추적), 追窮(추궁), 追越(추월), 追憶(추억)

축

775

丑(소 축사람 이름 추): chǒu, —3, 4, 30

字解 상형. 갑골문에서는 손을 그렸는데, 손가락이 다소 굽은 모습이다. 학자들은 爪^(손톱 조)나 手^(손 수)의 고문으로 풀이하기도 한다. 갑골문에서 이미 간지자로 쓰여 본래의 뜻을 상실했다. 12지지의 두 번째인 丑은 '소'를 상징하며, 새벽 1시부터 3시까지를 지칭하기도 한다. 현대 중국에서는 醜^(추할 추)의 간화자로도 쓰인다.

字形 ![甲骨文 金文 古陶文 盟書 簡牘文 古璽文 石刻古文 說文小篆] 甲骨文 金文 古陶文 盟書 簡牘文 古璽文 石刻古文 說文小篆

776

祝(빌 축): zhù, 示-5, 10, 50

字解 회의. 示^(보일 시)와 兄^(맏 형)으로 구성되어, 제사를 주관하는 사람이 제단^(示) 앞에서 입을 벌린 채 꿇어앉아^(兄) 축원하는 모습을 그렸다. 제사 때 축도를 올리는 사람이 원래 뜻이며, 이로부터 巫祝^(무축), 박수^(남자 무당), 祝禱^(축도)하다, 축송하다, 慶祝^(경축)하다, 祝文^(축문) 등의 뜻이 나왔다.

字形 [갑골문 字形] 甲骨文 [금문 字形] 金文 [간독문 字形] 簡牘文 [설문소전 字形] 說文小篆

●예● 慶祝(경축), 祝賀(축하), 祝祭(축제), 祝福(축복), 祝辭(축사), 祝文(축문), 祝典(축전), 祝歌(축가), 祝杯(축배)

춘

777

春(봄 춘): [旾, 𣈶], chūn, 日-5, 9, 70

字解 형성. 원래는 艸(풀 우거질 망)과 日(날 일)이 의미부이고 屯(진 칠 둔)이 소리부로, 따스한 햇살(日) 아래 땅을 비집고 돋아나는(屯) 풀(艸)을 그려 놓고 그러한 때가 '봄'임을 그렸는데, 예서에 들면서 지금의 형태로 바뀌었다. 달리 艸 대신 艸(풀 초)가 들어간 旾으로 쓰기도 한다. 봄이 원래 뜻이며, 만물이 자라나는 계절임으로써 욕정이나 춘정의 뜻이 나왔다. 또 봄부터 다음 봄까지의 시간인 한 해를 뜻하기도 하며, 동쪽을 상징하기도 한다.

字形 [갑골문 字形] 甲骨文 [금문 字形] 金文 [간독문 字形] 簡牘文 [백서 字形] 帛書 [고새문 字形] 古璽文 [한인 字形] 漢印 [석각고문 字形] 石刻古文 [한간 字形] 汗簡 [설문소전 字形] 說文小篆

●예● 靑春(청춘), 立春(입춘), 春秋(춘추), 回春(회춘), 春困症(춘곤증), 一場春夢(일장춘몽)

출

778

出(날 출): [齣], chū, 凵-3, 5, 70

字解 회의. 갑골문에서는 반지하 식으로 파서 만든 움집^(凵)과 발^(止·지, 趾의 원래 글자)을 그려, 집^(凵)으로부터 나가는 동작을 그린 글자인데, 자형이 변해 지금처럼 되었다. 밖으로 나가다가 원래 뜻이며, 이로부터 발생하다, 태어나다, 出土^(출토)되다, 넘어나다, 出版^(출판)하다 등의 뜻이 나왔다.

字形 [甲骨文] [金文] [古陶文] [盟書] [簡牘文] [帛書] [石刻古文] [說文小篆]

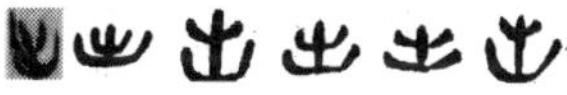

●예● 輸出(수출), 提出(제출), 出衆(출중), 出口(출구), 出入(출입), 出身(출신), 出發(출발), 露出(노출), 脫出(탈출), 救出(구출), 出席(출석), 出世(출세), 出版(출판)

충

779

充(찰 충): chōng, 儿-3, 5, 52

字解 회의. 『설문해자』에서 儿^(사람 인)과 育^(낳을 육)의 생략된 모습이 결합한 구조라고 했는데, 사람이 태어나 '자라고' 充滿^(충만)해 가는' 모습을 그렸다. 이로부터 가득하다, 充足^(충족)하다, 살찌다, 많다, 기르다 등의 뜻이 나왔다.

字形 說文小篆

●예● 充足(충족), 充滿(충만), 補充(보충), 擴充(확충), 充實(충실), 充

780

忠(충성할 충): zhōng, 心-4, 8, 42

字解 형성. 心^(마음 심)이 의미부이고 中^(가운데 중)이 소리부로, 어느 한 쪽으로도 치우치지 않은^(中) 공평무사한 원칙을 견지하는 마음^(中)이 바로 '충'이라는 뜻을 담았다. 이로부터 충성, 충심 등의 뜻이 나왔고, 孝^(효)와 짝을 이루어 유가의 중요한 철학 개념이 되었다.

字形 ⟨金文⟩ ⟨古陶文⟩ ⟨簡牘文⟩ ⟨古璽文⟩ ⟨說文小篆⟩

●예● 忠孝(충효), 忠誠(충성), 忠告(충고), 忠臣(충신)

781

蟲(벌레 충): 虫, chóng, 虫-12, 18, 42

字解 회의. 세 개의 虫^(벌레 충)으로 구성되어, '벌레'를 말하며, 간화자에서는 虫에 통합되었다.

字形 ⟨簡牘文⟩ ⟨石刻古文⟩ ⟨說文小篆⟩

●예● 害蟲(해충), 寄生蟲(기생충), 病蟲害(병충해)

취

782

取(취할 취): qǔ, 又-6, 8, 42

字解 회의. 耳^(귀 이)와 又^(또 우)로 구성되어, 전공을 세우려 적의 귀^(耳)를 베어 손^(又)에 쥔 모습이며, 이로부터 (귀를) 베다, 가지다, '빼앗다', 채택하다 등의 뜻이 나왔다.

字形 (甲骨文) (金文) (帛書) (簡牘文)

(說文小篆)

●예● 取消(취소), 取得(취득), 取材(취재), 聽取(청취), 奪取(탈취), 爭取(쟁취), 進取的(진취적), 取捨選擇(취사선택)

783

吹(불 취): chuī, 口-4, 7, 32

字解 회의. 口$^{(입 구)}$와 欠$^{(하품 흠)}$으로 구성되어, 입$^{(口)}$을 크게 벌리고$^{(欠)}$ 바람을 부는 모습으로부터 '불다'는 뜻을 그렸으며, 입으로 부는 악기를 지칭하였다. 또 공기를 불어 넣어 물체를 불리다는 뜻으로부터 '과장하다'의 뜻도 나왔다.

字形 (甲骨文) (金文) (說文小篆)

●예● 鼓吹(고취)

784

就(이룰 취): jiù, 尢-9, 12, 40

字解 회의. 京$^{(서울 경)}$과 尢$^{(더욱 우)}$로 구성되었는데, 京은 높다랗게 지어진 집을, 尤는 평범하지 않은 특이함을 말한다. 그래서 就는 높은 곳$^{(京)}$으로 '나아가다'가 원래 뜻이며, 높은 곳으로 나아갈 때는 언제나 장애물을 만나고 좌절하기 마련이다. 하지만 온갖 장애물과 좌절을 극복하고 앞으로 나아갔을 때 소망했던 것을 이루게 된다. 그것은 누구나 가지고 경험할 수 있는 것은 아니며 자기 노력에 철저한 몇몇 특이한$^{(尤)}$ 사람에게만 허용되는 선물이다. 이렇게 되자 성취를 뜻하는 就는 어떤 물체에 부딪혀 나아가지 못하는 모습을 그린 尢$^{(절름발이 왕)}$보다는 그런 성공을 이룬 尤가 더욱 적합해졌고, 이를 수용하여 지금의 자형이 된 것으로 추정되지만, 현대 옥편에서는 尢 부수에 귀속되었다.

字形 魁 槐 魁 古陶文 魁 魁 魁 簡牘文 魁 說文小篆 魁 說文籀文

●예● 就職(취직), 就業(취업), 成就(성취), 日就月將(일취월장)

치

785

治(다스릴 치): zhì, 水-5, 8, 42

字解 형성. 水^(물 수)가 의미부이고 台^(별 태)가 소리부로, 원래는 강^(水)의 이름으로, 東萊^(동래)군 曲城^(곡성) 陽丘山^(양구산)에서 나와 남쪽으로 흘러 바다로 들어가는 강을 말했다. 이후 물길^(水)을 다스리다는 뜻으로 쓰였고, 다시 사람도 물길을 다스리듯 해야 한다는 뜻에서 政治^(정치)의 뜻이 나왔다.

字形 治 治 簡牘文 治 說文小篆

●예● 政治(정치), 統治(통치), 自治(자치), 治安(치안), 法治(법치), 難治病(난치병), 以熱治熱(이열치열)

786

致(보낼 치): [緻], zhì, 至-4, 10, 50

字解 형성. 攴^(칠 복)이 의미부이고 至^(이를 지)가 소리부로, 회초리로 쳐^(攴) 어떤 목적한 곳에 이르도록^(至) 보내는 것을 말하며, 이로부터 드리다, 봉헌하다, 알리다, 招致^(초치)하다, 소집하다, 귀환하다 등의 뜻이 나왔다. 현대 중국에서는 緻^(밸 치)의 간화자로도 쓰인다.

字形 致 緻 古陶文 緻 說文小篆

●예● 一致(일치), 理致(이치), 極致(극치), 景致(경치), 格物致知(격물치지), 見危致命(견위치명)

787

齒(이 치): 齿, chǐ, 齒-0, 15, 42

字解 형성. 입속의 이를 그린 아랫부분에 소리부인 止^(발 지)가 더해진 구조로, '이'를 그렸다. 갑골문에서 입속의 이빨을 사실적으로 그렸으며, 전국시대 때의 금문에서부터 소리부인 止^(발 지)가 더해졌는데, 이후 자형이 조금 변해 지금처럼 되었다. 그래서 齒는 이빨의 통칭으로 쓰이며, 깨무는 도구를 말하기도 한다. 이후 齒輪^(치륜)에서처럼 톱니나 써레의 이빨 등과 같이 이빨처럼 생긴 것을 모두 齒로 표현했으며, 齡^(나이 령)에서처럼 '나이'를 뜻하기도 한다. 간화자에서는 齿로 간단하게 줄여 쓴다.

字形  甲骨文 金文 古陶文 簡牘文 古璽文 說文小篆

●예● 齒科(치과), 齒牙(치아), 脣亡齒寒(순망치한), 角者無齒(각자무치)

칙

788

則(법칙 칙·곧 즉): 则, zé, 刀-7, 9, 50

字解 회의. 원래 鼎^(솥 정)과 刀^(칼 도)로 이루어졌는데, 鼎이 貝^(조개 패)로 바뀌어 지금처럼 되었다. 청동 기물의 대표인 세 발 솥^(鼎)과 무기의 대표인 칼^(刀)을 만들 때 그 용도에 따라 엄격히 지켜져야 할 합금 비율을 말한 데서 '법칙'의 뜻이 생겼으며, 이로부터 규칙, 준칙, 표준, 등급, 법규, 모범 등의 뜻이 생겼다. 이러한 준칙이나 모범을 곧바로 시행하고 따라야 한다는 뜻에서 곧바로, 즉시의 뜻이 생겼고, '바로'라는 부사적 의미로도 쓰였는데, 이러할 때에는 '즉'으로 구분해 읽었다. 간화자에서는 则으로 쓴다.

字形 金文 古陶文 帛

書 簡牘文 石刻古文 說文小篆

說文籀文 說文古文

●예● 法則(법칙), 規則(규칙), 學則(학칙), 準則(준칙), 原則(원칙), 反則(반칙), 變則(변칙), 守則(수칙), 先則制人(선즉제인)

친

789

親(친할 친): 亲, qīn, 見-9, 16, 60

字解 형성. 금문에서 見^(볼 견)이 의미부이고 辛^(매울 신)이 소리부인 구조였는데, 辛이 立^(설 립)으로 잘못 변하고 木^(나무 목)이 들어가 지금의 자형이 되었다. '나무^(木) 위에 올라서서^(立) 멀리 떠나는 자식을 안타까운 마음으로 바라다보는 것이 부모^(親)'라고 풀이하기도 하지만, 서로 붙어서 자라는 가시나무^(亲)처럼 친근하게 서로 보살펴주다^(見)가 親의 원래 뜻이다. 여기에서 가장 가까이서 보살펴주는 부모라는 뜻이 생겼고, 다시 親戚^(친척)과 같이 혈통이나 혼인 관계와 관련된 지칭으로도 쓰이게 되었다. 간화자에서는 見을 생략한 亲으로 줄여 쓴다.

字形 金文 說文小篆

●예● 親戚(친척), 父親(부친), 親舊(친구), 親切(친절), 親密(친밀), 親近(친근), 親和(친화), 親愛(친애), 親族(친족), 燈火可親(등화가친), 四顧無親(사고무친)

칠

790

七(일곱 칠): qī, 一-1, 2, 80

字解 지사. 갑골문에서 十^(열 십)자 모양으로 그려져 어떤 물건에 칼집을 낸 모습이었는데, 이후 '일곱'이라는 뜻으로 가차되었다. 세월이 흐르면서 十자와 자형이 비슷해지자 구분하기 위해 끝 부분을 늘어뜨려 지금의 七이 되었다. 그러자 원래의 의미를 표시하기 위해 刀^(칼 도)를 더해 切^(끊을 절)을 만들었다.

字形 甲骨文 金文 七 十 十古陶文 簡牘文 石刻古文 說文小篆

•예• 七書(칠서), 七十(칠십), 七夕(칠석), 北斗七星(북두칠성), 七旬(칠순), 七日(칠일), 七顚八起(칠전팔기)

침

791

針(바늘 침): 针, [鍼], zhēn, 金-2, 10, 40

字解 형성. 金^(쇠 금)이 의미부이고 十^(열 십)이 소리부로, 옷을 꿰맬 때 쓰는 쇠^(金)로 만든 '바늘'을 말하는데, 十 대신 咸^(다 함)이 들어간 鍼^(침 침)의 속자이다.

字形 鍼 說文小篆

•예• 指針(지침), 針葉樹(침엽수)

전국(戰國)시대 초나라 죽간. 상해 박물관 소장. 대나무를 얇게 가공하여 붓으로 섰으며, 공자(孔子)가 시(詩)의 본질에 대해 논의한 것으로, 문헌에 전하지 않는 공자의 문학 사상을 살필 수 있는 중요한 자료이다.

쾌

792

快(쾌할 쾌): kuài, 心-4, 7, 42

字解 형성. 心(마음 심)이 의미부이고 夬(터놓을 쾌)가 소리부로, 마음(心)이 기쁨을 말하며, 이로부터 愉快(유쾌)하다, 편안하다, 기쁘다, 爽快(상쾌)하다, 신속하다, 건방지다 등의 뜻이 나왔다.

字形 簡牘文 說文小篆

●예● 痛快(통쾌), 快擧(쾌거), 快樂(쾌락), 明快(명쾌), 不快(불쾌), 快晴(쾌청), 快感(쾌감), 快刀亂麻(쾌도난마)

초나라 백서(帛書). 호남성 장사 마왕퇴(馬王堆)에서 발견된 것
으로, 한나라 초기 때의 것으로 알려졌다. 비단에 썼으며 초
기 예서체로 되었다.

타

793

他(다를 타): tā, 人-3, 5, 50

字解 형성. 人^(사람 인)이 의미부이고 也^(어조사 야)가 소리부로, 다른 사람^(人)을 부르는 삼인칭 대명사이다. 원래는 它^(다를 타)로 썼으나, 지금은 사람을 지칭할 때는 他, 사물을 지칭할 때는 它로 구분해 쓴다.

字形 簡牘文 他 玉篇

●예● 他人(타인), 他鄕(타향), 他國(타국), 其他(기타), 他地(타지), 排他的(배타적), 他山之石(타산지석)

794

打(칠 타): dǎ, 手-2, 5, 50

字解 회의. 手^(손 수)와 丁^(넷째 천간 정)으로 이루어져, 못^(丁)을 치는 손동작^(手)을 그렸다. 이로부터 '때리다'는 뜻이 나왔으며, 이후 공격하다, 전쟁을 치르다, 사격하다, 붙잡다 등의 뜻이 나왔다.

字形 扗 說文小篆

●예● 打擊(타격), 打破(타파), 强打(강타), 打作(타작), 利害打算(이해타산)

탈

脫(벗을 탈): 脫, tuō, 肉-7, 11, 40

字解 형성. 肉^(고기 육)이 의미부이고 兌^(기쁠 태)가 소리부로, 『설문해자』에서는 살^(肉)이 빠져 수척함을 말한다고 했고, 『이아』에서는 살^(肉)에서 뼈를 제거하는 것을 말한다고 했다. 곤충이나 뱀이 허물을 벗듯 육신^(肉)을 벗어 버리고 기쁘게^(兌) 새로운 모습으로 태어나는 것을 말한 것으로 추정된다. 가죽을 벗기고 뼈를 제거하다는 뜻에서 벗어나다, 떠나다, 사면하다, 해제하다, 脫落^(탈락)하다, 免脫^(면탈·죄를 벗음)하다 등의 뜻이 나왔다.

字形 **脫 脫**簡牘文 **脫** 說文小篆

●예● 脫出(탈출), 脫落(탈락), 離脫(이탈), 脫退(탈퇴), 脫稅(탈세), 脫線(탈선), 脫衣(탈의)

탐

探(찾을 탐): tān, 手-8, 11, 40

字解 형성. 手^(손 수)가 의미부이고 深^(깊을 심)의 생략된 부분이 소리부로, 손^(手)으로 깊숙이 감추어진 것을 '찾다'는 뜻이며, 이로부터 취하다, 멀리서 가져오다, 探索^(탐색)하다, 探問^(탐문)하다, 정찰하다 등의 뜻이 나왔다.

字形 **探** 說文小篆

●예● 探問(탐문), 探索(탐색), 探究(탐구), 探查(탐사), 探訪(탐방), 探險(탐험)

태

太(클 태): tài, 大-1, 4, 60

字解 지사. 大^(큰 대)에서 분화한 글자로, 크다, 위대하다, 극단, 최고라는 뜻인데, 단순히 큰 '사람'이 아니라 '고상하다'고 '위대함'을 나타내고자 大에다 구별을 위한 지사 부호인 점^(ヽ)을 더해 만든 글자이다. 이후 상대를 극존칭 하는 말로도 쓰였다. 『설문해자』에서는 泰^(큰 태)의 고문체라고 했다.

字形 甲骨文 簡牘文 說文小篆 說文古文 太 廣韻

●예● 太陽(태양), 太初(태초), 太極旗(태극기), 太平洋(태평양), 太平聖代(태평성대)

泰(클 태): tài, 水-5, 10, 32

字解 형성. 원래 水^(물 수)와 廾^(두 손 마주잡을 공)이 의미부이고 大^(큰 대)가 소리부인 구조였는데, 예서 이후 지금의 자형으로 바뀌었다. 두 손^(廾)으로 물^(水)을 건져 올렸을 때 손가락 사이로 물이 크게^(大) 빠져나가는 모습을 형상화했으며, 이로부터 '대단히', '크다' 등의 뜻이 나왔다.

字形 古陶文 石刻古文 說文小篆 說文古文

●예● 泰山北斗(태산북두)

택

宅(집 택): [屯, 厇], zhái, 宀-3, 6, 52

字解 형성. 宀^(집 면)이 의미부이고 乇^(부탁할 탁)이 소리부로, 집을 말하는데, 몸을 의탁하는^(乇) 곳^(宀)이라는 뜻을 담았다. 『설문해자』의 고문에서는 土^(흙 토)를 더한 屯으로, 또 宀 대신 广^(집 엄)이 들어간 厇으로 쓰기도 했다.

字形 𤤍 說文小篆 𤇾 𤇾 說文古文

•예• 住宅(주택), 宅地(택지), 自宅(자택), 宅配(택배)

토

土(흙 토): tǔ, 土-0, 3, 80

字解 상형. 갑골문에서 땅^(一) 위에 뭉쳐 세워 놓은 흙의 모습으로부터 흙, 土地^(토지), 대지 등의 뜻을 그렸다. 어떤 경우에는 𤇾처럼 그려 그 주위로 점을 그려 술을 뿌리며 숭배하던 토지 신의 모습을 형상화하기도 했다. 황토 대지 위에서, 정착 농경을 일찍부터 시작했던 고대 중국인들이었기에 흙^(土)은 중요한 숭배대상이자 다양한 상징을 담게 되었다. 地^(땅 지)에서와 같이 흙^(土)은 만물을 낳고 자라게 하는 생산성의 상징이었으며, 在^(있을 재)와 같이 만물을 존재하게 하는 상징이었다. 하지만, 이후 흙은 농촌의 상징이었고, 이로부터 향토색이 짙다, 土俗^(토속)적이라는 뜻이, 다시 촌스럽다, 사투리, 촌뜨기 등의 뜻도 나왔다.

字形 𤇾𤇾𤇾𤇾𤇾𤇾 甲骨文 𤇾𤇾𤇾𤇾 金文 𤇾𤇾 古陶文 𤇾𤇾

簡牘文 土 帛書 土 說文小篆

●예● 土地(토지), 領土(영토), 土壤(토양), 國土(국토), 積土成山(적토
성산)

통

801

統(큰 줄기 통): 统, tǒng, 糸-6, 12, 42

字解 형성. 糸^(가는 실 멱)이 의미부이고 充^(찰 충)이 소리부로, 실^(糸)의 첫머리를 말했는
데, 이로부터 총괄하다, 우두머리, 계통, 전통 등의 뜻이 나왔다.

字形 統 說文小篆

●예● 統一(통일), 統合(통합), 統制(통제), 統計(통계), 正統(정통), 統
率(통솔), 血統(혈통), 統治(통치), 傳統(전통), 大統領(대통령)

802

通(통할 통): tōng, 辵-7, 11, 60

字解 형성. 辵^(쉬엄쉬엄 갈 착)이 의미부이고 甬^(길 용)이 소리부로, 종^(甬)으로 정책을 시
행하듯 사방팔방으로 퍼져나감^(辵)으로부터 '통용되다'의 뜻을 그렸다. 이로부
터 도달하다, 通達^(통달)하다, 通行^(통행)하다, 流通^(유통)되다, 왕래하다, 통하게
하다, 開通^(개통)하다, 설치하다, 모두 다 알다, 보편적인 등의 뜻이 나왔다.

字形 甲骨文 金文 古陶文 盟書 通通
簡牘文 通 說文小篆

●예● 通達(통달), 通過(통과), 交通(교통), 開通(개통), 流通(유통), 通
行(통행), 通信(통신), 共通(공통), 通路(통로), 一脈相通(일맥상

퇴

803

退(물러날 퇴): [復, 衲], tuì, 辵-6, 10, 42

字解 회의. 辵^(쉬엄쉬엄 갈 착)과 艮^(어긋날 간)으로 구성되어, 앞으로 나아가는 걸음걸이^(辵)와 배치되는^(艮) 걸음걸이인 '물러섬'을 말한다. 이로부터 退却^(퇴각)하다, 後退^(후퇴)하다, 떠나다, 몰아내다, 계약 등을 물리다 등의 뜻이 나왔다. 『설문해자』에서는 彳^(조금 걸을 척)과 日^(날 일)과 夊로 구성된 復로 썼으며, 달리 彳^(조금 걸을 척)과 內^(안 내)로 구성된 衲로 쓰기도 했다.

字形 𢓴 𢓴 金文 𢓴 簡牘文 𢓴 說文小篆 𢓴 說文或體 𢓴 說文

●예● 辭退(사퇴), 退職(퇴직), 退場(퇴장), 衰退(쇠퇴), 退出(퇴출), 進退兩難(진퇴양난)

투

804

投(던질 투): tóu, 手-4, 7, 40

字解 형성. 手^(손 수)가 의미부이고 殳^(창 수)가 소리부로, 손^(手)으로 창^(殳)을 '던지다'는 뜻이며, 이로부터 投擲^(투척)의 뜻이 나왔고, 손에 들었던 창을 내던지고 항복하다는 뜻에서 投降^(투항)하다, 意氣投合^(의기투합·마음이나 뜻이 서로 맞음)하다 등의 뜻도 나왔다.

字形 投 投 簡牘文 投 說文小篆

●예● 投資(투자), 投票(투표), 投入(투입), 投手(투수), 以卵投石(이란투석), 一擧手一投足(일거수일투족)

805

特(수컷 특): tè, 牛-6, 10, 60

字解 형성. 牛^(소 우)가 의미부이고 寺^(절 사)가 소리부로, 희생에 쓰는 수소^(牛)를 말했는데, 寺^(절 사)는 원래 寸^(마디 촌)과 之^(갈 지)로 이루어져 손^(寸)으로 잡고 가는^(之) 모습을 그렸다. 신에게 바칠 희생 소는 단연 가장 질 좋은 소여야 했기에 特에는 '特出^(특출)나다', 특수하다, 특화되다 등의 뜻이 나왔고, 특수한 것은 유일하다는 뜻에서 '단지'라는 의미도 나왔다. 또 '세 살짜리 소'를 주로 썼기에 '세 살 된 짐승'이라는 의미까지 나왔다.

字形 𤙡汗簡 特說文小篆

●예● 特殊(특수), 特別(특별), 特定(특정), 特徵(특징), 特性(특성), 獨特(독특), 特講(특강), 特異(특이), 特許(특허), 特色(특색), 特權(특권)

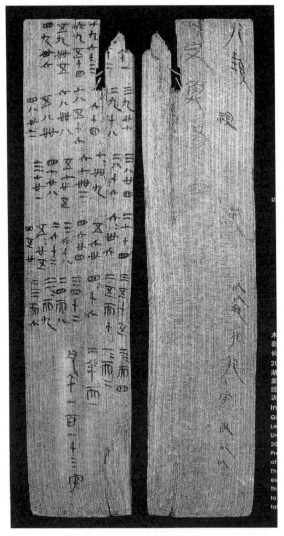

진(秦)나라 목간(木簡) "구구단". 나무를 얇게 가공하여 그 위에다 붓으로 썼다. 2002년 호남성 이야(里耶) 옛 성터에서 발견되었다. 2,200여 년 전의 것으로, 지금까지 발견된 최초의 구구단이다.

806

波(물결 파): bō, 水-5, 8, 42

(字解) 형성. 水^(물 수)가 의미부이고 皮^(가죽 피)가 소리부로, 물^(水)의 표면^(皮)에 이는 '물결'을 말하며, 이로부터 물이 흐르다, 파도를 일으키다는 뜻이 나왔고, 심한 분쟁이나 분란^(風波·풍파)을 비유하게 되었다.

(字形) 〔古陶文〕 〔簡牘文〕 〔古璽文〕 〔說文小篆〕

●예● 波及(파급), 風波(풍파), 電波(전파), 波高(파고), 波長(파장), 寒波(한파), 人波(인파), 一波萬波(일파만파), 平地風波(평지풍파)

807

破(깨트릴 파): pò, 石-5, 10, 42

(字解) 형성. 石^(돌 석)이 의미부이고 皮^(가죽 피)가 소리부로, 돌^(石)의 표피^(皮·피)가 몸체에서 분리되어 돌이 잘게 '부서지다'는 뜻을 그렸으며, 이로부터 깨지다, 쳐부수다, 분열하다, 완전하지 않다, 어떤 범위를 벗어나다, 돈을 많이 쓰다 등의 뜻이 나왔다.

(字形) 〔說文小篆〕

●예● 破壞(파괴), 突破(돌파), 破産(파산), 爆破(폭파), 破損(파손), 破滅(파멸), 破片(파편), 破裂(파열), 破竹之勢(파죽지세), 破顔大笑(파안대소)

판

808

判(판가름할 판): pàn, 刀-5, 7, 40

字解 형성. 刀^(칼 도)가 의미부이고 半^(반 반)이 소리부로, 칼^(刀)을 이용해 절반^(半)으로 나누듯 갈라 판가름함을 말한다. 이로부터 가르다, 구분하다, 判別^(판별)하다, 判斷^(판단)하다 등의 뜻이 나왔다.

字形 𣌅 說文小篆

●예● 判別(판별), 判斷(판단), 批判(비판), 審判(심판), 判決(판결), 裁判(재판), 身言書判(신언서판)

팔

809

八(여덟 팔): bā, 八-0, 2, 80

字解 지사. 갑골문에서부터 어떤 물체가 두 쪽으로 대칭되게 나누어진 모습이다. 지금은 '여덟'이라는 숫자로 쓰이지만, "나누다"는 뜻으로 풀이한 『설문해자』의 말처럼 어떤 물체가 두 쪽으로 대칭되게 나누어진 모습을 그렸다는 것이 정설이다.

字形)|)( )()( )(甲骨文)(兀 金文 ✓ 乚)(古陶文)|)(古幣文 ノ八 簡牘文)(說文小篆

●예● 十中八九(십중팔구), 四通八達(사통팔달), 八方美人(팔방미인)

패

810

敗(깨트릴 패): [敗], bài, 攴-7, 11, 50

字解 형성. 攴^(칠 복)이 의미부이고 貝^(조개 패)가 소리부로, 조개^(貝)를 막대로 쳐 깨트림을 그렸다. 조개는 화폐로 쓰였기에 재산을 뜻했고 이의 파괴는 파산의 상징이었다. 그전 갑골문에서는 敗가 鼎^(솥 정)과 攴으로 구성되어, 당시 가장 중요한 가재도구였던 솥^(鼎)의 파괴로써 파산을 그려냈다. 나아가 鼎은 크게는 九鼎^(구정)의 전설에서 보듯 한 국가의 정통성을, 작게는 한 종족이나 가족의 상징이기도 했다.

字形 〔갑골문〕甲骨文 〔금문〕金文 〔간독문〕簡牘文 〔설문소전〕說文小篆 〔설문주문〕說文籒文

●예● 敗北(패배), 失敗(실패), 勝敗(승패), 腐敗(부패), 成敗(성패), 慘敗(참패), 敗亡(패망)

811

貝(조개 패): 贝, bèi, 貝-0, 7, 30

字解 상형. 껍데기를 양쪽으로 벌린 조개를 그렸다. 금문에 들어 아래로 세로획이 둘 더해졌는데, 이를 두고 조개를 꿰놓은 줄이라고도 하지만 조개의 입수관과 출수관으로 보인다. 조개는 고대인들이 즐겨 먹던 음식이었지만, 일찍부터 화폐로도 사용되었으며, 이 때문에 貝는 '조개' 외에 화폐, 재산, 부, 상행위 등과 관련된 의미를 가진다. 간화자에서는 贝로 쓴다.

字形 〔갑골문〕甲骨文 〔금문〕金文 〔고도문〕古陶文 〔간독문〕簡牘文 〔설문소전〕說文小篆

●예● 魚貝類(어패류)

편

812

便(편할 편): biàn, 人-7, 9, 70

字解 회의. 人^(사람 인)과 更^(고칠 경·다시 갱)으로 구성되어, 채찍을 말했다. 채찍은 말 등과 같은 짐승을 인간^(人)이 편리하도록 바꾸고^(更) 길들이는 도구라는 의미를 담았으며, 이로부터 '편리하다'는 뜻이 나왔다. 그러자 원래 뜻은 革^(가죽 혁)을 더하여 鞭^(채찍 편)으로 분화했다.

字形 ￼金文 ￼古陶文 ￼簡牘文 ￼說文小篆

•예• 便利(편리), 便宜(편의), 便安(편안), 郵便(우편), 簡便(간편)

813

片(조각 편): piàn, 片-0, 4, 32

字解 상형. 나무의 조각을 말하는데, 木^(나무 목)을 절반으로 쪼개 놓은 모습이다. 왼쪽의 세로획은 나무줄기를, 오른쪽의 위 획은 나뭇가지를 아래 획은 나무뿌리를 말한다. 나무를 조각 내 만든 널빤지는 종이가 없던 시절 대나무 쪽으로 만든 竹簡^(죽간)과 함께 유용한 서사 도구였다. 이를 牘^(편지 독)이라 하고, 나무로 만들었다고 해서 木牘이라 불렀다. 牋^(편지 전)이나 牒^(서판 첩) 등도 모두 木牘에 쓴 편지를 말한다. 또 중국의 중원지역은 황토 대평원으로 돌이 귀하다. 그래서 집을 지을 때에는 황토를 구운 벽돌을 사용하였고, 토성이나 담을 쌓을 때는 황토 흙을 다져서 만들었는데, 황하 강의 황토의 특성 덕분에 다져진 황토는 대단히 단단하여 상나라 때의 성벽들이 3천 년이 지난 지금도 아직도 거의 완전하게 남아 있을 정도이다.

字形 ￼￼￼甲骨文 ￼說文小篆

•예● 片肉(편육), 破片(파편), 一片丹心(일편단심), 一葉片舟(일엽편주)

814

篇(책 편): piān, 竹-9, 15, 40

字解 형성. 竹^(대 죽)이 의미부이고 扁^(넓적할 편)이 소리부로, 납작한^(扁) 대 조각^(竹)에 쓴 글을 묶어 만든 '책'을 말하며, 이후 시가 등의 문예 저작이나 글을 헤아리는 단위 등을 지칭하게 되었다.

字形 篇 說文小篆

•예● 玉篇(옥편), 短篇(단편), 長篇(장편), 千篇一律(천편일률)

평

815

平(평평할 평): píng, 干-2, 5, 70

字解 상형. 저울을 그렸다거나 평지에서 쓰는 농기구를 그렸다거나 나무를 평평하게 깎는 손도끼를 그렸다는 등 의견이 분분하지만, 『설문해자』에서는 원래는 亏^(亏)와 八^(여덟 팔)로 이루어져 악기^(亏)에서 소리가 고르게 퍼져^(八) 나오듯 말이 평탄하게 잘 나오는 것을 말한다고 했다. 平平^(평평)하다가 원래 뜻이고, 이로부터 균분하다, 公平^(공평)하다, 안정되다, 일반적이다 등의 뜻이 나왔다.

字形 平平平平平另金文 平平平古陶文 平平盟書 平簡牘文 亏說文小篆 亓說文古文

•예● 公平(공평), 平地(평지), 平均(평균), 平和(평화), 平素(평소), 平等(평등), 平野(평야), 平生(평생), 平凡(평범), 平民(평민), 平面(평면)

폐

816

閉(닫을 폐): 闭, bì, 門-3, 11, 40

字解 형성. 門^(문 문)이 의미부이고 才^(재주 재)가 소리부로, 문^(門)에 빗장을 채워 놓은 모습으로부터 '닫다', '걸어 잠그다', 마치다, 멈추다, 막다, 통하지 않다 등의 의미를 그렸는데, 스스로 마음의 문을 닫아 외부세계와의 모든 교류를 단절해 버리는 것을 自閉^(자폐)라 한다. 간화자에서는 闭로 쓴다.

字形 𝅘𝅥 𝅘𝅥金文 𝅘𝅥𝅘𝅥簡牘文 閉說文小篆

●예● 閉幕(폐막), 密閉(밀폐), 開閉(개폐), 閉會(폐회), 閉業(폐업), 閉店(폐점), 自閉症(자폐증)

포

817

布(베 포): bù, 巾-2, 5, 42

字解 형성. 금문에서 巾^(수건 건)이 의미부이고 父^(아비 부)가 소리부였는데, 자형이 조금 변해 지금처럼 되었다. 모시로 짠 대표적인^(父) 직물^(巾)을 말했는데, 이후 '베'의 총칭으로 쓰이게 되었다.

字形 𝅘𝅥 𝅘𝅥金文 𝅘𝅥 𝅘𝅥 𝅘𝅥簡牘文 𝅘𝅥說文小篆

●예● 公布(공포), 宣布(선포), 分布(분포), 布告(포고), 布衣寒士(포의한사)

818

抱(안을 포): bào, 手-5, 8, 30

〖字解〗 형성. 手^(손 수)가 의미부이고 包^(쌀 포)가 소리부로, 태아를 감싸듯^(包) 손^(手)으로 끌어당겨 안음^(抱擁포옹)을 말한다. 또 인체에서 가슴과 배 사이의 부분을 지칭하는데, 이로부터 흉금, 생각, 가슴에 묻어두다 등의 뜻이 나왔다.

〖字形〗 說文小篆

●예● 抱負(포부), 懷抱(회포), 抱腹絕倒(포복절도)

폭

819

暴(사나울 폭포): [曝], bào, pù, 日-11, 15, 42

〖字解〗 회의. 원래는 日^(날 일)과 出^(날 출)과 廾^(두 손 마주잡을 공)과 米^(쌀 미)로 구성된 暴으로 써, 해^(日)가 나오자^(出) 벼^(米)를 두 손으로 들고^(廾) 말리는 모습을 그려 '강한 햇살'을 나타냈는데, 米가 氺^(水의 변형)로 변하고 전체 자형도 조금 변해 지금처럼 되었다. 이후 강렬하다는 의미로부터 '포악하다'는 뜻으로 쓰이게 되자 원래 뜻은 다시 日을 더한 曝^(쬘 폭)으로 분화했다. 햇빛에 말리다나 폭로하다는 뜻으로 쓰일 때에는 '폭'으로, '사납다'나 '포악하다'나 '횡포' 등을 뜻할 때에는 '포'로 구분해 읽었다. 하지만 暴力^(폭력), 暴言^(폭언), 暴炎^(폭염), 暴風^(폭풍), 暴行^(폭행) 등과 같이 '사납다'는 뜻인데도 습관적으로 '폭'으로 읽음에 유의해야 한다. 『설문해자』에서는 日과 出과 収^(손들 공)과 米로 구성된 暴로 썼고, 고문체에서는 日이 의미부이고 麃^(큰사슴 포)가 소리부인 구조로 썼다.

〖字形〗 簡牘文 說文小篆 說文古文

●예● 暴力(폭력), 暴言(폭언), 暴炎(폭염), 暴風(폭풍), 暴露(폭로), 暴利(폭리), 亂暴(난폭), 暴君(폭군), 暴落(폭락), 暴雪(폭설), 暴雨(폭우), 橫暴(횡포), 暴惡(포악), 自暴自棄(자포자기)

표

820

表(겉 표): [襹, 錶], biǎo, 衣-3, 8, 60

字解 회의. 원래 衣^(옷 의)와 毛^(털 모)로 이루어졌는데, 자형이 조금 변해 지금처럼 되었다. 옛날에는 가죽옷을 입을 때 털 있는 부위를 밖으로 나오게 입었는데, 이로부터 表彰^(표창)에서처럼 '드러내다'의 뜻이, 다시 表面^(표면)에서처럼 '바깥쪽'이나 '겉'이라는 뜻이 나왔다. 또 年表^(연표)에서와 같이 항목을 나누어 기록한 것을 지칭하기도 하였고, 이로부터 시계, 온도계 등의 뜻도 나왔다. 그리고 '사촌' 간을 지칭하는 친족 호칭으로도 쓰였다. 『설문해자』에서는 衣와 毛로 구성된 내외구조로 썼고, 고문에서는 衣가 의미부이고 麃가 소리부인 襹로 썼다.

字形 簡牘文 　 說文小篆 　 說文古文

●예● 表面(표면), 發表(발표), 代表(대표), 表現(표현), 表示(표시), 表情(표정), 表出(표출), 表裏不同(표리부동)

품

821

品(물건 품): pǐn, 口-6, 9, 52

字解 회의. 세 개의 口^(입 구)로 구성되었는데, 口는 기물의 아가리를 상징한다. 많이 모여 있는 기물^(口)로부터 제사 등에 쓸 '用品^(용품)'의 의미를 그렸으며, 이로부터 商品^(상품)의 뜻이 나왔다. 또 人品^(인품), 상품이나 사람의 성질, 上品^(상품), 등급 등을 지칭하였고, 品茶^(품차)에서처럼 자세히 살피다는 뜻도 나왔다.

字形 甲骨文 金文 簡牘文 說文小篆

●예● 用品(용품), 商品(상품), 人品(인품), 製品(제품), 食品(식품), 部品(부품), 物品(물품), 作品(작품), 品質(품질), 品目(품목), 性品(성품), 藥品(약품), 名品(명품)

풍

822

豐(풍성할 풍): 丰, fēng, 豆-11, 18

字解 회의. 원래 악기의 상징인 북(호주)에다 보물의 상징인 실로 꿴 옥(丰·玉의 갑골문 자형)이 여럿 합쳐진 모습으로부터, 신에게 바칠 '풍성한' 제물이라는 의미를 그렸고, 이로부터 풍성하다, 풍만하다, 훌륭하다, 아름답다의 뜻이 나왔다. 豐에 등장하는 丰(예쁠 봉)의 가로획은 옥을, 3개는 많음을 상징해, 옥구슬을 여럿 꿰놓은 모습을 했는데, 옥은 고대 중국인들이 무척 좋아하고 아끼던 보물이었으며 대단히 '예쁘고' 사랑스러운 존재였다. 속자로 豊(풍성할 풍·예도 례)으로 쓰기도 하지만, 豊은 사실 '예도'가 원래 뜻이다. 중국의 간화자에서는 丰에 통합되었다.

字形 甲骨文 金文 簡牘文 豐 說文小篆 豊 說文古文

●예● 豐年(풍년), 豐足(풍족), 豐富(풍부), 豐滿(풍만), 豐作(풍작), 豐盛(풍성)

823

風(바람 풍): 风, fēng, 風-0, 9, 60

字解 형성. 虫(벌레 충)이 의미부이고 凡(무릇 범)이 소리부로, 봉새(虫)가 일으키는 바람

^(凡)을 말한다. 갑골문에서 鳳^(봉새 봉)과 같이 쓰였는데, 높다란 볏과 화려한 날개와 긴 꼬리를 가진 봉새를 그렸다. 어떤 경우에는 발음을 표시하기 위해 凡^(帆의 원래 글자)을 첨가하기도 했는데, 돛을 그린 凡이 더해진 것은 돛단배를 움직이는 바람의 중요성을 강조하려는 것이기도 했다. 소전체에 들면서 鳳의 鳥^(새 조)를 虫으로 바꾸어 風으로 분화시켰는데, 한자에서 새나 물고기나 곤충이나 짐승 등이 모두 '虫'의 범주에 귀속될 수 있었기 때문이다. 중국의 신화에서처럼 고대 중국인들은 바람의 생성원리를 잘 이해하지 못해 커다란 봉새의 날갯짓에 의해 '바람'이 만들어진다고 생각했고 그래서 鳳과 風이 같이 쓰였다. 상나라 때의 갑골문에 이미 동서남북의 사방 신이 등장하며 사방 신이 관장하는 바람에 제사를 올렸다는 기록도 보이는데, 바람은 비와 함께 농작물의 수확에 가장 영향을 주는 요소 중의 하나였던 때문이다. 이처럼 風의 원래 뜻은 '바람'이다. 바람은 한꺼번에 몰려와 만물의 생장에 영향을 주기 때문에 風俗^(풍속), 風氣^(풍기), 作風^(작풍)에서처럼 한꺼번에 몰려다니는 '유행'이라는 뜻을 갖게 되었고, 國風^(국풍)에서처럼 특정 지역의 풍속을 대표하는 노래나 가락을 뜻하기도 했으며, 다시 風聞^(풍문)에서처럼 '소식'이라는 뜻도 갖게 되었다. 風으로 구성된 한자는 '바람'의 종류를 지칭하기도 한다. 간화자에서는 风으로 줄여 쓴다.

字形 　甲骨文　　簡牘文　　說文小篆　　說文古文

●예● 熱風(열풍), 風景(풍경), 風俗(풍속), 風聞(풍문), 風習(풍습), 馬耳東風(마이동풍), 風前燈火(풍전등화), 風樹之歎(풍수지탄), 堂狗風月(당구풍월)

피

彼(저 피): bǐ, 彳-5, 8, 32

字解 형성. 彳^(조금 걸을 척)이 의미부이고 皮^(가죽 피)가 소리부로, '다른 곳으로 나아가다^(彳)'는 뜻에서부터 '상대방'과 '저 (곳)'이라는 의미가 생겼다.

字形 彡金文　芖很簡牘文　徚說文小篆

•예• 彼此(피차), 彼岸(피안), 此日彼日(차일피일), 彼此一般(피차일반)

825

皮(가죽 피): pí, 皮-0, 5, 32

字解 회의. 손^(又·우)으로 짐승의 가죽을 벗기는 모습을 그렸다. 금문에서처럼 오른쪽 아래는 손이고, 왼쪽의 윗부분은 짐승의 머리이며 오른편으로 동그랗게 표현된 것은 짐승의 가죽인데 완전한 모습이 아니라 일부만 표현함으로써, '벗기고 있음'을 강조했다. 소전체에 들어서는 가죽이 짐승의 몸체에서 분리되었음을 형상적으로 그렸다. 이는 革^(가죽 혁)과 비교해 보면 형상이 더욱 분명해지는데, 革은 짐승의 머리와 벗겨 낸 가죽이 양쪽으로 대칭을 이루는 모습으로 표현되었다. 皮가 그래서 가죽을 벗기는 모습이라면 革은 완전히 벗겨 말리는 모습이라 할 수 있다. 그래서 皮는 털이 그대로 붙어 있는 상태의 가죽을, 革은 털을 제거하고 말린 상태의 가죽을 말한다. 또 皮는 짐승의 몸 바깥을 싼 가죽이므로, '겉', 表皮^(표피)라는 뜻이 나왔다. 皮로 구성된 글자들은 '가죽'이나 '표면', '겉' 등의 뜻이 있다.

字形 扂弖金文　屌古陶文　皮皮簡牘文　肙說文小篆　肙說文古文　层說文籀文

•예• 表皮(표피), 脫皮(탈피), 毛皮(모피), 皮革(피혁), 彈皮(탄피), 鐵面皮(철면피)

필

826

匹(필 필): [疋], pǐ, 匚-2, 4, 30

字解 상형. 현행 옥편에서 匚^(상자 방)부수에 귀속되었지만, 상자(匚)와는 관련이 없으며, 원래는 주름이 여러 갈래로 진 '베'의 모습을 그린 상형자이다. 그래서 '베'가 원래 뜻이고, 베를 헤아리는 단위로 쓰였다. 베 1필은 4丈^(장)의 길이를 말한다. 이후 말^(馬·마)을 헤아리는 단위로까지 확대되었다. 베는 중요한 혼수품이었던지 配匹^(배필)에서처럼 짝이나 배우자의 의미로까지 쓰이게 되었다.

字形 𠤳𠤽𠤶 金文 疋匹 簡牘文 匹 說文小篆

●예● 配匹(배필), 匹夫匹婦(필부필부)

827

必(반드시 필): bì, 心-1, 5, 52

字解 형성. 『설문해자』에서는 八^(여덟 팔)이 의미부이고 弋^(주살 익)이 소리부로, 기준을 나누다^(八)는 뜻이라고 했다. 하지만, 금문을 보면 꼭 그렇지도 않고, 금문 당시에 이미 '반드시'라는 뜻으로만 쓰여 그것이 무엇을 그렸는지 분명하지 않다. 그러나 금문에 의하면 戈^(창 과)가 의미부이고 八이 소리부로, 갈라진^(八) 틈 사이로 낫창^(戈)을 끼우는 모습을 그린 것으로 추정되며, 이로부터 무기의 자루라는 뜻이 나온 것으로 보인다. 낫창 같은 무기는 반드시 자루에 끼워야만 사용할 수 있기에, '반드시'라는 뜻이 나왔을 것이다. 이 때문에 곽말약은 必이 柲^(자루 비)의 원래 글자인 것으로 추정했다.

字形 㐄㐅 金文 㐅 古陶文 㐅㐅㐄 簡牘文 㐅 漢印 㐅 說文小篆

●예● 必要(필요), 必須(필수), 必需(필수), 必勝(필승), 必讀(필독), 事必歸正(사필귀정), 德不孤必有隣(덕불고필유린)

828

筆(붓 필): 笔, bǐ, 竹-6, 12, 52

字解 형성. 竹^(대 죽)이 의미부이고 聿^(붓 률)이 소리부로, 대^(竹)로 만든 붓대를 가진 필기구인 '붓'을 말한다. 원래는 聿^(붓 률)로 써 손으로 붓을 쥔 모습을 그렸는데, 이후 竹을 더해 筆이 되었고, 간화자에서는 聿을 毛^(털 모)로 바꾸어 笔로 쓴다. 이후 筆記具^(필기구)의 통칭이 되었고, 다시 붓구를 뜻했다. 또 붓으로 글을 쓴다는 뜻에서 기술하다, 서사하다, 수필, 산문 등의 뜻이 나왔고, 한자의 筆劃^(필획)을 뜻하기도 했다.

字形 筆 說文小篆

●예● 筆記(필기), 鉛筆(연필), 名筆(명필), 執筆(집필), 隨筆(수필), 親筆(친필), 自筆(자필), 筆順(필순), 一筆揮之(일필휘지)

납서족(納西族) 상형문자. 동파(東巴)문자라고도 하는데, 중국 운남성 여강강(麗江) 지역에 사는 납서족이 사용하는 문자로 1,400여 자가 존재한다. 그 지역의 종교지도자를 '동파'라 하는데, 신임 동파가 "한국 한자연구소"를 납서족 문자로 쓰고 있다. 2013년 여강 동파문화연구소.

ㅎ

하

829

下(아래 하): xià, 一2, 3, 70

字解 지사. 가로획 두 개로 어떤 것이 어떤 기준점보다 '아래'에 있음을 나타냈는데, 금문에서 丅자형으로 변했고, 다시 형체가 변화하여 지금의 下가 되었다. '아래'가 원래 뜻이며, 아래로 내려가다, 알이나 새끼를 낳다, 순서상의 뒤, 질이 낮다 등의 뜻이 나왔고, 이후 시간적 개념에서 '뒤'라는 뜻도 나왔다. 현대 중국어에서는 방향을 나타내거나 동작의 횟수를 나타내는 문법소로도 쓰인다.

字形 ⌒⌒⌒甲骨文 ⟂ 𠄌𠄌金文 下 古陶文 𠂆𠄌簡牘文 下 古幣

文 丅 說文古文 下 說文篆文

●예● 下降(하강), 下落(하락), 以下(이하), 眼下無人(안하무인), 莫上莫下(막상막하), 燈下不明(등하불명), 不恥下問(불치하문), 下石上臺(하석상대)

830

何(어찌 하): hé, 人-5, 7, 32

字解 형성. 人^(사람 인)이 의미부이고 可^(옳을 가)가 소리부인데, 갑골문에서 긴 자루가 달린 괭이를 어깨에 멘 사람^(人)의 모습을 그렸는데, 이후 괭이에 입^(口구)이 더해진 可로 변했다. '메다'가 원래 뜻이며, 이로부터 荷重^(하중) 등의 뜻이 생겼다. 이후 '어찌'라는 의문사와 부사어로 가차되자 원래 뜻은 艸^(풀 초)를 더

해 荷^(연하)로 분화했다.

字形 甲骨文 金文 古陶文 簡牘文 石刻古文 說文小篆

●예● 如何(여하), 何等(하등), 何必(하필)

831

夏(여름 하): xià, 夂-7, 10, 70

字解 회의. 頁^(머리 혈)의 생략된 모습과 夂^(뒤져서 올 치)로 구성되었다. 금문에서는 크게 키워 그린 얼굴^(頁)에 두 팔과 두 발^(夂)이 그려진 사람의 모습을 했는데, 자형이 변해 지금처럼 되었다. 크게 그려진 얼굴은 고대 한자에서 주로 분장을 한 제사장의 모습이며 두 팔과 발은 율동적인 동작을 의미하기에, 夏는 祈雨祭^(기우제)를 지내려고 춤추는 제사장의 모습을 그린 것으로 추정된다. 그래서 '춤'이 원래 뜻이며, 기우제는 신을 즐겁게 하기 위한 盛大^(성대)한 춤이 필요하기에 크다, 성대하다는 뜻이 나왔고, 중국인들이 자기 민족을 부르는 이름이 되었다. 또 기우제가 주로 여름철에 이루어졌기 때문에 '여름'도 뜻하게 되었다.

字形 金文 簡牘文 帛書 古璽文 石刻古文 說文小篆 說文古文

●예● 夏至(하지), 夏服(하복)

332

河(강 하): hé, 水-5, 8, 50

字解 형성. 水^(물 수)가 의미부이고 可^(옳을 가)가 소리부로, 원래 黃河^(황하)를 지칭하는 고유명사였는데, 이후 '강'의 통칭이 되었다. 북쪽의 몽골어에서 온 외래어로

알려졌으며, 그 때문에 지금도 북쪽의 黃河 유역에 있는 강들은 '河'로 이름 붙여진 경우가 일반적이다. 이외에도 銀河^(은하), 강가를 뜻하였고, 강의 신인 河伯^(하백)을 지칭하기도 했다.

字形 甲骨文 金文 古陶文 簡牘文 古璽文 說文小篆

●예● 河川(하천), 河口(하구), 氷河(빙하), 山河(산하), 黃河(황하), 銀河(은하), 百年河淸(백년하청)

833

賀(하례 하): 贺, hè, 貝-5, 12, 32

字解 형성. 貝^(조개 패)가 의미부이고 加^(더할 가)가 소리부로, 재물^(貝) 등을 더해 줌^(加)으로써 祝賀^(축하)함을 말하며, 이로부터 포상하다, 더하다 등의 뜻이 나왔다.

字形 金文 簡牘文 說文小篆

●예● 祝賀(축하), 賀客(하객), 賀禮(하례), 致賀(치하)

학

834

學(배울 학): 学, [斈], xué, 子-13, 16, 80

字解 회의. 집 안^(宀)에서 두 손^(臼)으로 새끼 매듭^(爻) 지우는 법을 아이^(子)가 배우는 모습을 그렸다. 문자가 만들어지기 전 기억의 보조 수단이었던 새끼 매듭^(결승) 짓는 법을 배우는 모습이다. 배우다가 원래 뜻이며, 모방하다, 본받다, 배우는 사람, 학교, 학과, 학문, 학설, 학파 등의 뜻이 나왔다. 속자에서는 윗부분을 文^(글월 문)으로 줄인 斈으로 쓰기도 하는데, 아이^(子)가 글자^(文)를 배운다는 뜻을 담았다. 간화자에서는 윗부분을 간단하게 줄여 学으로 쓴다.

字形 ⿱ 甲骨文 ⿳ 金文 ⿴ 簡牘文 ⿵ 說文小篆 ⿶ 說文篆文

•예• 學校(학교), 學生(학생), 科學(과학), 哲學(철학), 學習(학습), 大學(대학), 學問(학문), 教學相長(교학상장), 博學多識(박학다식)

835

寒(찰 한): hán, 宀-9, 12, 50

字解 회의. 금문에서 宀^(집 면)과 人^(사람 인)과 茻^(잡풀 우거질 망)과 冫^(얼음 빙)으로 구성되어, 집^(宀) 안에 사람^(人)의 옆으로 짚단^(茻)과 발아래에 얼음^(冫)을 그려 놓았는데, 자형이 변해 지금처럼 되었다. 좌우 양쪽으로 놓인 풀^(茻)은 짚단이거나 깔개로 보이며, 얼음^(冫)이 어는 추위를 막고자 "집 안^(宀) 곳곳을 짚단^(茻)으로 둘러쳐 놓은 모습이다." 차다, 춥다가 원래 뜻이며, 이로부터 냉담하다, 貧寒^(빈한)하다, 슬프다 등의 뜻이 나왔고, 추운 계절을 지칭하기도 했다.

字形 ⿰ ⿱ 金文 ⿲ 簡牘文 ⿳ 說文小篆

•예• 惡寒(오한), 寒波(한파), 防寒服(방한복), 脣亡齒寒(순망치한), 嚴冬雪寒(엄동설한)

836

恨(한할 한): hèn, 心-6, 9, 40

字解 형성. 心^(마음 심)이 의미부이고 艮^(어긋날 간)이 소리부로, 서로 노려보며^(艮) 원망하는 마음^(心)을 말하며, 이로부터 怨恨^(원한)을 가지다, 원수처럼 보다, 유감스럽다의 뜻이 나왔다.

字形 𢙼 說文小篆

●예● 怨恨(원한), 悔恨(회한), 恨歎(한탄)

837

漢(한수 한): 汉, hàn, 水-11, 14, 70

字解 형성. 水^(물 수)가 의미부이고 難^(어려울 난)의 생략된 모습이 소리부로, 漢水^(한수)를 말하는데, 장강의 가장 긴 지류로 섬서성 寧強^(녕강)현에서 발원하여 호북성을 거쳐 武漢^(무한)시에서 장강으로 흘러든다. 또 중국의 한나라를 지칭하며, 이로부터 중국의 최대 민족인 한족을, 다시 중국의 상징이 되었다. 또 남자를 부르는 말로 쓰이며, 일부 방언에서는 남편을 지칭하기도 한다. 간화자에서는 오른쪽 부분을 간단한 부호 又^(또 우)로 줄여 汉으로 쓴다.

字形 𤁉 𤁈 漢 金文 𤂢 古陶文 𤁉 說文小篆 𤂏 說文古文

●예● 漢文(한문), 漢字(한자), 門外漢(문외한)

838

閑(막을 한): 闲, xián, 門-4, 12, 40

字解 회의. 門^(문 문)과 木^(나무 목)으로 구성되어, 문^(門) 사이에 나무^(木)를 질러 울을 친 '마구간'을 그렸는데, 이후 사람이 들어오지 못하도록 문을 걸어 잠궜다는 뜻에서 閑暇^(한가)하다는 뜻이 생겼고, '겨를'이나 '틈'까지 뜻하게 되었다. 간화자에서는 闲으로 쓴다.

字形 𨳡 簡牘文 𨳐 帛書 閑 說文小篆

●예● 閑暇(한가), 閑散(한산), 忙中閑(망중한), 物外閑人(물외한인)

839

限(한계 한): xiàn, 阜-6, 9, 42

字解 형성. 阜^(언덕 부)가 의미부이고 艮^(어긋날 간)이 소리부로, 머리를 돌려 부릅뜬 눈으로 노려보는 시선^(艮) 앞에 높다란 언덕^(阜)이 가로막혀 있음으로부터, 장벽에 부딪힘과 限界^(한계), 限度^(한도), 制限^(제한) 등의 뜻을 그렸다.

字形 𨻤 說文小篆

•예• 限界(한계), 限度(한도), 制限(제한), 權限(권한), 無限(무한)

840

韓(나라 이름 한): 韩, hán, 韋-8, 17, 80

字解 형성. 원래 𩏑으로 써, 韋^(에워쌀다룸가죽 위)가 의미부이고 倝^(해 처음 빛날 간)이 소리부로, 황토를 다져 담을 쌓을 때 황토가 빠져나가지 못하도록 '담 곁에 대는 큰 나무^(倝)를 말했는데, 자형이 줄어 지금처럼 되었다. 이로부터 '크다'와 '해가 밝게 비치다'는 뜻이 나왔고, 이후 나라 이름으로 쓰였다. 또 韋 대신 木^(나무 목)이 들어간 𣙫^(담 곁 기둥 간)과 같이 쓰이기도 했는데, 𣙫은 황토를 다져 담을 쌓을 때 황토가 빠져나가지 못하도록 '담 곁에 대는 큰 나무'를 말했다. 간화자에서는 韋를 韦로 간단히 줄여 韩으로 쓴다.

字形 𩏑 說文小篆

•예• 韓國(한국), 北韓(북한), 韓半島(한반도), 大韓民國(대한민국)

합

841

合(합할 합): [閤], hé, 口-3, 6, 60

字解 회의. 갑골문에서 윗부분은 뚜껑을, 아랫부분은 입^(口)을 그렸는데, 장독 등

단지의 아가리를 뚜껑으로 덮어놓은 모습을 했다. 뚜껑은 단지와 꼭 맞아야만 속에 담긴 내용물의 증발이나 변질을 막을 수 있다. 고대사회에서 단지와 그 뚜껑의 크기를 꼭 맞추는 것도 기술이었을 것이다. 그래서 合에 符合^(부합)하다, 합치다는 뜻이 생겼다. 몸체와 뚜껑이 합쳐져야 완전한 하나가 되기에 '모두', '함께'라는 뜻도 함께 가지고 있다.

字形 ○△合 甲骨文 合合 金文 合合合 簡牘文 合 說文小篆

●예● 合同(합동), 合意(합의), 統合(통합), 聯合(연합), 合格(합격), 集合(집합), 合成(합성), 結合(결합), 和合(화합), 合唱(합창), 合法(합법), 烏合之卒(오합지졸)

항

842

恒(항상 항): [恆], héng, 心-6, 9, 32

字解 형성. 心^(마음 심)이 의미부이고 亘^(걸칠 긍)이 소리부로, 언제나 변치 않는^(亘) 일정한 마음^(心)을 말했다. 이로부터 恒常^(항상), 항구, 영원, 일상의, 보편적인, 오래가다 등의 뜻이 나왔다. 갑골문에서는 二^(두 이)와 月^(달 월)로 구성된 亘으로 썼는데, 아래위의 두 획^(二)은 하늘과 땅을, 중간의 달^(月)은 이지러졌다가 다시 차기를 반복하는 영원불변의 달을 뜻하여, 변하지 않는 영원함을 말했다. 이후 心을 더해 변하지 않는^(亘) 마음^(心)임을 강조했고, 소전체에서는 月이 형체가 비슷한 舟^(배 주)로 변했다가 예서 이후 다시 日^(날 일)로 변해 지금의 자형이 되었다.

字形 亙亙亙 甲骨文 亙亙亙 金文 亙亙 簡牘文 亙 帛書 亙 古璽文 亙 說文小篆 亙 說文古文

●예● 恒常(항상), 恒産(항산), 恒時(항시), 恒等式(항등식), 恒久的(항구적)

해

843

亥(돼지 해): hài, 亠-4, 6, 30

字解 상형. 이의 갑골문 자형에 대해서는 의견이 분분하지만, 머리와 발이 잘린 제사에 쓸 돼지라는 설이 유력하며, 이후 간지자로 쓰이면서 원래의 뜻을 상실했다. 간지자의 마지막 순서에 해당하기에 밤 9시-11시 사이의 시간대를 지칭하며, 완성의 의미도 가지게 되었다.

字形 𠀡𠀠𠀢𠀣 甲骨文 𠀤𠀥𠀦𠀧𠀨 𠀩𠀪𠀫 金文 𠀬𠀭 古陶文 𠀮𠀯𠀰𠀱𠀲𠀳𠀴𠀵𠀶𠀷 簡牘文 𠀸 古璽文 𠀹 說文小篆 𠀺 說文古文

844

害(해칠 해): hài, 宀-7, 10, 52

字解 회의. 자형에 대해 의견이 분분하다. 금문에 근거해 口^(입 구)가 의미부이고 余^(나 여)가 소리부로 보아, 口는 기물의 아가리를 말한다고 하였고, 혹자는 끈으로 동여매어 놓은 거푸집을 그렸고 아래의 口는 청동 녹인 물을 부어 넣을 수 있는 입구^(口)를 말한다고 보기도 한다. 하지만 割^(나눌 할) 등과 연계해 볼 때 청동 기물을 만드는 거푸집을 그린 것으로 보이며, 청동 물이 굳고 나면 겉을 묶었던 끈을 칼로 잘라야 하는데, 여기에서 '칼로 자르다'의 뜻이 나온 것으로 추정된다. 이후 칼에 의한 상처를, 다시 '해치다', 해를 끼치다, 해를 입다 등의 뜻으로 쓰이게 되었고, 損害^(손해), 災害^(재해), 질병, 심리적으로 느끼는 좋지 않은 감정 등의 의미까지 나왔다.

字形 🔤🔤🔤🔤 金文 🔤🔤🔤 簡牘文 🔤 說文小篆

•예• 損害(손해), 災害(재해), 被害(피해), 殺害(살해), 有害(유해), 公害(공해), 傷害(상해), 水害(수해), 害蟲(해충)

845

海(바다 해): [烸], hǎi, 水-7, 10, 70

字解 형성. 水^(물 수)가 의미부이고 每^(매양 매)가 소리부로, 모든 하천이 흘러들어 가는 곳인 '바다'를 말하는데, 바다가 물^(水)에서의 어머니^(每) 같은 존재임을 그렸다. 이후 바다처럼 큰 호수나 못, 혹은 수많은 사람이나 사물, 사방 주위, 온 사람에게 알리는 광고 등을 지칭하기도 했다. 달리 상하구조로 된 烸로 쓰기도 한다.

字形 🔤🔤🔤 金文 🔤🔤🔤🔤🔤 簡牘文 🔤 說文小篆

•예• 海外(해외), 海洋(해양), 海岸(해안), 航海(항해), 桑田碧海(상전벽해)

846

解(풀 해): jiě, 角-6, 13, 42

字解 회의. 角^(뿔 각)과 刀^(칼 도)와 牛^(소 우)로 구성되어, 소^(牛)의 뿔^(角)을 뽑고 칼^(刀)로 해체하는 모습을 그렸고, 이로부터 解體^(해체)하다, 解剖^(해부)하다, 분할하다, 풀이하다, 이해하다 등의 뜻이 나왔다. 또 옛날 하급기관이 상급기관에 보내던 보고서를 말하며, 이로부터 압송하다의 뜻이 나왔고, 저당을 잡히다는 뜻도 가진다.

字形 🔤 甲骨文 🔤🔤🔤 金文 🔤🔤🔤 古陶文 🔤🔤🔤🔤 簡牘文 🔤🔤 古璽文 🔤 說文小篆

•예• 解體(해체), 解放(해방), 解釋(해석), 解決(해결), 理解(이해), 解法(해법), 見解(견해), 和解(화해), 誤解(오해), 解散(해산), 分解(분해), 解答(해답), 難解(난해), 結者解之(결자해지)

행

847

幸(다행 행): xìng, 干-5, 8, 60

字解 회의. 소전체에서 屰^(逆·거스를 역)과 夭^(어릴 요)로 구성되었는데 자형이 조금 변해 지금처럼 되었다. 屰은 거꾸로 선 사람을 그렸고 이로부터 '거꾸로'라는 뜻이 나왔다. 그래서 幸은 불행의 상징인 요절과 반대되는^(屰) 의미로부터 '다행'이라는 뜻을 그려냈다. 이로부터 뜻밖의 행운이나 화를 면하다는 뜻에서 多幸^(다행)과 幸福^(행복), 총애, 희망 등의 뜻이 나왔다. 현대 중국에서는 倖^(요행 행)의 간화자로도 쓰인다.

字形

•예• 多幸(다행), 幸福(행복), 不幸(불행), 幸運(행운), 千萬多幸(천만다행)

848

行(갈 행·항렬 항): xíng, háng, 行-0, 6, 60

字解 상형. 사거리를 그렸고, 길은 여러 사람이 모이고 오가는 곳이기에 '가다', 운행하다, 떠나다, 실행하다, 가능하다, 행위, 품행 등의 뜻이 생겼다. 사람들로 붐비는 길은 갖가지 물건을 사고팔며 새로운 정보를 주고받는, 교류와 소통의 장이기도 하다. 또 길을 함께 가는 것은 뜻을 같이하거나 또래들의 일이기에, 行에 '줄'이나 '行列^(항렬)', 순서, 대오 등의 뜻이 나왔는데, 이때는 '항'으로 구분해 읽는다. 그래서 行은 '길'이나 사람이 붐비는 '사거리', '가다'

는 뜻이 있으며, 한길은 갖가지 물건을 사고팔며 재주를 뽐내는 장소를 뜻하기도 하여 교역장소, 직업 등의 뜻도 나왔다.

字形 ![甲骨文] ![金文] ![古陶文] ![盟書] ![簡牘文] ![帛書] ![說文小篆]

•예• 行爲(행위), 進行(진행), 銀行(은행), 施行(시행), 行動(행동), 行事(행사), 旅行(여행), 運行(운행), 流行(유행), 暴行(폭행), 走行(주행), 實行(실행), 行列(항렬), 錦衣夜行(금의야행)

향

向(향할 향): xiàng, 口-3, 6, 60

字解 회의. 갑골문에서부터 宀(집 면)과 口(입 구)로 구성되어, 집(宀)에 낸 창문(口)의 모습을 그렸다. 이로부터 창을 낸 방향이라는 의미가 나왔고, 다시 '향하다'의 뜻이 나왔는데, 자형이 조금 변해 지금처럼 되었으며, 이후 方向(방향), 목표, 추세, 가깝다, 이전, '이전부터 지금까지 줄곧' 등의 뜻이 나왔다. 현대 중국에서는 嚮(향할 향)의 간화자로도 쓰인다.

字形 ![甲骨文] ![金文] ![古陶文] ![盟書] ![簡牘文] ![古璽文] ![說文小篆]

•예• 方向(방향), 向上(향상), 動向(동향), 傾向(경향), 偏向(편향), 指向(지향), 趣向(취향), 性向(성향), 風向(풍향), 意向(의향)

鄕(시골 향): 乡, xiāng, 邑-10, 13, 42

字解 회의. 식기를 가운데 두고 손님과 주인이 마주 앉은 모습을 그렸으며, 손님

에게 식사를 대접한다는 뜻이며, 饗^(잔치할 향)의 원래 글자이다. 이후 함께 모여 식사를 함께하는 씨족집단이라는 의미에서 '시골'이나 '고향'을 뜻하게 되었고 말단 행정단위까지 지칭하게 되었다. 그러자 원래 뜻은 食^(밥 식)을 더한 饗으로 분화했다. 『설문해자』에서는 䣓으로 썼고, 간화자에서는 乡으로 줄여 쓴다.

字形 𨜷 甲骨文 𨜷 古陶文 𨜷 𨜷 𨜷 簡牘文 𨜷 說文小篆

•예• 故鄕(고향), 鄕愁(향수), 他鄕(타향), 歸鄕(귀향), 鄕土(향토), 貫鄕(관향), 京鄕(경향), 理想鄕(이상향), 錦衣還鄕(금의환향)

851

香(향기 향): xiāng, 香-0, 9, 42

字解 회의. 禾^(벼 화)와 日^(가로 왈)로 구성되어, 햅쌀로 갓 지은 향기로운 밥이 입으로 들어가는 모습을 형상화했다. 갑골문에서는 용기에 담긴 곡식^(禾)의 모습을 그렸는데, 윗부분은 곡식을 아랫부분은 그릇이고, 점은 곡식의 낟알을 상징한다. 이후 소전체에 들면서 윗부분은 黍^(기장 서)로 아랫부분은 甘^(달 감)으로 변해, 이러한 곡식이 어떤 곡식인지를 더욱 구체적으로 표현했고, 향기로움을 단맛 나는 모습으로 변화시켰다. 예서에 들어서는 윗부분이 이미 가장 대표적 곡식으로 자리 잡은 벼^(禾)로, 아랫부분은 입에 무엇인가 든 모습^(日)으로 변했다. 그래서 香의 원래 뜻은 새로 수확한 곡식으로 갓 지어낸 밥의 '향기'이다. 이후 향기로운 모든 것을 지칭하게 되었고, 향기로움으로부터 향기, 향료, '훌륭하다', 맛이 좋다. 편안하다, 인기가 있다는 뜻까지 갖게 되었다. 香이 조상신에게 새로 수확한 곡식으로 밥을 지어 추수에 대한 감사를 표하기 위한 제례의 모습을 그린 때문인지, '향'은 신에 대한 경의와 정화를 상징하며, 인간과 신이 대화할 때 신의 '분신'을 전해주는 매체로 기능하기도 한다. 그래서 香이 든 한자들은 모두 '향과 관련된 뜻을 가진다.

字形 香 說文小篆

●예● 香氣(향기), 香水(향수), 芳香(방향)

허

852

虛(빌 허): 虚, [虛], xū, 虍-6, 12, 42

字解 형성. 소전체에서 의미부인 丘^(언덕 구)와 소리부인 虍^(호피 무늬 호, 虎의 생략된 모습)로 이루어졌는데, 자형이 조금 변해 지금처럼 되었다. 丘는 갑골문에서 언덕과 언덕 사이의 움푹 들어간 丘陵地^(구릉지)를 그려 커다란 언덕을 뜻했으며, 虎^(범 호)는 입을 크게 벌리고 울부짖는 호랑이의 모습을 그린 상형자이다. 황토 평원 지역에서 언덕은 동굴 집을 짓기에 대단히 편리한 곳이었으며, 많은 사람이 거기에다 집을 지어 살았다. 『설문해자』에서 "옛날 아홉 집마다 우물 하나를 파고, 우물 네 개마다 邑^(읍)을 세웠다. 네 邑이 하나의 丘를 이루었으며, 丘는 달리 虛라고도 했다."라고 한 것으로 보아 虛는 대단히 큰 거주 단위였음을 알 수 있다. 아울러 丘나 虛는 원래 같은 글자였으나 이후 丘는 언덕의 의미로만 쓰이고, 소리부인 虍가 더해진 虛는 '비다'는 뜻으로 쓰이게 되었음도 추정할 수 있다. 그래서 虛는 '커다란 언덕'이 원래 뜻이다. 이후 그곳에 많은 사람이 굴을 뚫어 동굴 집을 만들어 살았으므로, 空虛^(공허)와 같이 '비다'는 뜻이 나왔고, 다시 盈虛^(영허차고 이지러짐)처럼 '차지 않다'나 虛僞^(허위)와 같이 '거짓' 등의 뜻까지 생겼다. 그러자 원래의 뜻을 나타낼 때에는 土^(흙 토)를 더한 墟^(폐허 허)를 사용하였다. 간화자에서는 虚로 쓴다.

字形 簡牘文 古璽文 說文小篆

●예● 空虛(공허), 虛僞(허위), 虛點(허점), 虛構(허구), 虛脫(허탈), 虛弱(허약), 虛費(허비), 虛實(허실), 虛勢(허세), 虛張聲勢(허장성세), 名不虛傳(명불허전)

853

許(허락할 허): 许, xǔ, 言-4, 11, 50

字解 형성. 言^(말씀 언)이 의미부이고 午^(일곱째 지지 오)가 소리부로, 말^(言)을 들어줌을 말했고, 여기서 허락하다의 뜻이 나왔다. 이후 믿다, 존경하다, 기대하다의 뜻이 나왔고, 다시 기대하는 숫자라는 뜻에서 대략의 숫자의 뜻이 나왔고, 다시 許多^(허다)에서처럼 많은 숫자를 뜻하게 되었다.

字形 **呁 信 許 䜴**金文 **許**古陶文 **許**簡牘文 **許**說文小篆

●예● 許諾(허락), 許多(허다), 許可(허가), 許容(허용), 特許(특허), 免許(면허)

혁

854

革(가죽 혁): gé, 革-0, 9, 40

字解 상형. 벗겨 내 말리는 짐승의 가죽의 모습을 그렸다. 가죽은 털을 제거하고 무두질을 거쳐야 새로운 제품이 만들어진다. 그래서 革에는 革職^(혁직)처럼 '제거하다'의 뜻이, 또 가공해 다른 제품을 만든다는 의미에서 變革^(변혁)이나 革命^(혁명)처럼 '바꾸다'의 뜻이, 다시 皮革^(피혁)처럼 '가죽제품' 등의 뜻이 있게 되었다. 革으로 구성된 글자들을 보면 먼저, 가죽은 질김과 구속의 상징이었다. 또 가죽 제품을 지칭하는데, 특히 북방에서는 말이 주요한 운송과 수송 수단이었던지라, 말에 쓰는 제품에 관련된 것이 많다.

字形 **単 茰**金文 **� 革 革**簡牘文 **革**石刻古文 **革**說文小篆 **革**說文古文

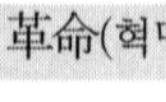

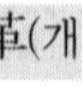

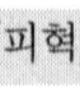

●예● 變革(변혁), 革命(혁명), 改革(개혁), 革新(혁신), 皮革(피혁)

현

855

現(나타날 현): 现, xiàn, 玉-7, 11, 60

字解 형성. 玉^(옥 옥)이 의미부이고 見^(볼 견)이 소리부로, 玉의 무늬가 드러남^(見)을 말하며, 이로부터 드러나다, 나타나다의 뜻이 나왔다. 이후 눈앞에 드러난 실재^(現實·현실)를 뜻하게 되었고, 다시 現在^(현재), 실재적인 것, 당시 등의 뜻도 나왔다.

●예● 現在(현재), 現實(현실), 現象(현상), 表現(표현), 現場(현장), 實現(실현), 現金(현금), 現代(현대), 現存(현존), 再現(재현), 出現(출현)

856

賢(어질 현): 贤, [贒], xián, 貝-8, 15, 42

字解 형성. 貝^(조개 패)가 의미부이고 臤^(군을 간현)이 소리부로, 노비를 잘 관리하고^(臤) 재산^(貝)을 잘 지키는 재능이 많은 사람을 말했으며, 이후 재산이 많다, 총명하다, 재주가 많다, 현명하다, 현자 등을 뜻하게 되었다. 또 또래나 후배를 높일 때도 쓴다. 속자에서는 달리 윗부분을 臣^(신하 신)과 忠^(충성 충)으로 바꾸어 贒으로 쓰기도 하는데, 忠臣이 바로 '어진 사람'임을 강조했다. 간화자에서는 臤을 간단하게 줄여 贤으로 쓴다.

字形 𦥔 𦥔 𦥔 𦥔 𦥔 𦥔 金文 𦥔 賢 簡牘文 𦥔 古璽文 𦥔 石刻古文 𦥔 說文小篆

●예● 賢明(현명), 聖賢(성현), 先賢(선현), 賢人(현인), 賢者(현자)

혈

血(피 혈): xuè, 血-0, 6, 42

字解 지사. 皿^(그릇 명)과 丿^(삐침 별)로 구성되어 그릇^(皿) 속에 담긴 피를 형상화했다. 갑골문에서는 이를 더욱 사실적으로 그려, 피가 둥근 원이나 세로획으로 표현되기도 했고, 소전체에 들면서 가로획으로, 해서체에서 삐침 획으로 변해 지금의 자형이 되었다. 『설문해자』에서 "血은 제사 때 바치는 희생의 피를 말하며, 가로획은 피를 그렸다."라고 했고, 조상신을 모실 宗廟^(종묘)가 만들어지면 "먼저 앞마당에서 희생을 죽이고, 그 피를 받아 집안에서 降神祭^(강신제)를 지내고, 그 후 곡을 연주하고, 시신을 들이고, 왕은 술을 올린다."라고 한 옛날 제도를 참조하면, 血은 이러한 제사 때 쓸 그릇에 담긴 '피'를 그렸다. 이후 제사뿐 아니라 맹약에도 이런 절차를 거쳤는데, 盟^(맹세할 맹)에 皿이 든 것은 바로 이 때문이다. 이후 血은 血淚^(혈루)에서처럼 '눈물'을, 다시 血緣^(혈연)에서처럼 가까운 관계를, 피처럼 붉은색 등을 뜻하게 되었다. 그래서 血로 구성된 한자는 '피'와 관련되어 있지만, 그 기저에는 제사 때 쓸 희생의 피라는 의미가 들어 있다.

字形 甲骨文 金文 古陶文 簡牘文 說文小篆

●예● 獻血(헌혈), 血緣(혈연), 血壓(혈압), 輸血(수혈), 血氣(혈기), 血族(혈족), 血統(혈통), 鳥足之血(조족지혈)

협

協(화합할 협): 协, [叶], xié, 十-6, 8, 42

字解 형성. 十^(열 십)이 의미부이고 劦^(힘 합할 협)이 소리부로, 旪^(화합할 협)과 같은 글자이며, 여럿이^(十) 함께 쟁기질^(力.력)을 하면서 '화합함'을 말하며, 이로부터 協力^(협력)하다, 연합하다, 힘을 모으다, 協助^(협조)하다, 協議^(협의)하다 등의 뜻이 나왔다. 간화자에서는 劦을 办으로 줄여 协으로 쓴다.

字形 甲骨文 協 說文小篆 旪 說文古文 叶 說文或體

•예• 協力(협력), 協助(협조), 協議(협의), 協商(협상), 妥協(타협), 協約(협약), 協會(협회)

형

859

兄(맏 형): xiōng, 儿-3, 5, 80

字解 회의. 儿^(사람 인)과 口^(입 구)로 구성되어, 입^(口)을 벌리고 꿇어앉은 사람^(儿)이 제단에서 축원하는 모습을 그렸다. 제사를 드려 축원하는 사람은 장자의 몫이었기에 '형'이라는 뜻이 생겼으며, 상대를 존중할 때 쓰는 말로도 쓰였다. 그러자 원래 뜻은 示^(제사 시)를 더한 祝^(빌 축)으로 분화했다.

字形 甲骨文 金文 盟書 簡 牘文 石刻古文 說文小篆

•예• 兄弟(형제), 難兄難弟(난형난제)

860

刑(형벌 형): xíng, 刀-4, 6, 40

字解 형성. 지금은 刀^(칼 도)가 의미부이고 幵^(평평할 견)이 소리부인 구조로 '형벌'을 나타내나, 원래는 사람^(人)이 네모꼴의 감옥^(井)에 갇힌 모습에서 형벌의 의미

를 그렸다. 이후 소전체에서 人이 井의 바깥으로 나와 좌우구조로 변했고, 예서체에 이르러 다시 人이 刀로 잘못 변해 지금처럼 되었다. 이로부터 징벌, 토벌하다, 상해, 죽이다, 死刑^(사형), 刑法^(형법) 등의 뜻이 나왔다.

字形 ＃＃ 井ﾉ 井ﾉ 金文 井ﾁ 古陶文 〼井 簡牘文 邢 說文小篆

•예• 刑罰(형벌), 死刑(사형), 刑法(형법), 處刑(처형)

861

形(모양 형): xíng, 彡-4, 7, 60

字解 형성. 彡^(터럭 삼)이 의미부이고 幵^(평평할 견)이 소리부로, 물건을 만들어 내기 위한 틀^(模型모형)을 말한다. 전국 문자에서는 土^(흙 토)가 의미부이고 井^(우물 정)이 소리부인 구조로 되어 기물을 주조해 내는 진흙^(土)으로 만든 거푸집을 말했으나, 거푸집을 깨트리고 탄생한 청동 기물이 화려한 모습을 드러낸다는 뜻에서 土가 彡으로, 井이 형체가 비슷한 幵으로 변해 지금의 자형이 되었다. 뜻도 모형이나 형틀에서 '形體^(형체)'나 '모양'으로 확장되었고, 形成^(형성)에서처럼 만들어지다는 뜻도 가지게 되었다.

字形 簡牘文 邢 說文小篆

•예• 形體(형체), 形態(형태), 形勢(형세), 地形(지형), 人形(인형), 形成(형성), 形式(형식), 變形(변형), 形狀(형상)

혜

862

惠(은혜 혜): [僡, 憓], huì, 心-8, 12, 42

字解 형성. 心^(마음 심)이 의미부이고 叀^(은혜 혜, 惠의 원래 글자)가 소리부인데, 叀는 베를 짤 때 쓰는 실패를 그렸다. 그래서 베를 짜는^(叀) 세심한 마음^(心)으로 남을

배려하는 어진 마음을 말한다. 이로부터 남을 배려하는 마음, 사랑, 恩惠^(은혜), 부드럽다 등의 뜻이 나왔으며, 상대를 공경할 때 쓰는 말로도 사용되었다.

字形 ♦♦♦♦ 金文 ♦ 古陶文 ♦ ♦ 簡牘文 ♦ 帛書 ♦ 石刻古文 ♦

說文小篆 ♦ 說文古文

●예● 恩惠(은혜), 惠澤(혜택), 特惠(특혜)

863

平(어조사 호): hū, ノ-4, 5, 30

字解 지사. 이의 자원에 대해서는 의견이 분분하지만, 아랫부분은 악기를, 윗부분의 세 점은 악기에서 나오는 소리를 상징하여, 악기로부터 나오는 소리를 형상화한 것으로 보인다. 소리 내 '부르다'가 원래 뜻이며, 일찍부터 어감을 조절해 주는 어기사로 쓰였다. 그러자 원래 뜻은 口^(입 구)를 더한 呼^(부를 호)로 분화했는데, 口는 言^(말씀 언)으로 바꾸어 쓰기도 한다.

字形 ♦♦♦ 甲骨文 ♦♦♦♦♦ 金文 ♦ 古陶文 ♦ 簡牘文 ♦ 說文小篆

864

呼(부를 호): [嘑, 嘑, 謼], hū, 口-5, 8, 42

字解 형성. 口^(입 구)가 의미부이고 平^(어조사 호)가 소리부로, 숨을 입^(口) 밖으로 내 쉬는^(平) 것을 말하며, 들이쉬는 것은 吸^(숨 들이쉴 흡)이라 한다. 이로부터 크게 부르다, 명령하다, 呼稱^(호칭) 등의 뜻이 나왔다.

字形 ᄴ甲骨文 ᄴ ᄴ金文 ᄴ ᄴ漢印 ᄴ說文小篆

●예● 呼稱(호칭), 呼吸(호흡), 呼出(호출), 呼訴(호소), 呼應(호응), 歡呼(환호), 呼名(호명), 呼兄呼弟(호형호제), 指呼之間(지호지간)

865

好(좋을 호): hǎo, hào, 女-3, 6, 42

字解 회의. 女^(여자 여)와 子^(아들 자)로 구성되어, 자식^(子)을 안은 어미^(女)를 그려 자식에 대한 어미의 사랑, 혹은 아이^(子)를 생산하는 여자^(女)가 좋다는 뜻에서 선호하다, 좋다, '좋아하다', 훌륭하다는 의미를 그렸으며, 이후 '매우'나 '잘'이라는 정도를 나타내는 부사어로도 쓰였다.

字形 ᄴ ᄴ ᄴ ᄴ ᄴ ᄴ ᄴ甲骨文 ᄴ ᄴ ᄴ金文 ᄴ ᄴ古陶文 ᄴ ᄴ ᄴ ᄴ ᄴ ᄴ ᄴ簡牘文 ᄴ說文小篆

●예● 選好(선호), 好況(호황), 友好(우호), 愛好(애호), 良好(양호), 好評(호평), 好奇心(호기심), 同好會(동호회), 好衣好食(호의호식)

866

戶(지게 호): hù, 戶-0, 4, 42

字解 상형. 갑골문에서 '외짝 문'을 그렸고 이로부터 '집'의 뜻이 나왔다. 하지만, 戶는 창이 아래위로 난 규모 있는 집을 그린 宮^(집 궁)이나 가축과 사람이 아래 위층으로 살도록 고안된 家^(집 가)와는 달리, 문짝 하나만 달린 극히 서민적인 '방'에 가까운 집을 뜻한다.

字形 ᄴ ᄴ ᄴ甲骨文 ᄴ ᄴ簡牘文 ᄴ說文小篆

●예● 窓戶(창호), 戶籍(호적), 戶主(호주), 家家戶戶(가가호호)

867

湖(호수 호): hú, 水-9, 12, 50

字解 형성. 水^(물 수)가 의미부이고 胡^(턱밑 살 호)가 소리부로, 물^(水)을 저장하는 호수를 말한다. 또 호남성과 호북성을 뜻하거나, 절강성의 湖州^(호주)시를 지칭하기도 한다.

字形 ⿰氵山 金文　⿰氵古 簡牘文　⿰氵胡 說文小篆

●예● 湖水(호수)

868

虎(범 호): [虎, 傁], hǔ, 虍-2, 8, 32

字解 상형. 호랑이를 그렸는데, 쩍 벌린 입, 날카로운 이빨, 얼룩무늬가 잘 갖추어진 범을 그렸는데, 다른 글자와 상하로 결합할 때에는 꼬리 부분을 생략하여 虍^(호피무늬 호)로 줄여 썼다. 동양에서의 범은 서양의 사자에 맞먹는 상징으로서, 힘과 권위와 용기와 무용을 대표해 왔다. 이로부터 용맹하다, 위풍당당하다, 사람을 놀라게 하다 등의 뜻이 나왔다.

字形 ⿰虎虎 甲骨文　虎 ⿰虎虎虎 金文　⿰虎虎虎 虎 虎 虎 簡牘文　虎 說文小篆　虎 虎 說文古文

●예● 猛虎(맹호), 虎皮(호피), 白虎(백호), 虎死留皮(호사유피)

869

號(부르짖을 호): 号, háo, hào, 虍-7, 13, 60

字解 형성. 虎^(범 호)가 의미부이고 号^(부를 호)가 소리부로, 범^(虎)의 울음^(号) 소리처럼 큰 소리로 외친다는 뜻이며, 이로부터 부르다, 호칭, 명칭, 符號^(부호), 횟수를 기록하다, 등급 등의 뜻이 나왔다. 간화자에서는 号로 줄여 쓴다.

字形 古陶文 簡牘文 說文小篆

•예• 番號(번호), 口號(구호), 記號(기호), 信號(신호), 符號(부호), 商號(상호), 國號(국호), 暗號(암호)

혹

870

或(혹시 혹): huò, 戈-4, 8, 40

字解 형성. 원래는 戈^(창 과)가 의미부이고 口^(나라 국에워쌀 위)이 소리부로, 國^(나라 국)의 원래 글자이며, 창^(戈)을 들고 성곽^(口)을 지키는 모습을 그렸다. 이후 땅을 상징하는 가로획^(一)이 다시 더해졌으며, 或이 '혹시'라는 뜻으로 쓰이게 되자 원래의 '나라'라는 뜻은 다시 口을 더한 國, 土^(흙 토)를 더한 域^(지경 역) 등으로 분화했다.

字形 甲骨文 金文 古陶文 盟書 簡牘文 帛書 說文小篆 說文或體

•예• 或是(혹시), 間或(간혹), 或者(혹자), 或如(혹여)

혼

871

婚(혼인할 혼): hūn, 女-8, 11, 40

字解 형성. 女^(여자 여)가 의미부이고 昏^(어두울 혼)이 소리부로, 신부^(女)를 맞이하여 결혼함을 말하는데, 고대의 결혼은 주로 날이 어두워지는 시간대인 昏時^(혼시)에 이루어졌기에 昏이 소리부로 쓰였다.

字形 金文 盟書 熟說文小篆 說文籀文

872

混(섞을 혼): hùn, 水-8, 11, 40

字解 형성. 水^(물 수)가 의미부이고 昆^(형 곤)이 소리부로, 『설문해자』에서 물^(水)이 많이 흐르다는 뜻이라고 했는데, 많은 물이 흐르게 되면 각지에서 흘러나온 갖가지 물들이 서로 '뒤섞여야' 가능했기에 섞이다는 뜻이 나왔다. 이후 흐리멍덩하다, 구차하게 지내다는 뜻도 나왔다. 현대 중국에서는 溷^(뒷간 혼)의 간화자로도 쓰인다.

字形 說文小篆

●예● 混亂(혼란), 混線(혼선), 混雜(혼잡), 混用(혼용), 混濁(혼탁), 混同(혼동), 混合(혼합), 混血(혼혈), 混成(혼성)

홍

873

紅(붉을 홍): 红, hóng, 糸-3, 9, 40

字解 형성. 糸^(가는 실 멱)이 의미부이고 工^(장인 공)이 소리부로, 옅은 붉은색의 면직물^(糸)을 말했는데, 이후 분홍색과 선홍색 등 붉은색을 지칭하게 되었다. 붉은 색은 중국에서 길상의 상징이기에 좋은 일, 경사라는 뜻이 나왔고, 현대 중국에서는 중국 공산당과 혁명의 상징으로 쓰였으며, 이로부터 '인기가 있다'는 뜻도 나왔다.

字形 紅 簡牘文 紅 說文小篆

●예● 紅茶(홍차), 朱紅(주홍), 紅一點(홍일점), 同價紅裳(동가홍상), 綠衣紅裳(녹의홍상), 花無十日紅(화무십일홍)

화

化(될 화): huà, 匕-2, 4, 52

`字解` 형성. 人^(사람 인)이 의미부이고 匕^(될 화, 化의 원래 글자)가 소리부로, 변화하다, 바꾸
다는 뜻이다. 匕는 거꾸로 선 사람, 즉 죽은 사람을 뜻하여, 바로 선 사람
^(人)과 거꾸로 선 사람^(匕)의 조합으로 삶과 죽음 간의 끊임없는 轉化^(전화)를
그렸다. 이로부터 '변화'의 의미가 나왔으며, 現代化^(현대화)에서처럼 그런 의
미를 나타내는 명사화 접미사로도 쓰인다. 化로 구성된 다른 글자들은 모두
'變化^(변화)'와 의미적 관련을 가지는데, 花^(꽃 화), 貨^(재화 화), 靴^(신 화) 등이 그러
하다.

`字形` 𠥓 𠤎 𠤎 𠤎 𠤎 甲骨文 𠤏 金文 𠤎 𠤏 古陶文 𠤎 簡牘文 𠤏 說
文小篆

●예● 變化(변화), 强化(강화), 惡化(악화), 文化(문화), 深化(심화), 化
學(화학), 進化(진화), 變化無雙(변화무쌍)

和(화할 화): [龢, 咊], hé, hè, 口-5, 8, 60

`字解` 형성. 口^(입 구)가 의미부이고 禾^(벼 화)가 소리부로, 다관 피리를 말하는데, 조화
롭다, 화합하다, 화목하다, 강화를 맺다, 섞다 등의 뜻이 나왔다. 원래는 龢
^(풍류 조화될 화)로 써 여러 개의 피리^(龠·약)에서 나는 소리가 조화를 이루는 모습
을 형상했으나, 다관 피리를 그린 龠을 口로 줄여 지금의 자형이 되었다.

`字形` 龢 甲骨文 龢 龢 龢 龢 簡牘文 咊 說文小篆

●예● 和合(화합), 平和(평화), 和睦(화목), 調和(조화), 和解(화해), 溫

和(온화), 和答(화답), 親和(친화), 和音(화음), 附和雷同(부화뇌동)

876

火(불 화): [灬], huǒ, 火-0, 4, 80

字解 상형. 불은 인류의 문명 생활을 가능하게 한 중요한 도구인데, 火는 넘실거리며 훨훨 타오르는 불꽃을 그렸다. '불'과 불에 의한 요리법, 강렬한 열과 빛, 화약, 무기, 火星(화성), 재앙을 뜻하며, 나아가 식사를 함께하는 군사 단위인 10명을 지칭하며 이로부터 '동료'라는 뜻도 나왔다. 또 불같이 성질을 내다는 뜻도 가진다. 상하구조로 된 합성자에서는 공간을 고려해 灬로 쓴다.

字形 甲骨文 簡牘文 石刻古文 說文小篆

•예• 火災(화재), 火山(화산), 鎭火(진화), 點火(점화), 火葬(화장), 消火器(소화기), 防火壁(방화벽), 燈火可親(등화가친), 風前燈火(풍전등화), 明若觀火(명약관화)

877

畵(그림 화): 画, [畫], huà, 田-8, 13, 60

字解 회의. 갑골문에서 붓(聿·율, 筆의 원래 글자)으로 그림이나 도형을 그리는 모습이며, 이로부터 그림이나 그림을 그리다는 뜻이 나왔다. 금문에서는 도형 대신 농사지을 땅(주)의 경계를 그리는 모습으로 변화되었고, 이후 周가 田(밭 전)로 변해 지금의 자형이 되었다. 달리 畫(그림 화)로 쓰기도 하며, 간화자에서는 画로 줄여 쓴다.

字形 甲骨文 金文 簡牘文

●예● 映畵(영화), 畵面(화면), 畵伯(화백), 畵家(화가), 畵報(화보), 壁畵(벽화), 自畵自讚(자화자찬), 畵蛇添足(화사첨족)

878

花(꽃 화): [苍, 蘤], huā, 艸-4, 8, 70

〈字解〉 형성. 艸^(풀 초)가 의미부이고 化^(될 화)가 소리부로, 씨를 맺어 새로운 생명으로 변화시키는^(化) '꽃'을 말한다. 『설문해자』에서는 巫^(늘어질 수)가 의미부이고 亐^(어조사 우)가 소리부인 蘤^(꽃 화)로 썼고, 간혹 艸를 더하기도 했다. 원래 華^(꽃 화)로 쓰던 것을 華가 중국민족을 지칭하게 되자 일반적인 '꽃'을 지칭하기 위해 따로 만들어 분화한 글자다. 이후 꽃처럼 생긴 것을 지칭하는 말이 되었고, 이로부터 기생, 돈을 쓰다 등의 뜻도 나왔다.

〈字形〉 蓉 說文小篆　蓉 說文或體

●예● 花草(화초), 菊花(국화), 梅花(매화), 落花(낙화), 無窮花(무궁화), 錦上添花(금상첨화), 花容月態(화용월태)

879

華(꽃 화): 华, huá, 艸-8, 12, 40

〈字解〉 상형. 화사하게 꽃을 드리운 꽃나무를 형상했으며, 이로부터 '꽃'이라는 뜻이 나왔다. 정착 농경을 일찍부터 시작했던 고대 중국인들에게 꽃은 곡식을 생장할 수 있게 해 준다는 점에서 꽃과 씨를 숭배했으며, 이로부터 자신의 상징어가 되었고 이후 '중국'을 지칭하게 되었다. 또 화사하고 아름답다는 뜻도 나왔으며, 축하를 나타내는 높임말로도 쓰였다. 그러자 일반적인 '꽃'은 艸^(풀 초)가 의미부이고 化^(될 화)가 소리부인 花^(꽃 화)를 만들어 구분해 표현했다. 간화자에서는 华로 줄여 쓰는데, 化는 소리부를, 十^(열 십)은 아랫부분을 줄인 것이다.

字形 ☰ 古陶文　☰ 簡牘文　☰ 說文小篆

•예• 華麗(화려), 榮華(영화), 豪華(호화), 外華內貧(외화내빈), 富貴榮華(부귀영화)

880

話(말할 화): 话, [諙, 譮], huà, 言-6, 13, 70

字解 회의. 言(말씀 언)과 舌(혀 설)로 구성되어, '혀(舌)를 잘 놀려 하는 말(言)'을 뜻하며, 이로부터 화제, 이야기, 담론 등의 뜻이 나왔다. 『설문해자』에서는 諙(이야기 화)로 썼고, 『설문해자』의 주문체에서는 譮(말할 화)로 쓰기도 했다.

字形 ☰ 簡牘文　☰ 說文小篆　☰ 唖說文籀文

•예• 對話(대화), 電話(전화), 神話(신화), 通話(통화), 逸話(일화), 話題(화제), 童話(동화), 說話(설화), 會話(회화), 手話(수화)

881

貨(재화 화): 货, huò, 貝-4, 11, 42

字解 형성. 貝(조개 패)가 의미부이고 化(될 화)가 소리부로, 화폐나 통화를 말하며 이로부터 화물, 상품, 팔다 등의 뜻이 나왔는데, 필요한 물품으로 바꿀(化) 수 있는 화폐(貝)라는 뜻을 담았다.

字形 ☰ 簡牘文　☰ 古幣文　☰ 說文小篆

•예• 財貨(재화), 貨幣(화폐), 貨物(화물), 外貨(외화), 通貨(통화), 雜貨(잡화), 金貨(금화), 銀貨(은화), 百貨店(백화점)

하~회 457

환

882

患(근심 환): huàn, 心-7, 11, 50

字解 형성. 心^(마음 심)이 의미부이고 串^(꿸 천)이 소리부로, 꼬챙이^(串)가 심장^(心)을 찌르는 것과 같은 아픔이나 고통을 말하며, 이로부터 걱정거리, 병, 재앙 등의 뜻이 나왔다.

字形 簡牘文 說文小篆 說文古文

●예● 患者(환자), 疾患(질환), 病患(병환), 憂患(우환), 老患(노환), 宿患(숙환), 內憂外患(내우외환), 有備無患(유비무환), 識字憂患(식자우환)

883

歡(기뻐할 환): 欢, [懽, 讙, 驩], huān, 欠-18, 22, 40

字解 형성. 欠^(하품 흠)이 의미부이고 雚^(황새 관)이 소리부로, 눈을 동그랗게 뜨고^(雚) 입을 크게 벌려^(欠) 좋아할 만큼 기쁘고 즐거움을 말한다. 달리 심리적 상태를 강조한 懽^(기뻐할 환)이나, 기쁨을 강조한 讙^(시끄러울 환) 등으로 쓰기도 하며, 간화자에서는 雚을 간단한 부호 又^(또 우)로 줄여 欢으로 쓴다.

字形 古璽文 簡牘文 說文小篆

●예● 歡迎(환영), 歡呼(환호), 歡喜(환희), 歡心(환심), 歡送(환송), 哀歡(애환), 歡聲(환성), 歡待(환대)

활

884

活(살 활): [湉], huó, 水-6, 9, 70

字解 형성. 水^(물 수)가 의미부이고 舌^(혀 설)이 소리부로, 살다, 생존하다, 살아있다, 활발하다는 뜻이다. 원래는 水가 의미부이고 昏^(입 막을 괄)이 소리부인 湉^(입 막을 괄)로 써 물^(水)이 흘러감을 말했는데, 昏이 舌로 변해 지금의 자형이 되었으며, 혀^(舌)에 수분^(水)이 더해지면 부드럽고 원활하게 '살아나' 잘 움직인다는 뜻을 그렸다.

字形 說文小篆

●예● 生活(생활), 活力(활력), 活動(활동), 活用(활용), 復活(부활), 再活(재활), 快活(쾌활), 死活(사활), 活氣(활기), 活路(활로), 自活(자활), 活性(활성), 活字(활자)

황

885

皇(임금 황): huáng, 白-4, 9, 32

字解 형성. 白^(흰 백)이 의미부이고 王^(임금 왕)이 소리부로, 황제를 말하는데, 왕^(王) 중에서도 우두머리^(白)라는 뜻을 담았다. 금문의 자형에 대해서는 혹자는 해가 땅 위로 솟아오르는 모습을 그렸다고도 하지만, 왕관^(王)에다 윗부분에 화려한 장식이 더해진 것으로, 王보다 더욱 화려함을 강조한 것으로 보이며, 이 때문에 王보다 한 단계 위의 지위인 황제를 지칭하는 개념으로 쓰이게 된 것으로 보인다. 『설문해자』에서는 自^(스스로 자)와 王의 결합으로 이루어져, 왕^(王)이 秦^(진) 始皇^(시황)에서부터 시작된다^(自)는 뜻에서 '皇帝^(황제)'라는 뜻이 나

온 것으로 풀이했다. 이후 크다, 위대하다, 아름답다, 휘황찬란하다 등의 뜻이 나왔다. 이후 찬란하게 빛남을 말할 때에는 火^(불 화)를 더해 煌^(빛날 황)으로 분화했다.

字形 金文　古陶文　簡牘文　古璽文
皇 說文小篆

●예● 皇帝(황제), 敎皇(교황), 皇室(황실), 皇太子(황태자)

886

黃(누를 황): 黄, huáng, 黃-0, 12, 60

字解 상형. 갑골문에서 옥^(玉·옥)을 실로 꿰어 매듭을 지운 자락이 두 갈래 아래쪽까지 늘어진 아름다운 장식 옥^(佩玉·패옥)을 그렸는데, 자형이 변해 지금처럼 되었다. 장식 옥이 원래 뜻이고, 길상을 뜻하는 황색의 옥을 패옥으로 주로 썼고, 이 때문에 누르다는 뜻이 나왔고, 이후 황하 강을 지칭하기도 했다. 그러자 원래 뜻은 玉^(옥 옥)을 더한 璜^(서옥 황)을 만들어 분화했다. 간화자에서는 필획을 줄인 黄으로 쓴다.

字形 甲骨文　金文　古陶文
簡牘文　帛書　說文古文　說文小篆

●예● 黃金(황금), 黃土(황토), 朱黃(주황), 黃昏(황혼), 黃河(황하), 黃泉(황천)

회

887

回(돌 회): [囬, 囘, 迴], huí, 囗-3, 6, 42

字解 상형. 갑골문에서 물이 소용돌이치는 모양을 그렸고, 이로부터 回轉^(회전), 돌다, 돌아가다, 회신하다 등의 뜻이 나왔다. 이후 이슬람 족^(回族·회족)을 지칭하는 말로도 쓰였으며, 현대 중국어에서는 사건의 횟수를 나타내는 단위사로도 쓰였다. 그러자 원래의 뜻은 水^(물 수)를 더한 洄^(물이 빙빙 돌 회)로 분화했다.

字形 ⑤金文 ⑩簡牘文 ⑨說文古文 ⑩說文小篆

•예• 回轉(회전), 回復(회복), 回避(회피), 回收(회수), 回生(회생), 回甲(회갑), 回歸(회귀), 回春(회춘), 回顧(회고), 回想(회상), 起死回生(기사회생)

888

會(모일 회): 会, huì, kuài, 日-9, 13, 60

字解 상형. 저장 용기와 내용물과 몸통과 덮개를 갖춘 모습을 형상화했다. 몸통과 덮개가 맞다는 뜻에서 합치다, 합하다, 모으다, 만나다, 會合^(회합), 會議^(회의) 등의 뜻이 나왔다. 또 훌륭한 사람들을 두루 모으는 친화력이 동양사회에서의 전통적인 '능력'이었기에 '…할 수 있다'는 뜻까지 나왔으며, 가능을 나타내는 조동사로도 쓰였다. 간화자에서는 会로 줄여 쓴다.

字形 會🔥🔥🔥🔥🔥🔥金文 🔥古陶文 🔥🔥簡牘文 🔥帛書 🔥石刻古文 🔥說文小篆 🔥說文古文

•예• 會合(회합), 會議(회의), 社會(사회), 國會(국회), 機會(기회), 會談(회담), 會員(회원), 集會(집회), 大會(대회), 會見(회견), 總會(총회), 會者定離(회자정리), 牽强附會(견강부회)

889

孝(효도 효): xiào, 子-4, 7, 70

字解 회의. 老^(늙을 로)의 생략된 모습과 子^(아들 자)로 구성되어, 자식^(子)이 늙은이^(老)를 등에 업은 모습으로, '효'의 개념을 그렸다. '효'는 유교권 국가에서 국가를 지탱하는 중심 이데올로기로 설정하기도 했는데, 이 글자는 노인을 봉양하고 부모를 모시는 孝가 어떤 것인지를 매우 형상적으로 보여준다.

字形 甲骨文 金文 簡牘文 說文小篆

•예• 孝道(효도), 孝誠(효성), 忠孝(충효), 孝行(효행), 孝心(효심), 孝女(효녀), 孝子(효자), 孝親(효친)

890

效(본받을 효): [効], xiào, 攴-6, 10, 52

字解 형성. 攴^(칠 복)이 의미부이고 交^(사귈 교)가 소리부로, 매로 다스려가며^(攴) 본받도록 하다는 뜻이며, 이로부터 效果^(효과) 등의 뜻이 나왔다.

字形 甲骨文 金文 古陶文 簡牘文 說文小篆

•예• 效果(효과), 無效(무효), 有效(유효), 效力(효력), 實效(실효), 藥效(약효), 效能(효능), 特效藥(특효약), 效率性(효율성)

891

厚(두터울 후): hòu, 厂-7, 9, 40

字解 형성. 厂^(기슭 엄)이 의미부이고 旱^(두터울 후)가 소리부로, 산^(厂)처럼 두터움^(旱)을 말하며, 이로부터 깊다, 무겁다, 진하다, 크다, 후하다 등의 뜻이 나왔다. "높은 산에 올라 보지 않으면 하늘의 높음을 알 수 없고, 깊은 계곡에 가 보지 않으면 땅의 두터움을 알 수 없고, 선현의 말씀을 들어보지 않으면 학문의 위대함을 알 수 없다.^(不登高山, 不知天之高也. 不臨深谿, 不知地之厚也. 不聞先王之遺言, 不知學問之大也.)"라고 했던 순자의 말처럼, 땅의 두터움을 아는 데는 계곡의 깎아지른 절벽만 한 것이 없었기에 '산처럼 두터움'에 厂이 의미부로 채택되었을 것으로 보인다.

字形 厚厚厚厚甬厚甬金文 厚簡牘文 厚說文小篆

●예● 重厚(중후), 厚德(후덕), 厚生(후생), 厚待(후대), 利用厚生(이용후생), 厚顔無恥(후안무치)

892

後(뒤 후): 后, hòu, 彳-6, 9

字解 회의. 彳^(조금 걸을 척)과 幺^(작을 요)와 夂^(뒤져서 올 치)로 구성되어, 발의 뒤쪽^(夂)을 실^(幺)로 묶은 모습으로써 남보다 뒤처져 길을 가다^(彳)는 의미를 형상화했다. 이후 시간, 공간, 순서상의 '뒤'를 말했고, 후계자, 후손을 뜻하기도 했다. 간화자에서는 后^(임금 후)에 통합되었다.

字形 後後後後金文 後後古陶文 後後後盟書 後後簡牘文 後石刻古文 後說文小篆 後說文古文

●예● 以後(이후), 午後(오후), 後續(후속), 前後(전후), 後孫(후손), 後退(후퇴), 後悔(후회), 後輩(후배), 先公後私(선공후사), 後生可畏(후생가외)

훈

893

訓(가르칠 훈): 训, xùn, 言-3, 10, 60

字解 형성. 言^(말씀 언)이 의미부이고 川^(내 천)이 소리부로, 가르치다, 풀이하다, 訓練^(훈련)하다, 해석하다는 뜻이다. 말^(言)을 강물^(川)처럼 잘 소통될 수 있도록 풀이하는 것을 말하며, 그것이 가르침의 본질임을 웅변해 준다.

字形 簡牘文 石刻古文 說文小篆

●예● 訓鍊(훈련), 敎訓(교훈), 校訓(교훈), 家訓(가훈), 訓戒(훈계), 訓話(훈화), 訓民正音(훈민정음)

휴

894

休(쉴 휴): xiū, 人-4, 6, 70

字解 회의. 갑골문에서부터 人^(사람 인)과 木^(나무 목)으로 구성되어, 사람^(人)이 나무^(木)에 기대고 쉬는 모습을 그렸고, 이로부터 훌륭하다, 아름답다 등의 뜻이 나왔고, 하던 일을 그만두고 쉬다는 뜻에서 '그만두다', '…하지 말라'는 뜻도 나왔다. 금문에서는 가끔 宀^(집 면)이 더해지기도 했는데, 이는 집^(宀)에서 쉬는 것을 강조하기 위함이었다.

字形 甲骨文 金文 古陶文 古璽文 石刻古文 說文小篆 說文或體 說文唐寫本

●예● 休暇(휴가), 休日(휴일), 休息(휴식), 連休(연휴), 休校(휴교), 休

業(휴업), 休職(휴직)

895

凶(흉할 흉): xiōng, 凵-2, 4, 52

字解 지사. 원래 죽은 사람의 가슴 부위에다 영혼이 육체에서 분리될 수 있도록 칼집^(문신)을 새겨 놓은 것을 그린 글자로, 해, 흉, 액, 지나치다 등을 뜻하는데, 고대사회에서 액을 막으려는 조치였던 것으로 보인다. 이후 의미를 명확하게 하고자 凶에다 사람의 모습^(儿,인)을 더한 것이 兇^(흉악할 흉)이며, 凶은 다시 勹^(쌀 포)를 더하여 匈^(흉흉할 흉胸의 원래 글자)으로 변하고, 다시 肉^(=月, 고기 육)을 더하여 胸^(가슴 흉)으로 발전하였다.

字形  簡牘文 帛書 設文小篆

●예● 凶惡(흉악), 吉凶(길흉), 凶器(흉기), 凶年(흉년)

896

胸(가슴 흉): [胷], xiōng, 肉-6, 10, 32

字解 형성. 肉^(고기 육)이 의미부이고 匈^(오랑캐 흉)이 소리부이다. 이는 凶^(흉할 흉)에서 출발했는데, 凶은 영혼이 육체에서 분리되도록 X자 모양의 칼집이나 무늬를 시신의 가슴에 새겼던 것인데, 이후 사람을 뜻하는 儿^(사람 인)과 勹^(쌀 포)가 더해져 각각 兇^(흉악할 흉)과 匈^(오랑캐 흉)이 되었고 다시 肉이 보태져 胸으로 발전하였다.

字形 說文小篆 說文或體

●예● 胸像(흉상), 胸部(흉부)

흑

897

黑(검을 흑): hēi, 黑-0, 12, 50

字解 상형. 금문에서 얼굴에 墨刑^(묵형)을 당한 사람을 그렸다. 墨刑은 옛날 형벌 중 비교적 가벼운 형벌로, 얼굴에다 문신을 새기는 형벌이다. 소전체에 들면서 아랫부분은 炎^(불 탈 염)으로 윗부분은 네모꼴의 굴뚝이나 창문^(화창)으로 바뀌어, 불을 땔 때의 그을음이 창문이나 굴뚝에 묻어 있음을 표시했다. 『설문해자』에서는 이 자형에 근거해 "불에 그슬린 색깔을 말한다"라고 했다. 어쨌든 '검은' 색을 나타내는 데는 문제가 없다. 그래서 黑으로 구성된 글자들은 검은색을 대표하며, 검은색이 주는 더럽고 부정적 인식을 반영하기도 한다. 또 검은색으로 표시된 것이라는 점에서 '점'이나 '주근깨', 나아가 '잠잠함'을 뜻하기도 한다.

字形 金文 古陶文 盟書 簡牘文 古璽 說文小篆

●예● 黑白(흑백), 黑字(흑자), 暗黑(암흑), 黑板(흑판), 近墨者黑(근묵자흑)

흥

898

興(일어날 흥): 兴, xīng, 臼-9, 16, 42

字解 회의. 同^(한가지 동)과 舁^(마주들 여)로 구성되어, 모두가 함께^(同) 힘을 합쳐 함께 드는 것을 말하며, 이로부터 일으키다의 뜻이 나왔다. 간화자에서는 초서체로 간단히 줄여 兴으로 쓴다.

字形 甲骨文 金文 古陶文 盟書 簡牘文 說文小篆

●예● 復興(부흥), 振興(진흥), 興味(흥미), 興奮(흥분), 興亡(흥망), 興行(흥행), 新興(신흥), 咸興差使(함흥차사), 興盡悲來(흥진비래)

희

899

希(바랄 희): xī, 巾-4, 7, 42

字解 형성. 巾^(수건 건)이 의미부이고 爻^(효 효)가 소리부로, 올을 성기게^(爻) 짠 베^(巾)를 말하며, 이로부터 '드문드문하다'의 뜻이 나왔다. 이후 바람이란 이루기 힘든^(希) 것이라는 뜻에서 希望^(희망)의 의미가 생겼고, 그러자 원래 뜻은 禾^(벼 화)를 더해 稀^(드물 희)로 분화했다.

字形 簡牘文 希 玉篇

●예● 希望(희망)

900

喜(기쁠 희): xǐ, 口-9, 12, 40

字解 회의. 壴^(북 주)와 口^(입 구)로 구성되어, 북^(壴)으로 대표되는 음악의 즐거움과 口로 대표되는 맛있는 것의 즐거움을 더해 '즐겁다'는 뜻을 그렸다. 이로부터 기뻐하다, 적합하다, 좋아하다 등의 뜻이 나왔고, 아이를 배거나 결혼의 비유로도 쓰였다.

字形 甲骨文 子璋鐘 金文 古陶文 盟書

簡牘文 喜 說文小篆 憙 說文古文

●예● 歡喜(환희), 喜悲(희비), 一喜一悲(일희일비), 喜怒哀樂(희노애락)

색인

900
한자
어원사전

중학교용

어휘색인

監禁(감금)	降臨(강림)	個性(개성)
感氣(감기)	江邊(강변)	開始(개시)
感動(감동)	江山(강산)	個人(개인)
減量(감량)	强弱(강약)	介入(개입)
減免(감면)	講演(강연)	改定(개정)
感謝(감사)	降雨量(강우량)	個體(개체)
感想(감상)	講義(강의)	開通(개통)
鑑賞(감상)	强敵(강적)	開閉(개폐)
減少(감소)	强制(강제)	開學(개학)
甘受(감수)	强調(강조)	改革(개혁)
監視(감시)	江村(강촌)	開花(개화)
甘言利說(감언이설)	强打(강타)	客反爲主(객반위주)
感染(감염)	强化(강화)	客席(객석)
感情(감정)	開講(개강)	更新(갱신)
甘草(감초)	改過遷善(개과천선)	巨大(거대)
減縮(감축)	開校(개교)	去來(거래)
敢行(감행)	開卷有益(개권유익)	巨木(거목)
甲骨文字(갑골문자)	皆勤(개근)	巨物(거물)
甲男乙女(갑남을녀)	槪念(개념)	巨富(거부)
甲富(갑부)	改良(개량)	拒否(거부)
甲乙丙丁(갑을병정)	開幕(개막)	居室(거실)
江南(강남)	改名(개명)	居安思危(거안사위)
講堂(강당)	開發(개발)	巨額(거액)
强盜(강도)	開放(개방)	拒逆(거역)
降等(강등)	個別(개별)	巨人(거인)
强力(강력)	改善(개선)	拒絕(거절)

居住(거주)　　　見聞(견문)　　　　　輕擧妄動(경거망동)
居處(거처)　　　見物生心(견물생심)　境界(경계)
擧行(거행)　　　絹絲(견사)　　　　　警告(경고)
健脚(건각)　　　堅實(견실)　　　　　景觀(경관)
乾坤(건곤)　　　見危授命(견위수명)　傾國之色(경국지색)
建國(건국)　　　牽引(견인)　　　　　京畿(경기)
建物(건물)　　　堅持(견지)　　　　　景氣(경기)
乾杯(건배)　　　見解(견해)　　　　　競技(경기)
建設(건설)　　　結果(결과)　　　　　經歷(경력)
乾魚物(건어물)　缺勤(결근)　　　　　敬禮(경례)
乾電池(건전지)　決斷(결단)　　　　　敬老(경로)
乾燥(건조)　　　結論(결론)　　　　　經路(경로)
建造(건조)　　　結末(결말)　　　　　敬老堂(경로당)
建築(건축)　　　潔白(결백)　　　　　競馬(경마)
劍舞(검무)　　　結氷(결빙)　　　　　競賣(경매)
儉素(검소)　　　決算(결산)　　　　　輕微(경미)
檢證(검증)　　　缺席(결석)　　　　　輕薄(경박)
激浪(격랑)　　　結成(결성)　　　　　警報(경보)
激烈(격렬)　　　決勝(결승)　　　　　經費(경비)
格物致知(격물치지)結實(결실)　　　　警備(경비)
隔世之感(격세지감)結者解之(결자해지)慶事(경사)
格式(격식)　　　決定(결정)　　　　　競選(경선)
牽强附會(견강부회)結草報恩(결초보은)輕率(경솔)
堅固(견고)　　　結合(결합)　　　　　輕視(경시)
見利思義(견리사의)結婚(결혼)　　　　敬愛(경애)
犬馬之勞(견마지로)輕減(경감)　　　　經營(경영)

境遇(경우)　　繼承(계승)　　古墳(고분)
敬意(경의)　　系列(계열)　　考査(고사)
驚異(경이)　　季節(계절)　　故事成語(고사성어)
耕作(경작)　　計劃(계획)　　高尙(고상)
競爭(경쟁)　　顧客(고객)　　苦生(고생)
經典(경전)　　故國(고국)　　古書(고서)
經濟(경제)　　孤軍奮鬪(고군분투)　告訴(고소)
警鐘(경종)　　古今(고금)　　高速(고속)
競走(경주)　　高級(고급)　　固守(고수)
輕重(경중)　　苦難(고난)　　告示(고시)
耕地(경지)　　苦惱(고뇌)　　考試(고시)
警察(경찰)　　古代(고대)　　姑息之計(고식지계)
驚天動地(경천동지)　古都(고도)　　孤兒(고아)
敬聽(경청)　　高度(고도)　　考案(고안)
慶祝(경축)　　孤獨(고독)　　高原(고원)
景致(경치)　　高等(고등)　　高位(고위)
驚歎(경탄)　　高等學校(고등학교)　苦肉之策(고육지책)
京鄕(경향)　　苦樂(고락)　　故意(고의)
傾向(경향)　　考慮(고려)　　故人(고인)
經驗(경험)　　孤立(고립)　　孤掌難鳴(고장난명)
溪谷(계곡)　　孤立無援(고립무원)　高低(고저)
鷄卵(계란)　　古物(고물)　　古典(고전)
鷄卵有骨(계란유골)　告發(고발)　　固定(고정)
鷄鳴狗盜(계명구도)　苦杯(고배)　　高卒(고졸)
計算(계산)　　告白(고백)　　苦盡甘來(고진감래)
繼續(계속)　　姑婦(고부)　　固執(고집)

固着(고착)	公同(공동)	共存(공존)
考察(고찰)	共同(공동)	公衆(공중)
古鐵(고철)	空洞化(공동화)	空中(공중)
固體(고체)	功勞(공로)	空冊(공책)
鼓吹(고취)	公務員(공무원)	恐妻家(공처가)
高枕安眠(고침안면)	攻防(공방)	公聽會(공청회)
苦痛(고통)	空白(공백)	共通(공통)
故鄕(고향)	共犯(공범)	公平(공평)
穀物(곡물)	工夫(공부)	公布(공포)
曲線(곡선)	工事(공사)	空港(공항)
穀食(곡식)	公私多忙(공사다망)	公害(공해)
穀雨(곡우)	空想(공상)	空虛(공허)
曲折(곡절)	公式(공식)	果敢(과감)
困境(곤경)	功臣(공신)	科擧(과거)
困窮(곤궁)	公約(공약)	過去(과거)
困難(곤란)	工業(공업)	過勞(과로)
骨格(골격)	公演(공연)	科目(과목)
骨肉相爭(골육상쟁)	工藝(공예)	果樹園(과수원)
空間(공간)	公園(공원)	誇示(과시)
共感(공감)	共有(공유)	果實(과실)
公開(공개)	公認(공인)	過失(과실)
恭敬(공경)	共認(공인)	果然(과연)
公共(공공)	工作(공작)	過熱(과열)
空軍(공군)	工場(공장)	過誤(과오)
空氣(공기)	功績(공적)	課外(과외)
功德(공덕)	公正(공정)	過猶不及(과유불급)

過飮(과음)　　　狂犬病(광견병)　　　教室(교실)
課程(과정)　　　光景(광경)　　　　教養(교양)
課題(과제)　　　廣告(광고)　　　　巧言令色(교언영색)
科學(과학)　　　光明(광명)　　　　交易(교역)
觀客(관객)　　　廣範圍(광범위)　　教育(교육)
關係(관계)　　　光復(광복)　　　　校長(교장)
觀光(관광)　　　鑛石(광석)　　　　教材(교재)
觀念(관념)　　　光線(광선)　　　　校庭(교정)
觀覽(관람)　　　廣野(광야)　　　　交替(교체)
關聯(관련)　　　廣域(광역)　　　　交通(교통)
慣例(관례)　　　狂牛病(광우병)　　教學相長(교학상장)
官吏(관리)　　　光陰(광음)　　　　交換(교환)
管理(관리)　　　廣場(광장)　　　　教皇(교황)
關稅(관세)　　　光彩(광채)　　　　教訓(교훈)
慣習(관습)　　　光澤(광택)　　　　校訓(교훈)
關心(관심)　　　校歌(교가)　　　　區間(구간)
關與(관여)　　　橋脚(교각)　　　　拘禁(구금)
寬容(관용)　　　矯角殺牛(교각살우)救急(구급)
觀點(관점)　　　教科(교과)　　　　救急車(구급차)
觀衆(관중)　　　交代(교대)　　　　球技(구기)
官職(관직)　　　橋梁(교량)　　　　構圖(구도)
觀察(관찰)　　　交流(교류)　　　　救命(구명)
官廳(관청)　　　巧妙(교묘)　　　　區別(구별)
觀測(관측)　　　校服(교복)　　　　區分(구분)
貫鄕(관향)　　　教師(교사)　　　　具備(구비)
冠婚喪祭(관혼상제)教授(교수)　　　　九死一生(구사일생)

構想(구상)
口尙乳臭(구상유취)
口舌數(구설수)
九牛一毛(구우일모)
救援(구원)
句節(구절)
救濟(구제)
救助(구조)
構造(구조)
求職(구직)
苟且(구차)
九天(구천)
九泉(구천)
救出(구출)
舊態(구태)
口號(구호)
國家(국가)
國慶日(국경일)
國內(국내)
國立(국립)
國民(국민)
國防(국방)
國史(국사)
國樂(국악)
國語(국어)
國王(국왕)

國政(국정)
國際(국제)
國土(국토)
國號(국호)
菊花(국화)
國會(국회)
軍歌(군가)
軍犬(군견)
群鷄一鶴(군계일학)
軍隊(군대)
群舞(군무)
郡民(군민)
君師父一體(군사부일
체)
郡守(군수)
君臣(군신)
君王(군왕)
軍人(군인)
君子(군자)
君子三樂(군자삼락)
君主(군주)
群衆(군중)
郡廳(군청)
屈曲(굴곡)
屈伏(굴복)
弓手(궁수)

弓矢(궁시)
窮餘之策(궁여지책)
勸告(권고)
權力(권력)
權利(권리)
權謀術數(권모술수)
權不十年(권불십년)
勸善懲惡(권선징악)
權勢(권세)
權威(권위)
勸誘(권유)
勸奬(권장)
權限(권한)
歸家(귀가)
歸國(귀국)
歸農(귀농)
貴賓(귀빈)
鬼神(귀신)
歸依(귀의)
貴族(귀족)
貴重(귀중)
貴賤(귀천)
貴下(귀하)
歸鄕(귀향)
歸還(귀환)
規約(규약)

規律(규율) 　　近接(근접) 　　基幹(기간)
規定(규정) 　　近處(근처) 　　期間(기간)
規則(규칙) 　　金科玉條(금과옥조) 　氣高萬丈(기고만장)
均等(균등) 　　禁忌(금기) 　　機關(기관)
均一(균일) 　　今年(금년) 　　基金(기금)
均衡(균형) 　　金蘭之交(금란지교) 　記念(기념)
克己(극기) 　　錦上添花(금상첨화) 　技能(기능)
極端(극단) 　　今昔之感(금석지감) 　期待(기대)
極度(극도) 　　金屬(금속) 　　旣得權(기득권)
克服(극복) 　　今始初聞(금시초문) 　記錄(기록)
極貧(극빈) 　　禁煙(금연) 　　氣流(기류)
極甚(극심) 　　金銀(금은) 　　起立(기립)
極右(극우) 　　錦衣夜行(금의야행) 　騎馬(기마)
極致(극치) 　　錦衣還鄉(금의환향) 　期末(기말)
根幹(근간) 　　今日(금일) 　　奇妙(기묘)
根據(근거) 　　金錢(금전) 　　幾微(기미)
近代(근대) 　　禁止(금지) 　　基盤(기반)
近來(근래) 　　金枝玉葉(금지옥엽) 　基本(기본)
勤勞者(근로자) 　金貨(금화) 　　技士(기사)
勤勉(근면) 　　急激(급격) 　　記事(기사)
勤務(근무) 　　及其也(급기야) 　起死回生(기사회생)
近墨者黑(근묵자흑) 　急速(급속) 　　起床(기상)
根本(근본) 　　給食(급식) 　　寄生蟲(기생충)
近視(근시) 　　給與(급여) 　　旣成服(기성복)
根源(근원) 　　及第(급제) 　　氣勢(기세)
根絕(근절) 　　急增(급증) 　　寄宿(기숙)

寄宿舍(기숙사)　機會(기회)　南極(남극)
技術(기술)　氣候(기후)　南男北女(남남북녀)
記述(기술)　緊急(긴급)　男女(남녀)
奇巖怪石(기암괴석)　吉夢(길몽)　男女老少(남녀노소)
期約(기약)　吉兆(길조)　男妹(남매)
記憶(기억)　吉凶(길흉)　男負女戴(남부여대)
寄與(기여)　吉凶禍福(길흉화복)　南北(남북)
氣溫(기온)　●ㄴ●　南船北馬(남선북마)
祈雨祭(기우제)　樂觀(낙관)　男尊女卑(남존여비)
氣運(기운)　落落長松(낙락장송)　納得(납득)
祈願(기원)　落馬(낙마)　納凉(납량)
起源(기원)　落選(낙선)　納稅(납세)
起因(기인)　落葉(낙엽)　郎君(낭군)
記者(기자)　樂園(낙원)　浪費(낭비)
記載(기재)　落第(낙제)　來年(내년)
旣存(기존)　落花(낙화)　內陸(내륙)
基準(기준)　難攻不落(난공불락)　內部(내부)
基地(기지)　暖流(난류)　內申(내신)
氣盡脈盡(기진맥진)　暖房(난방)　內外(내외)
氣體(기체)　難色(난색)　內容(내용)
基礎(기초)　難易度(난이도)　內憂外患(내우외환)
其他(기타)　卵子(난자)　冷却(냉각)
幾何學(기하학)　難治病(난치병)　冷凍(냉동)
記號(기호)　亂暴(난폭)　冷房(냉방)
騎虎之勢(기호지세)　難解(난해)　冷笑(냉소)
旣婚(기혼)　難兄難弟(난형난제)　冷藏庫(냉장고)

冷戰(냉전)　　　綠茶(녹차)　　　　　多情(다정)
冷情(냉정)　　　論功行賞(논공행상)　多幸(다행)
冷徹(냉철)　　　論難(논란)　　　　　檀君(단군)
勞苦(노고)　　　論文(논문)　　　　　短期(단기)
露骨的(노골적)　論議(논의)　　　　　單刀直入(단도직입)
勞動(노동)　　　論爭(논쟁)　　　　　單獨(단독)
勞動者(노동자)　農耕(농경)　　　　　端緖(단서)
努力(노력)　　　弄談(농담)　　　　　單純(단순)
老鍊(노련)　　　農民(농민)　　　　　單式(단식)
老母(노모)　　　農夫(농부)　　　　　單語(단어)
怒發大發(노발대발)　農産物(농산물)　單位(단위)
路線(노선)　　　農樂(농악)　　　　　單一(단일)
老松(노송)　　　農業(농업)　　　　　丹粧(단장)
露宿(노숙)　　　農村(농촌)　　　　　斷絶(단절)
老益壯(노익장)　累卵之危(누란지위)　短點(단점)
老人(노인)　　　能力(능력)　　　　　但只(단지)
露店商(노점상)　多多益善(다다익선)　團體(단체)
勞組(노조)　　　●ㄷ●　　　　　　　短縮(단축)
露天(노천)　　　多讀(다독)　　　　　短篇(단편)
露出(노출)　　　多量(다량)　　　　　達成(달성)
老患(노환)　　　茶飯事(다반사)　　　擔當(담당)
綠豆(녹두)　　　多事多難(다사다난)　答案(답안)
綠色(녹색)　　　多少(다소)　　　　　堂狗風月(당구풍월)
綠陰(녹음)　　　多數(다수)　　　　　當番(당번)
錄音(녹음)　　　多樣(다양)　　　　　當選(당선)
綠衣紅裳(녹의홍상)　多才多能(다재다능)　堂叔(당숙)

當時(당시)	隊列(대열)	道德(도덕)
當然(당연)	待遇(대우)	到來(도래)
當爲(당위)	對應(대응)	道路(도로)
當爲性(당위성)	大丈夫(대장부)	道理(도리)
對決(대결)	對敵(대적)	逃亡(도망)
大橋(대교)	待接(대접)	圖謀(도모)
對句(대구)	大卒(대졸)	徒步(도보)
待機(대기)	大衆(대중)	圖書(도서)
大器晩成(대기만성)	對策(대책)	都市(도시)
對談(대담)	代替(대체)	都心(도심)
對答(대답)	大統領(대통령)	圖案(도안)
大同小異(대동소이)	代表(대표)	都邑(도읍)
大豆(대두)	大學(대학)	道義(도의)
大陸(대륙)	大韓民國(대한민국)	導入(도입)
對立(대립)	對話(대화)	挑戰(도전)
大門(대문)	大會(대회)	逃走(도주)
代父(대부)	德談(덕담)	到着(도착)
大夫(대부)	德目(덕목)	到處(도처)
大部分(대부분)	德分(덕분)	盜聽(도청)
對備(대비)	德不孤必有隣(덕불고	圖形(도형)
對比(대비)	필유린)	獨島(독도)
大使館(대사관)	德有必隣(덕유필린)	獨立(독립)
對象(대상)	德澤(덕택)	獨房(독방)
大勢(대세)	刀劍(도검)	毒杯(독배)
代身(대신)	道具(도구)	獨白(독백)
代案(대안)	到達(도달)	獨不將軍(독불장군)

讀書(독서)　　　　同床異夢(동상이몽)　　等級(등급)
毒舌(독설)　　　　同時(동시)　　　　　燈臺(등대)
獨守空房(독수공방)　童心(동심)　　　　　登錄(등록)
獨也靑靑(독야청청)　東洋(동양)　　　　　登山(등산)
讀音(독음)　　　　童謠(동요)　　　　　登用(등용)
讀者(독자)　　　　同意(동의)　　　　　登龍門(등용문)
獨裁(독재)　　　　動作(동작)　　　　　等位(등위)
獨占(독점)　　　　洞長(동장)　　　　　登場(등장)
獨走(독주)　　　　銅錢(동전)　　　　　登頂(등정)
獨唱(독창)　　　　冬至(동지)　　　　　燈下不明(등하불명)
獨特(독특)　　　　同志(동지)　　　　　燈火可親(등화가친)
突然(돌연)　　　　同參(동참)　　　　　●ㅁ●
突破(돌파)　　　　同窓(동창)　　　　　馬耳東風(마이동풍)
同價紅裳(동가홍상)　東海(동해)　　　　　莫强(막강)
同甲(동갑)　　　　動向(동향)　　　　　莫大(막대)
冬季(동계)　　　　同好會(동호회)　　　莫論(막론)
同苦同樂(동고동락)　童話(동화)　　　　　莫上莫下(막상막하)
洞里(동리)　　　　頭腦(두뇌)　　　　　莫甚(막심)
同盟(동맹)　　　　頭髮(두발)　　　　　莫逆之友(막역지우)
冬眠(동면)　　　　豆腐(두부)　　　　　莫重(막중)
東問西答(동문서답)　豆乳(두유)　　　　　滿開(만개)
動物(동물)　　　　鈍角(둔각)　　　　　晩年(만년)
東方(동방)　　　　得失(득실)　　　　　萬能(만능)
同病相憐(동병상련)　等高線(등고선)　　　萬里長城(만리장성)
冬服(동복)　　　　登高自卑(등고자비)　萬物(만물)
東奔西走(동분서주)　登校(등교)　　　　　萬歲(만세)

萬壽(만수)	買入(매입)	明明白白(명명백백)
晩時之歎(만시지탄)	賣店(매점)	明白(명백)
滿點(만점)	妹弟(매제)	冥福(명복)
滿足(만족)	賣盡(매진)	名分(명분)
晩秋(만추)	賣出(매출)	名不虛傳(명불허전)
滿醉(만취)	妹兄(매형)	冥想(명상)
晩學(만학)	梅花(매화)	名聲(명성)
末端(말단)	麥秀之歎(맥수지탄)	名勝地(명승지)
末尾(말미)	麥酒(맥주)	名實相符(명실상부)
末世(말세)	猛犬(맹견)	明暗(명암)
忘却(망각)	猛烈(맹렬)	明若觀火(명약관화)
亡命(망명)	孟母三遷(맹모삼천)	名譽(명예)
望夫石(망부석)	盲目的(맹목적)	名醫(명의)
妄想(망상)	猛虎(맹호)	名節(명절)
亡羊之歎(망양지탄)	面相(면상)	名唱(명창)
茫然自失(망연자실)	免稅(면세)	名稱(명칭)
望雲之情(망운지정)	面接(면접)	明快(명쾌)
亡兆(망조)	免除(면제)	名品(명품)
忙中閑(망중한)	面從腹背(면종복배)	名筆(명필)
賣却(매각)	免罪符(면죄부)	明確(명확)
每年(매년)	勉學(면학)	毛孔(모공)
賣買(매매)	免許(면허)	母校(모교)
每番(매번)	滅亡(멸망)	母國(모국)
埋伏(매복)	明鏡止水(명경지수)	謀免(모면)
每事(매사)	名單(명단)	毛髮(모발)
每日(매일)	命令(명령)	毛遂自薦(모수자천)

母音(모음)	茂盛(무성)	文武(문무)
母子(모자)	無所不爲(무소불위)	文房四友(문방사우)
募集(모집)	武術(무술)	問喪(문상)
毛皮(모피)	無視(무시)	文書(문서)
牧童(목동)	武臣(무신)	文藝(문예)
目錄(목록)	無我之境(무아지경)	門外漢(문외한)
目不識丁(목불식정)	貿易(무역)	聞一知十(문일지십)
目不忍見(목불인견)	武藝(무예)	文字(문자)
木材(목재)	武勇談(무용담)	文章(문장)
目的(목적)	無用之物(무용지물)	門前成市(문전성시)
目次(목차)	無敵(무적)	問題(문제)
目標(목표)	無題(무제)	文學(문학)
沒頭(몰두)	無條件(무조건)	文化(문화)
沒落(몰락)	無罪(무죄)	文化財(문화재)
妙技(묘기)	無盡藏(무진장)	物價(물가)
無關(무관)	無秩序(무질서)	物件(물건)
無窮無盡(무궁무진)	無責任(무책임)	勿論(물론)
無窮花(무궁화)	無限(무한)	勿忘草(물망초)
武器(무기)	無效(무효)	物外閑人(물외한인)
無念無想(무념무상)	默念(묵념)	物質(물질)
無能力(무능력)	默默不答(묵묵부답)	物品(물품)
舞臺(무대)	墨守(묵수)	味覺(미각)
武力(무력)	默認(묵인)	未開(미개)
武士(무사)	文句(문구)	米穀(미곡)
霧散(무산)	問答(문답)	美國(미국)
無線(무선)	文明(문명)	未達(미달)

美德(미덕)　　密林(밀림)　　發給(발급)
未來(미래)　　密接(밀접)　　發端(발단)
迷路(미로)　　密集(밀집)　　發達(발달)
未滿(미만)　　密着(밀착)　　拔本塞源(발본색원)
美貌(미모)　　密閉(밀폐)　　發射(발사)
微妙(미묘)　　　●ㅂ●　　發散(발산)
美辭麗句(미사여구)　薄利多賣(박리다매)　發想(발상)
尾生之信(미생지신)　博士(박사)　　發生(발생)
微細(미세)　　博愛(박애)　　發聲(발성)
微笑(미소)　　拍掌大笑(박장대소)　發送(발송)
米壽(미수)　　博學多識(박학다식)　發言(발언)
未熟(미숙)　　反對(반대)　　發音(발음)
美術(미술)　　半島(반도)　　發展(발전)
迷兒(미아)　　半導體(반도체)　發電(발전)
微弱(미약)　　反論(반론)　　發表(발표)
未完(미완)　　反面(반면)　　放浪(방랑)
美容(미용)　　反復(반복)　　方面(방면)
美人(미인)　　反射(반사)　　訪問(방문)
未曾有(미증유)　反省(반성)　　方法(방법)
美風良俗(미풍양속)　反逆(반역)　　防備(방비)
尾行(미행)　　半圓(반원)　　放送(방송)
民俗(민속)　　反應(반응)　　防水(방수)
民願(민원)　　飯店(반점)　　方式(방식)
民族(민족)　　飯酒(반주)　　放心(방심)
民主(민주)　　反則(반칙)　　方案(방안)
民衆(민중)　　發見(발견)　　傍若無人(방약무인)

方位(방위)　　　　　여일견)　　　　法的(법적)

防衛(방위)　　　　白眉(백미)　　　法典(법전)

防音(방음)　　　　白米(백미)　　　法治(법치)

放縱(방종)　　　　白飯(백반)　　　法則(법칙)

防止(방지)　　　百發百中(백발백중)　碧溪水(벽계수)

放置(방치)　　　　白雪(백설)　　　壁畫(벽화)

放學(방학)　　　　百姓(백성)　　　變更(변경)

防寒服(방한복)　伯牙絕絃(백아절현)　變動(변동)

方向(방향)　　　　白紙(백지)　　　變貌(변모)

芳香(방향)　　　　白虎(백호)　　　變身(변신)

防火壁(방화벽)　　百貨店(백화점)　　變遷(변천)

背景(배경)　　　　繁榮(번영)　　　變則(변칙)

配給(배급)　　　　番地(번지)　　　變革(변혁)

配達(배달)　　　　繁昌(번창)　　　變形(변형)

培養(배양)　　　　番號(번호)　　　變化(변화)

配列(배열)　　　　罰金(벌금)　　變化無雙(변화무쌍)

背恩忘德(배은망덕)　伐木(벌목)　　　別味(별미)

排他的(배타적)　　伐草(벌초)　　　別世(별세)

配匹(배필)　　　　凡例(범례)　　　丙科(병과)

百家爭鳴(백가쟁명)　凡常(범상)　　　病菌(병균)

白骨(백골)　　　　犯罪(범죄)　　　兵器(병기)

百科(백과)　　　　法度(법도)　　　兵力(병력)

百年佳約(백년가약)　法令(법령)　　　兵士(병사)

百年河淸(백년하청)　法律(법률)　　　兵役(병역)

白露(백로)　　　　法式(법식)　　　病院(병원)

百聞不如一見(백문불　法案(법안)　　　兵丁(병정)

兵卒(병졸)	福券(복권)	富貴榮華(부귀영화)
病蟲害(병충해)	復歸(복귀)	附近(부근)
病弊(병폐)	服務(복무)	婦女子(부녀자)
病患(병환)	伏兵(복병)	部隊(부대)
保健(보건)	伏線(복선)	不動産(부동산)
報告(보고)	復習(복습)	浮動層(부동층)
普及(보급)	服用(복용)	不得已(부득이)
報答(보답)	復元(복원)	浮力(부력)
報道(보도)	服裝(복장)	父母(부모)
步道(보도)	服從(복종)	部門(부문)
保留(보류)	伏地不動(복지부동)	夫婦(부부)
報復(보복)	本能(본능)	部分(부분)
保守(보수)	本末(본말)	副賞(부상)
普施(보시)	本部(본부)	浮上(부상)
補藥(보약)	本性(본성)	負傷(부상)
補完(보완)	本是(본시)	部署(부서)
保育(보육)	本錢(본전)	附設(부설)
保全(보전)	本質(본질)	部首(부수)
補助(보조)	封建(봉건)	不實(부실)
保存(보존)	逢變(봉변)	扶養(부양)
保證(보증)	奉仕(봉사)	浮揚(부양)
補充(보충)	奉養(봉양)	附與(부여)
步行(보행)	奉獻(봉헌)	富裕(부유)
保險(보험)	浮刻(부각)	浮游(부유)
保護(보호)	富國强兵(부국강병)	否認(부인)
復舊(복구)	富貴(부귀)	夫人(부인)

婦人(부인)　　分明(분명)　　不法(불법)
富者(부자)　　分配(분배)　　不事二君(불사이군)
父子(부자)　　分散(분산)　　不死鳥(불사조)
否定(부정)　　分析(분석)　　不安(불안)
扶助(부조)　　分野(분야)　　不要不急(불요불급)
不條理(부조리)　分裂(분열)　　不遇(불우)
不足(부족)　　分布(분포)　　不遠千里(불원천리)
附着(부착)　　分解(분해)　　不參(불참)
夫唱婦隨(부창부수)　不可(불가)　不請客(불청객)
部處(부처)　　不可能(불가능)　不恥下問(불치하문)
父親(부친)　　不可思議(불가사의)　不快(불쾌)
浮沈(부침)　　不可避(불가피)　不便(불편)
腐敗(부패)　　不潔(불결)　　不幸(불행)
部品(부품)　　佛經(불경)　　不惑(불혹)
符號(부호)　　佛敎(불교)　　不況(불황)
附和雷同(부화뇌동)　佛國寺(불국사)　朋黨(붕당)
復活(부활)　　不吉(불길)　　朋友(붕우)
復興(부흥)　　不良(불량)　　朋友有信(붕우유신)
北京(북경)　　不老草(불로초)　悲歌(비가)
北極(북극)　　不倫(불륜)　　悲觀(비관)
北斗七星(북두칠성)　不立文字(불립문자)　比較(비교)
北伐(북벌)　　不滿(불만)　　悲劇(비극)
北韓(북한)　　不眠症(불면증)　非難(비난)
憤怒(분노)　　不毛地(불모지)　非但(비단)
分量(분량)　　不問可知(불문가지)　比例(비례)
分離(분리)　　不問曲直(불문곡직)　非理(비리)

思潮(사조)　算數(산수)　上陸(상륙)
謝罪(사죄)　産業(산업)　尙武(상무)
寫眞(사진)　散在(산재)　賞罰(상벌)
査察(사찰)　山頂(산정)　喪服(상복)
事態(사태)　山川(산천)　相逢(상봉)
四通八達(사통팔달)　山河(산하)　相扶相助(상부상조)
辭退(사퇴)　殺菌(살균)　想像(상상)
事必歸正(사필귀정)　殺伐(살벌)　相生(상생)
私學(사학)　殺傷(살상)　商船(상선)
四海(사해)　殺身成仁(살신성인)　常設(상설)
死刑(사형)　殺人(살인)　常習(상습)
死活(사활)　殺害(살해)　上昇(상승)
社會(사회)　三綱五倫(삼강오륜)　常識(상식)
死後藥方文(사후약방　三旬九食(삼순구식)　喪失(상실)
　문)　三旬九食(삼순구식)　商業(상업)
削減(삭감)　　신　喪輿(상여)
削除(삭제)　三尺童子(삼척동자)　上位(상위)
産卵(산란)　商街(상가)　商人(상인)
山林(산림)　喪家(상가)　桑田碧海(상전벽해)
山林浴(산림욕)　喪家之狗(상가지구)　商店(상점)
山脈(산맥)　相關(상관)　上帝(상제)
散文(산문)　賞金(상금)　傷處(상처)
散步(산보)　相談(상담)　商標(상표)
山寺(산사)　相對(상대)　商品(상품)
山城(산성)　常綠樹(상록수)　賞品(상품)
山水(산수)　上流(상류)　上下(상하)

傷害(상해)	書信(서신)	選拔(선발)
商號(상호)	西洋(서양)	先輩(선배)
相互(상호)	序列(서열)	先生(선생)
塞翁之馬(새옹지마)	書藝(서예)	先手(선수)
色盲(색맹)	書籍(서적)	船首(선수)
索引(색인)	書店(서점)	選手(선수)
色調(색조)	書册(서책)	善惡(선악)
色彩(색채)	席卷(석권)	宣揚(선양)
生計(생계)	釋放(석방)	宣言(선언)
生徒(생도)	惜別(석별)	先烈(선열)
省略(생략)	石氷庫(석빙고)	船員(선원)
生命(생명)	夕陽(석양)	仙人(선인)
生物(생물)	石油(석유)	船長(선장)
生死(생사)	石炭(석탄)	宣傳(선전)
生産(생산)	惜敗(석패)	選定(선정)
生鮮(생선)	選擧(선거)	先祖(선조)
生日(생일)	仙界(선계)	先進國(선진국)
生存(생존)	宣告(선고)	先唱(선창)
生活(생활)	先公後私(선공후사)	選出(선출)
逝去(서거)	善男善女(선남선녀)	先則制人(선즉제인)
西紀(서기)	仙女(선녀)	先親(선친)
序論(서론)	先導(선도)	選擇(선택)
書類(서류)	先頭(선두)	宣布(선포)
序幕(서막)	善良(선량)	善行(선행)
庶民(서민)	先例(선례)	先賢(선현)
序詩(서시)	鮮明(선명)	選好(선호)

先後(선후)	城門(성문)	勢力(세력)
雪景(설경)	誠實(성실)	洗面(세면)
設計(설계)	姓氏(성씨)	歲暮(세모)
說得(설득)	盛業(성업)	細密(세밀)
設立(설립)	聖域(성역)	歲拜(세배)
說明(설명)	聖恩(성은)	細部(세부)
設問(설문)	誠意(성의)	細分化(세분화)
設備(설비)	聖人(성인)	世上(세상)
雪上加霜(설상가상)	成長(성장)	洗手(세수)
說往說來(설왕설래)	成績(성적)	細心(세심)
雪辱(설욕)	性質(성질)	歲月(세월)
舌戰(설전)	省察(성찰)	洗車(세차)
設定(설정)	成就(성취)	細胞(세포)
設置(설치)	聖誕節(성탄절)	少女(소녀)
說話(설화)	聲討(성토)	少年(소년)
性格(성격)	成敗(성패)	所得(소득)
成功(성공)	性品(성품)	所望(소망)
成果(성과)	盛行(성행)	所聞(소문)
聖君(성군)	性向(성향)	素朴(소박)
誠金(성금)	聖賢(성현)	消防(소방)
性能(성능)	盛況(성황)	消費(소비)
聖堂(성당)	世界(세계)	消費者(소비자)
盛大(성대)	細菌(세균)	小說(소설)
姓名(성명)	稅金(세금)	所屬(소속)
聲明(성명)	世紀(세기)	消息(소식)
省墓(성묘)	世代(세대)	消失(소실)

所願(소원)　　　松林(송림)　　　樹木(수목)
疏遠(소원)　　　送別(송별)　　　水墨畵(수묵화)
所謂(소위)　　　送信(송신)　　　手不釋卷(수불석권)
所有(소유)　　　殺到(쇄도)　　　守備(수비)
騷音(소음)　　　衰弱(쇠약)　　　受賞(수상)
所在(소재)　　　衰退(쇠퇴)　　　首相(수상)
素材(소재)　　　受講(수강)　　　首席(수석)
所重(소중)　　　收去(수거)　　　輸送(수송)
所持品(소지품)　　守舊(수구)　　　授受(수수)
小貪大失(소탐대실)　首丘初心(수구초심)　手術(수술)
消化(소화)　　　需給(수급)　　　收拾(수습)
消火器(소화기)　　首肯(수긍)　　　修身(수신)
俗談(속담)　　　修能(수능)　　　愁心(수심)
速度(속도)　　　手段(수단)　　　水深(수심)
速讀(속독)　　　修道(수도)　　　水魚之交(수어지교)
速力(속력)　　　首都(수도)　　　數億(수억)
俗世(속세)　　　受諾(수락)　　　受業(수업)
束手無策(속수무책)　數量(수량)　　　授與(수여)
續出(속출)　　　秀麗(수려)　　　水泳(수영)
損傷(손상)　　　修練(수련)　　　需要(수요)
損失(손실)　　　首領(수령)　　　受容(수용)
損益(손익)　　　水陸兩用(수륙양용)　守衛(수위)
孫子(손자)　　　修理(수리)　　　水位(수위)
損害(손해)　　　樹立(수립)　　　壽衣(수의)
送舊迎新(송구영신)　睡眠(수면)　　　收益(수익)
送年(송년)　　　壽命(수명)　　　收入(수입)

輸入(수입)　　　順理(순리)　　　僧舞(승무)
秀才(수재)　　　脣亡齒寒(순망치한)　乘務員(승무원)
修整(수정)　　　巡訪(순방)　　　勝負(승부)
手製(수제)　　　純白(순백)　　　乘用車(승용차)
水準(수준)　　　順番(순번)　　　承認(승인)
輸出(수출)　　　順序(순서)　　　乘車(승차)
守則(수칙)　　　順位(순위)　　　勝敗(승패)
隨筆(수필)　　　順應(순응)　　　詩歌(시가)
誰何(수하)　　　純情(순정)　　　市街地(시가지)
數學(수학)　　　順調(순조)　　　時刻(시각)
水害(수해)　　　順從(순종)　　　視角(시각)
修行(수행)　　　純眞(순진)　　　時間(시간)
輸血(수혈)　　　順次(순차)　　　時計(시계)
守護(수호)　　　巡察(순찰)　　　施工(시공)
手話(수화)　　　純化(순화)　　　詩句(시구)
收穫(수확)　　　崇高(숭고)　　　時期(시기)
淑女(숙녀)　　　崇拜(숭배)　　　市內(시내)
熟練(숙련)　　　崇尙(숭상)　　　時代(시대)
宿命(숙명)　　　崇儒抑佛(숭유억불)　試圖(시도)
叔母(숙모)　　　拾得(습득)　　　視力(시력)
叔父(숙부)　　　習俗(습속)　　　詩文(시문)
宿所(숙소)　　　昇降機(승강기)　　市民(시민)
宿題(숙제)　　　乘客(승객)　　　是非(시비)
宿患(숙환)　　　承諾(승낙)　　　施賞(시상)
純潔(순결)　　　勝利(승리)　　　視線(시선)
純金(순금)　　　乘馬(승마)　　　施設(시설)

施術(시술)　　　　識別(식별)　　　　信用(신용)
是是非非(시시비비)　食事(식사)　　　　信義(신의)
視野(시야)　　　　植樹(식수)　　　　申請(신청)
示威(시위)　　　　食用油(식용-유)　　身體(신체)
是認(시인)　　　　識字憂患(식자우환)　新築(신축)
詩人(시인)　　　　食品(식품)　　　　身土不二(신토불이)
始作(시작)　　　　神經(신경)　　　　臣下(신하)
市場(시장)　　　　申告(신고)　　　　信號(신호)
時節(시절)　　　　新舊(신구)　　　　信號燈(신호등)
始祖(시조)　　　　神奇(신기)　　　　神話(신화)
時調(시조)　　　　信念(신념)　　　　新興(신흥)
始終如一(시종여일)　信徒(신도)　　　　室內(실내)
始終一貫(시종일관)　新郎(신랑)　　　　實力(실력)
詩集(시집)　　　　神靈(신령)　　　　失望(실망)
視察(시찰)　　　　新聞(신문)　　　　實務(실무)
市廳(시청)　　　　新婦(신부)　　　　失手(실수)
視聽(시청)　　　　身分(신분)　　　　實施(실시)
始初(시초)　　　　神秘(신비)　　　　失業(실업)
施行(시행)　　　　信賞必罰(신상필벌)　實在(실재)
試驗(시험)　　　　新鮮(신선)　　　　實情(실정)
識見(식견)　　　　神仙(신선)　　　　實際(실제)
食堂(식당)　　　　新設(신설)　　　　實存(실존)
食糧(식량)　　　　神聖(신성)　　　　失職(실직)
植木(식목)　　　　辛勝(신승)　　　　實踐(실천)
植物(식물)　　　　信仰(신앙)　　　　實體(실체)
植民地(식민지)　　身言書判(신언서판)　失敗(실패)

實行(실행)	惡夢(악몽)	暗殺(암살)
實現(실현)	惡用(악용)	巖石(암석)
實效(실효)	惡戰苦鬪(악전고투)	暗誦(암송)
深刻(심각)	惡臭(악취)	暗示(암시)
心理(심리)	惡寒(오한)	暗號(암호)
深思熟考(심사숙고)	惡化(악화)	暗黑(암흑)
深山幽谷(심산유곡)	案件(안건)	壓卷(압권)
心心相印(심심상인)	眼鏡(안경)	壓力(압력)
深夜(심야)	眼科(안과)	押收(압수)
審議(심의)	案內(안내)	壓勝(압승)
心情(심정)	安寧(안녕)	哀乞(애걸)
甚至於(심지어)	顔面(안면)	愛犬(애견)
深層(심층)	眼目(안목)	愛國(애국)
審判(심판)	安保(안보)	哀惜(애석)
深海(심해)	安分知足(안분지족)	哀愁(애수)
深化(심화)	安貧樂道(안빈낙도)	愛人(애인)
十二支(십이지)	顔色(안색)	愛情(애정)
十長生(십장생)	安心(안심)	愛之重之(애지중지)
十中八九(십중팔구)	安全(안전)	愛妻家(애처가)
氏族(씨족)	安定(안정)	愛好(애호)
●◇◇	安靜(안정)	哀歡(애환)
我軍(아군)	安住(안주)	額數(액수)
兒童(아동)	眼下無人(안하무인)	夜間(야간)
我田引水(아전인수)	暗記(암기)	夜景(야경)
樂曲(악곡)	巖壁(암벽)	野球(야구)
樂器(악기)	暗算(암산)	野黨(야당)

野望(야망)	兩班(양반)	抑留(억류)
野生(야생)	讓步(양보)	億萬(억만)
野心(야심)	洋服(양복)	言及(언급)
野外(야외)	梁上君子(양상군자)	言論(언론)
野菜(야채)	養成(양성)	言語(언어)
若干(약간)	樣式(양식)	言爭(언쟁)
弱冠(약관)	良識(양식)	言行(언행)
藥局(약국)	良心(양심)	嚴格(엄격)
藥物(약물)	良藥苦口(양약고구)	嚴冬雪寒(엄동설한)
弱勢(약세)	洋屋(양옥)	嚴罰(엄벌)
弱小(약소)	洋酒(양주)	嚴肅(엄숙)
約束(약속)	陽地(양지)	嚴重(엄중)
弱點(약점)	兩側(양측)	業界(업계)
藥品(약품)	良好(양호)	業務(업무)
約婚(약혼)	語句(어구)	業體(업체)
藥效(약효)	魚類(어류)	餘暇(여가)
養鷄(양계)	語尾(어미)	旅館(여관)
養鷄場(양계장)	語法(어법)	旅券(여권)
糧穀(양곡)	漁夫(어부)	與黨(여당)
洋弓(양궁)	漁父之利(어부지리)	餘力(여력)
兩極化(양극화)	語不成說(어불성설)	輿論(여론)
羊頭狗肉(양두구육)	漁船(어선)	如反掌(여반장)
陽曆(양력)	於中間(어중간)	與否(여부)
楊柳(양류)	於此彼(어차피)	餘分(여분)
兩面(양면)	漁村(어촌)	女性(여성)
羊毛(양모)	魚貝類(어패류)	餘韻(여운)

餘裕(여유)	演技(연기)	熱量(열량)
如前(여전)	煙氣(연기)	熱望(열망)
旅程(여정)	年度(연도)	烈士(열사)
如此(여차)	連絡(연락)	熱誠(열성)
餘波(여파)	燃料(연료)	劣惡(열악)
女必從夫(여필종부)	連累(연루)	熱意(열의)
如何(여하)	硏磨(연마)	熱情(열정)
旅行(여행)	年末(연말)	列車(열차)
歷代(역대)	緣木求魚(연목구어)	熱風(열풍)
力量(역량)	演說(연설)	念頭(염두)
逆流(역류)	年歲(연세)	炎凉世態(염량세태)
力不足(역부족)	連續(연속)	染色(염색)
歷史(역사)	連鎖(연쇄)	鹽田(염전)
驛舍(역사)	硏修(연수)	炎症(염증)
逆說(역설)	練習(연습)	葉綠素(엽록소)
亦是(역시)	戀愛(연애)	葉書(엽서)
歷任(역임)	軟弱(연약)	葉錢(엽전)
逆轉(역전)	演藝(연예)	榮光(영광)
力走(역주)	延長(연장)	永久(영구)
易地思之(역지사지)	鉛筆(연필)	英國(영국)
逆風(역풍)	聯合(연합)	永眠(영면)
逆行(역행)	連休(연휴)	永生(영생)
連結(연결)	列擧(열거)	英語(영어)
連繫(연계)	熱氣(열기)	領域(영역)
硏究(연구)	熱帶夜(열대야)	榮譽(영예)
延期(연기)	劣等(열등)	榮辱(영욕)

英雄(영웅)　　　　豫習(예습)　　　　午後(오후)
永遠(영원)　　　　例示(예시)　　　　玉骨仙風(옥골선풍)
迎入(영입)　　　　禮式(예식)　　　　玉童子(옥동자)
英才(영재)　　　　豫約(예약)　　　　玉石(옥석)
迎接(영접)　　　　例外(예외)　　　　玉篇(옥편)
永住權(영주권)　　禮儀(예의)　　　　溫故知新(온고지신)
領土(영토)　　　　禮節(예절)　　　　溫暖(온난)
英特(영특)　　　　豫定(예정)　　　　溫度(온도)
領海(영해)　　　　例題(예제)　　　　溫室(온실)
映畫(영화)　　　　五穀百果(오곡백과)　溫泉(온천)
榮華(영화)　　　　誤答(오답)　　　　溫和(온화)
映畫祭(영화제)　　娛樂(오락)　　　　臥病(와병)
銳角(예각)　　　　五里霧中(오리무중)　完結(완결)
豫告(예고)　　　　吾不關焉(오불관언)　完工(완공)
藝能(예능)　　　　吾鼻三尺(오비삼척)　完了(완료)
銳利(예리)　　　　烏飛梨落(오비이락)　完備(완비)
豫買(예매)　　　　午睡(오수)　　　　完成(완성)
例文(예문)　　　　五十步百步(오십보백　完遂(완수)
禮訪(예방)　　　　　　보)　　　　　完全(완전)
豫防(예방)　　　　誤認(오인)　　　　完全無缺(완전무결)
禮拜(예배)　　　　午前(오전)　　　　完快(완쾌)
豫報(예보)　　　　誤差(오차)　　　　日可日否(왈가왈부)
豫備(예비)　　　　誤打(오타)　　　　往來(왕래)
豫算(예산)　　　　烏合之卒(오합지졸)　往復(왕복)
豫想(예상)　　　　誤解(오해)　　　　王室(왕실)
藝術(예술)　　　　嗚呼痛哉(오호통재)　王朝(왕조)

外界人(외계인)	容貌(용모)	宇宙(우주)
外交(외교)	勇士(용사)	宇宙船(우주선)
外國(외국)	容恕(용서)	郵便(우편)
外面(외면)	用語(용어)	友好(우호)
外貌(외모)	容易(용이)	憂患(우환)
外部(외부)	用品(용품)	運動(운동)
外柔內剛(외유내강)	愚公移山(우공이산)	運命(운명)
外貨(외화)	憂國(우국)	運送(운송)
外華內貧(외화내빈)	雨期(우기)	運輸(운수)
要求(요구)	優待(우대)	運營(운영)
料金(요금)	優良(우량)	韻律(운율)
料理(요리)	憂慮(우려)	運轉(운전)
要因(요인)	友邦(우방)	雲集(운집)
要請(요청)	愚夫愚婦(우부우부)	雲海(운해)
欲求(욕구)	于先(우선)	運行(운행)
慾望(욕망)	優勢(우세)	雄辯(웅변)
辱說(욕설)	優秀(우수)	雄飛(웅비)
欲速不達(욕속부달)	優勝(우승)	雄壯(웅장)
浴室(욕실)	友愛(우애)	原價(원가)
慾心(욕심)	偶然(우연)	遠隔(원격)
勇敢(용감)	右往左往(우왕좌왕)	遠近(원근)
勇氣(용기)	牛乳(우유)	元旦(원단)
容納(용납)	優柔不斷(우유부단)	遠大(원대)
用度(용도)	牛耳讀經(우이독경)	元老(원로)
龍頭蛇尾(용두사미)	右翼(우익)	原料(원료)
勇猛(용맹)	友情(우정)	原理(원리)

圓滿(원만)	僞善(위선)	遺産(유산)
怨望(원망)	衛星(위성)	遺書(유서)
願書(원서)	威勢(위세)	幼兒(유아)
怨聲(원성)	威壓(위압)	唯我獨尊(유아독존)
原始(원시)	威嚴(위엄)	遺言(유언)
遠視(원시)	偉業(위업)	柔軟(유연)
遠心力(원심력)	偉人(위인)	遊泳(유영)
原油(원유)	僞造(위조)	猶豫(유예)
原因(원인)	位置(위치)	類類相從(유유상종)
遠征(원정)	威風堂堂(위풍당당)	悠悠自適(유유자적)
援助(원조)	危險(위험)	留意(유의)
源泉(원천)	威脅(위협)	有益(유익)
原則(원칙)	油價(유가)	誘引(유인)
怨恨(원한)	遺骨(유골)	唯一(유일)
圓形(원형)	悠久(유구)	唯一無二(유일무이)
月給(월급)	有口無言(유구무언)	流入(유입)
越等(월등)	幼年(유년)	遺跡(유적)
月末(월말)	柔道(유도)	油田(유전)
危急(위급)	遊覽(유람)	遺傳(유전)
危機(위기)	流浪(유랑)	遺傳子(유전자)
偉大(위대)	由來(유래)	遺族(유족)
危篤(위독)	有利(유리)	類推(유추)
威力(위력)	有名(유명)	流出(유출)
違反(위반)	有名無實(유명무실)	流通(유통)
違法(위법)	遺物(유물)	留學(유학)
衛生(위생)	有備無患(유비무환)	有害(유해)

流行(유행)　　　　銀貨(은화)　　　　議論(의논)
有效(유효)　　　　陰曆(음력)　　　　意圖(의도)
遊興(유흥)　　　　飲料(음료)　　　　義理(의리)
遊戲(유희)　　　　飲料水(음료수)　　義務(의무)
六角(육각)　　　　音律(음률)　　　　疑問(의문)
陸橋(육교)　　　　吟味(음미)　　　　意味(의미)
陸軍(육군)　　　　音盤(음반)　　　　衣服(의복)
六面體(육면체)　　音聲(음성)　　　　意思(의사)
六旬(육순)　　　　飲食(음식)　　　　醫師(의사)
肉身(육신)　　　　飲食店(음식점)　　衣裳(의상)
育兒(육아)　　　　音樂(음악)　　　　醫術(의술)
陸地(육지)　　　　陰陽(음양)　　　　儀式(의식)
肉體(육체)　　　　飲酒(음주)　　　　意識(의식)
倫理(윤리)　　　　陰地(음지)　　　　衣食住(의식주)
律動(율동)　　　　吟風弄月(음풍농월)　疑心(의심)
恩功(은공)　　　　音響(음향)　　　　醫藥(의약)
恩德(은덕)　　　　泣訴(읍소)　　　　醫藥品(의약품)
隱密(은밀)　　　　應急室(응급실)　　意慾(의욕)
恩師(은사)　　　　應答(응답)　　　　議員(의원)
恩人(은인)　　　　應募(응모)　　　　醫院(의원)
隱忍自重(은인자중)應試(응시)　　　　意義(의의)
銀粧刀(은장도)　　應用(응용)　　　　依存(의존)
銀河(은하)　　　　應援(응원)　　　　依支(의지)
銀河水(은하수)　　依據(의거)　　　　意志(의지)
銀行(은행)　　　　意見(의견)　　　　醫學(의학)
恩惠(은혜)　　　　意氣揚揚(의기양양)　意向(의향)

異見(이견)
異口同聲(이구동성)
利己心(이기심)
以內(이내)
理念(이념)
異端(이단)
移動(이동)
利得(이득)
以卵投石(이란투석)
履歷(이력)
理論(이론)
離陸(이륙)
耳目(이목)
移民(이민)
異變(이변)
離別(이별)
離散(이산)
以上(이상)
理想(이상)
異常(이상)
理想鄕(이상향)
異性(이성)
耳順(이순)
移植(이식)
以心傳心(이심전심)
以熱治熱(이열치열)

已往(이왕)
以外(이외)
利用(이용)
利用厚生(이용후생)
理由(이유)
二律背反(이율배반)
利益(이익)
以前(이전)
移轉(이전)
移住(이주)
理致(이치)
離脫(이탈)
以下(이하)
李下不整冠(이하부정
관)
理解(이해)
利害打算(이해타산)
離婚(이혼)
以後(이후)
認可(인가)
人間(인간)
人格(인격)
忍苦(인고)
人工(인공)
因果應報(인과응보)
人口(인구)

人權(인권)
隣近(인근)
人氣(인기)
人乃天(인내천)
引導(인도)
引力(인력)
人力車(인력거)
人倫(인륜)
人命(인명)
人物(인물)
人事(인사)
人死留名(인사유명)
引上(인상)
人生(인생)
人生無常(인생무상)
印刷(인쇄)
引受(인수)
認識(인식)
因緣(인연)
引用(인용)
人爲(인위)
仁慈(인자)
仁者無敵(인자무적)
印章(인장)
人材(인재)
人情(인정)

認定(인정)　　　　日時(일시)　　　　賃借(임차)
人造(인조)　　　　日新又日新(일신우일　入口(입구)
人種(인종)　　　　　신)　　　　　　　立冬(입동)
印朱(인주)　　　　一言半句(일언반구)　入選(입선)
認知(인지)　　　　一葉片舟(일엽편주)　入試(입시)
人質(인질)　　　　日月星辰(일월성신)　立身揚名(입신양명)
引出(인출)　　　　一以貫之(일이관지)　入養(입양)
人波(인파)　　　　一字無識(일자무식)　入場(입장)
人品(인품)　　　　一場春夢(일장춘몽)　入住(입주)
引下(인하)　　　　一定(일정)　　　　立春(입춘)
人形(인형)　　　　日進月步(일진월보)　立春大吉(입춘대길)
日刊紙(일간지)　　一寸光陰(일촌광음)　　　　●ス●
一擧手一投足(일거수　日就月將(일취월장)　自强不息(자강불식)
　일투족)　　　　一致(일치)　　　　資金(자금)
一擧兩得(일거양득)　一波萬波(일파만파)　自給自足(자급자족)
日課(일과)　　　　一片丹心(일편단심)　自己(자기)
日光浴(일광욕)　　一筆揮之(일필휘지)　自動(자동)
日記(일기)　　　　逸話(일화)　　　　自動車(자동차)
一當百(일당백)　　一喜一悲(일희일비)　資料(자료)
一脈相通(일맥상통)　賃金(임금)　　　　自立(자립)
一般(일반)　　　　任期(임기)　　　　姉妹(자매)
一罰百戒(일벌백계)　任命(임명)　　　　自鳴鐘(자명종)
一部(일부)　　　　任務(임무)　　　　自白(자백)
一絲不亂(일사불란)　臨時(임시)　　　　資本(자본)
日常(일상)　　　　林野(임야)　　　　慈悲(자비)
一石二鳥(일석이조)　臨戰無退(임전무퇴)　資産(자산)

自殺(자살) 自宅(자택) 將軍(장군)
姿勢(자세) 自閉症(자폐증) 壯年(장년)
子孫(자손) 自暴自棄(자포자기) 長短(장단)
自習(자습) 自筆(자필) 將來(장래)
子息(자식) 姊兄(자형) 壯烈(장렬)
自信(자신) 自畫自讚(자화자찬) 葬禮(장례)
自身(자신) 自活(자활) 場面(장면)
自我(자아) 作家(작가) 裝備(장비)
慈愛(자애) 作曲(작곡) 張三李四(장삼이사)
自業自得(자업자득) 昨今(작금) 場所(장소)
自然(자연) 昨年(작년) 長壽(장수)
自願(자원) 作別(작별) 莊嚴(장엄)
自由(자유) 作成(작성) 長幼有序(장유유서)
自由自在(자유자재) 作心三日(작심삼일) 長點(장점)
自律(자율) 作業(작업) 壯丁(장정)
子音(자음) 作用(작용) 將次(장차)
子子孫孫(자자손손) 作戰(작전) 長篇(장편)
字典(자전) 作品(작품) 再開(재개)
自轉車(자전거) 殘留(잔류) 再建(재건)
自尊心(자존심) 殘餘(잔여) 再考(재고)
資質(자질) 殘忍(잔인) 再起(재기)
自責(자책) 雜音(잡음) 災難(재난)
自體(자체) 雜草(잡초) 才能(재능)
自招(자초) 雜貨(잡화) 財團(재단)
自初至終(자초지종) 壯觀(장관) 裁量(재량)
自治(자치) 長官(장관) 材料(재료)

材木(재목)　　　著者(저자)　　　電氣(전기)
財物(재물)　　　著作權(저작권)　　傳達(전달)
再發(재발)　　　貯藏(저장)　　　殿堂(전당)
栽培(재배)　　　貯蓄(저축)　　　前代未聞(전대미문)
財産(재산)　　　適格(적격)　　　電燈(전등)
再演(재연)　　　敵軍(적군)　　　展覽會(전람회)
在職(재직)　　　積極(적극)　　　戰略(전략)
材質(재질)　　　適當(적당)　　　前歷(전력)
再次(재차)　　　赤道(적도)　　　電力(전력)
裁判(재판)　　　適法(적법)　　　展望(전망)
在學(재학)　　　適性(적성)　　　全面(전면)
災害(재해)　　　赤手空拳(적수공권)　專門(전문)
再現(재현)　　　赤信號(적신호)　　前半(전반)
再婚(재혼)　　　赤十字(적십자)　　典範(전범)
財貨(재화)　　　適用(적용)　　　全部(전부)
再活(재활)　　　適應(적응)　　　電算(전산)
爭點(쟁점)　　　赤字(적자)　　　電線(전선)
爭取(쟁취)　　　適切(적절)　　　傳說(전설)
爭奪(쟁탈)　　　赤潮(적조)　　　傳受(전수)
低價(저가)　　　的中(적중)　　　傳授(전수)
貯金(저금)　　　積土成山(적토성산)　戰術(전술)
著書(저서)　　　適合(적합)　　　傳承(전승)
低俗(저속)　　　展開(전개)　　　展示(전시)
貯水池(저수지)　電光石火(전광석화)　全心全力(전심전력)
著述(저술)　　　全國(전국)　　　全域(전역)
低溫(저온)　　　傳記(전기)　　　傳染(전염)

田園(전원)	占領(점령)	正常(정상)
電子(전자)	點數(점수)	頂上(정상)
戰爭(전쟁)	漸入佳境(점입가경)	精誠(정성)
前進(전진)	點火(점화)	情勢(정세)
電鐵(전철)	接近(접근)	淨水(정수)
全體(전체)	接線(접선)	貞淑(정숙)
傳統(전통)	接續(접속)	靜肅(정숙)
戰鬪(전투)	接受(접수)	正式(정식)
電波(전파)	政權(정권)	精神(정신)
典型(전형)	定期(정기)	正午(정오)
電話(전화)	精氣(정기)	庭園(정원)
轉禍爲福(전화위복)	停年(정년)	正義(정의)
前後(전후)	正答(정답)	精子(정자)
節減(절감)	政黨(정당)	停電(정전)
絕句(절구)	程度(정도)	頂點(정점)
節氣(절기)	精力(정력)	正正堂堂(정정당당)
絕對(절대)	精靈(정령)	靜中動(정중동)
絕望(절망)	停留場(정류장)	停止(정지)
絕妙(절묘)	整理(정리)	正直(정직)
折半(절반)	正面(정면)	停車(정차)
節約(절약)	靜物畫(정물화)	定着(정착)
絕頂(절정)	精密(정밀)	停滯(정체)
節制(절제)	征伐(정벌)	政治(정치)
節次(절차)	情報(정보)	正統(정통)
絕體絕命(절체절명)	政府(정부)	淨化(정화)
點燈(점등)	整備(정비)	正確(정확)

情況(정황)	製鐵(제철)	調律(조율)
除去(제거)	提出(제출)	助長(조장)
提高(제고)	製品(제품)	調節(조절)
帝國(제국)	制限(제한)	朝廷(조정)
諸君(제군)	諸侯(제후)	調整(조정)
提起(제기)	祖國(조국)	鳥足之血(조족지혈)
祭器(제기)	早期(조기)	調和(조화)
祭壇(제단)	調練(조련)	朝會(조회)
制度(제도)	朝令暮改(조령모개)	族譜(족보)
諸島(제도)	早老(조로)	尊敬(존경)
除名(제명)	潮流(조류)	尊貴(존귀)
題目(제목)	早晩間(조만간)	尊待(존대)
堤防(제방)	照明(조명)	尊嚴(존엄)
祭祀(제사)	朝變夕改(조변석개)	存在(존재)
提示(제시)	祖父(조부)	尊重(존중)
提案(제안)	調査(조사)	尊稱(존칭)
製藥(제약)	朝三暮四(조삼모사)	拙速(졸속)
帝王(제왕)	祖上(조상)	卒業(졸업)
除外(제외)	朝鮮(조선)	終結(종결)
第一(제일)	造船(조선)	宗敎(종교)
弟子(제자)	造船所(조선소)	種豆得豆(종두득두)
諸子百家(제자백가)	造成(조성)	終了(종료)
製作(제작)	租稅(조세)	種類(종류)
除籍(제적)	早熟(조숙)	終末(종말)
製造(제조)	條約(조약)	種目(종목)
製紙(제지)	助言(조언)	從事(종사)

終身(종신)　　主婦(주부)　　衆口難防(중구난방)
從業員(종업원)　　住所(주소)　　中斷(중단)
種子(종자)　　晝夜(주야)　　中途(중도)
種族(종족)　　主役(주역)　　重傷(중상)
宗親(종친)　　主要(주요)　　重視(중시)
坐不安席(좌불안석)　　注油(주유)　　中心(중심)
坐席(좌석)　　主義(주의)　　中央(중앙)
坐視(좌시)　　注意(주의)　　重要(중요)
左右(좌우)　　主人(주인)　　中止(중지)
左翼(좌익)　　注入(주입)　　重且大(중차대)
坐井觀天(좌정관천)　　主張(주장)　　重厚(중후)
左遷(좌천)　　酒店(주점)　　卽刻(즉각)
左派(좌파)　　主題(주제)　　卽席(즉석)
罪囚(죄수)　　酒池肉林(주지육림)　　卽時(즉시)
罪惡(죄악)　　主體(주체)　　卽興的(즉흥적)
罪人(죄인)　　住宅(주택)　　增加(증가)
株價(주가)　　走行(주행)　　增減(증감)
住居(주거)　　朱紅(주홍)　　證據(증거)
晝耕夜讀(주경야독)　　朱黃(주황)　　證券(증권)
主觀(주관)　　竹馬故友(죽마고우)　　增大(증대)
主權(주권)　　準備(준비)　　證明(증명)
主導(주도)　　俊秀(준수)　　增産(증산)
走馬看山(주마간산)　　遵守(준수)　　證書(증서)
注目(주목)　　準則(준칙)　　增設(증설)
注文(주문)　　中間(중간)　　曾孫子(증손자)
住民(주민)　　衆寡不敵(중과부적)　　證言(증언)

憎惡(증오)　　　　志願(지원)　　　　眞理(진리)
證人(증인)　　　　支援(지원)　　　　進步(진보)
地區(지구)　　　　地位(지위)　　　　眞實(진실)
地球(지구)　　　　知音(지음)　　　　陳列(진열)
持久力(지구력)　　指定(지정)　　　　進入(진입)
地球村(지구촌)　　支持(지지)　　　　進展(진전)
至極(지극)　　　　遲遲不進(지지부진)　進出(진출)
只今(지금)　　　　支出(지출)　　　　進取的(진취적)
支給(지급)　　　　指針(지침)　　　　進退兩難(진퇴양난)
知能(지능)　　　　指稱(지칭)　　　　進退維谷(진퇴유곡)
地圖(지도)　　　　紙幣(지폐)　　　　進行(진행)
指導(지도)　　　　知彼知己(지피지기)　進化(진화)
指鹿爲馬(지록위마)　紙筆墨(지필묵)　　鎭火(진화)
支流(지류)　　　　地下鐵(지하철)　　振興(진흥)
紙面(지면)　　　　指向(지향)　　　　質量(질량)
地名(지명)　　　　地形(지형)　　　　質問(질문)
指名(지명)　　　　指呼之間(지호지간)　疾病(질병)
指目(지목)　　　　指揮(지휘)　　　　秩序(질서)
地方(지방)　　　　直角(직각)　　　　疾走(질주)
支配(지배)　　　　職務(직무)　　　　疾患(질환)
至誠感天(지성감천)　直線(직선)　　　集計(집계)
持續(지속)　　　　職業(직업)　　　　執念(집념)
指示(지시)　　　　職位(직위)　　　　集團(집단)
知識(지식)　　　　直接(직접)　　　　集散(집산)
止揚(지양)　　　　職責(직책)　　　　集中(집중)
地域(지역)　　　　進路(진로)　　　　執着(집착)

執筆(집필)
集合(집합)
執行(집행)
集會(집회)
徵收(징수)
徵兆(징조)

●ㅊ●

次男(차남)
車道(차도)
差等(차등)
次例(차례)
借名(차명)
差別(차별)
借用(차용)
次元(차원)
差異(차이)
此日彼日(차일피일)
着工(착공)
着陸(착륙)
錯誤(착오)
着用(착용)
贊反(찬반)
讚揚(찬양)
參加(참가)
參考(참고)
參觀(참관)

參拜(참배)
參席(참석)
參與(참여)
慘敗(참패)
創建(창건)
蒼空(창공)
窓口(창구)
窓門(창문)
創設(창설)
昌盛(창성)
創氏改名(창씨개명)
創製(창제)
創造(창조)
窓戶(창호)
窓戶紙(창호지)
探鑛(채광)
菜蔬(채소)
菜食(채식)
採用(채용)
採點(채점)
採集(채집)
採取(채취)
採擇(채택)
責務(책무)
册床(책상)
責任(책임)

妻家(처가)
妻男(처남)
處女(처녀)
處理(처리)
處方(처방)
處罰(처벌)
處所(처소)
處遇(처우)
妻弟(처제)
處地(처지)
處刑(처형)
尺度(척도)
天干(천간)
薦擧(천거)
天高馬肥(천고마비)
遷都(천도)
千慮一失(천려일실)
天倫(천륜)
千里馬(천리마)
千萬多幸(천만다행)
天命(천명)
淺薄(천박)
天性(천성)
天壽(천수)
千辛萬苦(천신만고)
天壤之差(천양지차)

天然(천연)　　　聽聞會(청문회)　　　招來(초래)
天人共怒(천인공노)　清貧(청빈)　　　草綠(초록)
千字文(천자문)　　廳舍(청사)　　　　草綠同色(초록동색)
天才(천재)　　　　青山流水(청산유수)　草木(초목)
千載一遇(천재일우)　清掃(청소)　　　初步(초보)
天敵(천적)　　　　青少年(청소년)　　招聘(초빙)
天帝(천제)　　　　請約(청약)　　　　草原(초원)
天地(천지)　　　　青瓦臺(청와대)　　初志一貫(초지일관)
千差萬別(천차만별)　青雲(청운)　　　招請(초청)
千篇一律(천편일률)　青雲之志(청운지지)　寸劇(촌극)
天下(천하)　　　　青一點(청일점)　　村落(촌락)
鐵甲(철갑)　　　　清淨(청정)　　　　寸數(촌수)
鐵鋼(철강)　　　　聽衆(청중)　　　　寸陰(촌음)
撤去(철거)　　　　晴天(청천)　　　　寸志(촌지)
鐵道(철도)　　　　青春(청춘)　　　　寸鐵殺人(촌철살인)
鐵面皮(철면피)　　青出於藍(청출어람)　總會(총회)
鐵絲(철사)　　　　聽取(청취)　　　　最强(최강)
哲學(철학)　　　　清風明月(청풍명월)　最古(최고)
添加(첨가)　　　　體系(체계)　　　　最高(최고)
尖端(첨단)　　　　滯留(체류)　　　　最近(최근)
聽覺(청각)　　　　體溫(체온)　　　　最大(최대)
清潔(청결)　　　　體質(체질)　　　　最上(최상)
請求(청구)　　　　超過(초과)　　　　最善(최선)
青年(청년)　　　　初期(초기)　　　　最小(최소)
清凉飲料(청량음료)　招待(초대)　　　最新(최신)
聽聞(청문)　　　　初等(초등)　　　　最惡(최악)

最低(최저)　　　秋風落葉(추풍낙엽)　　忠告(충고)
最終(최종)　　　祝歌(축가)　　　　充滿(충만)
最初(최초)　　　祝文(축문)　　　　充分(충분)
最後(최후)　　　祝杯(축배)　　　　忠誠(충성)
追加(추가)　　　祝福(축복)　　　　忠臣(충신)
追擊(추격)　　　畜舍(축사)　　　　充實(충실)
追求(추구)　　　祝辭(축사)　　　　充電(충전)
追窮(추궁)　　　縮小(축소)　　　　充足(충족)
推己及人(추기급인)　祝典(축전)　　　忠孝(충효)
推論(추론)　　　祝祭(축제)　　　　取得(취득)
追慕(추모)　　　祝賀(축하)　　　　趣味(취미)
追放(추방)　　　春困症(춘곤증)　　取捨選擇(취사선택)
推算(추산)　　　春秋(춘추)　　　　取消(취소)
秋夕(추석)　　　出口(출구)　　　　就業(취업)
秋收(추수)　　　出勤(출근)　　　　取才(취재)
醜惡(추악)　　　出馬(출마)　　　　取材(취재)
推仰(추앙)　　　出發(출발)　　　　就職(취직)
追憶(추억)　　　出席(출석)　　　　趣向(취향)
追越(추월)　　　出世(출세)　　　　側近(측근)
推移(추이)　　　出身(출신)　　　　測量(측량)
追跡(추적)　　　出入(출입)　　　　側面(측면)
推定(추정)　　　出題(출제)　　　　齒科(치과)
追從(추종)　　　出衆(출중)　　　　齒牙(치아)
推進(추진)　　　出版(출판)　　　　治安(치안)
推薦(추천)　　　出現(출현)　　　　致賀(치하)
推測(추측)　　　忠犬(충견)　　　　親舊(친구)

親近(친근)   打擊(타격)   探訪(탐방)
親密(친밀)   他國(타국)   探査(탐사)
親愛(친애)   妥當(타당)   探索(탐색)
親切(친절)   墮落(타락)   探險(탐험)
親族(친족)   他山之石(타산지석)   太極旗(태극기)
親戚(친척)   他人(타인)   態度(태도)
親筆(친필)   打作(타작)   泰山北斗(태산북두)
親和(친화)   打鐘(타종)   太陽(태양)
七書(칠서)   他地(타지)   太初(태초)
七夕(칠석)   打破(타파)   太平聖代(태평성대)
七旬(칠순)   他鄕(타향)   太平洋(태평양)
七十(칠십)   妥協(타협)   宅配(택배)
七日(칠일)   卓上空論(탁상공론)   宅地(택지)
七顚八起(칠전팔기)   誕辰(탄신)   討論(토론)
寢室(침실)   彈皮(탄피)   討伐(토벌)
針葉樹(침엽수)   脫落(탈락)   土城(토성)

●ㅋ●
脫線(탈선)   土壤(토양)
快感(쾌감)   脫稅(탈세)   討議(토의)
快擧(쾌거)   脫衣(탈의)   土地(토지)
快刀亂麻(쾌도난마)   脫出(탈출)   統計(통계)
快樂(쾌락)   奪取(탈취)   通過(통과)
快哉(쾌재)   脫退(탈퇴)   通達(통달)
快適(쾌적)   脫皮(탈피)   通路(통로)
快晴(쾌청)   貪官汚吏(탐관오리)   通報(통보)
快活(쾌활)   探究(탐구)   統率(통솔)

●ㅌ●
探問(탐문)   通信(통신)

統一(통일)
統制(통제)
洞察力(통찰력)
統治(통치)
痛快(통쾌)
統合(통합)
通行(통행)
通話(통화)
通貨(통화)
退勤(퇴근)
退步(퇴보)
退色(퇴색)
退場(퇴장)
退職(퇴직)
退出(퇴출)
透明(투명)
投手(투수)
投入(투입)
投資(투자)
鬪爭(투쟁)
鬪志(투지)
投票(투표)
投降(투항)
特講(특강)
特權(특권)
特技(특기)

特別(특별)
特色(특색)
特性(특성)
特殊(특수)
特異(특이)
特定(특정)
特徵(특징)
特許(특허)
特惠(특혜)
特效藥(특효약)

●ㅍ●

波高(파고)
破壞(파괴)
波及(파급)
罷免(파면)
破滅(파멸)
派兵(파병)
破産(파산)
破損(파손)
破顔大笑(파안대소)
破裂(파열)
波長(파장)
播種(파종)
破竹之勢(파죽지세)
破片(파편)
判決(판결)

判斷(판단)
販賣(판매)
判別(판별)
八方美人(팔방미인)
敗亡(패망)
敗北(패배)
偏見(편견)
便利(편리)
便安(편안)
片肉(편육)
便宜(편의)
便易(편이)
便紙(편지)
偏向(편향)
評價(평가)
平均(평균)
平等(평등)
平面(평면)
平民(평민)
平凡(평범)
平常時(평상시)
平生(평생)
平素(평소)
平野(평야)
平原(평원)
平易(평이)

平地(평지)	暴風(폭풍)	風習(풍습)
平地風波(평지풍파)	暴行(폭행)	風雲(풍운)
平和(평화)	表記(표기)	豐作(풍작)
弊端(폐단)	表裏不同(표리부동)	風前燈火(풍전등화)
閉幕(폐막)	表面(표면)	豐足(풍족)
閉業(폐업)	表示(표시)	風波(풍파)
閉店(폐점)	標的(표적)	風向(풍향)
廢止(폐지)	表情(표정)	疲困(피곤)
閉會(폐회)	標識(표지)	皮骨相接(피골상접)
布告(포고)	表出(표출)	疲勞(피로)
抱腹絕倒(포복절도)	表皮(표피)	被殺(피살)
抱負(포부)	表現(표현)	避暑(피서)
暴惡(포악)	品目(품목)	彼岸(피안)
包容(포용)	品種(품종)	彼此(피차)
布衣寒士(포의한사)	品質(품질)	彼此一般(피차일반)
暴君(폭군)	風景(풍경)	被害(피해)
暴落(폭락)	風光(풍광)	被害者(피해자)
暴力(폭력)	豐年(풍년)	皮革(피혁)
暴露(폭로)	風浪(풍랑)	筆記(필기)
暴利(폭리)	豐滿(풍만)	必讀(필독)
暴雪(폭설)	風聞(풍문)	匹夫匹婦(필부필부)
爆笑(폭소)	豐富(풍부)	必需(필수)
暴言(폭언)	風霜(풍상)	筆順(필순)
暴炎(폭염)	豐盛(풍성)	必勝(필승)
暴雨(폭우)	風俗(풍속)	必是(필시)
爆破(폭파)	風樹之歎(풍수지탄)	必要(필요)

解除(해제)　　　虛勢(허세)　　　血氣(혈기)
解體(해체)　　　虛實(허실)　　　血壓(혈압)
害蟲(해충)　　　虛弱(허약)　　　血緣(혈연)
核心(핵심)　　　虛榮(허영)　　　血族(혈족)
行脚(행각)　　　許容(허용)　　　血統(혈통)
行動(행동)　　　虛僞(허위)　　　嫌惡(혐오)
行列(행렬)　　　虛張聲勢(허장성세)　協力(협력)
幸福(행복)　　　虛點(허점)　　　協商(협상)
行事(행사)　　　虛脫(허탈)　　　協約(협약)
行星(행성)　　　憲法(헌법)　　　協議(협의)
幸運(행운)　　　獻身(헌신)　　　協助(협조)
行爲(행위)　　　獻血(헌혈)　　　協會(협회)
行政(행정)　　　險難(험난)　　　刑罰(형벌)
香氣(향기)　　　革命(혁명)　　　刑法(형법)
享樂(향락)　　　革新(혁신)　　　形狀(형상)
鄕里(향리)　　　現金(현금)　　　螢雪之功(형설지공)
向上(향상)　　　現代(현대)　　　形成(형성)
鄕愁(향수)　　　賢明(현명)　　　形勢(형세)
香水(향수)　　　玄米(현미)　　　形式(형식)
鄕土(향토)　　　現象(현상)　　　兄弟(형제)
許可(허가)　　　現實(현실)　　　形體(형체)
虛空(허공)　　　賢人(현인)　　　形態(형태)
虛構(허구)　　　賢者(현자)　　　惠澤(혜택)
許多(허다)　　　現場(현장)　　　好奇心(호기심)
許諾(허락)　　　現在(현재)　　　呼名(호명)
虛費(허비)　　　現存(현존)　　　虎死留皮(호사유피)

呼訴(호소)　　　　婚姻(혼인)　　　　花容月態(화용월태)
湖水(호수)　　　　混雜(혼잡)　　　　花園(화원)
浩然之氣(호연지기)　昏定晨省(혼정신성)　和音(화음)
護衛(호위)　　　　混濁(혼탁)　　　　火葬(화장)
呼應(호응)　　　　混合(혼합)　　　　火災(화재)
好衣好食(호의호식)　混血(혼혈)　　　　火田民(화전민)
戶籍(호적)　　　　忽然(홀연)　　　　話題(화제)
戶主(호주)　　　　弘報(홍보)　　　　花草(화초)
呼出(호출)　　　　洪水(홍수)　　　　貨幣(화폐)
呼稱(호칭)　　　　紅一點(홍일점)　　化學(화학)
好評(호평)　　　　紅茶(홍차)　　　　和合(화합)
虎皮(호피)　　　　畵家(화가)　　　　和解(화해)
呼兄呼弟(호형호제)　和答(화답)　　　　確固(확고)
豪華(호화)　　　　花郎(화랑)　　　　擴大(확대)
好況(호황)　　　　華麗(화려)　　　　確立(확립)
呼吸(호흡)　　　　花柳界(화류계)　　擴散(확산)
或是(혹시)　　　　畵面(화면)　　　　確信(확신)
或如(혹여)　　　　和睦(화목)　　　　確認(확인)
或者(혹자)　　　　花無十日紅(화무십일　確定(확정)
混同(혼동)　　　　　홍)　　　　　　擴充(확충)
混亂(혼란)　　　　貨物(화물)　　　　還甲(환갑)
婚禮(혼례)　　　　畵伯(화백)　　　　還給(환급)
混線(혼선)　　　　畵報(화보)　　　　歡待(환대)
混成(혼성)　　　　畵蛇添足(화사첨족)　歡聲(환성)
婚需(혼수)　　　　火山(화산)　　　　歡送(환송)
混用(혼용)　　　　火傷(화상)　　　　還收(환수)

換乘(환승)	回歸(회귀)	孝子(효자)
歡心(환심)	會談(회담)	孝親(효친)
歡迎(환영)	回復(회복)	孝行(효행)
還元(환원)	回想(회상)	厚待(후대)
患者(환자)	回生(회생)	厚德(후덕)
換錢(환전)	回收(회수)	後半(후반)
歡呼(환호)	會員(회원)	後輩(후배)
歡喜(환희)	會議(회의)	厚生(후생)
活氣(활기)	會者定離(회자정리)	後生可畏(후생가외)
活動(활동)	回轉(회전)	後續(후속)
活力(활력)	回春(회춘)	後孫(후손)
活路(활로)	懷抱(회포)	厚顔無恥(후안무치)
活性(활성)	回避(회피)	後遺症(후유증)
活用(활용)	悔恨(회한)	後退(후퇴)
活字(활자)	會合(회합)	後悔(후회)
黃金(황금)	會話(회화)	訓戒(훈계)
皇室(황실)	獲得(획득)	訓練(훈련)
皇帝(황제)	橫暴(횡포)	訓民正音(훈민정음)
黃泉(황천)	效果(효과)	訓話(훈화)
皇太子(황태자)	孝女(효녀)	休暇(휴가)
黃土(황토)	效能(효능)	休校(휴교)
黃河(황하)	孝道(효도)	休息(휴식)
黃昏(황혼)	效力(효력)	休業(휴업)
回甲(회갑)	孝誠(효성)	休日(휴일)
會見(회견)	孝心(효심)	休紙(휴지)
回顧(회고)	效率性(효율성)	休職(휴직)

凶器(흉기)   黑板(흑판)   興行(흥행)

凶年(흉년)   吸收(흡수)   稀貴(희귀)

胸部(흉부)   吸煙(흡연)   喜怒哀樂(희노애락)

胸像(흉상)   興亡(흥망)   希望(희망)

凶惡(흉악)   興亡盛衰(흥망성쇠)   喜悲(희비)

凶兆(흉조)   興味(흥미)   稀少(희소)

黑白(흑백)   興奮(흥분)   喜悅(희열)

黑字(흑자)   興盡悲來(흥진비래)

총획수 색인

한어병음 색인

하영삼

경남 의령 출생, 경성대학교 중국학과 교수, 한국한자연구소 소장, 인문한국플러스(HK+)사업단 단장, 세계한자학회(WACCS) 상임이사.

저서: 『한자어원사전』, 『100개 한자로 읽는 중국문화』, 『한자와 에크리튀르』, 『부수한자』, 『뿌리한자』, 『연상한자』, 『한자의 세계: 기원에서 미래까지』, 『제오유의 정리와 연구』, 『한국한문자전의 세계』 외 다수.

역서: 『완역 설문해자』(5책), 『중국 청동기 시대』(장광직), 『허신과 설문해자』(요효수), 『갑골학 일백년』(왕우신 등), 『한어문자학사』(황덕관), 『한자 왕국』(세실리아 링퀴비스트, 공역), 『언어와 문화』(나상배), 『언어지리유형학』(하시모토 만타로), 『고문자학 첫걸음』), 『수사고신록(洙泗考信錄)』(최술, 공역), 『석명(釋名)』(유희, 선역), 『관당집림(觀堂集林)』(왕국유, 선역) 외 다수.

하영우

성균관대학교 교육대학원(한문교육학) 석사, 예문여자고등학교 한문 교사.

중학교용
900한자 어원사전

지은이 하영삼·하영우
초판 1쇄 발행 2015년 3월 01일
초판 2쇄 발행 2022년 7월 15일
표지 디자인 김소연
펴낸이 정혜정
펴낸곳 도서출판3
출판등록 2013년 7월 4일 (제2020-000015호)
주소 부산광역시 금정구 중앙대로1929번길 48
전화 070-7737-6738
팩스 051-751-6738
전자우편 3publication@gmail.com

ISBN: 979-11-953378-4-2 (04710), 979-11-953378-2-8 (세트)

도서출판3 한자 도서목록

중학교용 900 한자어원사전
고등학교용 900 한자어원사전

그림책 급수한자 (6급)
그림책 급수한자 (7급)
그림책 급수한자 (8급)

한자로 배우는 24절기 (봄)
한자로 배우는 24절기 (여름)
한자로 배우는 24절기 (가을)
한자로 배우는 24절기 (겨울)
한자로 배우는 12띠

유래를 품은 한자 1 (동물)
유래를 품은 한자 2 (전쟁과 형벌)
유래를 품은 한자 3 (음식과 의복)
유래를 품은 한자 4 (거주와 이동)
유래를 품은 한자 5 (기물제작)
유래를 품은 한자 6 (인생역정과 신앙)
유래를 품은 한자 7 (갑골문 실용 자전)
갑골문 고급 자전

한자 어원 사전
완역 설문해자 (5책, 세트)
한국 역대 자전 총서 (16책, 세트)
신자전
전운옥편

부수한자: 어원으로 읽는 214 부수한자
뿌리한자: 어원으로 읽는 150 문화어휘
연상한자: 문화를 따라 꼬리에 꼬리를 무는 한자
키워드 한자: 24개 한자로 읽는 동양문화

허신과 설문해자
삼차원 한자학
사진으로 떠나는 한자역사기행
한국 한문 자전의 세계
한국 근대 한자 자전 연구
상대 갑골문 한국어 독본

한자로 읽는 부산과 역사
100개 한자로 읽는 중국문화